21世纪高等学校国际经济与贸易系列规划教材

U0672860

世界经济导论

主　编　杭言勇

副主编　尹国俊

参　编　鲍平平　文绪武　梅　燕
　　　　王振宇　曾可昕

ZHEJIANG UNIVERSITY PRESS
浙江大学出版社

图书在版编目(CIP)数据

世界经济导论/杭言勇主编. —杭州:浙江大学出版社,2016.10

ISBN 978-7-308-16381-1

Ⅰ.①世… Ⅱ.①杭… Ⅲ.①世界经济—高等学校—教材 Ⅳ.①F112

中国版本图书馆 CIP 数据核字(2016)第 265158 号

世界经济导论

杭言勇　主编

责任编辑	张颖琪
责任校对	朱　玲
封面设计	春天书装
出版发行	浙江大学出版社
	(杭州市天目山路 148 号　邮政编码 310007)
	(网址:http://www.zjupress.com)
排　　版	杭州林智广告有限公司
印　　刷	杭州钱江彩色印务有限公司
开　　本	787mm×1092mm　1/16
印　　张	17
字　　数	383 千
版 印 次	2016 年 10 月第 1 版　2016 年 10 月第 1 次印刷
书　　号	ISBN 978-7-308-16381-1
定　　价	32.00 元

浙江大学出版社发行中心联系方式:(0571)88925591;http://zjdxcbs.tmall.com

内容概要

　　本教材以世界经济为研究对象，紧紧围绕经济全球化，以导论的形式论述世界经济的现状、运行规律以及发展趋势。本教材共分 12 章，就当前对世界经济影响最大、关系最为密切的一些因素进行了探讨，如国际分工、国际贸易、国际金融、经济一体化和资本流动等；分析了国际经济中的经济传导、经济摩擦和协调机制；论述了世界经济危机与经济周期的原因、条件及其影响；从经济全球化的角度，探讨了世界经济发展中出现的重大问题；也密切关注了最新的世界经济热点，包括"一带一路"、TPP、跨境电商等。本教材吸收了编者的最新研究成果，借鉴了国内已有著作之长，内容全面，结构新颖。本教材既可作为高等学校经济管理类专业师生教学和研究的导引教材与读物，也可作为高等院校世界经济概论通识课程的教材，对于从事涉外经贸领域工作的人员也不失为一本有益的专业读物。

前　　言

当前世界经济新现象、新问题层出不穷,"一带一路"、TPP、跨境电商等热点不断涌现。这些热点和问题的出现,向世界各国和地区提出了一系列新的挑战,不仅表明世界经济在市场化、国际化和信息化驱动下走向相互交织、相互依存和相互融合,生产、分配、交换和消费走向全球化和一体化,也预示着世界经济在不断扩展和深化。随着中国经济的稳定发展和国力的不断增强,我们需要学习世界经济学知识,用国际化视野来审视世界经济问题。基于这样的想法,我们编写的《世界经济导论》,主要以导论的形式介绍世界经济的发展沿革、基本理论以及运行机制等有关世界经济的基本知识,为国际经济与贸易专业本科生开设的专业基础课程和各高校各类专业开设的通识课程提供一本入门式教材。

本教材在编写过程中尽量突出以下特点:首先,作为学习世界经济的入门教材,本教材较为完整地呈现了世界经济学的理论体系,力求使论述简洁明了,富有条理性,突出重点与难点;其次,关注世界经济最新动态,跟踪世界经济领域出现的新现象和新问题,注意吸收世界经济研究的最新成果,力求做到传统理论体系与新知识和新问题的有机结合;另外,本教材提供思考题和课件,既利于教师教学,又便于学生掌握知识点。

参加本教材编写工作的主要是在高校多年从事世界经济与相关课程教学的教师,具体分工如下:杭言勇编写第一章和第二章,尹国俊编写第九章和第十二章,鲍平平编写第三章、第五章和第八章,文绪武编写第六章和第十一章,梅燕编写第四章,王振宇编写第七章,曾可昕编写第十章。杭言勇担任主编并负责统稿。

　　本教材在编写过程中,参考了大量文章、书籍,直接或间接引用了相关内容,在此对相关作者一并表示感谢。由于我们能力有限,在编写过程中难免出现疏漏和错误,衷心希望同行和读者提出宝贵意见。

编者

2016 年 8 月

CONTENTS **目 录**

第一章

世界经济概述

☞ **内容提要**

本章首先介绍了世界经济的含义,然后通过概述世界经济的发展与形成,介绍科技革命对世界经济发展的重要影响,同时着重介绍了第二次世界大战后世界经济的演变和当今世界经济的发展趋势。

☞ **关键词**

世界经济 科技革命

第一节 世界经济的含义

世界经济是指由于世界各国和地区的经济相互联系和相互依存而构成的全球范围的经济体系。它是在国际分工和世界市场的基础上,通过商品流通、劳务交换、资本流动、技术转让等多种形式和渠道,把世界范围内的经济包括生产、生活有机地联系在一起。世界经济的内涵随着世界经济的发展而发展,在当代主要包括以下几个方面:

(1)世界经济不是各国经济的简单总和,而是在国民经济密切联系的基础上形成的超越国民经济的实体。世界经济运行规律不是各国、各地区经济运行规律的直接延伸,而是一个有其自身运行和发展规律的经济体系。

(2)世界经济的主体包括世界各国消费者、各国企业和跨国公司、各民族国家和国家集团、各区域性和国际性经济组织。各个主体相互依赖、相互影响、相互竞争、相互制约,并由此决定世界经济的微观关系和宏观状态。各个主体之间的这种错综复杂的经济联系构成了世界经济整体,使当代世界经济体系真正具有全球规模和整体性质。

(3)跨国公司是世界经济的重要主体,跨国公司的发展超越了国际贸易、国际资本流动以及国际移民等单一要素流动的模式,形成了多要素综合性转移的模式,使世界经济呈现出开放性、包容性、国际性,跨国公司发展战略越来越多地影响世界经济的运行。

(4)随着世界经济的全球化,一方面各国政府对本国经济的控制能力正在减弱,另一方面区域经济一体化组织和国际经济组织的规模发展和机制日趋完善,其对世界经济乃至各国经济的影响程度和协调能力日益增加。

第二节　世界经济的萌芽与形成

一、世界经济的萌芽

15 世纪末 16 世纪初的地理大发现深刻地影响了欧洲的社会经济状况,推动了社会生产力的发展。意大利北部的贸易垄断地位被打破,经济中心转移到大西洋沿岸。地理大发现促进了对外贸易的发展,它将全世界都卷入了商品交易中。欧洲贸易中心从地中海区域扩展到大西洋沿岸:葡萄牙的里斯本、西班牙的塞维尔、荷兰的安特卫普、英国的伦敦等先后成为繁荣的国际贸易港口,它们的贸易范围远及亚洲、非洲和美洲。

地理大发现使大量的廉价金银流入欧洲,商品价格普遍上涨。在商业利润的推动下,社会生产力有了极大的提高。如 1500 年英国比较大的煤区达勒姆和诺森伯兰每年运出的煤约为 6000 吨,到 1551—1560 年达到 36000 吨,而 1631—1640 年已高达 522000 吨。

对外贸易的发展不但使欧洲的商品有了更好的出路,而且输入欧洲的商品使欧洲大陆可供交易的商品种类不断增加,随着国际交换的扩大,区域性的国际商品市场逐渐形成。在贸易发展的带动下,分工也开始跨越国界。当时欧洲一些国家执行殖民政策,运用暴力和超经济的强制手段,在亚、非、拉的一些国家建立种植园,开发矿山,并将这些国家作为其廉价原料和劳动力的来源地以及国内产品市场的延伸,形成早期资本主义国际专业化分工的萌芽。

二、资本主义生产方式的确立与世界经济的初步形成

从 16 世纪开始,西欧各国先后经历了资本原始积累时期。对农民土地的掠夺是资本原始积累过程的基础,如英国的"圈地运动",法国和德国也发生了封建地主掠夺农民土地的狂潮。在原始积累的过程中,国债起了重要作用,资产阶级不但依靠发行国债获得高额利息,而且还往往借此从国家取得了各种特权,如包税权、铸币权等。此时还产生了西方近代赋税制度,它也成为资产阶级一项货币资本的重要来源。当时,在重商主义政策的作用下,各国对资本主义的手工工厂实行了保护制度(包括保护关税和出口补贴等)。所有这些手段都加强了西欧国家的经济实力,为其推行对外殖民扩张提供了可能。

17 世纪中叶,英国资产阶级革命的胜利,标志着人类社会开始进入资本主义时代。在这一时期,原始积累是资本主义生产方式产生和发展的前提。除了掠夺本国农民的土地之外,为了适应资本原始积累的需要,葡萄牙、西班牙、荷兰、英国和法国等国还以暴力手段进行殖民掠夺和奴隶贸易,开始了以暴力为基础的对外殖民扩张,它们纷纷派遣军队武装远征海外,大肆进行领土扩张,侵占了大批殖民地,通过各种手段掠夺殖民地的财富。这一切都成为资本原始积累的重要源泉,并由此积累了大量财富,奠定了建立资本主义制

度的物质基础。

16—18 世纪,欧洲各国的工场手工业得到了迅速的发展,农村中的庄园经济制度瓦解。随着市场的扩大,贸易量的日益增多,商人的地位随之提高,商业完全脱离手工业,成为独立的行业。资本主义生产关系逐渐确立。欧洲各国通过殖民扩张密切经济联系,世界各国、各地区的市场逐渐联结成为一个有机体,形成了一个世界性的市场雏形,世界经济初步形成。世界经济的初步形成具有以下主要特点:

(1) 进行殖民侵略是世界经济初步形成的重要条件。先进资本主义国家为了保障其工业生产所需要的大量原料和有利的销售市场,凭借其经济、军事实力,或者通过移民掠夺海外无主土地,或者用武力征服亚、非、拉经济落后国家和地区,迫使当地居民从事种植园的奴役性劳动。换句话说,欧美进行殖民掠夺,建立殖民地,强迫亚、非、拉的经济服务于其资本主义经济。

(2) 国际商品交换是世界经济初步形成的重要前提。这就是说,当时国家之间的经济联系局限于流通领域。资本主义国家通过商品的不等价交换掠夺亚、非、拉经济落后国家和地区。

(3) 自由贸易是世界经济初步形成的重要纽带。19 世纪中叶,资本主义国家依靠机器生产的优越条件,依靠宗主国的统治地位,改变了在此以前实行的保护工场手工业的贸易政策,通过推行自由贸易政策,实行对外经济扩张。

第三节 科技革命与世界经济

资本主义生产关系的建立,为生产力的大发展和生产关系的大变革提供了可能,为世界经济的发展奠定了基础。科学技术的巨大进步,又使这种可能变成了现实。资本主义制度建立后,曾经产生过 3 次重大的科学技术革命,每次科学技术革命都对世界经济的发展和生产布局的变化起到了巨大的推动作用,而且作用程度一次比一次强。

一、科技革命的含义

科技革命是科学革命和技术革命的合称。一般地讲,科学革命是指人们认识客观世界的质的飞跃,它表现为新的科学理论体系的诞生;技术革命是指人类改造客观世界的新飞跃,它表现为生产工具和工艺过程方面的重大变革。科学革命是技术革命的基础和出发点,科学革命引起了技术的进步;而技术革命是科学革命的结果,先进的技术及其应用成果反过来又为科学研究提供了有力的工具。因此,科技革命也是科学知识或理论加速转化为技术变革,进而引起生产力飞速发展的过程。

二、第一次科学技术革命与世界经济萌芽

第一次科学技术革命是从 1543 年哥白尼发表《天体运行论》提出太阳中心说开始的。太阳中心说否定了传统的"地心说",解除了中世纪宗教神学对人们思想的禁锢,极大地推

动了科学的大发展,为技术革命的发展奠定了基础。在技术革命方面,近代第一次技术革命开始于 18 世纪中叶,它是与英国产业革命同步发生的,以牛顿建立的经典力学体系为背景,以纺织机械的革新为起点,以蒸汽机的发明和广泛使用为标志,实现了手工工具生产向机械化工业生产的转变。

第一次科学技术革命大体经历了 3 个阶段:第一阶段是以纺织机械发明为代表的革命;第二阶段是以蒸汽机的发明和革新为代表的动力革命,蒸汽机的发明与应用使人类社会生产的技术基础发生了质的飞跃,完成了人类基本生产手段由工具向机器的转变;第三阶段以机器制造为代表,奠定了近代机械化大生产的基础。与之相适应的钢铁冶炼技术和交通运输业的发展,确立了以蒸汽动力为核心的工业技术体系,实现了自然力代替人力的变革,开创了机械化时代。这一时期出现了一个跨时代的发明——蒸汽机,它不但解决了动力问题,而且为资本主义生产从工场手工业过渡到机器大工业创造了条件,所以人们把蒸汽机作为第一次科技革命的标志。

第一次科技革命使世界生产力有了很大的提高。1819 年,第一艘汽船横渡大西洋,1825 年世界上第一条铁路在英国试运行。交通运输事业的突破与通信事业的发展,大大提高了市场交易的效率,降低了交易成本,促使商品往来频繁进行。英国更是依靠第一次科技革命成了"世界工厂"。法国在 1835 年生产的生铁为 290378 吨,美国在 1837 年生产的生铁为 250000 吨,而英国在 1839 年生产的生铁为 1347000 吨,均在世界上遥遥领先。1850 年,英国在世界工业总产值中占 39%,占世界贸易总额的 21%,成为世界各国工业品的主要供应者和技术的主要输出国。

第一次科技革命使科学技术水平产生了革命性变化,改变了社会生产力的结构,解决了人类自身体能不足这一自然障碍,使人类开始用机械力代替人力,生产力的发展使社会经济最终从工场手工业过渡到机器大工业。机器大工业的建立反过来又使生产力水平获得大幅度提高,商品经济高度发展,社会分工取得大进展,这一切都推动了国际分工的迅速发展。在国际分工发展的基础上,世界市场逐步形成,两者相互促进、共同发展。工业革命促进了交通运输业的创新,为商品国际化的发展和世界经济的形成提供了物质条件。公路、铁路和河运的兴建,尤其是蒸汽机、动力设备等技术的推广和使用,出现了铁路机车和汽船等先进的交通工具,使得运输速度大为提高,交通条件大为便利,从而使国际贸易迅速完成,各国的商品生产、流通、消费连接得更加紧密,越来越多的国家之间建立了日常的商业联系。商品国际化是这一时期世界经济的主要特征,国际贸易发展成为资本主义再生产过程的必要条件,世界经济开始萌芽。

三、第二次科技革命和世界经济的最终形成

在第一次科技革命中,人类发明了蒸汽机,使用蒸汽机把热能转化为机械能,摆脱了使用风力、水力的不足之处,人类获得了一种可普遍大规模使用的机器动力。然而随着生产力的发展,蒸汽机的缺点逐渐暴露:它的体积过于庞大;只能进行热能和机械能的转换,不能把其他形式的能转换成机械能;在转换的过程中,由于效率的低下,有 90% 以上的热能被白白消耗,造成了极大的浪费。生产力的进一步发展要求一种新的动力,于是出

现了以发电机为标志的第二次科技革命。

18世纪下半叶到19世纪初,在第一次科学革命的基础上发生了第二次技术革命,改变了整个物质生产体系,推动了社会生产力的大发展,而生产技术的变革又推动了近代科学的全面发展,引发了19世纪中叶开始的以热力学、电磁学、化学、生物学为代表的第二次科学革命。

19世纪上半期,基础理论科学——电学就有了很大的突破,一批专业学者制造出了发电机、电动机,甚至还制造出了电动机车的雏形,但是,电能的广泛应用却是在19世纪末。发电机电力与蒸汽机动力相比,有更多优势:可以集中生产,分散使用;转化能力很强,可以转化成热能、光能、机械能、化学能等多种形式;可以廉价大量供应等。这些优势使它取代了蒸汽机动力,成为新的能源。电的应用极大地改变了人们的生产和生活状况;有线电报、电话的发明到无线电通信的出现,不断改善着人们的通信能力;电灯、留声机、电影、无线电广播的发明,使人们的生活更加光明和多姿多彩。从直流电的使用到交流电的使用解决了远距离高压送电的问题,保证了电动机持续工作,使电动机得以大规模广泛运用于生产;利用电解的作用,人们发现了许多新的元素;依靠电,化学工业进入了一个新的时代。除了电动机应用于生产外,蒸汽机也不断地得到改进,人类发明了内燃机。内燃机体积小、轻便,功效大,它的发明对农业生产和交通运输产生了极大的影响。另外,采矿冶炼技术的改善,促使钢铁工业飞速跃进;在化学理论的指导下,石油化学工业也在迅速成长。所有这些技术领域的全面变革,从根本上改变了19世纪以来的生产、生活状况,推动着人类文明的进步,人类进入"电气化时代"。

在第二次科技革命的推动下,社会生产力飞速发展,国际分工不断深化,商品交换的范围日益扩大,统一的无所不包的世界市场出现,世界经济最终形成。

此时,不但商品交换国际化,经济生活的其他领域如资本、货币也走上了国际化的道路。在这种国际化的趋势中,世界经济呈现出以下特点:

(1) 科技革命大大推动了社会生产力的发展,基础科学领域的突破转化为生产力,产生了无穷的创新能力。在这次科技革命中,生产和生活的各个领域内都不断地出现各种发明创造,为世界经济发展提供了动力。1870—1910年,钢铁工业的发展使铁制轮船最终代替了木制帆船,世界船舶总吨位增加了1倍多,其中汽船吨位所占的比重从16%增至76%。1870—1913年,铁路建设的进展则更为迅速,世界铁路线长度增长了4倍。1870年,94%以上铁路线分布在欧、美两洲;而到20世纪初,随着资本输出的增加以及资本主义国家对亚、非、拉掠夺的加强,在这些地区也兴筑了相当规模的铁路网。

(2) 社会生产水平的日益提高和运输的日益便捷使得国际分工体系和统一的无所不包的世界市场最终形成,同时新兴工业部门的出现带来了经济结构的变化,世界经济结构有了很大程度的改善。第二次科技革命使人类开始应用电力,电力的发明和应用不但推动了电化学、电热学的进展和一系列新产品、新部门的出现,而且也带动了重工业部门如钢铁、采煤等的技术革命。工业的迅速扩张使工业产量很快就超过了农业,成为国民经济增长中贡献最大的产业部门。随着国际分工的进一步发展,各国都试图依靠自己的有利条件从事专长的生产,以便在与别国的交换中获取更大的利益。从19世纪中叶起英国就全面发展制造业,以其大量生产的工业品与国外的农产品进行交换。这种类型的国家在19世纪下半期逐渐增多。

（3）由于技术革命的迅猛发展,各主要资本主义国家的企业纷纷在生产中采用新能源、新材料、新技术,导致企业对资金的需求急剧增长。各种积聚资金的方式,如企业利润的再投资、企业兼并、组建股份公司等,使资本迅速集中。卡特尔和托拉斯等形式的垄断组织在各主要资本主义国家中已成为占统治地位的经济力量。以工业生产集中为基础,各国银行资本也迅速集中。银行业与工业中的垄断资本互相渗透和结合,形成所谓的金融资本。各国垄断组织迅速聚敛起来的巨额资本,在国内找不到足够的投资场所,必然转向海外追逐利润。资本输出成为这一时期世界经济最主要的现象。资本输出使资本主义的生产方式从欧、美少数国家扩展到整个世界,世界经济基本形成。资本输出已成为资本主义国家竞争的主要手段。资本国际化是这一时期世界经济发展的主要特征。

四、当代科技革命和世界经济的进一步发展

（一）当代科技革命的基本内容

20世纪40年代末50年代初以来发生的科技革命,是以电子计算机的发明、原子能的发现和使用为主要标志的第三次科技革命。这次科技革命涉及领域之广、规模之大、影响之深,都是前所未有的。它既在自然科学理论上有重大突破,又在生产技术上有全面的革新。第二次世界大战后科技革命的发生,不但是在继承和综合战前科学技术成果的基础上发展起来的,而且有其深刻的社会经济背景。第二次世界大战后,发达资本主义国家的生产和资本进一步集中,资本积聚和积累增大,拥有巨额资本的大企业数量迅速增加,为科技革命的发生奠定了经济基础,同时,国家垄断资本主义得到了很大发展。这次科技革命使主要的资本主义国家的产业结构以及整个国民经济结构实现了全盘现代化,生产的社会化和国际化达到新的水平。

新科学技术革命即第四次科学技术革命,是20世纪后期兴起的,以信息技术为标志。新科技革命是以雄厚的自然科学理论研究如相对论、量子力学、原子物理学、基本粒子理论以及分子生物学等为基础的。自然科学理论的飞速发展为计算机技术、微电子技术、信息技术、生物技术、航天技术、新材料技术等新兴技术的诞生奠定了牢固的理论基础。新科技革命的结果是出现了新的技术群、产业群,如信息技术和信息产业,包括电子技术、电子计算机、微电子、光纤通信、激光以及整个信息系统,是知识和技术的密集形态。

当今科学技术突飞猛进,进一步提高了科学技术的社会功能,导致各国经济和社会发展对科技进步的依赖程度越来越高。一些经济发达国家国民生产总值的增长,科技进步因素所占的比重在20世纪初仅为5%～20%,五六十年代已上升到50%左右,90年代后期,这一比重则高达70%。第四次科技革命使科技成果转化为生产力的周期大为缩短。目前一些发达国家更新产品只需3年左右,微型计算机仅相隔6个月就有新一代机型问世。它促进了生产工具的变革,以往的机器只能替代人的体力劳动,而计算机技术已部分地代替了人的脑力劳动。企业设备的大型化、精密化和自动化,使企业的生产率大大提

高。例如,几十年来,计算机的体积缩小到原来的 1/30000,价格下降到原来的 1/10000,而运转速度却增加了 30 万倍,大大提高了劳动生产率和经济效益。

(二)当代科技革命对世界经济的影响

科学技术的进步在当代世界经济发展中发挥着决定性作用。这不但在不同类型国家各自的经济发展中表现出来,而且也在不同科技水平的国家的相互关系中表现出来。

(1)科技革命产生了一大批新兴产业。发达国家应用高新技术成果的产业不断涌现,传统产业逐步向外转移。一批发展战略比较成功的国家加入到传统产业甚至新兴产业的国际分工中,世界整体的工业化程度得到提升,推动了世界经济的发展。

(2)科技革命使先进国家普遍获益。由于先进国家之间技术水平大体接近,加上各国对同类产品需求多样化,产业内部分工得到发展,规模经济收益十分明显。

(3)科技革命使产品日益复杂,要求各国在产品零部件生产乃至工艺上进行分工合作。国际分工进入生产过程这一深层次,使世界经济的发展取得了前所未有的内在动力。"冷战"结束以后,科技革命对世界经济的积极影响进一步显现出来。各国普遍调整了科技政策,科技成果商业化已成为各国政府重要的科技政策。由于科技成果商业化的速度越来越迅速,因此科技成果的国际扩散大大加快,国际科技合作大大扩展。

(4)科技革命加剧了世界经济发展的不平衡性。新技术革命可能给发展中国家带来新的更严重的问题,因为:①发达国家大力发展信息技术和高技术产品,发展中国家即使走上工业化的传统道路,也仍落后于发达国家;②发达国家的一部分制造业转向发展中国家,另一部分制造业运用新技术进行改造从而获得更高的技术优势;③新技术革命使新材料、新能源和新工艺大量涌现,发达国家从而减少了对发展中国家的初级产品和廉价劳动力的传统依赖,相反,发展中国家对发达国家的技术依赖却更加严重。

当然,一些后进国家利用科技革命的机会跳跃前进,赶上先进国家,也是可能的。18世纪中叶的英国工业水平低于法国,但第一次科技革命使它发展成为"世界工厂",走到了世界经济的前列;19世纪的德国依靠科技使工业迅速发展,超过了英国;第二次世界大战后日本大力引进国外先进技术,第三次科技革命的成果在日本大量转化为生产力,日本迅速成为世界经济强国。总有一些后进国家能够抓住科技革命的机遇跳跃前进,这是世界经济发展的规律,但能否跳跃前进还取决于一系列条件。在当代经济全球化、新技术日益复杂化和世界经济竞争白热化的背景下,发展中国家后来居上的难度更大。

第四节　当代世界经济的基本特点和发展趋势

一、当代世界经济格局的演变

世界经济格局是指世界经济领域因主要力量的实力对比而形成的一种结构、态势,核心是大国或国家集团之间的经济力量对比关系和支配世界的权力分配状况。世界经济格局主要是由各个国家或国家集团的社会生产力发展状况和水平决定的。第二次世界大战后是世界经济的大发展时期,由于世界的资源分布及发展水平极不平衡,世界各经济体的实力差距非常突出。大量新兴国家的涌现以及生产力水平的大大提高,使第二次世界大战后世界经济的内容日益丰富。

(一) 第二次世界大战后初期美国独霸世界经济领域

第二次世界大战中世界主要的资本主义国家都遭受了惨重的损失,唯独美国不仅未受到战争的破坏,经济反而在战争中急剧发展。第二次世界大战结束后,美国的经济实力在世界上称雄一时,占据了绝对优势的地位。战后初期,美国的工业生产达到世界工业生产总额的 55%,同时,美国还独占世界贸易总额的 33%,拥有世界黄金外汇储备的 75%。美国是当时世界最大的商品提供者、最大的市场,也是最大的投资国和债权国。

美国凭借其经济实力的绝对优势和巨大的影响力,通过一系列步骤,在第二次世界大战后建立起以美元为中心的国际货币体系以及多边贸易体系,逐步形成了以美国为霸主的资本主义经济集团。美国不仅建立了有利于自己对外扩张的国际经济秩序,为资本主义世界创造了一个相对统一和稳定的国际经济秩序,客观上也为各国经济发展提供了较为良好的国际环境。具体表现在以下几个方面。

1. 以美元为中心的国际货币体系

1944 年 7 月,在由美国、英国发起,有 44 个国家参加的布雷顿森林会议上,确定了美元在国际货币体系中的中心地位。按布雷顿森林会议的有关协议,美元与黄金保持固定比价,其他货币均与美元挂钩,保持固定比价。这使美元不但与黄金身价相等,而且成为最重要的国际结算工具和储备手段。美元的地位使美国对世界经济的运行拥有举足轻重的影响。为保证国际货币体系的正常运行,1945 年年底,在华盛顿成立了国际货币基金组织和国际复兴开发银行(即世界银行)两大机构。这两个机构均按出资比例确定各成员投票权大小,美国由此获得在国际金融决策中的支配性地位。

2. 缔结"关税与贸易总协定"

1947 年,在美国的倡导下,23 个国家和地区在日内瓦签署了《关税与贸易总协定》,并在此基础上形成了一个国际多边贸易体系。该体系的主要作用是推动世界的贸易自由化,促使成员之间减少贸易壁垒,开放市场。战后一段时间美国的产品在世界上具有无可竞争的优势,一个开放的世界市场对美国最为有利。借助这一多边贸易体系,美国推动了数轮多边减税谈判。这些谈判的结果,促成了各成员关税的降低和市场的开放,对战后世界经济的增长起到了明显的带动作用。

3. 实施"马歇尔计划"

战后初期一段时期,美国以其强大的经济优势在世界广泛施加影响。1947 年,美国提出"马歇尔计划",向西欧 17 国提供了总额 130 多亿美元的援助。这不仅使美国的大量资本和商品打入西欧市场,还由此实现了美国对西欧国家政治和经济的控制。此外,美国还在世界范围内实行大量有针对性的经济援助,在扶持一些国家和地区的同时,对其进行经济和技术封锁,遏制其发展,使这些国家的经济发展面临严峻的外部条件。

4. 对亚、非、拉不发达国家实施"第四点计划"

为了控制亚、非、拉广大不发达国家,推行美国的全球战略,1949 年 1 月 20 日,杜鲁门总统在其第二届就职演说中提出了援助和开发落后地区的"第四点计划"。该计划的实质是在给亚、非、拉不发达国家以技术援助和投资的幌子下进行经济政治渗透,加强对外经济扩张,控制不发达国家中的受援国,扩展美国的势力范围。从经济目的出发,杜鲁门提出"发展这些国家将使我国工厂的生意永远兴隆","我们与其他国家的贸易随着各国工业和经济的发展而发展","我们应奖励对需要开发的地区的投资"等。杜鲁门还提出,"开发"落后国家和地区的主要手段是有计划地实行技术输出。为了推行"第四点计划",1950—1953 年,美国共向 35 个国家和地区派出了 2445 名技术人员,拨款共计 31100 万美元。美国还迫使"第四点计划"受援国签订双边军事协定,或参加区域性的军事集团,接纳美国军事使团,提供军事基地。"第四点计划"同"马歇尔计划"一样,都以经济援助为手段,推行美国的侵略和扩张政策。

5. 对社会主义国家,美国则实行经济和技术封锁,遏制其发展

第二次世界大战使苏联损失惨重。战后初期,苏联急需恢复经济、重建家园,但为了防止美国干预和破坏其经济主权,苏联坚持独立自主和计划经济,没有参加"国际货币基金组织"和"关税与贸易总协定",拒绝接受"马歇尔计划",招致以美国为首的西方国家的制裁。1949 年 11 月 12 日,在美国的提议下,成立了旨在对社会主义国家进行封锁的"巴黎统筹委员会"(简称"巴统")。参加国最初为 12 国:美国、英国、法国、联邦德国、加拿大、比利时、丹麦、意大利、卢森堡、荷兰、挪威、葡萄牙。日本于 1952 年加入,希腊和土耳其于 1953 年参加。"巴统"对社会主义国家禁运的物资分为尖端技术产品、军用武器装备、稀有物资三大类共几百种。1951 年美国国会又通过了《巴特尔法案》(通称《禁运法案》),明令"巴统"成员如果向"共产主义国家"出口禁运物资,均被取消受美国军事、经济和财政援助的资格,使西方其他国家受挟于美国,从而导致东西方经济关系的隔绝。

(二) 20 世纪 70 年代世界经济多极化发展

从 20 世纪 50 年代中期到 70 年代中期,世界经济在恢复的基础上,进入了一个快速发展阶段,各国经济发展不平衡,主要国家的经济实力对比在 70 年代以后出现了明显改变,使战后初期的世界经济格局发生了变化。

1. 西方世界三大经济中心

(1) 日本经济的崛起。第二次世界大战结束后,日本在美国的扶植下,经过民主改革,1955 年完成了经济的恢复和重建。20 世纪 50 年代中期,日本经济开始起飞,一直到 70 年代中期,日本保持了长达 20 年的经济高速增长。60 年代日本经济年增长率曾达到 11.3%,创造了战后的"经济奇迹"。70 年代初,日本经济平均增长 9.7%,工业生产迅速占据世界前列,如船舶、钢铁、水泥、化纤、电子计算机、汽车等工业产品在世界市场上占绝对优势,并且不断更新技术,使其产品由低技术产品向高技术产品转化,产品畅销全世界,一跃成为工业、贸易和金融大国,在西方世界的经济排名已由第 7 位跃升至第 2 位。80 年代,日本已成为对美国最具挑战性的经济强国。不但人均产值超过了美国,日本的产品大

举进军世界市场,在世界贸易中的份额迅速上升;一些高新技术也步入世界领先地位;日本的金融实力大大增强,并成为世界最大的债权国和资本输出国。

(2)西欧的发展和经济联合。战后初期,西欧在美国的援助下,经济恢复很快,到1949年,工业产量就已恢复到战前水平。从20世纪50年代到70年代初的20多年间,西欧年均国民生产总值增长5.5%,人均国民生产总值增长4.4%,工业生产以7.1%的速度连年递增。同期美国为3.6%。从总体上看,西欧的经济增长速度快于美国。到70年代,西欧已缩小了与美国经济的差距。西欧还通过建立欧洲经济共同体,推进国家间的经济联合,逐渐摆脱了战后初期依赖美国的境地,增强了在世界经济中的地位。70年代,已发展到9个成员的欧共体,不但国民生产总值接近美国,在出口贸易和国际储备方面还高出美国1倍多,其整体经济实力已与美国相当。1975年,欧共体的工业总产值和出口贸易在资本主义世界中的比重分别占33%和47%。1979年,在美元地位发生动摇、布雷顿森林体系解体的基础上,西欧主要国家建立起了欧洲货币体系。西欧在经济上的独立性明显增强,西欧的工业生产总值、外汇储备、外贸出口均占世界第一位,远远超过美国。

(3)美国经济地位的下降。战后初期,美国的经济力量是世界第一。20世纪70年代,美国的经济地位出现了明显下滑的趋势。在战后世界经济大发展中,美国的经济增长率低于大多数西方国家。到1975年,美国工业产值、出口贸易、黄金外汇储备所占的世界比重分别降到39%、13%、27%。从1971年开始,美国的外贸连年出现大幅度逆差。同一时期,因军费开支猛增,美国政府的财政赤字急剧上升。“双赤字”严重影响到美元的地位,导致了“美元危机”的出现,1971年、1973年美国政府先后宣布美元贬值并最终与黄金脱钩。西方各国货币随即放弃与美元的固定汇率,布雷顿森林体系由此解体。布雷顿森林体系是第二次世界大战后美国经济霸权的重要标志,它的解体表明了美国经济霸权地位的动摇。

20世纪70年代以后的美国已不再是世界唯一的经济巨人,西方世界三大经济中心形成。20世纪80年代以后随着西欧、日本的经济实力与美国接近,相互的经济竞争日趋激烈。美、欧、日为增强各自的竞争地位,纷纷致力于组建区域经济集团。三大区域经济集团的出现,尤其是欧盟的壮大,有力地推动了世界经济格局的多极化。

2. 苏联经济大国地位及其变化

战后初期,苏联在遭受西方国家经济封锁和禁运的情况下,依靠自己的力量迅速完成了国民经济的恢复重建。1959—1965年,苏联工业总产值年均增长9.1%。1955年苏联的工业产值仅为美国的35%,到1964年已达美国的65%。进入20世纪60年代后,苏联对经济体制和经济政策进行了一定程度的改革,特别是勃列日涅夫执政后,苏联在继续优先发展重工业的同时,注意加强农业、消费品工业的发展和不断提高人民生活水平;对管理体制和计划工作进行了一定程度的调整;较多地强调效率和质量,提倡科技进步,主张集约化发展经济。1965—1980年的三个“五年计划”期间,苏联国民收入平均增长5.9%,工业总产值年均增长6.8%,农业总产值年均增长2.4%,其总体发展速度仍然高于发达资本主义国家和发展中国家。这时的苏联不但拥有门类齐全的大工业体系,还在航天、核技术等领域处于世界领先地位。苏联工业产品的产值一度占到世界工业产品产值的25%,

其钢铁、石油、水泥、化肥等 20 多种主要工业产品的产量超过美国,居世界第一。20 世纪 70 年代的苏联不但成为欧洲第一工业强国,还成为仅次于美国的世界第二经济大国,对东欧地区社会主义国家的经济有着相当的影响力。因此,苏联经济在世界经济中的比重大大提高。

然而,20 世纪 70 年代苏联的经济增长速度明显放慢。虽然这一时期苏联的经济增长仍然高于西方国家,但经济结构的差距却在迅速拉大。在西方国家加紧利用第二次世界大战后新科技推动经济发展和经济结构升级之时,苏联仍以粗放式发展维持经济增长,在缺乏新的经济增长动力的情况下,苏联的生产效率和增长速度均日益下滑。80 年代以后,苏联国内经济形势逐渐恶化。1986 年,苏联的世界第二经济大国的地位被日本取代。80 年代末到 90 年代初,东欧剧变、苏联解体,原来的政治结构和经济模式相继崩溃,曾经作为世界经济重要力量的苏联不复存在。

3. 发展中国家经济的发展和新兴工业化国家和地区的出现

战后,一大批赢得了政治独立的发展中国家,在经济上获得了长足的发展,在世界经济中的分量逐渐增强。据世界银行统计,1965—1980 年,发展中国家国内生产总值年均实际增长率约为 6%。不仅高于其历史上的任何时期,而且高于发达国家同时期 4.7% 的增长率。发展中国家的出口总额从 1970 年的 565 亿美元增加到 1980 年的 5671 亿美元。在世界出口贸易中的比重也从 1970 年的 17.9% 上升到 1980 年的 28.1%。而最为突出的是拉美和亚洲的一批新兴工业化国家和地区,其中主要有巴西、墨西哥、阿根廷、智利和被称为"亚洲四小龙"的韩国、新加坡、中国台湾和中国香港等。这些国家和地区尽管在地理、资源条件以及幅员上都有很大差别,但它们利用第二次世界大战后科技革命和世界经济大发展的有利时机,大力引进国外的资金和技术,实现了经济的较快发展,不仅人均国民生产总值大大提高,经济规模迅速扩大,同时由于制造业的迅速发展,这些国家和地区在产业结构上也日益接近发达国家。虽然它们与美、欧、日相比仍存在较大差距,但在国际市场上已经部分具备与发达国家竞争的能力。当然,尽管一些新兴工业化国家和地区已成为经济多极化的一支力量,但短期内世界经济美、欧、日三大中心的局面不会有质的变化。

4. 世界经济 3 种类型之间的联系与斗争

第二次世界大战后,世界政治经济体系演变为 3 类国家体系并存的统一体,即社会主义国家、发达资本主义国家和发展中的民族主义国家。这 3 类国家体系内部及 3 类国家体系之间既相互联系,又相互矛盾,形成了世界政治经济体系错综复杂的局面,也构成了当前世界经济的基本格局:资本主义经济还占据优势的两种社会制度并存,3 类国家之间相互开放、相互依赖、相互依存的局面不断加深,表现出一种明显的全球化趋向,美国、欧盟和日本虽仍是主宰世界经济的三大资本主义的经济中心,但发展中国家已成为一支不可忽视的重要力量。世界经济中各类力量的对比,使世界经济格局呈现出多极化的态势。

在当前世界经济的基本格局中,发展是各类国家经济活动的主旋律。但是,在发展中依然存在着各种各样的问题。有些发展中国家和地区有了比较迅速的发展,但还有许多国家和地区依然困难重重。从总体上看,南北差距仍在日益扩大,北富南穷的局面并未得到根本改观,世界政治经济发展不平衡规律仍在发生作用。发展中国家要改变落后面貌,必须做出艰苦的努力。

(三) 20世纪90年代世界经济区域集团化加速发展

20世纪90年代以来,世界经济多极化在深入推进。区域经济集团化的发展以及世界主要经济大国发展的不平衡使世界经济格局出现了新的局面。目前,全世界区域性经济组织有30~40个,涉及全球140多个国家和地区。在这些区域性经济集团和组织中,规模最大、实力最强、影响最深的是欧洲、北美和亚太三大区域的经济集团,它们是制约和影响当今世界经济格局的主体集团,它们同处在当今世界经济最发达或最活跃的地区,而且发展迅速,经济实力巨大,其经济总量和进出口贸易额占世界的80%,同时它们还是国际金融市场的主体。区域经济集团的出现,有力地推动了世界经济格局的多极化发展。

1. 高度一体化的欧洲联盟

欧洲联盟(EU)是目前最为完备、最有成效的区域性经济集团。欧共体是第二次世界大战后很早形成的区域经济集团,经过不断发展,20世纪80年代已拥有12个成员。90年代,面对日趋激烈的国际经济竞争,欧共体加快了经济一体化的步伐。1991年欧共体成员国在荷兰马斯特里赫特签署了"政治联盟条约"和"经济与货币联盟条约"(简称"马约"),要进一步推进欧洲统一大市场的建立。1993年11月,欧共体更名为"欧洲联盟"(简称"欧盟"),并在接纳奥地利、瑞典和芬兰后增至15个成员。1999年1月欧洲经济货币联盟开始启动,15个成员中,除英国、丹麦、瑞典和希腊之外的11个国家率先成为欧洲单一货币体系成员。实施单一货币——欧元,把欧盟的一体化推向了一个新的阶段,增强了欧盟在世界经济中的竞争地位。欧盟还积极向东扩展,吸收更多国家加入。2002年1月1日欧元正式进入12个成员的流通领域,这是布雷顿森林体制崩溃后国际货币体系最重大的变革,对国际金融和世界经济产生了重大影响。2004年,匈牙利等10个国家成为新成员,欧盟扩大为25个成员。2007年1月1日保加利亚和罗马尼亚加入欧盟,欧盟进一步扩大为27个成员。2013年7月1日克罗地亚成为欧盟第28个成员。目前还有一个候选成员:土耳其。

2. 北美自由贸易区

1992年,为应付来自欧共体和日本经济的挑战,加固竞争地位,美国与加拿大、墨西哥达成了建立北美自由贸易区的协议。该协定规定,从1994年起15年内逐步降低并最终取消在北美市场上对商品与劳务交易的所有关税壁垒,实现商品、劳务、资本的自由流通和知识产权保护,形成一个拥有3.6亿人口、2000多万平方公里广阔地域的世界最大自由贸易集团。在这个区域集团中,成员国经济实力相差悬殊。加拿大的国民生产总值为美国的1/10,墨西哥的国民生产总值不及美国的1/20,美国占据突出的主导地位。在1994年12月的美洲元首高峰会上,西半球34个国家的领导人一致同意用10年时间将北美自由贸易区扩大到美洲自由贸易区(Free Trade Area of Americas,FTAA),即到2005年建成美洲经贸集团。2001年4月,美洲国家组织第三次首脑会议确定,到2005年12月建成世界上最大的自由贸易区——美洲自由贸易区,形成从阿拉斯加到阿根廷的8亿人的大市场。最近一次美洲元首高峰会于 2005 年 11 月在阿根廷举行，但未达成任何关于"美洲自由贸易区"的协议。这次会议的失败，封杀了让"美洲自由贸易区"赖以存活的全方位议程，意味着在可预知的将来几乎没有机会达成全方位的贸易协定。

3. 亚太经济合作组织

亚太经济合作组织（APEC）是当今世界上范围最广的经济合作组织。1989 年 11 月，经澳大利亚总理霍克提议，亚太地区主要发达国家（美国、日本、加拿大、澳大利亚、新西兰）以及韩国和东盟 6 国共 12 个国家的外交部、经贸部部长聚会澳大利亚堪培拉，讨论如何加强亚太地区经济合作问题，亚太地区有组织的经济合作正式起步。我国于 1991 年加入。1993 年 6 月，正式启用"亚太经济合作组织"（APEC）的名称，并从 1993 年开始每年举行一次非正式首脑会晤，以协调亚太地区的经济关系。欧盟是个排他性的体制完备的经济集团，而 APEC 是一个具有广泛经济协商功能的"大家庭"式的机构，通过共同参与、自主自愿、协商一致和承诺机制来推动成员之间的合作。亚太经合组织是亚太地区最高级别的经济合作论坛，自 1989 年成立以来，在推动亚太地区投资自由化和经济技术合作、促进地区经济发展和共同繁荣等方面起到了积极作用。该组织在 1994 年的《茂物宣言》中，提出了发达国家 2010 年、发展中国家 2020 年实现贸易和投资自由化的目标。这标志着亚太地区的经济合作迈入新的阶段。

4. 东南亚国家联盟

东南亚国家联盟（ASEAN，简称东盟）的前身是马来亚（现马来西亚）、菲律宾和泰国于 1961 年 7 月 31 日在曼谷成立的东南亚联盟。1967 年 8 月 7—8 日，印度尼西亚、泰国、新加坡、菲律宾四国外长和马来西亚副总理在曼谷举行会议，发表了《曼谷宣言》，正式宣告东南亚国家联盟成立。同月 28—29 日，马来西亚、泰国、菲律宾在吉隆坡举行部长级会议，决定由东南亚国家联盟取代东南亚联盟，其总部及东盟秘书处设在印度尼西亚首都雅加达。东盟成立 35 年来日益成为东南亚地区以经济合作为基础的政治、经济、安全一体化合作组织，成为亚太地区政治、经济、安全事务中一支独立的重要力量，发挥着越来越大的作用。在经济方面，东盟面对世界经济一体化和集团化的浪潮，大力加强区域经济发展。现在东盟内部贸易已占所有成员外贸总额的 20%，区域内投资增长也很快。东盟自由贸易区 2002 年 1 月 1 日正式启动，其目标是实现区域内贸易的零关税，2020 年实现投资自由化。

二、当代世界经济的特点

（一）以经济全球化为主要特征

当代世界经济的发展主要以经济全球化为主要特征，其总体格局和运行方式发生了巨大变化。贸易自由化、金融国际化和生产一体化全面推动了经济全球化，具体表现为：

（1）贸易自由化。贸易自由化程度大大提高，国际贸易是推动经济全球化不断深入的强大动力。贸易自由化使世界贸易总量迅速增长，而且其增长速度已经超过了世界生产的增长速度，从而推动了当代世界经济的发展。

（2）金融国际化。在当今各国普遍开放的全球政策背景下，金融国际化进程明显加快，规模不断扩大。金融市场和金融交易的国际化，促进了全球范围的巨额资本流动和资本配置优化，从而推动了当代世界经济的发展。

（3）生产一体化。跨国公司已成为当代世界经济发展的重要主体，跨国公司的经营战略使世界生产日益一体化，促进了各种生产要素的跨国配置和国际分工模式的不断提升，从而推动了当代世界经济的发展。

（二）科学技术是世界经济发展的推进器

科学技术，尤其是信息技术，是世界经济发展的"推进器"。从产业革命以来整个经济的发展看，现代科学技术呈加速发展的态势，以信息技术为中心的科技革命成为世界经济发展的第一推动力。信息技术构成了经济全球化的重要基础，信息产业形成了全球化的产业经济，信息革命大大促进了世界贸易、金融和生产的方式转变和发展势头。因此，以信息技术为中心的当代科技革命推动着当代世界经济的结构转变和整体发展。新的经济理论认为，信息技术革命将迎来数字经济时代。数字经济时代将彻底改变世界经济格局和经济增长方式，从而引发新一轮的产业革命，是经济全球化进一步发展的动力基础。

（三）总量发展与不平衡发展并存

发达国家之间、发达国家与发展中国家之间、发展中国家之间本来就存在巨大的经济差距，以发达国家为主导的经济全球化本身又存在着不平等的结构，在这一背景下，世界经济发展的不平衡性将会加剧。发达国家从经济全球化中获得大部分利益，同发展中国家的总体差距会进一步扩大。发展中国家经济发展的分化将更加严重，部分新兴工业经济体的经济发展水平将接近发达国家，最不发达国家在经济全球化进程中很可能被"边缘化"，即被经济全球化进程所抛弃，根本不可能从经济全球化中获益。

（四）全球化与区域化、集团化并存

20世纪90年代以来，经济区域化、集团化发展迅猛，世界经济区域化成为当代世界经济发展的一个重要特征。区域化可以认为是对全球化的一种必然反应，寻求全球化收益的国家往往要借助区域化手段，全球化与区域化共同推进了当代世界经济的发展。

（五）面临环境、资源和人口等全球性问题的严峻挑战

环境、资源和人口等问题是全球化进程中一个不可回避的侧面。随着世界经济的发展，人类经济活动对环境的破坏日益严重，而人口增长的巨大负担和经济资源的相对匮乏也已成为世界经济发展的障碍。这些问题已成为世界经济可持续发展的严重制约因素，解决这些问题需要世界各国的共同努力。

三、世界经济发展的趋势

经济全球化是20世纪末世界经济发展的主要趋势，这一趋势将在21世纪继续保持下去。从发展趋势看，21世纪世界经济全球化将呈现如下特点。

（一）技术进步在世界经济发展中显示更强威力

毫无疑问，技术进步是世界经济形成和发展的关键因素，可以充分预见，技术的进步，尤其是信息技术的发展对世界经济的影响深远。以互联网为标志的当代信息技术的广泛使用,使国际商务活动空间距离迅速消失,世界经济活动的空间距离几乎一下子缩小到零,电子商务把一切商务活动从地理约束中解放出来,地理将不再是约束一个公司的市场范围和市场规模的因素。这将大大扩展国际交易,使经济全球化得到更大的发展。

同样,互联网可以帮助人们方便快速地获得市场信息,淡化经济信息不充分性规律,避免由于信息不充分造成供给和需求可能脱节、交易成本可能提高、经济活动速度可能放慢、价格机制可能无法充分发挥作用等问题。另外,芯片技术、光通信技术、网络化技术以及软件技术的发展为知识经济时代的到来创造了技术条件,特别是知识可以转化为信息,并通过计算机和通信网络进行编码和传播,彻底改变了知识的社会化生产、传播、应用及存储。随着半导体技术、信息传输技术、多媒体技术、数据库技术、数字压缩技术以及语音识别技术、虚拟技术、显示技术、自动翻译技术等的迅速发展,数字化、网络化、信息化必然是大趋势。目前,人工智能的快速兴起与发展,虚拟现实应用前景的展现,深刻改变了人类的生产、工作和生活方式。

以信息和电子技术为基础的信息产业与其他传统产业很不相同,信息技术的发展和传播形成了知识经济,它既不依赖于自然禀赋,也较少依赖巨额资本,而是更多地依赖于市场。这一发展的结果是,后进国家与先进国家之间的技术差距大为缩小,在生产与消费结构上大部分开放型经济都比较接近。这种技术差距的缩小不但是世界经济全球化的一个结果,也是世界经济全球化的一个标志。

(二)贸易自由化进一步走向制度化

20世纪末,世界贸易组织的建立,并不是终结由关税与贸易总协定提倡的自由贸易化思想,而是在关税与贸易总协定的基础上,在21世纪建立和完善一个自由贸易体制,以一个制度化和规范化的体制确定一个通向自由贸易的道路。贸易自由化离其最终目标的实现还有很长距离。自由化的过程只能是各国之间通过平等互利的方式实行利益平衡的过程。对于不同产业和社会集团的利益,需要由本国政府进行协调和利益再分配。由于发展中国家与发达国家在经济整体水平上存在差距,平等互利的自由化进程中必须包含对发展中国家的倾斜,包括市场开放在时间上的宽限和互惠在一个时期中的不对称。同时,贸易自由化过程应该是一个国际合作的过程,也是各国不断克服市场开放困难的过程。对于发达国家来说,也需要改变因各种理由而使保护主义一再抬头的现象。不但服务贸易自由化的道路还只是刚刚开始,而且货物贸易自由化的进程还需要继续推动。贸易自由化虽然困难重重,但是会在具有法律效力的制度框架下推进与实行。

(三)生产一体化走向更高层次

跨国公司的大发展是20世纪后半期世界经济中的一个重大现象,这一现象从根本上改变了世界经济的运行方式,形成了一种与全球化经济相对应的企业组织形式。

随着跨国公司的进一步发展,生产一体化也将进一步发展。跨国公司使国际分工成为公司内部分工,资源配置成为公司自身的经营战略。以跨国公司为核心,在全球范围内形成一个合理配置的生产网络,跨国公司成为世界生产的主要组织者。

生产一体化是生产过程的全球化,是从生产要素的组合到产品销售的全球化。跨国公司的规模越来越大,在全球投资的范围越来越广,生产一体化也将越来越走向更高的水平。由于跨国公司规划全球化生产,它在内部必然实行更合理的生产组织体系,从原材料的供应、加工工序到零部件的制造,一切都是在全球范围中进行。其结果是传统的以国家之间分工为定义的国际分工,表现为以跨国公司内部生产组织为形式的分工。跨国公司越是发展,这种分工也越是发展。由于近年来跨国兼并的大发展,跨国公司在全球扩展的速度大大加快,单个公司经营的范围也不断扩大,从而使生产一体化得到进一步深化。

(四)金融全球化要求更高安全保障

21 世纪,随着世界经济的进一步发展,人们对国际金融的发展也提出了更高的要求,关注的重点将集中在金融确保全球化稳定发展和运行的有效体系与制度框架。一个与金融国际化相适应的国际金融新体制的建设,是金融国际化能否得到健康发展的关键。其中包括:对国际货币体系进行进一步探索和改革;加强国际资本流动的监管,建立一个全球性的金融监管制度来防范金融危机;各国按国情不同,积极并稳妥地对金融开放战略进行探索。

三、当前世界经济格局新特点

2016 年 6 月 24 日,英国公布全民公投结果,51.9% 的选票支持英国脱离欧盟,对世界经济产生深远影响。世界经济将呈现新格局和新特点,主要表现如下。

(一)中、美两大经济体在世界经济格局中影响越来越大

按 2015 年的数据,中国与美国占全球经济规模的比重达到了 36%,预计 2024—2025年,中国将成为第一大经济体,届时中国与美国两个国家占全球经济规模比重将超过40%。英国脱离欧盟以后,相当于欧盟经济规模减少了六分之一,欧盟在全球的影响力将会下降,中、美两大经济体在世界经济格局中影响将越来越大。随着这种格局的形成和加强,在国际贸易、国际金融、国际人员流动、跨国直接投资、互联网技术应用、自然资源消耗等实践领域,甚至在国际关系、全球治理、软实力、国际组织中的领导力、经济发展的理念与模式方面,不但中、美之间存在巨大博弈,也将对世界经济产生巨大影响。

(二)世界经济板块进一步整合并且互相渗透和影响

在 2008 年之后,英国与美国无论在经济指标上还是经济政策决策上,都比较相似,英国脱离欧盟以后,由于历史原因,英国经济与美国经济存在相似性,而与欧洲大陆或者欧元区存在较大差异,会使英国与美国成为世界经济格局中的重要板块;欧元区和日本的经济结构与经济发达程度是比较类似的,同时它们当前的货币政策与财政政策面临的约束与客观限制也类似,因此,虽然它们地理距离较远,但是在世界经济活动中,它们会加强沟通和协同;以中国和印度为代表的新型市场经济体,也包括东南亚和拉美的一些新型市场国家,在世界经济活动中将扮演重要的板块角色,这一板块的特点是增长潜力依然比较大,经济前景主要取决于改革创新的意愿和政策灵活度以及与其他经济板块协同发展的状况;还有资源经济板块国家,主要包括中东、非洲、拉丁美洲的一些资源经济体,这一板

块的特点是受外部经济影响大,经济波动幅度远远超过世界平均水平;另外那些尚未步入发展正轨的国家,以撒哈拉以南的非洲国家为典型代表,形成世界经济格局中的弱势板块,仍然需要经受世界经济波动的考验,仍需要通过改革寻找发展机遇。

☞ **思考题**

1. 世界经济发展经历了哪几个阶段?

2. 科技革命对世界经济发展起到了什么作用?

3. 第二次世界大战后世界经济格局变化怎样?

4. 如何概括 21 世纪世界经济发展的趋势?

第二章
国际贸易与国际分工

☞ **内容提要**

　　本章分别概述了国际贸易与国际分工的产生与发展过程、当今国际分工的特点,阐述了国际贸易对世界经济的影响、国际分工与国际贸易的关系及相互影响,最后对国际贸易与国际分工理论作了简要的综述。

☞ **关键词**

　　国际贸易　　国际分工

第一节　国际贸易的产生与发展

　　国际贸易是指世界各国(地区)之间货物和服务的交换,是各国(地区)之间分工的表现,反映了世界各国(地区)在经济上的相互依赖。国际贸易是在一定的历史条件下产生和发展起来的。国际贸易的产生必须同时具备两个条件:一是生产力发展到一定水平,有可供国际交换的剩余产品;二是社会分工的扩大和国家的产生。从根本上说,社会生产力的发展和社会分工的扩大,是国际贸易产生和发展的基础。在原始社会末期、奴隶社会初期,由于生产力的发展、剩余产品的出现及社会分工的扩大、国家的产生,国际贸易得以产生。随着生产力的持续发展,国际贸易在各个时期不断发展。

一、原始社会的国际贸易

　　原始社会初期,人类处于自然分工状态,生产力水平很低,人们在共同劳动的基础上获取有限的生活资料,仅能维持自身生存的需要,因此,没有剩余产品,没有私有制,没有阶级和国家,也就没有对外贸易。

　　对外贸易的产生是与人类历史上三次社会大分工密切相关的。第一次是畜牧业从农业中分离出来;第二次是手工业从农业中分离出来;最后是商业开始出现,开始了第三次社会大分工。这三次社会大分工反映了社会生产力发展的历史进程。生产力的发展、交换关系的扩大,加速了私有制的产生,从而使原始社会日趋瓦解。这就为过渡到奴隶社会打下了基础。在奴隶社会初期,阶级矛盾的存在形成了国家。国家出现后,商品交换超出国界,产生了对外贸易。

二、奴隶社会的国际贸易

奴隶社会的基本特征是奴隶主占有生产资料和奴隶本身,同时存在维护奴隶主阶级专政的完整的国家机器。在奴隶社会,社会生产力较原始社会有了较大的发展,随着货币制度的先后建立,国际贸易有了一定程度的发展。但由于在奴隶社会中,自然经济占据统治地位,商品生产微不足道,因而进入流通领域的商品极为有限,加之当时生产技术落后,交通运输工具简陋,国际贸易的规模和范围受到很大限制。

奴隶社会的贸易国家主要有腓尼基(现在黎巴嫩境内)、埃及、希腊、罗马、印度、中国等。贸易的商品主要是王室和奴隶主阶级所追求的奢侈品,如宝石、装饰品、各种织物和香料等,此外还有奴隶主阶级的活的生产工具——奴隶。奴隶社会的对外贸易虽然影响有限,但对手工业发展的促进作用较大,在一定程度上推动了社会生产力的进步。

三、封建社会的国际贸易

封建社会的经济仍然是自然经济,农业在各国经济中占据主导地位,商品生产仍处于从属地位,因而当时国际贸易的规模十分有限,但比奴隶社会有了进一步发展。在封建社会早期,地租采取劳役和实物形式,进入流通领域的商品不多。到封建社会中期,随着商品生产的发展,地租的形式从实物地租转向货币地租,商品经济的范围逐步扩大,对外贸易也随之增长。到封建社会晚期,在城市手工业进一步发展的同时,资本主义因素已经开始孕育和生长,商品经济和对外贸易都比奴隶社会有明显的发展。

在封建社会,奢侈品仍然是国际贸易中的主要商品。西方国家以呢绒、酒等换取东方国家的丝绸、香料、珠宝等。手工业品的比重有明显的上升。国际贸易中心在封建社会时期开始出现。早期的国际贸易中心位于地中海东部,公元 11 世纪以后,国际贸易的范围逐步扩大到地中海、北海、波罗的海和黑海沿岸。中国、埃及、印度、伊朗等亚、非国家的对外贸易发展比较突出。随着交通运输工具(主要是船舶)的较大进步,国际贸易的范围扩大了。不过从总体上来说,自然经济仍占统治地位,国际贸易在经济生活中的作用还相当小,因此,对外贸易发展缓慢,国际商品交换只是个别的、局部的现象,还不存在真正的世界市场,更不存在实际意义上的国际贸易。城市手工业的发展是推动当时国际贸易的一个重要因素。国际贸易的发展又促进了封建社会经济的发展,并加速了资本主义因素的形成和发展。

四、资本主义社会的国际贸易

国际贸易虽然源远流长,但其真正具有世界性质还是在资本主义生产方式确立起来之后。在资本主义生产方式下,国际贸易的规模急剧扩大,国际贸易活动遍及全球,贸易商品种类日益繁多,国际贸易越来越成为影响世界经济发展的一个重要因素。在资本主义发展的各个不同历史时期,国际贸易的发展又各具特点。

(一) 资本主义生产方式准备时期的国际贸易

16—18 世纪是欧洲封建生产方式向资本主义生产方式的过渡时期,是西欧各国资本主义生产方式的准备时期,是资本原始积累和工场手工业大发展时期,也是新航线发现和世界市场开始产生的时期。这一时期工场手工业的发展使社会劳动生产率得到提高,商品生产和商品交换进一步发展,为国际贸易的发展提供了必要的物质基础,客观上也需要扩大市场。

15 世纪末开始的地理大发现正是这一客观需要的结果。对非洲西海岸的探险,通往东方香料岛屿的新航路的开辟,以及美洲的发现,开始了一个海洋商业(海外贸易)和欧洲人对其他大陆殖民征服的新时期。在西欧海上强国开展的以地球为战场的商业战争中,欧洲的商业地图骤然扩大了。各大洲连接在一起初步形成了世界市场,这又极大地扩展了世界贸易的疆域,其中包括印度洋、东南亚的群岛和半岛以及大西洋等,使得世界市场初步形成,从而大大扩展了世界贸易的规模。

这一时期,国际贸易的商品除奢侈品外,工业原料和食品的比重开始增加,贩卖非洲黑奴的奴隶贸易是当时贸易的重要内容。国际贸易中心几度转移,14、15 世纪意大利北部的威尼斯、热那亚、佛罗伦萨等城市,以及波罗的海和北海沿岸的汉萨同盟诸城市都曾为欧洲的贸易中心;在 15 世纪末 16 世纪初,葡萄牙的里斯本、西班牙的塞维尔、尼德兰的安特卫普、荷兰的阿姆斯特丹、英国的伦敦,也先后成为繁荣的国际贸易港口,其贸易范围远及亚洲、非洲和美洲。16—18 世纪国际贸易的显著发展,加快了资本原始积累的过程,促进了资本主义生产方式的产生。

(二) 资本主义自由竞争时期的国际贸易

18 世纪后期至 19 世纪中叶是资本主义的自由竞争时期。这一时期,一方面,欧洲国家先后发生了产业革命和资产阶级革命,资本主义机器大工业生产方式得以建立并广泛发展,社会生产力水平大大提高,可供交换的产品空前增多,真正的国际分工开始形成。另一方面,大工业使交通运输和通信方式发生了变革,极大地便利和推动了国际贸易的快速发展。国际贸易额迅猛增长,贸易商品结构不断变化,商品种类越来越多,贸易方式随信贷发展而有了进步,专业性国际贸易组织机构也已出现,国家之间的贸易条约也普遍发展起来。这时,国际贸易才真正体现了世界性质的含义。

(三) 垄断资本主义时期的国际贸易

19 世纪末 20 世纪初,各主要资本主义国家从自由竞争阶段逐步过渡到垄断资本主义阶段,欧美资本主义国家大都实行了超保护贸易政策,对国际贸易的进一步发展产生了一些不利影响。国际贸易也出现了一些新的变化,表现在:

(1) 国际贸易的规模仍在扩大,但增长速度下降。截至第一次世界大战前,国际贸易仍呈现出明显的增长趋势,但同自由竞争时期相比,增长速度下降了。例如,1870—1913年的 43 年间,世界贸易量只增加了 3 倍,而在自由竞争期间的 1840—1870 年的 30 年间,国际贸易却增长了 3.4 倍之多。

（2）垄断组织瓜分世界市场,垄断开始对国际贸易产生严重影响。由于生产和资本的高度集中,垄断组织在经济生活中越来越起着决定性的作用。它们在控制国内贸易的基础上,在世界市场上也占据了垄断地位,通过垄断价格使国际贸易成为垄断组织追求最大利润的手段。当然,垄断并不能排除竞争,反而使世界市场的竞争更加激烈。

（3）一些主要资本主义国家的垄断组织开始输出资本。为了确保原料的供应和对市场的控制,少数资本主义国家开始向殖民地输出资本。在第一次世界大战前,英国和法国是两个主要的资本输出国。资本输出不但带动了本国商品的出口,而且还能以低廉的价格获得原材料。同时资本输出也是在国外市场上排挤其他竞争者的一种有力手段。

（四）当代国际贸易的新发展

第二次世界大战后,在第三次科学技术革命的影响下,在资本输出迅速增长和贸易自由化的作用下,国际贸易有了空前的发展,这对各国乃至世界经济的发展都具有重大的现实意义。特别是20世纪80年代以来,随着科学技术的突飞猛进,世界经济一体化和地区经济集团化趋势加快,多边贸易体制逐步形成。概括说来,当代国际贸易发展具有以下一系列新的特点和趋势:

（1）国际贸易发展迅速。国际贸易的增长速度大大超过世界生产的增长速度,服务贸易的增长速度又大大超过商品贸易的增长速度。20世纪80年代以来,国际贸易的年均增长速度为6%,大大高于同期世界产值2%～3%的年均增速,并且于稳定增长中不断出现增长的高峰。2008年世界贸易总额为15.775万亿美元,同比增长15%。2008年世界金融危机后,世界贸易增速减缓,2015年,全球货物贸易出口额为16.48万亿美元,进口额为16.77万亿美元,较2014年分别下降13.2%和12.2%。与此同时,20世纪80年代以来,国际服务贸易发展也非常迅速,且增长速度大大超过货物贸易。1970年,国际服务贸易额仅为640亿美元,2015年世界服务进出口总额92450亿美元,45年间增长150多倍,年均增长远高于同期世界货物贸易增速。

（2）国际贸易商品结构发生很大变化。制成品在国际贸易中的比重迅速增长,并超过初级产品比重,占据了主导地位。世界制成品的比重由1980年的53.9%上升为2015年的81.4%。石油贸易增长迅猛,而原料和食品贸易发展缓慢,石油以外的初级产品在国际贸易中所占的比重下降。在制成品贸易中,各种制成品的相对重要性有了变化。非耐用品,如纺织品和一些轻工业产品的比重下降,而资本货物所占的比重上升。技术贸易等无形贸易及军火贸易迅速增长。

（3）国际贸易方式趋于多样化。传统的国际贸易,主要采用以货币为中介向以物换汇的方式进行。随着国际贸易的发展,各种新的贸易方式不断被创造出来,如加工贸易、补偿贸易、租赁、包销、代理和寄售等。国际贸易也从单纯的商品流通功能发展到与生产、投资、服务密切结合,形式更加多样化,功能也更趋于完备。

（4）国际贸易格局的变化。发达资本主义国家仍然在国际贸易格局中居于支配地位,其贸易额占国际贸易总额的2/3以上,发达国家之间的贸易增长高于发达国家与发展中国家之间的贸易。但发展中国家在国际贸易中的地位有所加强,国际贸易已从过去发达国家的一统天下,变为不同类型国家相互合作和相互竞争的方式。发展中国家的贸易地位与第二次世界大战前相比有了很大的提高,但发展中国家贸易增长很不平衡,增长较快的是石油输出国组织及新兴工业化国家和地区。第二次世界大战后国际贸易格局变化的另一个重要表现是区域内贸易的急剧增长。据联合国统计,2014 年欧盟内部贸易总额是 2.534 万亿欧元,1980—2007 年,欧共体区域内出口占其出口总额的比重从 26.7% 上升到 73.4%;北美自由贸易区的区域内出口比重则由 26.7% 上升到 43.8%。

（5）各种类型国家和地区间的区域贸易组织层出不穷,经济贸易集团内部各成员间的贸易发展也十分迅速。据 WTO 统计,截至 2014 年 6 月 15 日,在 WTO 中申报的区域贸易协定(RTA)已经达到 585 个,其中已生效的有 379 个。这当中既有发达经济体间的,如欧盟(EU);也有发达经济体和发展中经济体间的,如北美自由贸易协定(NAFTA);还有发展中经济体间的,如东盟(ASEAN/AFTA)。据统计,EU 和 NAFTA 的区域内部的出口占其当年总出口的比重是 2/3 左右,ASEAN/AFTA 的比重是 1/4 左右。

（6）跨国公司在国际贸易中的作用增强。跨国公司的兴起,创造了企业内部国际贸易,即跨国公司内部母公司与子公司之间、子公司与子公司之间相互交换原材料、中间产品、生产技术和设备的跨国流动。据统计,跨国公司内部贸易在国际贸易总额中已达 1/3 以上。另外,由于跨国公司在世界经济中的重要地位,跨国公司与公司外经济实体之间的国际贸易发展也很快,这种贸易的数量在国际贸易总额中也已达 1/3。而高新技术的贸易更是同跨国公司有关,80% 的国际技术转让发生在跨国公司内部。

（7）从贸易政策和贸易体制来看,战后 20 世纪五六十年代,贸易政策和体制总的特点是自由贸易;20 世纪 70 年代以来,贸易政策呈现逐渐向贸易保护主义转化的倾向,贸易保护政策更多采用了非关税壁垒措施。国际贸易体制从自由贸易走向管理贸易,国际贸易的垄断化进一步发展。随着世界贸易组织的建立,国际贸易又进入一个相对自由的时代。当然,这并不排除一些国家出于政治利益的需要而采取贸易限制措施。

五、国际贸易对世界经济的影响

(一) 国际贸易促进了资本主义生产方式的产生

马克思曾经指出:"国际贸易的扩大,虽然在资本主义生产方式的幼年时期是这种生产方式的基础,但在资本主义生产方式的发展中,由于这种生产方式的内在必然性,由于这种生产方式要求不断扩大市场,它成为这种生产方式本身的产物。"马克思的这一科学论断,高度概括了国际贸易在资本主义生产方式的产生和发展中所起的巨大促进作用,揭示了国际贸易与资本主义生产方式之间的本质联系。在西欧封建社会末期资本主义因素扩大的情况下,国际贸易推动和促进了资本主义生产方式的产生。对外贸易给资本主义生产方式的形成提供了必要的条件,促进了欧洲资本主义的资本原始积累。

(二) 国际贸易的动态利益通过传递机制作用于世界经济,最终推动世界经济增长

1. 国际贸易促进世界市场的扩大

国际贸易为一国提供了扩大市场的机会。一方面可使已经存在的国内过剩生产能力

得到充分发挥,将闲置的生产要素利用起来进行商品生产并出口;另一方面又会刺激国内生产能力进一步提高,改变该国的生产可能性曲线,使其向外移动,其外移的结果又由于可以出口从而促使消费可能性曲线也外移,这就会提高生产要素利用率,使经济增长、福利水平提高。

2. 国际贸易促进世界经济结构转换升级

国际贸易可以通过经济现象中的连锁作用,把生产要素吸引到正在扩张的产业部门,并促进与该部门在投入与产出方面有关联的部门或产业也扩大,由此推动全面的经济增长,促进经济结构转换升级,尤其是出口贸易的这种作用更为明显,进而推动各国经济增长。

(三) 国际贸易可以提高利润率

国际贸易提高利润率可以通过以下几个方面实现:

(1) 降低生产成本。通过国际贸易,从国外获得廉价的原料、燃料、辅助材料、机器、设备等,降低了不变资本的费用。同时,通过国际贸易还可以使可变资本转化为必要的生活资料的成本降低。

(2) 取得规模经济利益。通过对外贸易扩大出口,可扩大生产规模,提高劳动生产率,降低生产成本。

(3) 取得超额利润。这种超额利润一部分来自高于他国的劳动生产率,一部分来自对市场的增值机制作用。

第二节　国际分工

一、国际分工的一般定义

国际分工是指世界各国之间的劳动分工,是超越国家界限的专业化分工,是社会分工的延伸和发展。当社会生产力发展到一定阶段后,各国国民经济的内部分工冲破国家界限,即出现了国际分工。国际分工是国际贸易和世界市场的基础,国际的商品交换是国际分工的表现形式。

二、国际分工的产生和发展

国际分工属于历史的范畴,它是人类社会发展到一定阶段的产物。国际分工的形成和发展取决于两个条件:一是社会经济条件,包括各国的科学技术和生产力发展水平、国际市场的大小、人口的多寡和社会经济结构;二是自然条件,包括资源、气候、土壤、国土面积大小等。当然,生产力的发展是促进国际分工形成和发展的决定性因素,科技进步是国际分工得以产生和发展的直接原因。

国际分工是劳动分工经过自然分工和社会分工的必然结果。资本主义工业革命后,大机器生产体系建立,以大机器生产为标志的资本主义生产方式确定后,生产力迅速提高。机器生产出更多样的制成品,但同时也对原材料、劳动力和土地提出更多的需求,滋生着对市场扩大的占有欲。市场的扩大本身表现为对原材料、劳动力、土地等生产要素需求的国际延伸,于是机器大生产在地理意义上得以扩展,国民经济的发展也就超越了国家的界限。同时,这种生产国际化发展必然使社会分工发生一些新的变化。国内社会分工随着国际贸易的扩展而趋向于外向型的发展格局,并进一步在国际市场上发挥作用,演变为国际分工。

三、国际分工的发展阶段

1. 前资本主义时期分工

这个时期的特征是:生产力水平低下,自然经济占统治地位,商品经济落后,国内贸易尚不发达。这个时期主要以不发达的社会分工和地域分工为主,即使存在一些邻国之间的国际分工,那也只是因为地理上的巧合。

2. 国际分工的萌芽阶段

15世纪末16世纪初的地理大发现推动了生产力的发展,手工业与农业进一步分离,商品经济有了较快发展,国际贸易开始迅速扩大,资本进入原始积累时期。当时欧洲一些国家执行殖民政策,伴随着海外殖民掠夺和奴隶贸易的兴起,各国的经济联系不断增多,最终产生了宗主国与殖民地之间最初的国际分工形式。不过这时还处于国际分工的萌芽阶段,国际分工的显著特征是宗主国与殖民地之间的不合理分工。

3. 国际分工的雏形和发展

18世纪中叶到19世纪中叶的第一次科技革命是国际分工逐渐形成和发展的原动力。产业革命在英国等国家的完成,促使这些国家建立完全的机器大工业。机器的运用,迅速扩大了社会协作的规模,生产本身日益由个人行动或孤立的行动变成一系列的社会行动。机器大工业使生产更加专业化,分工日益科学化,生产规模日益扩大,许多新的生产部门不断出现。在机器大工业内部分工发展的基础上,资本主义国际分工又获得了新的发展。一方面,受地域条件或自然环境的限制,大规模生产所需的日益增多的原材料已非本国生产的原材料所能满足,迫使工业发达国家开辟廉价的海外原料基地。另一方面,机器生产使劳动生产率大大提高,先进的工业国家源源不断地创造出来的商品不但需要国内市场,而且需要日益扩大的国外市场。与此同时机器大工业带来了交通运输工具的革命性变革,海洋轮船和铁路机车大大改善了运输条件,不但运输时间大大缩短,而且运输费用也显著降低。电报等现代通信工具的出现,使得信息的传播日益广泛和迅速,便利了国际贸易的扩展,促进了国家之间的劳动分工。这一时期国际分工的特点是以有"世界工厂"之称的英国为中心,形成了英国和广大的亚、非、拉国家之间的宗主国与殖民地典型分工的形式。

4. 国际分工体系的形成

19世纪末到20世纪初的第二次科技革命,最终导致了资本主义国际分工体系的形成。这个时期的国际分工出现了新的特点。

（1）国际的生产专业化进一步发展。由于第二次科学技术革命的发生，新的炼钢技术、发电机、内燃机、电动机等得到了广泛应用，出现许多新的工业部门。在原来的工业国中，重工业占据了主导地位；在原来的农业国中，燃料和采掘业有了发展，在世界范围内形成了门类较齐全的国际分工体系。同时，发达国家之间的分工也日益发展起来，主要是工业部门之间的分工。如当时英国首先发明和采用了转炉炼钢技术，因而在钢铁生产中居领先地位；德国却偏重于发展化学工业。

（2）工业生产集中在美国、日本、欧洲，食品、原料生产集中在亚、非、拉国家。发达国家通过资本输出以及强制手段，对经济落后的国家实行殖民统治，强迫殖民地种植供出口的经济作物，兴办面向国际市场的种植业和采矿业，加深了世界工厂与世界农村的对立关系，阻碍殖民地建立民族工业，不允许殖民地和其他国家发生经济联系。因此，许多亚、非、拉国家逐渐成为畸形的、发展单一作物的国家，它们的经济严重依赖发达国家。

（3）世界城市与世界农村的分离进一步扩大。社会分工的发展造成了城市和乡村的分离，国际分工的发展造成了世界城市和世界农村的分离。随着第二次科技革命的发展，工业国的农业人口占劳动人口数的比重不断下降。工业国对矿产品和农业原料的巨大需求使亚、非、拉国家也卷入国际分工和国际贸易中。

5. 国际分工的深化阶段

第二次世界大战以后，各殖民地纷纷开始独立，打破了原先以宗主国与殖民地之间经济联系为主的国际分工的旧格局，传统的国际分工格局发生了巨变。一系列政治上获得独立的发展中国家开始崛起，同时，一些社会主义国家诞生并参与国际经济活动，也对国际经济联系的内容和实质发生了重要影响，使第二次世界大战后的国际分工具有新的特征。

四、当代国际分工的特点

第二次世界大战后，随着国际分工的深化，兴起了以原子能、电子计算机和空间技术的发展和应用为主要标志的第三次科学技术革命。科学技术的进步导致了一系列新能源、新材料、新工艺的出现和一系列新兴工业部门的相继建立，极大地促进了生产力的发展。随着生产专业化和生产国际化的不断加强，各国之间的相互依存关系日益加深，国际分工进入深化发展的新时期，发生了深刻的变化：19 世纪所形成的世界城市与世界农村的对立和分工依然存在，但已经削弱，日益为以世界工业为主导形式的分工所取代——国际分工从传统的以自然资源为基础的分工逐步发展为以现代技术、工艺为基础的分工；从垂直型的分工发展为水平型的分工；从产业各部门之间的分工发展为各个产业部门的分工，并继续发展为以产品专业化为基础的新的国际分工；从按照产品所进行的分工发展为按照生产要素所进行的分工；从由市场自发力量所决定的分工，发展为有组织的，特别是由跨国公司所组织的分工。

世界工业分工是第二次世界大战后国际分工的基本趋向和基本特征，具体表现为以下几点。

(一) 在国际分工格局中,工业国之间的分工居于主导地位

第二次世界大战后,科技的飞跃进步和经济的迅速发展改变了战前经济结构不同、技术基础不同的工业国与农业国之间的国际分工格局。国际分工在经济结构相似、技术水平接近的工业国家之间得到迅速发展。国际分工的这一发展趋势在战后国际贸易发展中明显地反映出来。战后,发达国家与发展中国家之间的贸易发展得比较缓慢,而发达国家与发达国家之间的贸易发展得比较迅速,它们在世界贸易中所占的比重不断提高。在战后国际贸易中,发达国家的出口约占国际贸易量的 3/4,而其中的 3/4 是对发达国家的出口,这就是说,一半以上的国际贸易是在发达国家之间以工业品贸易的形式进行的,而发达国家与发展中国家之间以工业品交换初级产品的贸易,只占国际贸易的 1/5 以下。这表明,传统的以自然资源为基础的世界工业与农业的分工日趋削弱,新型的以现代技术、工艺为基础的世界工业与工业的分工日趋加强。

(二) 国际工业部门内部分工日益深化

第二次世界大战后,随着社会分工的发展,原来的生产部门逐步划分为更多、更细的部门,原来的一个部门变为若干个新的独立的部门。部门内的分工不仅限于一国国内,而且越来越多地跨越国界,形成国际的部门内部分工。部门内部国际分工的发展是以科学技术为基础的国际分工迅速发展的结果。战后的科技进步引起发达资本主义国家产业结构的变化,出现了一系列的高新技术产业部门。这些部门技术密集程度高、生产能力大、生产工艺和产品结构复杂,这在客观上要求企业大型化。发达国家企业的现代化生产又要求在资金、研究与开发、生产、市场等方面必须走国际协作和国际专业化的道路。

战后发达国家之间各个工业部门内部的国际分工主要有以下几种形式。

1. 产品专业化

这是指各发达国家的相同工业部门,对同一类型但型号、规格不同的产品,实行专业化生产。在技术进步的推动下,新产品源源不断地涌出,各类工业品日益多样化,同类工业品在品种、型号、规格、质量、性能等方面日益差异化。在产品多样化、差异化迅速发展的情况下,即使技术水平很高、国内市场很大的国家,也不可能生产出所有型号、规格的同类产品。因此,在各国相同工业部门内部,不同型号、不同规格产品的分工迅速发展起来。

2. 零部件专业化

这是指发达国家把某种工业产品的零件、部件或配件,分别配置在不同的国家(包括发展中国家)进行专业化生产,然后把各种零部件集中到某个国家进行总装配,完成最终产品。现代工业产品的结构日趋复杂,越是高技术产品,所需零部件越多。生产成千上万种零部件,仅依靠几家企业难以完成,需要有众多的有关企业参与分工协作。由于不同的国家在技术、设备、资源等方面拥有不同的优势,为了保证质量、降低成本,实行零部件专业化和国际协作也是一种必然的趋势。

3. 工艺流程专业化

这是指不同国家对生产某种复杂产品或部件的工艺过程或工序实行专业化生产。例如,把制造锻件、铸件、模压件、毛坯等中间产品或半制成品向国外出口,再由国外企业按

需要进行加工,制成最终产品。

发达国家之间各工业部门内部分工的发展是第二次世界大战后国际分工深化发展的集中表现。产品专业化的发展必然扩大发达国家间工业制成品的相互贸易,零部件专业化和工艺过程专业化的发展使国际贸易中零部件、配件等中间产品和半制成品贸易的比重加大。

（三）发达国家与发展中国家间的工业分工在发展,而工业国与农业国之间的国际分工格局在削弱

第二次世界大战后的科技革命和跨国公司的迅速发展,加速了产品生产从发达国家向发展中国家的转移。在发展中国家向发达国家的出口中,除了初级产品以外,还逐步增加了劳动密集型产品,有些新兴工业化国家还出口某些资本和技术密集型产品(如电子产品、汽车等),而发达国家向发展中国家出口的工业品则主要是资本和技术密集型产品。这种转移削弱了这两类国家间传统的分工关系基础。在一定程度上打破了传统的工业国与农业国、宗主国与殖民地的国际分工格局,在发达国家与发展中国家之间,在工业与农业分工趋于削弱的同时,逐渐出现了资本和技术密集型工业与劳动密集型工业的分工、高技术工业与一般工业的分工。

第三节　国际分工对国际贸易的影响

一、国际分工与国际贸易的关系

国际分工是国际贸易和世界市场的基础,国际分工的发展变化必然对各国对外经济贸易的发展产生重大影响。国际贸易是国际分工实现的条件,是国际分工的纽带,引导国际分工的发展方向。国际贸易不但制约着国际分工功能的实现,而且国际贸易的规模和发展速度制约着国际分工的发展,并协调参与国际分工主权国家的分工利益。

二、国际分工对国际贸易的影响

（一）国际分工影响国际贸易的发展速度

国际分工的发展速度与国际贸易的发展速度呈正比例方向变化,国际分工的发展速度决定了国际贸易的发展速度。从国际贸易的发展来看,在国际分工发展快的时期,国际贸易发展也快。相反,在国际分工缓慢发展的时期,国际贸易也发展较慢或处于停滞状态,所以国际分工是国际贸易发展的决定因素。从贸易量来看,世界贸易年均增长率,从1780—1800年的0.27%增加到1860—1870年的5.53%。相反,1913—1938年间,世界生产发展缓慢,国际分工处于停滞状态,国际贸易在这个时期年平均增长率只有0.7%。第二次世界大战后,国际分工又有了飞速的发展,国际贸易的发展速度也相应加快,并快于以前各个时期。1950—1991年,世界贸易年均增长率为11.3%。20世纪80年代中期以来,各国加快了经济贸易的合作与交流,国际分工的发展在产业内(服务业内)进一步加快,国际货物贸易与服务贸易发展速度也相应加快。因此,国际分工与国际贸易是同向发展变化的。

(二)国际分工极大地影响着国际贸易的地区分布、地理方向

国际分工发展的历史表明,在国际分工中处于中心地位的国家,在国际贸易的地区分布中也必然处于中心地位。从18世纪初到19世纪末,英国始终处于国际分工的中心地位,其在国际贸易中也处于中心地位,在直接对外贸易总额中一直独占鳌头。第二次世界大战后,美国的经济地位迅速上升,其在国际分工中处于相对中心的地位。1950年,其出口额占世界出口额的16.7%,占发达市场经济国家出口的27.5%。作为国际分工主体的发达国家的出口贸易始终处于国际贸易的中心地位。

国际分工的变化,也使国际贸易的地理方向发生了与国际分工大致相同的变化。19世纪到第二次世界大战前,国际分工的主要形式为宗主国与殖民地等落后的发展中国家、最不发达国家间的分工,在国际贸易中表现为宗主国、发达国家出口工业制成品,发展中国家出口农矿产品、原材料及自然资源产品。第二次世界大战后,国际分工从垂直型向水平型、混合型过渡和发展,从而使国际贸易地理方向也发生了相应变化,发达国家间及发达国家与发展中国家之间的工业制成品贸易居于国际贸易的主导地位,特别是发达国家之间的双向贸易发展迅速,发达国家与发展中国家间的贸易居于次要地位。从19世纪末以来,发达资本主义国家成为国际分工的中心,它们在国际贸易中一直居于支配地位。发达资本主义国家在世界出口中所占比重1950年为60.8%,1985年为69.9%,目前又上升到75%左右。

(三)国际分工对国际贸易的商品结构产生重要影响

随着国际分工的发展,国际商品结构与各国的进出口商品结构不断发生变化。这主要表现在:

(1)国际货物贸易发展规模扩大,国际服务贸易发展速度加快,货物贸易在世界贸易中的比重下降,服务贸易所占比重相对上升。国际服务贸易额从1967年的700亿～900亿美元剧增到2013年9.21万亿美元,接近10万亿美元,其中,出口4.72万亿美元,进口4.49万亿美元。同期,货物贸易进出口总额36.78万亿美元。其中,出口18.61万亿美元,进口18.17万亿美元。从全球服务贸易发展规模看,服务贸易进出口规模逐年扩大,服务贸易为货物贸易的1/4,服务贸易在全球贸易中的占比不断提高。

(2)在国际货物贸易中,工业制成品贸易比重上升,初级产品贸易比重下降。从1953年起,工业制成品在国际贸易中的比重超过初级产品所占比重。这些都与国际资本流动,特别是大量的直接投资资本集中于制造业有着密切的联系。第二次世界大战后的科技革命促进了发达国家产业结构的调整,一系列新兴部门建立,企业在大举对新兴工业部门投资的同时,大量迁出夕阳产业,这些行业的企业通过对外直接投资,利用其他国家和地区的有利资源条件和政策在当地开展生产和经营活动,产品除供应东道国市场外,还出口到其他国家,包括返销本国市场。

（3）发展中国家尤其是新兴工业化国家出口中的工业制成品贸易增长较快。20世纪60年代后,发展中国家工业化战略的实施及外资的引入,加速了国内工业的发展,改变了出口商品结构中严重依赖初级产品的状况,提高了工业制成品的出口比重。

（4）在工业制成品贸易中,中间性机械产品的贸易比重提高。中间产品贸易比重的持续增长在一定程度上与跨国企业的经营方式有关。跨国企业是从全球的角度依照各地的具体条件进行资源配置的,其经营方式为内部企业间分工协作,定点生产、定点装配、定向销售,这样使大量零部件在国家间往返运输,由此增加了中间产品的贸易比重。

（四）国际分工对国际贸易政策产生重要影响

一个国家对外贸易政策的制定,不但取决于它的工业发展水平及其在世界市场上的竞争地位,而且取决于它在国际分工中所处的地位。国际分工状况是各个国家制定对外贸易政策的依据。第一次科技革命后,英国工业力量雄厚,其产品竞争能力强,同时又需要以工业制成品的出口换取原料和粮食的进口,所以,当时英国实行了自由贸易政策。而美国和西欧的一些国家工业发展水平落后于英国,它们为了避免遭到英国竞争的冲击,保护本国的幼稚工业,便采取了保护贸易政策。第二次科技革命,资本主义从自由竞争阶段过渡到垄断阶段,国际分工进一步深化,国际市场竞争更加剧烈,在对外贸易政策上,便采取了超保护贸易政策。20世纪70年代中期以前,以贸易自由化政策为主导倾向,20世纪70年代中期以后,贸易保护主义又重新抬头。西方国家贸易政策的这种演变,是和世界国际分工进一步向纵深和广阔发展分不开的,也与各国在国际分工中所处的地位变化密切相关。

（五）国际分工影响着国际贸易的利益分配

国际分工是在资本主义生产方式的产生和发展过程中形成和发展的,它体现了资本主义社会的生产关系。因此,国际分工必然是旧的不平等的国际经济秩序的重要组成部分,从而决定了宗主国、资本主义国家对落后的殖民地、半殖民地、落后国家的不平等的贸易关系。第二次世界大战后,随着民族解放运动的兴起,许多发展中国家在政治上取得了独立,经济的自主性增强,发展中国家在国际分工中的地位有了较大改善,贸易利益也随之增多。尽管如此,发展中国家在世界贸易中的地位仍然较低,发展中国家需要依据本国的具体情况,制定适宜的对外经济贸易政策,扬长避短,发挥优势,彻底改变不合理的国际分工格局,使贸易利益的分配相对合理。

第四节　国际贸易与国际分工理论综述

一、国际贸易与国际分工经典理论

（一）重商主义

15世纪末16世纪初,即在西方国家的资本原始积累阶段,对国际贸易的研究就已出现。当时的主要理论为重商主义。重商主义主要研究对外贸易如何能够为一国带来财富,而所谓财富则完全由金银货币来衡量。在他们看来,国内市场上的贸易是由一部分人支付货币给另一部分人,从而使一部分人获利,另一部分人受损。国内贸易的结果只是社会财富在国内不同集团之间的再分配,整个社会财富的总量并没有增加,而对外贸易可以使一国从国外获得金银货币,从而使国家致富。因此,重商主义对贸易的研究主要集中在如何进行贸易,具体来说,怎样通过鼓励商品输出、限制商品进口以增加货币的流入从而增加社会财富。对如何做到多输出少进口,晚期的重商主义与早期的观点有所不同。早期重商主义强调绝对的贸易出超,主张控制商品进口和货币外流。晚期重商主义(16 世纪下半期到 17 世纪末)则从长远的观点看,认为在一定时期内的外贸入超是允许的,只要最终的贸易结果能保证出超,保证货币最终流回国内就可以。但无论早期还是晚期,重商主义都主张限制进口,对贸易的研究是很有局限的。18 世纪末叶,重商主义的贸易观念受到古典经济学派的挑战,并被自由贸易的思想取代。

(二)亚当·斯密的绝对优势理论

亚当·斯密是资产阶级经济学古典学派的主要奠基人之一,也是国际分工和国际贸易理论的创始者。他处在从工场手工业向大机器工业过渡的时期,在其代表著作《国富论》中,提出了国际分工与自由贸易的理论,并以此作为他反对重商主义的贸易差额论和保护贸易政策的重要武器。他对国际分工和国际贸易理论做出了重要贡献。

他以制针业中手工工场的例子,来说明分工可以提高劳动生产率。亚当·斯密认为,根据当时的情况,在没有分工的情况下,一个粗工每天连一根针也制造不出来。而在分工的情况下,10 个人每天可制造 48000 根针,每个工人的劳动生产率提高了几千倍。因此,他认为在生产要素不变的条件下,依靠分工可以提高劳动生产率。

在《国富论》中,亚当·斯密从个人之间的交换推论到国家之间的交换。他认为,既然每个人只生产自己擅长生产的东西,然后用来交换别人擅长生产的东西,比自己什么都生产合算,那么各国间的分工和交换也应该是同样合算的。因此,他认为无论出口还是进口,一国都能获得利益。但有一个前提,即一国必须在某种产品上占绝对优势,因此该理论被称为绝对优势理论。

(三)大卫·李嘉图的比较优势理论

大卫·李嘉图是英国工业革命深入发展时期的经济学家和政治活动家,其代表著作是《政治经济学及赋税原理》。比较优势理论(Theory of Comparative)是大卫·李嘉图在进行废除《谷物法》的论战中,在亚当·斯密绝对优势理论的基础上发展起来的。亚当·斯密认为,国际分工应按地域自然条件及绝对的成本差异进行,即一个国家输出的商品,一定是生产上具有绝对优势生产成本、绝对低于他国的商品。大卫·李嘉图进一步发展了这一观点,他认为每个国家不一定要生产各种商品,而应集中力量生产那些利益较大或不利较小的商品,然后通过国际贸易,在资本和劳动力不变的情况下,生产总量将增加,如此形成的国际分工对贸易各国都有利。

大卫·李嘉图认为,在资本与劳动力在国与国之间不能自由流动的情况下,按照比较优势理论进行国际分工,可使劳动配置更合理,可增加生产总额,对贸易各国均有利,但其前提必须是完全的自由贸易。

亚当·斯密和大卫·李嘉图是国际分工与国际贸易古典理论的两位代表人物。他们最早提出了自由贸易的理论。在他们的理论中,劳动是最主要的生产投入。因此,他们认为产品的成本由劳动生产率决定,而劳动生产率又由生产技术决定。亚当·斯密和大卫·李嘉图建立了以技术差异来解释贸易基础的古典贸易模型。亚当·斯密的绝对优势模型和大卫·李嘉图的比较优势模型为这方面的研究奠定了基础。

(四) 俄林、赫克歇尔和萨缪尔森的要素禀赋论

要素禀赋论有狭义和广义之分。狭义的要素禀赋论又称为要素比例论或要素供给比例论,即用生产要素的丰缺来解释国际贸易产生的原因和一国进出口贸易的特点。广义的要素禀赋论除了包括要素比例论的内容外,还包括要素价格均等化说,它主要研究国际贸易对要素价格的影响,说明国际贸易不但使国际商品价格趋于均等,而且使各国的生产要素价格趋于均等。

俄林在分析和阐述要素比例论时,环环相扣,层层深入。他认为:商品价格的国际绝对差异是产生国际贸易的直接原因;各国不同的商品价格比例是产生国际贸易的必要条件;各国不同的商品价格比例是由各国不同的要素价格比例决定的;各国不同的要素价格比例是由各国不同的要素供给比例决定的。在所有这些环节中,要素供给是中心环节。通过严密的分析,俄林得出结论:一国生产和出口那些需大量使用本国供给相对丰富的生产要素的产品,价格就低,因而有比较优势;相反,生产那些需大量使用本国稀缺的生产要素的产品,价格昂贵,出口就不利。各国应尽可能利用供给丰富、价格便宜的生产要素,生产廉价产品输出,以交换他国物美价廉的商品。

国际贸易可能导致要素价格均等化的论点是由赫克歇尔首先提出来的。俄林则认为,虽然各国要素缺乏流动性使世界范围内要素价格相等的理想状态不能实现,但是商品贸易可以部分代替要素流动,弥补要素缺乏流动性的不足,所以国际贸易使要素价格存在均等化趋势。萨缪尔森进一步论证了自由贸易将导致要素价格趋于均等化,因此,该理论被称为"赫—俄—萨学说"。要素价格均等化说可以表述为:在满足要素禀赋论的全部假设条件下,自由的国际贸易通过商品价格的均等化,将使同种要素的绝对价格和相对价格趋于均等。

(五) 里昂惕夫之谜

美国经济学家里昂惕夫(Vassily W. Leonteif)由于其投入产出分析法对经济学的杰出贡献,获得了1973年诺贝尔经济学奖。里昂惕夫对赫—俄原理(H—O原理)确信无疑,按照这个理论利用投入—产出分析方法对美国的对外贸易商品结构进行具体计算,其目的是对赫—俄原理进行验证。

根据要素禀赋论,一国出口的应是密集地使用本国丰富要素生产的产品,进口的应是密集地使用稀缺要素生产的产品。美国是一个资本充裕而劳动力相对缺乏的国家,因此,美国应该出口资本密集型产品,进口劳动密集型产品。1953年,里昂惕夫用投入—产出

分析法对 1947 年美国 200 个行业进行分析,他把生产要素分为资本和劳动两种,计算每百万美元的出口商品和进口替代商品所需要的国内资本和劳动量及其比例,从而得出美国出口商品和进口替代商品中所含的资本和劳动的密集程度。计算结果表明,进口替代商品的资本密集程度高于出口商品约 30%,这说明美国出口的是劳动密集型产品,进口的是资本密集型产品。这一验证结论正好与赫—俄原理相反。里昂惕夫的惊人发现引起了西方经济学界的震惊和极大关注,被称为"里昂惕夫之谜"。随后西方掀起了一个验证和探讨里昂惕夫之谜的热潮,并引出了关于国际贸易和国际分工的学说。

二、第二次世界大战后国际贸易和国际分工理论的新发展

第二次世界大战以后,随着第三次科技革命的兴起以及国际政治经济形势的相对稳定,国际贸易的规模迅速扩大。国际贸易的商品结构和地区流向也发生了根本性的变化,主要表现在两个方面:一是发达国家之间相互贸易的比重迅速上升,成为国际贸易的主体,而且发达国家的相互贸易以水平型贸易,即产业内贸易为主要形式;二是跨国公司内部贸易迅速发展。对这些新情况,传统的国际贸易理论难以做出合理的解释。加之里昂惕夫之谜的提出,激励人们在国际贸易理论研究中不断探索,推动了国际贸易理论的发展。

(一) 产品生命周期理论

产品生命周期理论是美国哈佛大学教授弗农(Vernon)于 1966 年最先提出的,后经威尔斯(L. T. Wells)和赫希哲(Hirsch)等人加以完善。弗农认为,产品和生物一样具有生命周期,并把产品的生命周期划分为 4 个阶段:新生期、成长期、成熟期和衰退期。在一个产品的整个生命周期中,制造这种产品的生产要素比例会发生规律性的变化。产品的新生期是指产品的研究和开发阶段,需要大量的研究和开发费用及相关的技术人员,这时的产品是技术密集型的。进入成长期,是指产品基本定型,可以批量生产并在一定程度上普及的阶段。这时生产产品主要依靠新机器设备和一般熟练劳动力进行,产品由技术密集型转变为资本密集型。到了产品的成熟期和衰退期,是指产品已标准化,生产技术和生产方法已广泛普及,对该产品的市场需求正逐渐衰退,这时,非熟练劳动已能够参与产品生产,产品的劳动密集度增大。这样,在产品生命周期的不同阶段,不同类型国家所具有的相对优势也各不相同。发达国家技术先进、资本雄厚,在生产新产品方面具有比较优势;而发展中国家拥有丰富的非熟练劳动力,生产成本较低,具有生产标准化产品的比较优势。因此,一种新产品的出口贸易就会逐渐从发达国家向发展中国家转移。

这一理论正确地指出了技术作为一种生产要素在国际贸易中的重要作用,并把时间因素加入 H-O 理论的静态分析使之动态化,因而发展和完善了 H-O 理论。

(二) 技术差距理论

技术差距理论是由波斯纳(M. Posner)于 1961 年提出的。这一理论把国家间的贸易与技术差距的存在联系起来,认为正是一国的技术优势使其在采用该项技术的产品生产方面具有比较优势。在这种情况下,世界其他国家与该国之间就会因这种产品的技术差

距引起国际贸易。如果不同种类的产品创新同时在两个国家的同一个产业中出现，以及两个国家对创新产品都有需求，就会形成两种替代品的专业化生产和产业内贸易。这种贸易的产生是由产品的异质性引起的。所谓异质性产品，是指同一种产品由于技术差距、商标、款式和包装等不同而形成实物形态上的差别，如美国生产的汽车和日本生产的汽车。这种异质性产品能够满足消费者特定的消费需求，从而使同种产品的生产者依据各自的优势生产具有相对优势的异质性产品，并通过各国之间的交换形成产业内贸易。

技术差距理论强调了技术作为一种生产要素的重要性，补充和完善了 H-O 理论，并对第二次世界大战后广泛发展的产业内贸易提供了一个合理的解释，因而具有一定的科学意义。

（三）偏好相似理论

偏好相似理论是由瑞典经济学家林德（S. B. Linder）于 1961 年提出的。与传统理论最大的不同在于，这一理论从需求方面探讨了国际贸易产生的原因。林德认为，要素禀赋论只能解释初级产品与工业制成品之间的贸易，而不能解释工业品之间的贸易。第二次世界大战以后工业部门内部贸易的迅速发展应该从需求方面去探讨。决定一国某种工业品生产与否的是国内需求，而不是国外需求，国内市场的需求推动了相关工业品生产的发展。当生产建立起一定的规模和国际竞争能力，国内市场有限时，需要拓展需求结构相似的国外市场，从而推动出口贸易的产生。因此，经济发展程度越接近，需求结构越相似，相互需求就越大，贸易的可能性也就越大。那么，是什么因素影响一个国家的需求结构呢？在林德看来，人均收入水平是最重要的影响因素，因而它也是影响国际贸易的重要因素。正是由于人均收入水平比较接近，所以第二次世界大战后发达国家之间的制成品贸易在国际贸易中所占比重越来越大。林德的偏好相似理论正是从需求角度进一步完善了 H-O 理论。

（四）规模经济理论

以比较利益理论和要素禀赋理论为代表的传统国际贸易理论有一个重要的假设前提，即假设产品的规模报酬不变。但由于规模经济的存在，这一假设并不具有普遍的现实性。基于这一情况，美国经济学家保罗·克鲁格曼（B. Krugman）于 1983 年发表了一篇题为"工业国家间贸易的新理论"的论文，提出了产业内贸易的规模经济理论。这一理论的中心论点是：规模报酬递增是国际贸易的基础，当某一产品的生产发生规模报酬递增时，随着生产规模的扩大，单位产品生产成本递减而取得成本优势，因而导致专业化生产并出口这一产品。即使发生贸易的两国具有同样的要素禀赋，由于市场需求或经营决策等多方面的原因，仍然会出现规模经济和产品成本之间的差异。而且当各国的规模经济达到最佳状态时，所有要素的产出效率都会得到提高，参与贸易的各国都能从国际贸易中获得利益。规模经济理论从生产规模的角度论证了各国比较优势的产生，并按照比较优势参与国际贸易。从这个意义上说，规模经济理论仍然是对传统国际贸易理论的补充和完善。

（五）战略性国际贸易政策理论

战略性国际贸易政策理论是于 20 世纪 80 年代初，在规模经济和不完全竞争分析基础上发展起来的国际贸易理论和政策主张。它包括两种理论：一种是由加拿大经济学家伯兰特(J. A. Brander)和美国经济学家斯本塞(B. J. Spencer)所提出的利润转移理论；另一种是由马歇尔(A. Marshall)外部经济概念发展而来的外部经济理论。

利润转移理论认为，传统的国际贸易理论所依据的完全竞争市场假设实际上是不存在的，在现实经济生活中，不完全竞争是普遍存在的现象。在不完全竞争特别是寡头竞争市场上，寡头厂商可以凭借其垄断力量操纵价格，获取超额利润。在这种情况下，市场并不能自行达到最优状态，一国政府可以通过出口补贴帮助本国出口商夺取更大的市场份额，或以关税迫使外国厂商降低价格，从而实现由外国向本国转移利润的目的。

外部经济理论认为，由于规模经济和外部经济对产业自身及相关产业所具有的积极作用，市场份额对各国厂商变得更为重要，尤其是在一些高科技领域，谁能抢先生产并迅速扩大规模，谁就能够在市场竞争中取得优势，并对相关产业产生良好的外部经济效应。因此，政府应通过提供补贴或关税保护等适当方式对具有规模经济和外部经济的产业予以适当的保护和扶植，使之增强国际竞争力并带动相关产业的发展。

在这两个理论中，政府政策起到了与寡头竞争模型中的战略性行动如投资于超额生产能力的研究与开发相类似的作用，因此被称为战略性国际贸易政策理论。通过上面的分析可以看出，这一贸易理论是以政府干预国际贸易为政策导向的现代保护贸易理论。

☞ **思考题**

1. 概述国际贸易和国际分工的产生、发展过程。
2. 当今国际分工的特点是什么？
3. 阐述国际分工对国际贸易的影响。

第三章

世界市场的演变

☞ **内容提要**

　　世界市场是商品生产的社会分工发展为国际分工的产物,是商品交换关系突破国家和地区界限而扩展到整个世界的结果。在一体化的世界经济中,世界市场是各国的国民价值转换为国际价值并实现价值增值的重要环节。本章首先论述了世界市场的含义和特征,说明了世界市场的形成过程和当今发展的新特点,概括了世界市场的主要内容和结构,最后系统地研究了世界市场的国际价格机制。

☞ **关键词**

　　世界市场特征　　国际价格机制

第一节　世界市场的含义和特征

一、世界市场的含义

　　世界市场是一个理论上的抽象概念,是一个与空间和地理相联系的经济范畴。从世界市场的广度来看,它从区域性的国际市场演变而来,不断地将区域外的国家和地区纳入这一体系中,最终形成统一的世界市场。从深度来看,世界市场最初是世界各国相互间进行商品交换的场所和领域。随着国际分工的不断深入,要素的国际流动日益频繁,资本的国际流动逐渐成为世界市场的重要组成部分,特别是信息技术的发展、国际服务贸易和技术贸易的扩大,世界市场已成为国际流通领域中包括商品、资本、技术、劳务等各种交换关系的总和。对世界市场含义的理解,应把握以下两点。

　　1. 世界市场并非各国国内市场的简单加总

　　世界市场是在各国国内市场的基础上形成的,但世界市场并不是各国国内市场的简单加总。各国国内市场的形成是世界市场形成的前提,只有各国国内市场发展到一定程度,才有可能使商品交换突破国家界限而扩大到世界范围。但是,各国生产要素的交换总有相当大一部分局限在国内范围,并不进入世界市场,这部分就不是世界市场的组成部分。另外,各国国内市场是一个国家内部交换关系的反映,是国内交换的场所,受到每个国家政治制度和经济制度的制约和影响,而世界市场是超越国家界限的生产要素交换场所,主要受世界各国经济和政治状况的制约和影响。

2. 世界市场是一个动态和发展的概念

世界市场的最初含义仅指世界商品市场,因为在资本主义商品经济发展初期,世界流通领域只限于商品的国际交换。随着世界经济的形成和发展,又出现了国际货币市场、国际资本市场、国际技术市场、国际劳务市场等。这样世界市场的内涵就扩大了,它们构成了广义的世界市场。但是,国际各种交换关系的基础和出发点仍然是商品交换关系。

二、世界市场的特征

世界市场是长期历史发展的产物。从世界市场的发展过程来看,它的特点有以下几个方面。

1. 综合性

世界市场首先是由资本主义生产方式创造的,作为先进生产方式的资本主义改造了后进的生产方式,所以世界市场形成后,首先是统一的资本主义世界市场阶段。社会主义革命发生以后,特别是第二次世界大战以后,世界上出现了社会主义国家。由于特殊的国际政治环境,两个体系互相对峙,社会主义国家一度形成了一个独立的世界市场。但这只是历史特殊阶段的特殊现象,并不意味着生产方式性质差异的国家不能处于同一个世界市场之中,随着这两类国家之间经济贸易联系的日益扩大,它们之间的差异也日益缩小,逐渐转变为一个综合的世界市场。在这个综合的世界市场中,不同类型生产方式的国家共存于同一个世界市场中。

2. 扩展性

随着科学技术和世界经济的发展,进入世界市场的商品数量增多,商品种类翻新,商品结构变化,同时各类贸易组织不断完善,交易手段多样和市场功能增大,使得世界市场的范围、规模及容量都在不断扩大。尽管世界市场的扩展还经常受到各国国家壁垒的阻碍,但其扩展的趋势是不可逆转的。世界市场的扩展性首先表现在世界贸易的增长速度快于世界生产的速度。过去 30 年中,贸易始终是世界经济增长的重要支柱之一,是全球经济发展的一个重要动力。其次表现在世界出口总值在世界生产总值中的比重加大,2015 年世界出口总值约为 16.49 万亿美元,约占世界生产总值 70.09 万亿美元的 23.53%。这说明各国经济对世界市场依存度增强。

3. 竞争性

世界市场为各国经济提供了全球性的竞争舞台并使竞争呈日趋激烈之势。世界市场是更多自发和盲目的市场机制下的竞争,这种竞争性表现为商品交换中的价格竞争和非价格竞争。当各国商品进入世界市场,它们的价值就转化为商品的国际价值。商品的国际价值不同于国内价值,它不是由一个国家生产该商品的社会必要劳动时间决定的,而是由一切有关国家生产该商品消耗劳动的平均单位所决定的。各国为了在世界市场上赢得商品的价格成本,必然不断地进行技术创新,在提高劳动生产率和降低生产成本上展开激烈的竞争。除了价格竞争,非价格竞争如提高产品质量和性能、改进产品设计、做好售前售后服务等,也已成为价格竞争的重要辅助手段。所以,世界市场的竞争比国内市场的竞争要激烈得多。

4. 层次性

在当代世界市场中,不同类型生产方式的国家共存于同一个世界市场中。许多国家参加了不同的一体化组织,但这些一体化组织与世界市场并不是排斥的,而是并存的,如欧盟,它不是一个独立的世界市场。这说明作为整体的世界市场可分为不同的层次和部分,整个世界市场存在多个区域市场,包括明确的一体化组织内部市场和不明确的、以地理区域形式存在的地区性市场。

5. 不平衡性

世界市场表现出多方面的不平衡性。一是贸易量按地理分布的不平衡性,北美和西欧占世界贸易的大半。二是商品结构变动的不平衡性,初级产品的比重下降,制成品的比重上升。三是主要资本主义国家在世界市场上的地位发展的不平衡性。美国、日本、欧盟在地位关系上发生过多次变动。美国由于第二次世界大战而跃居为世界头号强国,战后初期曾在世界市场上辉煌一时,但随着其国内经济问题的日益暴露和德国、日本的崛起,它在世界市场上的绝对优势地位逐渐削弱。根据世界贸易组织发表的全球贸易报告,2009年中国出口总额首次超过德国,跃居世界首位。2015年中国出口继续保持全球第一,出口额达2.27万亿美元;美国出口额1.5万亿美元,排全球第2;德国排第3,为1.32万亿美元;日本排第4,为6251亿美元;荷兰排第5,为5670亿美元。中国近几年的出口发展迅速。

第二节 世界市场的形成和发展

世界市场产生于16世纪,形成于19世纪中叶,其发展过程贯穿了整个世界经济的发展过程。世界市场的形成,是从国别市场发展到区域性国际市场,最终形成统一的世界市场的过程。

一、区域性的国际市场

远在人类社会的中古时期,跨越国界的贸易活动就已存在。但由于早期生产力水平低下,以自给自足为特征的自然经济在各国占据主导地位,可用于交换的产品很少,一般为体积小、重量轻的奢侈品,贸易范围也局限在相邻国家之间。中世纪西欧城市兴起后,手工业和商业开始得到发展,推动了欧洲商品货币关系的发展,形成了一些固定的国际性集市,吸引了其他国家和地区的参与,推动了更大范围的区域性贸易的发展。15世纪的国际贸易主要发生在地中海沿岸的意大利北部城市,但由于社会分工和商品经济都不发达,统一的国际市场并未形成,国际贸易也只能限定在一些有限区域内进行,因而当时并未形成世界市场,但是区域性国际市场的发展为统一的世界市场形成提供了基础。

二、早期的世界市场

15世纪,资本主义生产方式的萌芽、新航线的开辟、交通运输工具的革新以及地理大发现,促进了早期世界市场的形成。资本主义生产方式一经萌生,就产生了强烈的原始积累的欲望,对外扩张成为欧洲商人的愿望,地理大发现则使这种愿望得以实现,并使国际贸易的范围和内容有了空前的变化。对国内而言,商品经济活动急剧扩大,统一的国内市场逐步形成。对国外其他市场而言,新航线的开辟为新兴资产阶级创造了新的活动场所,欧洲殖民主义者利用暴力进入了亚、非、拉国家的市场。这在客观上推动了世界各国的经济联系。这样,世界市场在一种畸形发展的国际贸易关系中开始出现。第一次科技革命后,机器大工业建立,世界市场在扩大的空间范围内迅速发展。在这一时期,英国成为世界各国贸易和市场的中心。英国出口工业产品、进口工业原料和农产品构成了市场的主要交易活动。

与区域性的国际市场相比,早期的世界市场已经有了显著的变化。首先,国际贸易的规模和范围都扩大了,参加贸易的商品除了传统的奢侈品外,手工产品成为重要的出口产品,而殖民地国家种植的棉花、可可等原材料也成为贸易商品;其次,国家开始参与和干预贸易,贸易被欧洲国家作为发展本国经济的一种重要工具,这些国家普遍采取了重商主义政策,追求贸易顺差,保护国内工业。这是贸易保护主义的最初形式。

三、世界市场的形成和发展

国际分工体系的建立,标志着世界市场进入了一个新的历史发展时期。到19世纪60年代,一个区别于早期的世界市场、赋予了新的经济和物质基础的世界市场形成了。

(一) 世界市场形成的基础条件

1. 国际分工体系的建立

在国际分工形成以前,国际贸易实质上只是一种剩余产品在国家间的交换,它并不构成社会生产的基础条件。国际分工体系的建立,使各国的社会生产全面专业化,每个国家都不能脱离其他国家而生存,国家间商品和劳务的交换活动成为一种稳固的、必然的经济现象。

2. 机器大工业生产体系的建立

机器大工业以其雄厚的物质基础和巨大的生产能力,对开拓世界市场具有势不可当的威力,大工业带来的技术进步成为资本主义在世界范围内进行扩张的锐利武器。机器大工业不同于以往的手工生产,它一方面需要一个不断扩大的产品销售市场,另一方面也需要一个不断扩大的原料供应来源,它本身具有很强的扩张性,需要把商品交换关系推向整个世界范围。同时,机器大工业使进入世界市场的商品数量和种类也大幅度增加,许多大众消费品也进入世界市场,使世界市场的内涵更加深化,作用更加增强,各国的生产过程同世界市场紧密地联系在一起。远洋轮船、铁路等现代化交通工具,以及电报、电话等现代化通信工具,也是大机器工业的产物,没有它们,国际交换难以在规模上进一步发展,所以,大机器工业生产体系的建立为世界市场的形成提供了必要的物质技术条件。

3. 资本主义生产方式的建立

在资本主义生产方式下,一方面,资本的逐利性和竞争的压力促使资本家不断扩大生产规模,以保持自己的优势。这给资本主义生产提供了巨大的扩张力和对一切过时的生产方式的破坏力,推动着资本主义生产和交换冲破国家和民族的界限而走向世界。另一方面,资本主义生产方式的内在矛盾也使其不断开拓国外市场,利用国外市场转嫁矛盾成为维持再生产循环的必要途径。所以,资本主义生产方式的建立成为推动世界市场形成的内在动力。

(二) 世界市场形成的主要标志

世界市场形成的基础条件在第一次产业革命后已基本具备,世界市场获得了很大的发展。但直到19世纪末20世纪初,在第二次产业革命中,一个统一的世界市场才得以形成,其主要标志是以下几点。

1. 多边贸易、多边支付体系的形成

在这一体系下,贸易国的国际收支平衡并不依靠双向贸易中的收支平衡,而是以对所有贸易伙伴国的综合平衡为基础。英国此时成为多边支付体系的中心,这个体系为所有贸易伙伴国提供购买货物的支付手段,同时使国际债权债务的清偿、股息红利的支付能够顺利完成,有助于资本输出和国际短期资金的流动。这一体系的形成,反映了世界市场上市场机制的充分发挥。

2. 帝国主义殖民体系的建立

第二次工业革命后,发达资本主义国家进入垄断阶段,它们纷纷加强了资本输出。为了保证本国产品的销售市场和原料产地,帝国主义组成的垄断同盟在世界范围内掠夺殖民地或划分势力范围。到20世纪初,世界上已没有什么国家和地区可以脱离世界市场进行经济活动了。

3. 国际金本位制的确立

在这一时期,主要资本主义国家都实行了金本位制。各国货币的金平价(Gold Parity)使货币汇率相当稳定,从而使世界市场的价格水平趋于一致。世界货币的产生为国际贸易和资本输出创造了有利的条件,并加深了价值规律在世界市场上的作用。

4. 统一的国际贸易法律和贸易惯例产生

随着经济生活的国际化,调节各国在国际贸易中的分歧和争执的法律规范逐步建立,如1883年在巴黎缔结的《保护知识产权巴黎公约》、1891年在马德里缔结的《商标国际注册马德里协定》等。这反映了世界市场秩序的改善。

5. 资本主义的各种经济规律制约着世界市场的发展与特点

19世纪50年代以后世界性经济危机的周期出现,标志着世界各国的再生产周期已按统一的世界市场机制同步运行。经济危机的实质是市场实现问题,经济危机的世界性和周期性反映出通过世界市场连接的世界各国,在很大程度上已融为一个统一的整体,标志着世界市场已高度统一,反映了各国国民经济通过世界市场已经紧密地联系在一起,世界市场的传导功能已充分发挥了作用。

(三) 世界市场发展的新特点

1. 世界市场参与国类型趋于多样化发展

第二次世界大战前,世界市场参与国类型比较单一,主要是少数西方工业发达国家在世界市场上占统治地位。当时唯一的社会主义国家是苏联,但其对外贸易额很小,对世界市场的影响不大。广大的亚、非、拉国家则大多还是殖民地半殖民地,在贸易中处于附属地位,成了宗主国的产品倾销地和原料供应地。第二次世界大战后,国际形势发生了根本性的变化。亚、非、拉国家纷纷独立,殖民体系瓦解,一大批民族独立国家涌现出来,它们的国内市场也成为世界市场的重要组成部分,于是统一的资本主义世界市场已不复存在,发达资本主义各国在世界市场上的相对地位有了很大的变化。发展中国家作为世界经济正在迅速成长的一股不容忽视的独立力量,在发展民族经济、改变旧的国际经济秩序中取得了突出的胜利,从而不断壮大自己在世界市场中的实力。在国际贸易中,发达市场经济国家约占70%,发展中国家或地区约占30%。所有这些都导致当今的世界经济格局发生重大变化,参与国类型趋向多样化。

2. 世界市场的范围和规模急剧扩大,国际贸易及国际经济合作方式多样化

第二次世界大战前,宗主国与殖民地、半殖民地国家之间主要是制成品出口和初级产品出口的垂直型分工。第二次世界大战后,随着第三次科技革命的兴起,发达国家之间相互贸易额在世界贸易额中所占比重迅速提高,发展中国家之间的经济合作不断加强,发达国家与发展中国家的经济联系也有所发展。所有这些都意味着世界市场的范围获得了空前的发展,世界各国之间的相互联系和相互依存度都进一步加深。从规模看,不论是商品贸易、还是劳务贸易,发展速度都相当快。不但世界贸易量的增长速度大大超过战前,而且世界贸易量的增长速度也超过了工业生产增长的速度,这充分反映了第二次世界大战后国际贸易在世界各国经济发展中的重要性,世界各国更多地依赖于世界市场来体现自身经济的发展。在市场范围和规模扩大的同时,对世界市场的参与更多地来自于技术革命的要求。第二次世界大战后科学技术革命使社会生产力获得飞速发展,国际分工也向纵深推进。现代大生产的社会化和国际化更多地要求资金、技术、劳务和知识产权实现国际联合,共同开发市场,促进了国际经济合作形式的多样化和国际贸易方式的多样化。

3. 世界市场的商品构成发生了重大变化

第二次世界大战前,世界市场上初级产品贸易的比重一直高于工业制成品。第二次世界大战后,随着技术进步的不断深入,生产力水平普遍提高,国际分工向纵深发展,

国际贸易中的中间产品交易比重大大增加,而且发达国家加强了替代品的研制工作和原料的利用率与回收率,从而使制成品贸易日趋活跃。在制成品贸易中,机械产品在各大类商品中增长最为迅速,石化产品的重要性也进一步增强。同时,技术密集型产品在整个商品贸易中所占比重不断上升。第三产业以及信息产业的兴起,使生产要素在国际的流动加强,导致劳务贸易迅速发展。从国际贸易的商品结构来看,制成品出口增长快于初级产品,制成品出口在世界出口总额中所占的比重越来越高。从 20 世纪 70 年代到 90 年代,世界初级产品出口比重从 1970 年的 37% 逐步下降到 2015 年的 18.6%,制成品出口比重则由 63% 上升到 81.4%,"一降一升"体现了国际市场商品结构变化的总趋势。

4.世界市场上的垄断和竞争更趋激烈

第二次世界大战后,世界市场上的垄断现象进一步加强。1958 年 1 月 1 日欧洲经济共同体正式成立。1994 年 1 月 1 日生效的美国、加拿大、墨西哥 3 国签署的《北美自由贸易协定》,意味着一个拥有人口 3.6 亿和年产值 6 万亿美元的世界最大自由贸易区在北美大陆出现。为了发展民族经济,发展中国家也积极组织经济贸易集团。这些区域性经济组织的建立,促进了区域内各成员之间贸易的增长,使其在世界贸易总额中所占比重迅速上升,但这种封闭式的贸易方式无疑使世界市场被分割,商品流通受阻碍,自由贸易的范围和规模大为缩小。

跨国公司在第二次世界大战后的大发展,也在加强垄断的趋势。在经济集团分割市场的情况下,各主要资本主义国家都通过跨国公司在许多国家设立分支机构,绕过他国的关税和非关税壁垒,从内部控制市场。跨国公司凭借自己雄厚的资金、技术、销售网络等以寡头垄断的方式实行全球战略,直接垄断了许多产品的生产和销售。近年来,公司内部贸易在世界贸易总额中所占比重逐步上升,控制了世界贸易总额的 1/3,这也使自由市场进一步缩小。

第二次世界大战后还有一个趋势,就是随着国家垄断资本主义的发展,国家对经济的干预也进一步加强,包括对私人垄断组织的干预和直接对外贸易的干预等。在资本主义垄断呈现不断加强的趋势下,世界市场上的竞争也更趋激烈。垄断不仅不能消除竞争,相反,垄断资本争夺市场的竞争在力度、广度和深度上都进一步加强了。价格竞争的地位逐步下降,非价格竞争的地位稳步提升,即以提高产品质量,增加产品品种,改进售前、售后服务等方式来加强市场竞争能力。为了减少市场单一化所带来的政治经济上的风险与损失,许多国家的生产者则致力于广泛开辟新市场,向出口市场多元化发展;同时,各资本主义国家也采取各种关税和非关税壁垒方式、奖出限入的外贸政策以及对外援助等方式竭力维持国内市场,并参与国际市场争夺。

综上所述,随着资本主义国际分工体系的建立和世界市场的发展,到 20 世纪 60 年代,在自由资本主义发展到顶峰时,人类历史上第一次形成了以国际分工和世界市场为纽带的世界各国生产、交换、分配为一体的世界经济体系。回顾世界市场形成和发展的历史,可以清晰地看到它呈现一体化的脉络。世界市场一体化的过程是世界经济一体化过程在国际交换这一环节的表现形式,是世界经济一体化的重要内容。

第三节　世界市场的内容和国际价格机制

一、世界市场的内容

世界市场主要包括以下三大领域：

（1）国际商品流通领域。国际商品流通领域主要包括有形商品和无形商品的交换活动。有形商品即生产资料和生活资料；无形商品即各种劳务，如保险、运输、技术、信息等。国际商品流通领域按其流通对象分别组成国际商品市场、劳务市场和技术市场。

（2）国际资本流通领域。国际资本流通领域是指国际金融和国际信贷（包括长期信贷和短期信贷）。国际资本流通领域，按其流通方式及周期的不同分成资本市场和货币市场。其中，长期信贷是国际资本市场的主要内容，短期信贷是国际货币市场的主要内容。

（3）国际货币流通领域。国际货币流通领域是指各国货币的兑换关系，它既存在于商品流通领域，也存在于资本流通领域。它主要是指外汇市场，即各国货币由于国际商品流通和资本流通所需要的货币兑换。

二、世界市场结构

世界市场结构（World Market Structure）是指世界市场的组织特征，特别是指那些影响世界市场竞争性质和世界市场价格的形成因素。这些因素主要包括卖主的集中程度、买主的集中程度以及进入世界市场的各种障碍。以结构为标准，可以把世界市场划分为完全竞争市场、完全垄断市场、寡头垄断市场和垄断竞争市场4种类型。

（一）世界市场结构的一般分析

1. 完全竞争

在完全竞争下，需求、边际收益和平均收益为同一条曲线，厂商在最低平均成本上生产。在完全竞争条件下，可以实现资源的最优配置。因为当市场价格大于均衡价格时，超额利润会吸引新厂商加入生产，从而导致产量增加、价格下降；如果市场价格小于均衡价格，则情况相反。这种实现资源最优配置过程要求生产要素能够自由流动，即从低利润的行业流向有超额利润的行业。对于世界市场来说，由于生产要素的自由流动存在一定障碍，因此实现资源最优配置的竞争机制是不完整的。但是，经济全球化进程有助于建立全球资源最优配置所需要的市场条件和竞争机制。

2. 完全垄断

在完全垄断条件下，厂商按垄断价格出售产品，垄断利润可以持久存在。由于没有新厂商加入，所以均衡既是长期的又是短期的。厂商的主要变动是调整生产规模。在世界市场上，如果实行自由贸易，且某种产品完全由一个跨国公司生产，那么完全垄断仍然存在。如果实行保护贸易，这种均衡可能被打破。关税或其他贸易限制可以对世界市场的垄断力量起抵抗作用,迫使垄断组织降低价格,减少产量。在一国经济中,完全垄断的实现有两种可能:一是国家垄断某些交通、邮政、公用事业等;二是私人经国家授权而对某种产品进行独家专利生产。但在世界市场上,完全垄断难以存在。

跨国公司发明了一种全新产品,且在短期内其他国家还完全不能制造,在这种情况下,该企业便居于完全垄断地位。但是在当代,跨国公司往往在新产品的开发研制阶段已展开激烈竞争,产品投放市场的时间差很短,完全垄断几乎不能形成。

3. 寡头垄断

价格由少数寡头垄断者决定,其中一种是最大厂商首先定价的价格领袖制。同时,在寡头之间还存在着竞争,它们各自寻求着利润最大化的目标。在世界市场上,不少高新技术产品是由少数几个国家生产的,这些产品市场具有寡头垄断的特点。由于寡头垄断本身的不稳定性以及当代技术扩散速度加快,寡头垄断的某种格局不会保持太久,即为新的格局所取代。

4. 垄断竞争

对于短期均衡,垄断竞争与完全垄断一样,短期内无厂商可以加入,从长期来看,超额利润可以吸引新加入者,从而使供给量增大,价格下跌。在世界市场上,垄断竞争可能发生在不同国家生产者之间。由于本国生产者更了解本国消费者的需要,如式样、品种、性能等,加之销售地接近市场,比较容易对本国市场形成垄断而与外国生产者竞争,从而比国内生产者之间的垄断竞争能够较长时期地保持超额利润,即短期均衡保持的时间比国内垄断竞争要长。垄断竞争是当代世界市场的主要竞争机制。

(二) 跨国公司对世界市场结构的影响

1. 跨国公司的发展形成了竞争与垄断并存的世界市场竞争格局

在世界市场形成和发展的初期,由于众多的国家和地区的企业参与国际贸易的竞争,交易行为比较接近完全竞争状态。当出现自然垄断、技术垄断或者一国对另一国拥有主权时,市场又很容易形成完全垄断。近几十年来,跨国公司已经成为世界市场结构变化的主要推动者。跨国公司最大的功能之一,就是可以利用其内部机制来替代外部市场,即用内部交易行为来代替传统的世界市场上的外部交易行为。跨国公司的出现,使得世界市场上传统的接近完全竞争状态或完全垄断状态的竞争机制发展为垄断与竞争并存的竞争机制,世界市场的垄断与竞争主要是跨国公司之间的垄断与竞争。

2. 跨国公司之间的垄断与竞争表现为行业集中和行业多元化

跨国公司的市场结构总体上表现出少数企业占据大部分市场份额的集中垄断性。根据联合国贸易与发展会议 2014 年世界投资报告的统计,至 2014 年年底全球跨国公司达 6.5 万家,附属子公司 80 余万家。2015 年全球外国直接投资(FDI)为 1.7 万亿美元,流入发展中经济体的 FDI 达到历史最高水平,达 7410 亿美元,占全球 FDI 流量的 45%。2015 年流入发达国家的 FDI 有反弹,同比激增 90%,达 9360 亿美元。

尽管跨国公司的市场结构表现为行业高度集中的垄断特征,但这并不意味着跨国公司之间的竞争就不存在了。相反,正是由于垄断的市场结构和市场机制,企业之间改变了行业竞争的范围和形式,以行业多元化为手段,把众多对手之间的竞争转变为少数企业之间的竞争,把同行业横向竞争转变为产品纵向竞争和混合竞争。在各行业中,企业试图通过从事相关行业产品生产的多元化策略来占据更多的市场份额。跨国公司的垄断与竞争互存的市场结构,既符合企业规模效益目标,又符合竞争机制效率要求。跨国公司主导的当代世界市场竞争机制是有效率的机制。

三、世界市场的国际价格机制

国际价格机制是世界市场运行的重要机制之一,这一机制不但促进了商品的国际流动,而且还调节着世界经济利益在各国之间的分配。

(一)国际价值的形成

国际价值是指在世界经济的现有条件下,按照世界各国劳动者的平均劳动强度和熟练程度生产某种使用价值所需要的劳动时间。它属于在商品国际交换中体现国际生产关系的经济范畴,其计量单位是"世界劳动的平均单位"。国际价值是伴随着世界市场的产生和发展,在国别价值的基础上形成的。商品的国际价值与国别价值在质上具有同一性,都是一般劳动的凝结,但由于各国生产条件不同,它们在量上是不同的。在世界市场上,商品的国际价值是用世界货币表示的。因此,只有在资本主义生产方式所建立的机器大工业生产基础上,商品交换发展成为世界市场,货币发展成为世界货币,这时,商品的价值才具有了国际性质,即发展为国际价值。正如马克思所说的:"真正的价值性质,是由国外贸易发展的,因为国外贸易才能把它包含的劳动当作社会的劳动来发展。"国际价值量随着国际社会必要劳动时间的变化而变动。影响国际价值量变化的因素主要有世界平均劳动生产率、世界平均劳动强度和主要供货国的生产条件。

(二)国际价格机制的作用

国际价格机制的作用有三:

(1)世界市场的价格机制具有把不同的国别价值统一为单一国际价值的功能,即把国别价值统一为世界价值,把国别价格转换为国际价格。

(2)世界市场的国际价格机制是世界各国经济利益分配的重要渠道。由于各国劳动生产率及其他条件的差异,各国同种同量产品的要素投入量各不相同,因而生产成本也不相同,按照国际统一价值进行等价交换,就会出现价值的国际转移,即从劳动生产率低的国家转移到劳动生产率高的国家。这样,世界市场就成了各国经济利益分配和再分配的场所。

(3)世界市场的供求关系引起价格围绕着均衡价格上下波动,对调节各国、各产业间的资源配置也产生积极的反作用。

四、世界市场价格的种类

1. 世界"自由市场"价格

世界"自由市场"价格是指商品在国际上不受垄断或国家力量干扰的条件下,由独立经营的买者和卖者之间进行交易的价格。这一价格完全是在世界市场上由供求机制的作用形成的,任何一个买主或卖主都不能决定或操纵商品的市场价格,因而能够较为客观地反映该商品的国际供求关系。在当代世界市场上,由于垄断因素的普遍存在,自由市场价格的范围极其有限,主要集中于某些农矿产品等初级产品。

2．世界"封闭市场"价格

与世界"自由市场"价格不同,世界"封闭市场"价格是指商品通过封闭性的流通渠道到达消费者手里,在商品传递的过程中受到垄断因素的干扰。世界"封闭市场"价格主要有:

(1)调拨价格。调拨价格指的是跨国公司根据其全球性战略,以利润最大化为目标,对其内部交易所规定的价格。

(2)垄断价格。垄断价格指的是国际垄断组织凭借其对市场的垄断力量,以获取最大利润为目标在对外交易中所采用的价格。

(3)区域性经济集团内部价格。区域性经济集团内部价格指的是区域性经济集团依据各成员结合的紧密程度实行不同的对内优惠、对外设置壁垒的贸易保护政策,在某些商品的贸易中形成的集团内价格。

(4)国家垄断或管理价格。国家垄断或管理价格指的是各国为了维持本国的经济利益,除采用财政、货币等手段干预国内市场价格以外,还采用各种国内政策和对外贸易政策手段来影响世界市场价格。

3．影响世界市场价格的主要因素

世界市场价格的变动归根到底是受价值规律支配的,商品的世界市场价格是以国际价值为基础,并围绕国际价值上下波动的。除了国际价值这一决定因素之外,还有一些因素对世界市场价格产生影响,这些因素主要有:

(1)供求关系及其变动。在通常情况下,某种商品的世界市场价格会与这种商品需求的变动呈同方向变动,而与对这种商品供给的变动呈反方向变动,这是世界市场上供求机制的主要内容。世界市场价格在供求关系的推动下围绕国际价值上下波动,正是世界市场上价值规律的实现形式。任何影响供求关系的因素都会对商品的世界市场价格产生影响。世界市场上供求机制发挥作用的程度,是与世界市场上竞争程度相关的,而世界市场上的垄断因素则会使供求机制发生偏离。

(2)货币价值。世界市场价格是商品国际价值的货币表现,因此,世界市场价格的变动不但取决于国际价值,而且还依赖于货币价值,主要是世界通用货币的价值。世界通用货币的升值或贬值,会使世界市场价格呈反方向变动。

(3)经济周期。世界市场是在资本主义生产方式下产生和发展的,资本主义经济周期也会通过世界市场上供求关系的变动影响到商品的世界市场价格。一般而言,在经济周期的危机阶段,需求乏力、商品滞销、生产力下降,大部分商品的世界市场价格下降。而危机过后的复苏阶段,情况正好相反,世界市场价格普遍上升。

(4)垄断因素。垄断对世界市场价格的影响取决于国际垄断组织垄断力量的大小,市场垄断程度越高,垄断操纵市场价格的力量就越强。垄断分为买方垄断和卖方垄断。

买方垄断是垄断组织凭借买主的垄断地位,以低于国际价值的价格购买商品;卖方垄断是垄断组织利用其卖主的垄断地位,以高于国际价值的价格出售商品,获取高额利润。

五、价值增值机制对世界经济的意义

在世界市场上,劳动社会化得到高度的全面发展,社会劳动不但作为每一个国家的国内劳动,而且作为世界市场上参加贸易的一切国家的共同劳动而出现。世界市场之所以存在,是因为国际商品交换的发生。在一国市场内,等价交换不会导致价值量的增加或减少,但是在世界市场上,国际交换却导致了国民价值的增值。价值增值对世界经济的意义表现在以下几个方面。

1. 价值增值机制是世界经济发展的能源

不论对先进国家还是落后国家来说,国际贸易在实现微观价值增值的同时,还形成了宏观的或中观的经济促进作用,如出口乘数效应、结构转化效应、技术进步效应、资源配置效应、要素运用效应等。价值增值机制不但是各国经济发展的动力资源,而且是整个世界经济发展的动力资源。这些效应是伴随着价值增值过程而发生的,表现为价值增值对整个经济增长与发展的积极作用。价值增值的有利性促使贸易和分工的扩大,这种分工产生了生产过程的国际合作,并形成了多种多样的国际经济合作方式。

2. 价值增值机制是世界经济的原动力

当代世界经济是一个高度发达的经济运行系统,它包括多种形式与内容的国际经济活动。虽然国际商品交换并不是在各国国内商品经济充分发展以后才有可能,但国际商品交换的价值增值性质却是导致这种国际交换发生的原因。价值增值机制所决定的国际商品交换关系,是其他一切国际经济关系的逻辑和历史的起点。事实上,如果说国内或地区内的简单商品生产价值增值机制属于正常生存所需要的分工,那么跨国界的远距离的国际贸易则是价值增值的动因。当然简单商品生产的分工具有价值增值的性质,而国际交换则是国际分工的历史起源。所以,如果把原始的国际商品交换看作世界市场的起点,而世界市场又是当代世界经济的核心和基础的话,那么价值增值机制正是第一推动力。

3. 价值增值机制是世界经济的结合力

价值增值机制吸引着不同类型的国家以多种方式与外部世界相联系。政治上、意识形态上相互独立,甚至是相互对立的国家在经济上有联系甚至是密切联系,而表现为商品交换的价值增值是一切经济联系的本质。商品的国际贸易是世界经济最基本和最主要的形式,其他各种世界经济的联系形式只是它的发展形式或演变形式,所以,决定商品贸易的价值增值机制也就是世界各国一切经济联系形式的结合力。劳务贸易与商品贸易没有本质的差别,出口的劳务只是出口的劳动力商品而已。国际投资是在世界范围内组合生产要素,这种组合总是符合价值增值机制的要求,即在可能把个别价值降到最低的地方生产,在可能获得最高价值增值的地方销售。从表面上看货币经济脱离实物经济而存在,事实上只是因为这些货币具有国际购买力,而这种购买力正是价值增值过程的后半部分。一旦某种货币的购买力发生变化,这种纯粹的国际金融行为也会发生相应的变化。

第四节　世界市场的区域化和一体化

跨国公司通过市场替代及内部分工主导了世界市场结构的演变,这种演变的结果客观上导致世界市场一体化。由于从世界市场获得的利益对每一个参与国际贸易的主权国家或地区的经济利益都有重大的影响,因而世界市场的宏观格局就不可避免地受到主权政府的干预,由此也就出现了当今世界市场区域化和一体化趋势并存的状态。

一、世界市场区域化的定义

世界市场区域化是指以双向贸易优惠为基础的区域安排所导致的各成员之间的贸易关系。区域贸易优惠是区域经济一体化的重要内容。从形式上来考察,区域市场主要以两种形式出现。第一种是自由贸易区。它是各成员之间签订条约相互免征商品贸易税,但各成员可以保持各自独立的关税结构,并按照各自的关税结构同非成员进行商品贸易。第二种是关税同盟。它的特点是各成员之间通过制度安排的方式相互取消原有的关税,并统一对非成员的关税税则,其目的在于扩大各成员之间的贸易,限制非成员商品的进入。此外,世界市场区域化的表现形式还有共同市场和经济共同体。

二、区域性市场的发展

区域性贸易优惠安排可以追溯到 19 世纪欧洲国家之间签订的降低关税合约,但区域性的市场大发展则是在第二次世界大战后。自 1957 年欧洲共同市场成立以后,区域性贸易优惠安排不断增多,而且成员国相互重叠。已实施的区域贸易协定中,84％采取自由贸易区的形式。正在拟议的区域贸易安排中,自由贸易区比例高达 96％。国内生产总值排名前 30 位的国家或地区无一例外地参与了不同的区域经济合作组织,几乎所有世贸组织成员都隶属于一个或多个不同程度的区域经济合作组织。区域内贸易总量占国际贸易总量的比重已超过 50％,且呈快速上升趋势。这些数字显示,贸易和经济关系的区域化有不断加强的趋势。

发达国家和发展中国家的具体经济状况存在着巨大的差异,其在区域性贸易优惠协定中的具体措施以及对外歧视程度也不尽相同。从发达国家的状况来看,区域贸易自由化取得了一定的成功,美、欧、日等都在积极发展区域自由贸易。

根据 WTO 区域贸易协定委员会的最新统计报告,截至 2015 年 4 月,共有 612 个区域自由贸易协定(Regional Trade Agreements,简称 RTAs)在 WTO 登记备案,其中有 406 个协定已实施生效,当今世界上大部分国家都热衷于签订 RTAs。

我国的区域贸易安排起步较晚,目前正在发展或已经签订的区域贸易安排有亚太贸易协定(APTA)、中国—东盟自由贸易区、中国—智利自由贸易区等 10 多个,涵盖货物贸易、服务贸易、投资等领域,取得了初步的经验。从贸易发展看,目前我国对这些国家大部分存在贸易逆差,而区域贸易安排的贸易量比重还很小,合作水平较低,不能满足外贸和投资的快速发展需要,所以有必要在全球范围内挑选合作伙伴,构筑以我国为核心的全球性 RTA 体系。

三、世界市场区域化的特点

1. 国际市场区域化有加速的趋势

第二次世界大战以来,国际区域市场发展迅速。20 世纪 50 年代出现了欧共体和欧洲自由贸易联盟,20 世纪 60 年代形成了东南亚国家联盟、安第斯集团,20 世纪 70 年代出现了西非国家经济共同体,20 年代 80 年代形成了北美自由贸易区、亚太经合组织,20 世纪 90 年代又出现了三国集团、南方共同市场、东南亚共同市场等,区域市场的数量不断增加。至今,世界上绝大多数国家或地区均加入了某一个或某几个国际区域市场,国际市场区域化还在继续。

2. 国际区域市场有扩大的趋势

大多数区域市场的成员不断增加,规模不断扩大。例如,由美国、加拿大和墨西哥组成的北美自由贸易区是在美、加自由贸易区基础上扩大组成的。其他如欧洲共同体、亚太经合组织、东南亚国家联盟等区域市场的成员数量均逐步增加。

3. 国际区域市场具有一定程度的交叉性

不少区域市场相互交叉,一个国家或地区往往既是某一个区域市场的成员,同时又是另一个区域市场的成员。如可能重塑世界经济新秩序的跨太平洋伙伴关系协定(TPP),目前有 12 个成员,而中国没有被邀请参与 TPP 谈判。TPP 对亚太经济一体化进程将产生重要影响,将整合亚太的两大经济区域合作组织,将发展成为涵盖亚太经合组织(APEC)大多数成员在内的亚太自由贸易区,成为亚太区域内的小型世界贸易组织。

4. 国际区域市场有高度化的趋势

所谓高度化,是指国际区域市场的模式由低层次到高层次的演进,即从地区性合作集团梯次向自由贸易区、完全海关联盟、共同市场、货币联盟提升。例如东盟,成立之初属于地区性合作集团,现正在向自由贸易区过渡;又如,欧盟从共同市场向货币联盟过渡等。

5. 国际市场区域化的主要启动者是政府

市场的主体是企业,市场活动的主要承担者也是企业。但是,国际市场区域化的推动者和实现者主要是政府。这是因为,多国集团是由不同国家或地区之间通过协议成立的国家集团,其决策者只能是政府。当然,这并不否定企业在国际市场区域化中所起的作用,特别是跨国公司在促进国际市场区域化中具有很大的影响力。

四、世界市场区域化的原因

1. 世界市场不断扩大的需要和贸易保护主义之间的矛盾是区域化的内在原因

经济学理论揭示,随着市场经济的不断发展,要求市场范围和规模的不断扩大与之相适应。市场沿着国内地方市场、国内区域市场、全国市场、国际市场、国际区域市场和全球市场的顺序发展。当今世界,社会经济高速发展,科技水平突飞猛进,经济全球化成为一个必然的趋势。经济的发展需要一个开放的全球市场与之相适应,即需要一个一体化的世界市场。但是,由于世界各国都有着自身的利益,都希望其他国家向其开放市场,而自己的市场尽可能不向其他国家开放,贸易保护主义盛行。这一对矛盾运动的结果,使一些国家组成不同程度的联合体,形成介于全球市场和国别市场之间的国际区域市场。国际区域市场既在一定程度上满足了市场扩大的需要,又符合了相应国家市场的保护要求。

2. 相关国家之间存在的共同利益或诉求成为国际区域市场形成的动因

首先是经济利益驱动。从已经形成的区域市场看,至少可以产生几个方面的效应:一是经济互补,成员国之间一般均存在着一定程度的互补性,联合在一起可以取长补短,有利于促进本国经济发展,形成双赢效应;二是区域市场内互相开放,市场规模扩大,具有一定的经济规模,有利于形成规模效应;三是成员国之间通过签订条约的形式,形成利益共同体,有利于保护各自的利益,增强竞争力。政治是经济的集中表现,除了经济动因外,政治因素也是一个重要原因。一些区域市场在成立之初带有较强的政治动因,如欧洲共同体在成立之初带有抗御苏联的因素,而东南亚国家联盟的成立也有很强的政治因素。不过,经济因素日益成为主要的因素。

3. 社会文化上的联系与亲和及地缘关系是形成区域市场的重要条件

社会文化上的联系与亲和是经济联系的润滑剂与纽带,而地理位置上的条件则有利于经济交往中物质、能量和信息的沟通,并形成效率和成本优势。所以某种相近的文化背景、文化模式,或在文化上比较容易融合和交流,以及地理上相邻或相近,是不同国家或地区能联合并能正常运行的重要条件。

五、从区域性市场到一体化市场

商品经济特性是当代世界各种生产方式的共性所在,这种共性决定了世界经济的统一性,也决定了一体化的世界市场是世界市场发展的终极目标。区域性市场的核心是歧视性原则,即无论该市场对区域外采取开放的或封闭的态度,都意味着成员国的某些相互优惠措施是排他性的,所以区域性所形成的贸易转移对世界经济的阻碍是显而易见的。

一体化的世界市场的核心是非歧视性原则,从区域性国际市场向一体化世界市场过渡就成为一种必然。完全的世界市场一体化具有如下特征:

(1) 多层次的商品和劳务以及多层次的市场体系,以保证不同经济发展水平的国家和地区都能通过对外贸易的方式促进本国经济的发展,使世界市场能不断吸引民族市场加入其中。

(2) 所有的世界贸易体系成员都取消关税壁垒和非关税壁垒,以保证商品和要素在国家间的流动能准确反映一国的比较优势,充分发挥世界市场在国家间配置资源的效率。

(3) 以价格机制为核心,所有的商品和劳务在世界市场上实行等价交换,即发达国家不能采用政治或军事手段签订不平等协议来主导世界市场商品和劳务的价格。不过,跨国公司通过规模优势、信息占有优势、管理优势、技术优势等获取垄断利润将长期存在,它们之间的相互竞争和不断创新使世界市场达成动态均衡。

(4) 具有合理的机制解决贸易不平衡问题,避免因贸易不平衡使主权政府重新采用贸易保护主义措施,形成新的市场障碍。

要形成具有上述特征的一体化世界市场,需要通过全球性长期的多边贸易谈判,世界贸易组织就为这种谈判提供了理想的场所。世界贸易组织继承了 GATT 的宗旨,达成了互惠互利协议,大幅度削减关税和减少其他贸易障碍,取消了国际贸易中的歧视待遇。世界贸易组织是一体化世界市场得以实现的主导规则,这不意味着区域性贸易协议就一定成为世界市场一体化过程的障碍;相反,它可以成为区域性国际市场向一体化世界市场转化的途径,虽然此途径可能存在很大的不确定性。因为如果以世界贸易组织为主导的多边自由化进程稳步发展,且各大区域集团之间相互开放,那么在现行的投资和生产的全球化进程的影响下,世界市场会加速向一体化方向运行;相反,如果贸易体系成员不再以多边自由化为重点,而以地区保护主义为宗旨,那么现行的国际贸易体制完全有可能经历一个相互排斥的区域性市场阶段。

☞ **思考题**

1. 说明世界市场的含义及特征。
2. 世界市场形成的基础条件和主要标志是什么?
3. 世界市场发展的新特点是什么?
4. 世界市场的内容包括哪些?
5. 国际价格机制的作用有哪些?
6. 世界市场区域化的特点有哪些?
7. 世界市场区域化的原因是什么?
8. 完全的世界市场一体化具有哪些特征?

第四章

国际贸易关系

☞ **内容提要**

本章介绍了国际贸易发展的新趋势、国际贸易政策的演变历程以及多边国际贸易体制的形成及其发展情况。

☞ **关键词**

国际贸易政策 多边国际贸易体制

第一节 国际贸易发展的新趋势

进入21世纪以来,随着信息技术的迅猛发展和交通工具的巨大进步,世界经济已经由工业经济向知识经济转变,人类社会开始由工业社会向知识社会发展。同时互联网在全球范围内的广泛应用引发了世界国际贸易形态的深刻变革,电子商务的迅猛发展改变了传统贸易形态,推动了全球贸易商业模式的创新,它的到来,将对国际贸易的发展产生深远的影响,为国际贸易带来新的机遇与挑战,使国际贸易呈现出新的趋势和特点。

一、国际贸易商品结构高级化

知识经济时代的到来,导致了世界范围内产业结构的智能化、高级化。智能的物化产品将成为世界产品市场的主体,传统的劳动力密集型产品、资本密集型产品以及一般技术密集型产品将让位于"高技术密集型产品"。所谓的"高技术密集型产品"是指高技术组分高的产品,与传统的产品相比,利用高技术生产的产品属于"轻型"或"无重量"产品,它们类型多样、实用性强、操作使用方便、价格相对便宜,具有许多传统商品不可比拟的优点。在未来国际贸易的商品结构中,高技术密集型产品所占比重将越来越高。

国外不少学者把知识经济称为"转型经济"或"无重量经济",它反映了在未来产品组成要素中,所包含的物质要素将越来越少,所包含的知识(技术)成分却越来越多。这是因为高技术突破了工业经济时代物质资源的限制,人们生产中所使用的原料、原材料不再是少数几种被认为"有用的东西",而那些极为丰富的历来被看作是"无用的东西"正在越来越成为宝贵的资源。"石块(硅片)变电脑"在今天已变成现实;在受控热核聚变技术条件下,海水(氢的同位素)也可以变为汽油。物质产品的制造尽可以就地取材。可以这么说,物质资源稀缺问题不再是知识经济时代的主要问题,而知识的占有量与积累量的多少、创新能力的高低直接成为各国经济发展的制约因素。因此,各国在大力投资高技术产业时,也必须从国际市场上引进吸收高技术。这样,一方面促进高技术贸易的迅速发展,另一方面,使得金融、法律、教育、信息技术咨询等与高技术相适应的新型服务贸易项目的发展速度超过传统的服务贸易项目。此外,在国际劳务市场上,高级人才、高素质的劳务人员的跨国流动将越来越成为主流。

二、国际贸易市场结构垄断化

跨国公司垄断了国际技术创新的 70%～80% 和国际技术贸易的 90%,因此,在国际交易市场中跨国公司的垄断地位日益加强。目前,跨国公司是新技术的主要开发者,也是技术贸易的主要交易者,已经成为世界经济拉动的火车头。据《商业周刊》2000 年在美国纳斯达克指数疯狂暴涨时的一次统计,美国微软公司的市值已经超过了俄罗斯的国民生产总值,全球 500 家大型跨国公司的总产值已占全球总产值的 45%,全球 5.3 万家跨国公司内部和相互贸易占世界贸易总额的 60% 以上。在知识经济快速发展的 21 世纪,由于信息技术和高效运输技术的突飞猛进,企业的跨国经营变得更加容易和有效,跨国公司的发展也将面临新的飞跃。因此,跨国公司现在都纷纷调整其发展战略,对内进行经济结构的升级和技术的大规模更新,对外竭力维护其市场份额,并努力开拓新市场。可见,在未来的国际贸易中,跨国公司的垄断地位将进一步得到加强。

三、国际贸易模式网络化

近年来,以贸易全球化、金融全球化和生产经营的跨国化为特征的经济全球化,已经渗透到世界经济的各个领域,各国的贸易、金融、生产和服务等越来越紧密地联系在一起,成为不可分割的整体。同时,以微电子、计算机和网络技术为代表的信息技术迅猛发展,引起人类社会生产、生活和思维方式的巨大变革。以提高商务活动效率、延伸商务活动范围为主要特征的电子商务是这场信息技术革命在经济领域的重要表现形式,极大地改变了传统的商务模式。全球化和网络化成为当今世界经济发展的主要趋势。而随着知识经济时代多媒体技术和网络技术的发展,国际贸易日益借助互联网来完成,出现了所谓的网络贸易。网络贸易是指通过计算机网络所进行的贸易或商务活动,整个交易过程包括交易磋商、签约、货物交付、货款收付等大都在网络上完成。其交易的产品主要是数字化产品,如金融服务、网上娱乐、售票服务、音像书刊、软件设计、咨询服务、信息传递等;也有实物产品交易,实物产品交易则是交易磋商、签约、货款支付在网上进行,实物交付在具体地点进行。

在网络环境中,人们处在一个开放的、共享的信息化社会。网络技术加速了生产要素在全球范围内的自由流动和优化配置,并使生产、投资、贸易和服务市场的边界扩大到全球范围。基于发达的信息网络,商品流通中大量的中间环节将消失,时空阻碍也被逐步消除。以信息和网络技术为依托的电子商务为经济活动提供了一个真正的全球性商务模式。各个国家和地区在制定其发展战略上,都必须基于国际背景和全球化考虑;同时,在具体实施中必须积极培养和充分发挥运用信息技术的能力。

根据世界贸易组织(WTO)电子商务专题报告的定义,电子商务是指通过电信网络进行的生产、营销和流通等活动,它不仅指以互联网为基础进行的交易,而且指所有利用电子信息技术来解决问题、降低成本、增加价值和创造商机的商务活动。电子商务的概念最早由国际商用机器公司(IBM)提出,并在企业界和理论界引起了热烈的讨论;在经历了纳斯达克的网络泡沫后,人们对电子商务开始重新思考,逐渐摒弃了对概念的炒作,更加注重应用和与传统产业的结合,目前已进入一个比较务实的发展阶段。总的来说,电子商务在世界经济和贸易中正发挥着越来越重要的作用。它一方面改变了企业传统的生产、管理和营销模式,以及人们的消费方式;另一方面,促进了世界产业结构的调整,推动了国际分工的深化和国际合作的开展,扩大并丰富了国际贸易的内容,促使国际贸易更加便利和快捷,并会由此形成一套全新的贸易活动框架。电子商务以其更加完备的知识信息和网络手段,改变着国际贸易中的交易方式、渠道。同时,2008年年底全球金融危机后,大宗贸易订单的减少以及小额订单的持续增长使得新型贸易方式——跨境电子商务得到飞速发展。跨境电子商务正在引导着互联网背景下的新一代国际贸易体系的演化与形成,并深刻影响着全球生产、消费、支付、物流体系的转型与发展,成为推动全球新经济贸易体系改革的新动力。具体表现在以下几个方面。

1. 跨境电子商务改变了传统贸易方式

相比较传统贸易方式中存在的信息不对称、交易环节复杂、产品个性化程度低等劣势,跨境电子商务表现的是直接贸易方式。由生产者与消费者在网络上直接进行商务洽谈,达成交易,突破了地理范围的限制,商品信息直达全球消费者,大大减少了传统贸易中的中间商、代理业务,使得国际贸易中的买卖双方交流更加充分和便利,且能够更好地满足全球消费者的多样化、个性化需求。

2. 跨境电子商务创新了全球贸易商业模式

美国AMAZON(亚马逊)、eBay和中国Alibaba(阿里巴巴)等全球有影响力的电子商务平台的迅速崛起,改变了传统的商业竞争模式,使得贸易主体、贸易流程和贸易商品服务均发生了相应的变化。中小微型企业开始成为跨境电子商务的贸易主体,直接面向全球的消费者,在互联网上直接进行商品贸易,并精心打造小微品牌、渠道和客户,形成全球网络贸易布局。同时许多发展中国家与贫困国家都相继出现了国际贸易平台,大大精简了传统的复杂贸易流程,提升了贸易效率,拓展了贸易利润空间。

3. 跨境电子商务改变了国际物流与支付体系

一方面,由于跨境电子商务销售的对象是消费者和小额批发商,产品运输以小批量、多批次的国际快递物流为主要方式,这与传统贸易体系下国际物流以集装箱和空运为主不同,因此跨境电子商务的发展重塑了传统的以大宗货物贸易为主的国际物流体系。另一方面,传统贸易支付体系中由于订单额大,交易频次少,主要以信用证、电汇等企业间的支付模式为主,而随着跨境电子商务的发展,第三方电子支付、信用卡直接支付、邮政汇款等支付方式成为国际支付主流,极大地改变了传统的贸易支付体系。

四、国际贸易利益分配两极化

因为发达国家和发展中国家在知识经济的发展过程中所处的地位不同,所以在国际贸易利益分配格局中两极化的趋势将进一步明显,即所谓"中心—外围化"趋势。目前,发达国家与发展中国家在国际贸易利益分配中的"中心—外围化"的地位并没有发生改变。在国际技术贸易中,发达国家占80%,其中,美、英、德、法、日占发达国家技术贸易总额的90%以上,仅美国就占了世界技术贸易总额的1/3,而且全球技术贸易的85%在发达国家之间进行;在知识经济的代表性产业——国际信息技术贸易中,发达国家同样占领重要地位,1995年国际信息技术产品贸易额达6000亿美元,市场份额基本被美、日、欧盟所瓜分,在全球电信市场上美、日、欧也占了3/4;在网络贸易中发达国家也占尽先机,1998年全球网络贸易总额500亿美元中仅美国就占了170亿美元。在知识经济全面发展的21世纪,在国际贸易利益分配中,发达国家"中心化"和发展中国家"外围化"的趋势将进一步加剧。这是因为:首先,发达国家和发展中国家在科学技术发明与创造中处于不对称地位,发达国家基本垄断了世界科技发明与创造。据统计,诺贝尔科学奖95%以上被发达国家的科学家所获得,战后世界应用的主要新技术成果也绝大部分由发达国家所垄断,仅美国就占其中的40%;日本、欧盟和其他新兴工业化国家则垄断了其余部分。其次,在国际贸易分工和产业升级换代中,发达国家也处于领先地位。

五、高新技术产业的合作与交流成为国际经济合作的主要内容

知识经济时代以高新技术产业为第一支柱产业。高新技术产品的研究与开发,一方面是具有很高的风险,对资本、高素质人才的需求量大,因此需要各家公司甚至各个国家的共同参与;另一方面,由于它所涉及的领域非常广泛,即使是最大的跨国公司、最富有的国家也不可能在所有领域上都具有领先优势,可以预见,未来的高技术中心不可能集中在某一个国家,而是形成多个中心的格局。同时,人类面临的许多目前无法解决的问题,也需要人类携手运用所掌握的高技术来共同攻克。这一切都使得在知识经济时代里,高技术产业的合作与交流成为国际经济合作的主要内容。

六、知识产权贸易在国际贸易中的地位日益上升

在知识经济时代,知识成为最重要的生产要素。在WTO的框架下,国际贸易不再仅是货物的贸易,现在和将来的国际贸易包括货物贸易、服务贸易和知识产权贸易等三大贸易。知识产权贸易上升为国际贸易的三大支柱之一,而且在货物贸易和服务贸易中到处都有与知识产权有关的问题。随着知识经济与网络经济的发展,知识产权贸易的比重和地位必将不断上升。知识产权在国际贸易中的重要战略地位由此可见一斑。知识产权方面的纠纷将成为国际贸易中的主要争端。尽管一些国际组织(世界贸易组织WTO、世界知识产权组织WIPO等)以及各国政府都会对知识产权采取严格的保护政策与措施,但

是,作为知识经济时代最主要特征的高技术也可以更加有效地被用作侵犯他人知识产权的工具,例如,高技术的复制与模仿,不仅速度快,而且能以假乱真。这意味着在未来的社会里,各国政府可能面对形形色色的侵犯知识产权的行为,未来的国际贸易中将可能出现更多的知识产权方面的纠纷。

因此,知识产权是国际贸易的重要组成部分,转让专利和商标的使用权、版权许可、含有知识产权的产品等在国际贸易中所占的比重会越来越大,例如新的药品、电影、音乐、书籍、计算机软件、知名品牌商品、植物新品种等。美国1992年一年仅计算机软件这一种版权保护对象,贸易额已达76亿美元。当然从国际贸易额的绝对数字上看,无形的知识产权转让,还远远比不上有形货物买卖,但知识产权贸易量的上升速度大大高于货物买卖的上升速度。

第二节　国际贸易政策的演变

世界范围内国际贸易政策的演变一般分为4个阶段:

(1)资本主义原始积累时期。主导思想是重商主义;政策是实行国家保护主义,认为商业是国家活动的基础,国家应对本国商人的利益进行保护,还应保护工业,扶持工场手工业的发展,以增加生产,扩大出口;同时限制倾向输出和商品进口,鼓励出口和倾向输入。

(2)自由竞争资本主义时期。自由贸易政策占主导地位,但是同一时期后起的德国和美国,基于他们特定的对外竞争条件,主张运用贸易政策保护国内的幼稚产业,特别是制造业的发展。

(3)垄断资本主义时期。发达国家为了保住自身原有优势,在凯恩斯的有效需求理论和投资乘数理论的基础上发展出了超保护贸易理论,认为出口就如同国内投资一样对国民经济具有"注入"效果,会增加有效需求,对国民收入有倍增效应。

(4)新保护主义时期。各主要资本主义国家不强调全面的贸易自由,也不完全排斥贸易保护政策。1973年的能源危机、货币危机、债务危机等,使各国贸易政策开始脱离过去自由放任的思潮,转向以管理为主要手段的贸易保护主义,引发了全球性的保护贸易浪潮。

一、重商主义

15—17世纪的欧洲正处于原始资本积累时期,对外贸易的范围空前扩大。西欧对亚洲、非洲、美洲的殖民掠夺,使大量金银流入西欧,促进了商品货币经济的蓬勃发展,社会财富的重心由封建地主所有制的土地转向金银货币。人们认为金银货币是财富的唯一形态。财富来源于流通领域,因此,这一时期的国家经济政策和一切社会经济活动都是为了取得金银货币。这种社会经济的剧烈变化反映到经济思想方面,就是重商主义。重商主义代表了当时兴起的商业资本的利益。它的传播使保护贸易政策在西欧得到普遍推行,对加速资本原始积累、促进资本主义生产方式的建立起了一定的进步作用。

二、自由贸易政策与保护贸易政策

18世纪70年代在英国开始的产业革命使生产力迅速发展,资本主义生产方式开始建立。1820年英国工业生产在全球工业生产中所占比重为50%,对外贸易不断扩大。新兴的工业资产阶级需要更广阔的国际市场,以销售其工业产品,而重商主义的保护贸易政策阻碍了国际贸易的发展,妨碍了资本的自由竞争,成为新兴工业资产阶级的障碍,因此,工业资产阶级强烈要求实行自由贸易政策。在这种历史背景条件下,古典经济学派取代了重商主义的经济理论,从哲学和经济理论上批判了重商主义,鼓吹自由贸易。这顺应了当时社会经济发展的趋势,在欧洲各国占有统治地位,并推动了资本主义生产力的发展。

古典经济学派的代表亚当·斯密认为,重商主义的保护贸易政策限制了国际贸易的发展,妨碍了社会福利的增长,只有自由贸易政策才能使各国按绝对利益进行贸易,以分享国际分工的好处。亚当·斯密的绝对利益说是以劳动费用的绝对差别为依据的,并主张从绝对利益出发,把国内分工扩大到国际分工,每个国家只发展那些具有优势条件的工业,用本国具有优势条件工业所生产的产品与其他国家进行交换,而不必发展那些不具备优势条件的工业。

亚当·斯密之后,大卫·李嘉图提出了比较利益论,为这一时期的自由贸易政策提供了理论基础。大卫·李嘉图认为,各国应集中力量生产那些有利程度较大或不利程度较小的商品,然后通过对外贸易进行交换,这样,生产总量将会增加,这种交易对各方都有利。而这种"两优取重,两劣取轻"的比较优势原则只有在自由贸易条件下才能实现。

在同一历史时期,当产业革命在英国、法国等国深入发展时,欧洲其他国家和美洲的经济不发达、资本主义工业尚处于萌发状态的一些国家的工业资产阶级要求保护其幼稚工业,实行贸易保护主义,减少外国商品进口,以保护本国成长中的资本主义工业。于是形成了与自由贸易学说相对立的以汉密尔顿和李斯特为代表的保护贸易学说。

汉密尔顿主张保护贸易的根据是:自由贸易理论不适用于美国,因为两国经济情况不同,不能在平等基础上进行贸易,美国如果实行自由贸易政策,将会严重损害其经济,因而需要用关税壁垒进行保护,直到效率提高到可以在免税基础上与外国同类商品进行竞争的水平,方可撤销关税壁垒。可见汉密尔顿推行保护贸易的根本目的在于排除外部竞争的不利影响,在国内创造一个有利于工业发展的良好环境。对己不利则保护,对己有利则自由,一切以本国利益为转移。

李斯特认为,一国应根据经济发展的不同历史阶段确定自己的对外贸易政策,而不应固定不变。因此,他强调各国的经济发展水平、历史特点和经济发展道路互不相同,不存在各国共同的普遍规律。李斯特的保护贸易理论是以生产力理论为基础的,认为生产力比财富本身更重要。在对外贸易方面,他主张在国家干预下实行保护贸易政策,而保护贸易政策的关键是保护关税。但是实行保护贸易政策将使国民经济的某一部分遭受损失,因此应把实施保护贸易政策带来的损害降到最低限度:①对工业有选择地加以保护,只保护幼稚工业;②幼稚工业成熟起来后则取消保护;③以 30 年为限。李斯特的保护贸易理论对于当时德国工业的发展起到了有力的推动作用,使德国在很短的时间内赶上了英国、法国等国家。

三、超保护贸易政策及其发展

19 世纪末 20 世纪初,国际经济制度发生了很大变化,自由竞争的资本主义完成了向垄断资本主义的过渡,垄断代替了自由竞争。20 世纪 20 年代初的世界经济危机使市场问题进一步尖锐化。垄断资本主义不但要求垄断国内市场,而且要求垄断国外市场,许多资本主义国家都积极干预对外贸易,不同程度地提高关税,实行外汇限制、数量限制,鼓励出口,实行以保护垄断资本利益为目的的对外贸易政策。

超保护贸易政策是指西方发达国家为维护国内市场的垄断价格和夺取国外市场而采取的一种侵略的对外贸易政策。超保护贸易政策的基本特点如下:

(1)保护对象。既保护本国幼稚工业,也保护国内高度发展的工业或夕阳工业。

(2)保护目的。不是培养自由竞争的能力,而是巩固和加强对国内外市场的垄断,在垄断国内市场的基础上对国外市场采取进攻性扩张。

(3)保护措施。多样化,既有关税措施,也有名目繁多的奖出限入的非关税措施。

四、第二次世界大战后贸易自由化发展与新贸易保护主义抬头

第二次世界大战后,发达资本主义国家在推行超保护贸易政策上出现了一些新特点。一是在"贸易自由化"的口号下,加强对相互市场的渗透。首先是美国为打入西欧和日本市场,提出了"贸易自由化"。西欧各国随着经济恢复和发展,也开始搞"贸易自由化",具体措施有资本主义国家之间降低关税、减少进口数量限制、放松外汇管制等。20 世纪 70 年代,经济危机严重,市场问题日益尖锐,主要资本主义国家的超保护贸易政策又重新抬头。二是对工业保护程度降低,对农产品的保护程度提高。由于生产国际化和跨国公司的发展,各发达国家的垄断资本相互联系加强,从而促使各国相互降低工业制成品和半制成品的进口关税,但对农产品的超保护关税的程度却有所加强。三是非关税壁垒在超保护贸易政策中占据主要地位。国家垄断资本主义在推行超保护贸易政策和措施中的作用大大加强,20 世纪 60 年代后期以来,限制进口的措施已从关税转向非关税,采取非关税措施的名目日益繁杂。与此同时,国家对促进出口的国家机构给予经济上的巨大支持,组织上加以保证。同时在第二次世界大战后,一些发达资本主义国家和一些发展中国家结成贸易集团,在这些经济贸易集团内部,贸易自由化的程度超过了与集团外国家的贸易自由化程度。

总的来讲,国际贸易政策是各国和地区内部经济政策和对外政策的重要组成部分,是为各国和地区的经济发展和对外政策服务的。一般说来,各国制定对外贸易政策的目的在于:

(1)保护本国的市场。通过关税和各种非关税壁垒限制外国商品和服务的进口,使本国商品和服务免受外国的竞争。

（2）扩大本国的出口市场。通过各种鼓励出口措施促使本国出口商增加出口，使本国的出口市场不断扩大。

（3）促进本国产业结构的改善和升级。

（4）积累资本或资金。通过采取关税、国内税和其他税费措施，使国家财政收入增加，并采取宏观调控政策，为出口商营造良好的外贸环境，增加盈利。

（5）维护和发展本国的对外经济政治关系。

第三节 多边国际贸易体制的形成及其发展

第二次世界大战后，国际贸易领域最引人注目的发展变化是多边贸易体制的形成和发展，它对世界经济产生了多方面的重大影响。1948 年 1 月 1 日，由 23 个国家和地区参与缔结的关贸总协定（GATT）的生效，标志着全球多边贸易体制的诞生；1995 年 1 月 1 日，世界贸易组织（WTO）的正式建立及此后的运作，标志着一个以贸易自由化为宗旨、囊括当今国际贸易诸多领域的多边贸易体制的框架已经构筑起来。半个多世纪以来，国际贸易的发展大大快于世界生产的发展，这与世界多边贸易体制的作用是密不可分的。

一、GATT 诞生的背景及其基本原则

GATT 的宗旨是：各缔约国本着提高生活水平、保证充分就业、保障实际收入和有效需求稳定增长、充分利用世界资源、扩大商品生产和交换、促进经济发展的目的，处理它们在贸易和经济发展方面的相互关系，彼此减让关税，取消各种贸易壁垒和歧视性待遇，实现贸易自由化。

GATT 规定了许多关于贸易的国际规则，但其基本原则可以概括为如下 4 个方面：

（1）无歧视性待遇原则。无歧视性待遇原则又称非歧视原则、无差别待遇原则。这一原则规定，缔约国在与贸易相关的事项中相互之间不得有任何歧视。如果缔约一方根据某种理由而实施某种限制或禁止措施时，这种限制或禁止措施也必须适用于其他缔约方。无歧视待遇原则，主要是通过最惠国待遇原则和国民待遇原则来实现，也是公平贸易原则的体现。

（2）关税减让原则。它是关贸总协定的主要宗旨，也是多边贸易谈判的核心活动。

（3）取消数量限制原则。它是针对非关税贸易壁垒设定的。任何缔约国除征收关税或其他费用外，不得设立或维持配额、进出口许可证或其他措施以限制或禁止其他缔约方领土的产品的输入或向其他缔约国领土输出或销售产品。在特定的情况下，缔约国虽可以采取限制进口数量的措施，但必须在非歧视原则基础上实施。

（4）透明度原则。它是关贸总协定三大目标之一（另外两大目标是贸易自由化和稳定性）。它要求缔约国实施的有关贸易的法律、规章、政策必须公布于众，使各贸易伙伴了解其内容，防止缔约国之间进行不公开和不公正的贸易，有损于非歧视性原则。

二、GATT 体制的强化和世界贸易组织的诞生

GATT 最重要的活动就是组织进行多边贸易谈判。在 GATT 体制下,共完成了 8 轮多边国际贸易谈判,使多边贸易体制得到不断强化。

第 1 轮谈判于 1947 年 4 月至 10 月在瑞士日内瓦举行。23 个缔约方就 123 项双边关税减让达成协议,涉及商品 45000 项,影响到 100 亿美元的贸易额,使发达国家 54% 的进口商品平均降低关税 35%。GATT 也随谈判的成功和临时适用议定书的签订而临时生效。这轮谈判虽然是在关贸总协定草签和生效之前进行的,但人们习惯上将其视为关贸总协定的第 1 轮多边贸易谈判。

第 2 轮谈判于 1949 年 4 月至 10 月在法国安纳西举行,有 33 个国家和地区参加。这次谈判主要是为了确定新加入 GATT 的 10 个国家的权利义务问题而安排的。这轮谈判总计达成 147 项关税减让协议,达成了约 5000 项关税减让,使应税进口值 5.6% 的商品平均降低关税 35%。

第 3 轮谈判于 1950 年 9 月至 1951 年 4 月在英国托奎举行,有 39 个国家和地区参加。这轮谈判的重要议题之一是讨论奥地利、联邦德国、韩国、秘鲁、菲律宾和土耳其的加入问题,共达成 150 项双边协议,达成约 8700 项关税减让,关税水平平均降低 26%。由于缔约方增加,GATT 缔约方之间的贸易额已超过当时世界贸易总额的 80%。

第 4 轮谈判于 1956 年 1 月至 5 月在日内瓦举行,有 26 个国家和地区参加。这轮谈判使关税水平平均降低 15%,但所达成的关税减让只涉及 25 亿美元的贸易额。

第 5 轮谈判于 1960 年 9 月至 1962 年 7 月在日内瓦举行,共有 45 个缔约方参加。这轮谈判由当时的美国副国务卿道格拉斯·狄龙倡议,后被称为"狄龙回合"。这轮谈判达成的协议使应税进口值 20% 的商品平均降低关税 20%,关税减让涉及 49 亿美元的贸易额,但农产品和一些敏感性商品被排除在协议之外。

第 6 轮谈判于 1964 年 5 月至 1967 年 6 月在日内瓦举行,共有 54 个缔约方参加。这轮谈判由当时的美国总统肯尼迪倡议,又称"肯尼迪回合"。这轮谈判将大约 6 万种工业品平均降低关税 35%,涉及贸易额 400 亿美元。这轮谈判通过了 GATT 产生以来的第一个反倾销协议,首次列入了削减非关税壁垒的内容。这意味着 GATT 开始从单纯的关税减让谈判发展到包括非关税壁垒的谈判。这轮谈判还规定了对发展中缔约方的特殊优惠待遇,并吸收波兰参加,开创了中央计划经济国家和地区参加 GATT 的先例。

第 7 轮谈判于 1973 年 9 月在日内瓦举行。在当时的美国总统尼克松倡议下,GATT 部长级会议在日本东京召开。会议通过了"东京宣言"并宣布第 7 轮多边贸易谈判开始。谈判在日内瓦举行并被命名为"尼克松回合"。此后不久,尼克松因"水门事件"而下台,这轮谈判改称"东京回合"。共有 73 个缔约方和 29 个非缔约方参加,于 1979 年 4 月结束。这轮谈判取得的成果是,从 1980 年起的 8 年内,关税削减幅度为 33%,减税范围除工业品外,还包括部分农产品,关税减让和约束涉及 3000 多亿美元贸易额,9 个发达国家工业品平均关税从 7% 下降到 4.7%;通过了一系列关于削减非关税壁垒的协议;达成了有关进一步给予发展中缔约方优惠待遇的条款。

第 8 轮谈判是 1986 年 9 月在乌拉圭埃斯特角城举行的 GATT 部长级会议上决定的,故称"乌拉圭回合"。这场旨在全面改革多边贸易体制的新一轮谈判,经过 7 年多的艰苦努力,于 1994 年 4 月 15 日在摩洛哥马拉喀什结束。参加方从最初的 103 个,增至谈判结束时的 125 个。这轮谈判使发达缔约方和发展中缔约方平均降税 1/3,发达缔约方工业品平均关税水平降为 3.6% 左右;达成了包含近 40 个协议和决定的最后文件,其中包括首次达成的《农产品贸易协议》和《服务贸易总协定》,但最重要的协议是《建立世界贸易组织的协议》。

在上述 8 轮谈判中,第 1 轮和第 8 轮最为重要:第 1 轮谈判不但为 GATT 的签订提供了保证,而且创下了大规模多边关税和贸易谈判的成功先例;第 8 轮谈判是 GATT 发展进程中最重要的一轮多边贸易谈判,无论从规模、参加方数目来看,还是从议题内容和涉及面来看,都大大超过 GATT 设立以来的所有多边贸易谈判,特别是签署了《建立世界贸易组织的协议》。这也是对 20 世纪 40 年代联合国贸易与就业会议建立国际贸易组织(ITO)目标的圆满完成。

三、关于世界贸易组织(WTO)

(一) WTO 的宗旨和目标

《建立世界贸易组织的协议》的序言中,规定了 WTO 的宗旨是:①提高生活水平,保证充分就业,大幅度稳步地提高实际收入和有效需求;②扩大货物、服务的生产和贸易;③坚持走可持续发展之路,各成员应促进对世界资源的最优利用,保护环境,并以符合不同经济发展水平下各自成员需要的方式,加强采取各种相应的措施;④积极努力确保发展中国家,尤其是最不发达国家,在国际贸易增长中获得与其经济发展水平相应的份额和利益。

WTO 的目标是建立一个完整的包括货物、服务、与贸易有关的投资及知识产权等在内的更具活力、更持久的多边贸易体制,以落实 GATT 贸易自由化的成果和"乌拉圭回合"所达成的所有成果。

(二) WTO 的管辖范围和职能

WTO 的管辖范围包括:有关货物贸易的多边协议;《服务贸易总协定》及附件;《与贸易有关的知识产权协议》;《关于争端解决规则与程序的谅解》,即关于贸易争端解决的有关协议及程序;贸易政策评审机制,即负责审议各成员的贸易政策法规是否与世贸组织相关协议、条款规定的权利义务相一致。

WTO 的职能主要包括:①负责多边贸易协议的实施、管理和运作,促进世界贸易组织目标的实现,同时对所辖的不属于"一揽子"协议(即所有成员签署的协议)项下的诸边贸易协议(包括《政府采购协议》《民用航空器贸易协议》《国际奶制品协议》《国际牛肉协议》等)的实施、管理和运作提供组织保障;②为成员间有关贸易协议的后续谈判提供场所,为各成员就多边贸易关系进行谈判和贸易部长会议提供场所、谈判准备和框架草案;③通过争端解决机制,解决成员间发生的贸易争端;④运用贸易政策审议机制,定期审议成员的贸易政策及其对多边贸易体制运行所产生的影响;⑤通过与其他国际经济组织(国际货币基金组织、世界银行及其附属机构等)的合作和政策协调,实现全球经济决策的更大一致性;⑥对发展中国家提供技术援助及培训。

(三) WTO 的运行机制

WTO 的运行机制包括法律框架和组织结构、加入和退出机制、决策机制、争端解决机制、贸易政策审议机制等。这些机制为 WTO 的运行提供了法律基础和组织保障。

1. WTO 的法律框架和组织结构

WTO 的法律框架,由《建立世界贸易组织的协议》及其 4 个附件组成。附件 1 是《货物贸易多边协定》《服务贸易总协定》和《与贸易有关的知识产权协议》,附件 2 是《关于争端解决规则与程序的谅解》,附件 3 是《贸易政策审议机制》,附件 4 是《政府采购协议》《民用航空器贸易协议》《国际奶制品协议》和《国际牛肉协议》。其中,《国际奶制品协议》和《国际牛肉协议》已于 1997 年 12 月 31 日终止。前 3 个附件作为多边贸易协定,所有成员方都必须接受。附件 4 属于多边贸易协定,仅对签署方有约束力,成员方可以自愿选择参加。

2. 加入和退出机制

WTO 允许任何国家和地区申请加入。一国或地区要加入 WTO,必须经过提出申请和受理、对外贸易制度的审议和双边市场准入谈判、多边谈判和起草加入文件、表决和生效 4 个阶段。任何成员都可以退出 WTO,但这种退出必须在 WTO 总干事收到退出的书面通知之日起 6 个月后才能生效。WTO 之所以作这种期限上的规定,主要是基于如下考虑:①便于 WTO 其他成员方有较充分的时间调整与退出方之间在 WTO 及其规则中的权利义务关系;②防止退出方使用权宜之计,利用退出程序逃避其应承担的有关义务;③为退出方重新考虑退出决定和撤回退出通知创造机会。

3. 决策机制、争端解决机制和贸易政策审议机制

WTO 在进行决策时,主要遵循"协商一致"原则,只有在无法协商一致时才通过投票表决决定。WTO 争端解决的基本程序包括磋商、专家组审理、上诉机构审理、决策的执行和监督等。除基本程序外,在当事方自愿的基础上,也可采用仲裁、斡旋、调解和调停等方式解决争端。WTO 的贸易政策审议机制是指 WTO 成员集体对各成员的贸易政策及其对多边贸易体制的影响定期进行的全面审议。其目的是促使成员方提高贸易政策和措施的透明度,履行所做的承诺,更好地遵循 WTO 规则,从而有助于多边贸易体制的平稳运行。

(四) 世界贸易组织面临的挑战及前景

1. WTO 面临的挑战

WTO 自 1995 年 1 月 1 日正式成立并开始运行以来,在完善和实施"乌拉圭回合"协议、建立和健全新的多边贸易体制框架、推动全球贸易自由化的进程以及有效解决国际贸易争端等方面发挥了积极作用,并在一定程度上树立了该组织在国际贸易关系中的权威,为继续强化全球多边贸易体制、进一步制定和完善国际贸易规则奠定了坚实的基础。但

它作为一个国际经济组织,实质上只是各成员利益妥协和分配的结果,不可能将其建设成真正强有力的超国家性质的组织机构。在全球贸易趋向自由化的同时,地区贸易保护主义盛行。WTO从成立伊始就面临着一系列较为严峻的挑战。

(1)西方贸易大国操纵多边贸易体制决策进程的现象仍然存在并很严重。发达国家成员方不断提出新的贸易自由化要求,或将其感兴趣领域的自由化超前实施,或有选择地扩大自由化的新领域。在一些发达国家的坚持下,一些与贸易无直接关系的所谓“新议题”被纳入多边贸易谈判领域。

(2)多边贸易体制覆盖的范围存在局限性。截至2010年2月底,WTO成员共有153个,许多发展中国家和地区仍被排除在WTO之外。一个没有各国广泛参与的多边贸易体制,是不能称其为完整的全球性贸易体制的。

(3)区域主义对多边贸易体制构成严峻挑战。在多边贸易体制发展的同时,区域主义进入了一个新的阶段。现存的优惠区域协议,大多数都是近年生效的。这些优惠区域协议在促进内部经济贸易自由化的同时,侧重于增强区域内部各成员的利益,难免会削弱多边贸易体制的作用,给多边贸易体制带来严峻的挑战。

(4)如何有效地协调好发达国家和发展中国家间的关系。由于历史的原因、自身的内部条件、现有国际经济体系的内在缺陷等,发展中国家无法与发达国家同等地享受贸易自由化带来的收益,其利益和诉求在现有的国际贸易体系中也没有得到充分的体现和应有的重视。WTO成立及“乌拉圭回合”协议实施后,许多发展中国家不满于现行的贸易体制,它们承担了义务,却没有获得市场改善的利益,因此不断呼吁建立面向以发展为导向的全球贸易体制。而在“多哈发展议程”谈判中所展现出的南北冲突的新变化也初步显示,国际贸易领域的主要矛盾已由北北关系转为南北关系。

(5)进一步消除和规范国际贸易壁垒。随着“乌拉圭回合”协议的实施和单边贸易改革的进行,全球在减少贸易壁垒方面取得了长足进步,各国贸易政策更加趋于自由化。但不可否认的是,国际贸易壁垒依然存在,各国经济发展的不平衡不时地引发贸易保护主义情绪高涨。从采取的主要保护措施来看,世界整体的关税水平虽已大幅下降,但关税高峰和关税升级仍然存在于发达国家的减让表中,高关税大多集中在发展中国家具有重要贸易利益的产品领域,而许多发展中国家的平均承诺约束关税税率也仍然很高;越来越多的国家在频繁地使用反倾销、反补贴和保障措施等贸易救济措施,滥用这些措施的情况日益严重。

(6)WTO面临着最不发达国家被“边缘化”的倾向。据联合国统计,目前,最不发达国家的数目已达48个,其人口总数占世界人口的10%,而其国内生产总值仅占世界的0.1%,在世界出口市场中的份额仅为0.4%。最不发达国家普遍面临着粮食短缺和出口能力低下等问题,没有能力在国际组织中为自己争取合法权益。WTO承认“边缘化”问题的存在及其风险,也商量要采取相应的行动,援助这些国家发展经济、改善投资条件和扩大出口,但是,WTO能够提供的援助与这些国家的要求之间存在很大的差距。防止这些国家进一步“边缘化”,是WTO面临的一项长期而艰巨的任务。

2. WTO的前景

《建立世界贸易组织的协议》确定了WTO明确的法律地位和系统的组织框架,为解决世界经济中不断涌现的新情况和新问题奠定了坚实的基础。自其诞生的 10 多年来，WTO 在实现其宗旨和履行其职能方面都取得了显著成绩。WTO 将在世界经济领域发挥越来越重要的作用。

（1）通过促进 WTO 协议的执行和实施来推动各成员的贸易改革。WTO 通过其一系列的协议、宣言、决定、谅解和裁决，规定了各成员在国际贸易领域中的基本行为准则。从法律角度看，WTO 法律体系由完备的组织法、范围广泛而内容详尽的实体法、独立而有效的争端解决机制及定期而全面的贸易政策审议机制等程序法所构成。无疑，这些通过协商一致所制定的贸易原则和规则在确定各成员的贸易条件和机会中发挥着关键作用。向新领域的扩展、对国内或地区内政策制定的更多干预以及一揽子承诺等新特征，使 WTO 协议深刻影响着各成员的国内或地区内发展中关键领域的政策制定。一般地，WTO 规则或约束性承诺是通过对各成员的国内或地区内规则与法律产生直接影响。各成员不但要承诺实现贸易自由化，而且要在贸易、服务、投资、知识产权等方面采取具体的政策选择，这些选择结果直接影响到经济的发展。

（2）通过提供谈判场所不断消除贸易障碍。谈判始终是多边贸易体制变迁的驱动力量。WTO 的重要职能之一是提供处理各协议有关事务的场所，为发动多边贸易谈判提供讲坛和场所。在 WTO 主持下，在 1996 年的新加坡部长会议上 43 个成员达成了《信息技术产品协议》；1995—1997 年期间各成员对"乌拉圭回合"后的服务贸易领域展开了后续谈判，先后达成了《基础电信服务协议》和《金融服务协议》；WTO 还新成立了研究环境、投资、竞争政策、贸易便利化、贸易与技术转让、政府采购透明度以及贸易、债务和财政等工作组，为进一步规范这些领域的问题做准备。而最引人注目的是，2001 年 11 月的多哈部长会议决定启动以"多哈回合"（又称"多哈发展议程"）命名的新一轮多边贸易谈判。

（3）提供并鼓励通过争端解决机制来处理成员间的贸易纠纷。与 GATT 相比，WTO 具有更强的履约机制。按照这一机制的要求，违反 WTO 协议的做法可以在争端解决机制中受到质疑和纠正，在某些成员不履行义务并使其他贸易伙伴受到影响的情况下，一些补救措施允许采取跨协议、跨部门的报复性贸易行动。可以说，WTO 争端解决机制是为多边贸易体制提供可靠性和可预见性的一个至关重要的因素。在贸易纠纷中，WTO 的正式争端解决往往是纠纷双方最后的一种选择，更多的选择是通过磋商自行解决分歧，有许多潜在的争端并没有提交到 WTO，而在 WTO 受理的所有起诉中，约 3/4 的案件在磋商后没有进入专家组阶段，只有很少的案件需要采用报复手段来强制执行多边争端的裁决。

（4）推动提高各成员贸易体制和政策的透明度来降低交易成本。通过贸易政策审议机制监督和审议各成员的贸易政策和措施是 WTO 的职能之一，即按照各成员在世界贸易中所占的份额，其贸易政策体制将每两年、四年和六年接受一次审议。贸易政策审议的目的在于确保透明度，通过定期对每个成员的全部贸易政策和措施及其对多边贸易体制运行所产生的影响进行集体审议，以及对被审议成员的贸易和经济状况进行客观、独立的评价，促使各成员政府更好地遵守多边规则、纪律和承诺。十几年来，贸易政策审议的范围不断向广度和深度拓展,一方面伴随 WTO 成员数目的增加,审议工作量不断增加;另一方面审议的领域从"乌拉圭回合"中期对传统贸易政策的审议,扩大到 WTO 建立后对"乌拉圭回合"协议所涉及的服务贸易、知识产权、投资等诸多领域的审议。

(5) WTO 将进一步促进国际贸易体制健康发展。WTO 将进一步拓展多边贸易体制的职能和管辖范围,强化制度约束,提高处理贸易争端的能力。今后,WTO 将与 IMF(国际货币基金组织)和 IBRD(世界银行)配合,制定出一整套有效缓解危机的贸易安排,从贸易角度防范和化解各成员方甚至区域性、全球性的经济危机和金融危机。在全球经济舞台上,WTO 在履行职能方面还有很大的潜力空间,必将发挥前所未有的作用。在管辖范围上,WTO 已经成功地将议题从 GATT 的货物贸易领域延伸到服务贸易、与贸易有关的投资、与贸易有关的竞争政策、与贸易有关的环境和电子商务等崭新的领域,并必将有更多的新议题纳入 WTO 的议事日程。今后,WTO 将确保各成员方坚持自由贸易原则,组织它们在一定期限内取消各种贸易保护主义行为。在解决贸易争端上,WTO 将认真处理好维护自身权威与保护成员方利益的关系,一方面坚持公平、公正和公开的原则立场,保证在 WTO 的主导下成员方解决贸易争端的有效性;另一方面将支持成员方在受到其他成员方伤害又无法获得补偿的情况下,实行必要和合理的"交叉报复",有效地消除贸易争端对各成员方经济产生的不利影响。

(6) WTO 将进一步促进各成员方及全球贸易的发展。WTO 通过完善而有效的贸易政策审议机制和争端解决机制,减少了各成员方对贸易活动的保护和干预以及各成员方之间的贸易摩擦与冲突,为促进各成员方的贸易发展及世界经济的发展创造有利的条件。在 WTO 的主持下,仅在 1997 年就先后达成了 3 项重要协议。2 月 15 日达成全球《基础电信服务协议》,参加该协议谈判的 69 个成员为该协议的首批成员,该协议于 1998 年 1 月 1 日正式生效。同年 3 月 26 日达成了《信息技术产品协议》,参加该协议谈判的 43 个成员的信息技术贸易额占全球的 93%。同年 12 月 13 日达成了《金融服务贸易协议》,参加该协议贸易谈判的 70 个成员的金融服务贸易额占全球的 95%。上述影响深远的 3 项协议的达成,表明世界贸易自由化领域正从货物贸易加快向服务贸易延伸,国际贸易谈判的主要领域已经移至服务贸易,为 21 世纪全球贸易的发展开拓出了更广阔的空间。

(7) WTO 将进一步顺应时代潮流,为在经济全球化进程中建立国际经济新秩序做出更大的贡献。WTO 将进一步体现从以权力为本位到以规则为本位、从无序到有序的国际贸易关系。WTO 作为一种多边贸易机制,将更好地使国际贸易关系从弱肉强食向大小国平等协商转变。WTO 的发展,将成为每一个成员伸张自己权益的论坛、与其他国家讨价还价的场所和解决贸易争端的机构;WTO 将进一步体现国际法准则,遵循主权平等原则和公平互利原则;WTO 将进一步处理好发展中国家与发达国家之间的相互关系。现在,WTO 对发展中国家优惠待遇的规定主要体现在如下几个方面:①发展中国家在市场准入的某些方面可以承诺较低水平的义务;②发展中国家享有较长的过渡期;③对发达国家规定了"最佳努力条款";④发展中国家享有某些程序上的优惠待遇;⑤对发展中国家提供技术援助。

从总体来看,WTO 原则及规则为世界贸易的发展提供了一个相对稳定的环境,对世界经济的发展、世界贸易的扩大、就业的增加和贫困的削减等做出了贡献。在当今世界,大部分国家和地区都是 WTO 的成员,全球贸易的 94% 以上受 WTO 原则和规则的调整。当然,作为一个年轻的组织,WTO 在不断演化和发展中也日益面临着一系列问题和挑战,需要对如何强化该机构并改进其职能的问题进行严肃的反思,并进行必要的变革和完善。

☞　**思考题**

    1. 何谓自由贸易政策和保护贸易政策?

    2. 跨境电子商务对传统国际贸易产生了哪些影响?

    3. 世界贸易组织的宗旨、目标及运行机制各是什么?

    4. 世界贸易组织面临哪些挑战? 其前景如何?

第五章

跨国公司和国际直接投资

☞ **内容提要**

　　当今世界,生产力得到了极大的发展,国际分工进一步加深,各国间的经济联系日益增强,参与国际投资已成为一国参与国际经济的重要手段,参与国际投资的程度、范围和规模已成为衡量一国经济发展水平、对外开放程度和国际竞争力的重要标志。生产国际化和国际直接投资的迅速发展是当代世界经济活动的突出特点,它集中体现了市场经济体系和资本循环突破国界不断扩展的趋势。跨国公司作为生产国际化和资本国际流动的载体,其数量和规模持续扩大,组织形式和经营方式也不断表现出新的特征。国际直接投资和跨国公司的发展反映出世界经济的微观基础和运行机制发生了明显的变化,并对世界经济的运行和发展产生了深远的影响。

☞ **关键词**

　　跨国公司　国际化　国际直接投资

第一节　跨国公司的定义、类型和特征

一、跨国公司的定义

　　作为企业的一种组织存在形式,跨国公司的界定问题既是从事跨国公司研究的前提,也长期是研究本身的重要内容之一。自西方学者关注跨国公司问题研究以来,如何对跨国公司进行规范而科学的界定,一直令学术界、企业界、政府部门和有关国际机构煞费苦心。社会各界对跨国公司的定义存在着很多争议。从国内外经济文献中,最早将跨越国界从事经营活动的企业称为"多国企业"(Multinational Enterprises),后来又出现各种各样的称谓,如国际公司(International Corporation)、多国公司(Multinational Corporation)、全球公司(Global Corporation)等,直到1974年,在联合国经济及经济社会理事会第57次会议上,当讨论《多国企业对发展和国际关系的影响》报告时,一些国家的代表提出,多国企业容易

与安第斯条约组织国家共同创办和经营的多国联营企业相混淆,因此建议用跨国公司(Transnational Corporation,简称 TNCs)取代多国企业,以体现这类企业特有的实际性质和法律性质。自此,跨国公司这一名称在联合国的各种会议和决议文件中以及发展中国家得到一致的认可和广泛的采用。

由于跨国公司是一种复杂的经济组织,其活动涉及不同国家的经济、法律和文化等多个方面,并且在不同情况下表现出不同的特征,因此很难给出一个严格的为各方所接受的定义。人们根据自己的理解和要求对跨国公司进行界定,形成了多种定义标准。下面介绍几种最为流行的标准。

(一) 结构性标准

结构主要是相对公司跨越的地区以及公司资产所有权而言的。邓宁(John H. Dunning)认为,跨国公司简单地说就是在一个以上的国家拥有或控制生产设备的一个企业。而美国的梅森劳基(Masonlocky)则从所有权方面来规定跨国公司,认为只有公司的资产为一国以上的公民所拥有,该公司才属于跨国公司。这是一个比较严格的标准,因为有许多大型公司虽然已经实现了生产经营的国际化,也在多个国家拥有分支机构,但是其所有权仍然只属于某一国公民,按照这一标准,它们就不能被视为跨国公司。

(二) 经营额标准

经营额标准以公司在国外营业额的相对或绝对额作为划分标准,它强调的是公司国外经营活动必须在其总体经营活动中占有较为重要的地位。按照这一标准,公司在国外的生产、销售、利润及拥有的资产与雇员的绝对数或占公司总额的百分比必须达到一定指标,该公司才可算作跨国公司。罗尔夫认为,跨国公司是指有 25% 或者更多的国外业务份额,一个公司的国外份额是指国外销售、投资、生产或雇用人数与相对应总量的比例。

(三) 行为标准

行为标准强调公司领导层的经营与决策行为的战略取向与思维模式,认为只有高层领导不偏爱或不局限于本国市场或他国市场,其行为不带有片面性和歧视性,而是从全球性战略目标和动机出发,能够公平地对待和处理在世界各地所面临的机遇和挑战,这样的公司才可被称为跨国公司。

(四) 所有制与所有权标准

从所有制看,有的学者认为跨国公司主要是指以全球利润最大化为目标的私有企业,而国有企业即使实行了跨国经营,但主要目的不是盈利,因而不能算作跨国公司。而更多的学者乃至国际经合组织及联合国则认为,跨国公司"通常包括所有权属于私人的、国营的或公私合营的公司或其他实体"。从所有权来看,一般认为,只有那些股份所有权被一国以上的居民所掌握的企业才能被称为跨国公司。在现代公司合资经营趋势日益加强的情况下,从企业的股权所有权着手给跨国公司进行界定是有其客观基础的。然而,究竟控制或拥有多少国外企业股权才算适度则难以定论。美国商务部规定跨国公司必须拥有境外企业 10% 或以上比例的股权;国际货币基金组织则认为,控制所有权的合理标准不能低于 25%。目前,大多数学者普遍接受的标准是 25%。

(五) 综合性标准

哈佛大学的 R.维农教授从公司规模、地域分布、所有权结构、活动性质及经营策略等多重标准给跨国公司下了一个非常严格的定义:"跨国公司是一个控制着一大群不同国籍公司的母公司,这种公司群体统筹使用其共同拥有的人力资源和财力资源,并对同一战略目标做出呼应。公司规模也至关重要,每一群体销售总额不足 1 亿美元者很少值得关注。而且这群公司与其境外活动的性质也不无关系,单纯的出口商即使在国外设有很好的销售附属机构,也不易引起更多关注;而单纯的转移技术专利权的企业则少有提及。最后,这类企业一般拥有相当广泛的地域分布,只在本国基地以外一个或两个国家拥有股权的企业,往往不被列入跨国公司之列。"可见,R.维农教授所界定的跨国公司是特指西方发达国家中那些规模巨大、分布广泛、实力雄厚和影响深远的巨型公司,学术界一般称之为狭义的跨国公司。毫无疑问,R.维农采用多维标准所下的跨国公司定义具有较强的逻辑性、严格的规定性和突出的代表性,但该定义至少有两方面的缺憾:其一,某些重要的跨国经营现象(如发达国家中小企业跨国经营以及发展中国家企业跨国经营)被武断地排除在外,使得该定义的适应性和广泛性不强;其二,严格而具体的量化标准无助于最大限度地利用现存的资料全面而系统地分析和考察企业的跨国经营问题,使得该定义的实用性大打折扣。

可见,国际上对如何界定跨国公司存在着多种差异性很大的标准。由于标准不同,出现了大量对跨国公司的定义。联合国于 1986 年制定的《跨国公司行为守则》对跨国公司的定义为:由两个或更多国家的实体所组成的公营、私营或混合所有制企业,不论此类企业实体的法律形式和活动领域如何,该企业在一个决策体系下运营,通过一个或一个以上的决策中心,得以具有吻合的政策和共同的战略;该企业中各个实体通过所有权或其他方式结合在一起,从而其中一个或更多的实体得以对其他实体的活动施行有效的影响,特别是与其他实体分享知识、资源和责任。联合国的综合性定义较为合理地包括了有关要素,既点明了跨国性及在跨国经营条件下的独有经营和管理特征,又强调了控制力和其涉足的行业的广泛性,所以目前为人们广泛接受。

二、跨国公司的类型

跨国公司及其下属机构可以按照不同标准进行分类。

(一) 按从事跨国生产经营活动的一般组织形式分类,跨国公司由母公司、海外子公司、国外分公司和避税港公司构成

1. 母公司

母公司是指跨国公司设在主要资本来源国,或称母国的总部,它是在母国政府登记注册的企业法人,负责组织和管理全球范围内的全部生产经营活动。在实行股份有限制的跨国公司中,母公司通常采取拥有子公司股份或股权的形式控制子公司的生产经营活动。

2. 海外子公司

海外子公司是指在母国以外的国家政府登记注册的企业法人,它在法律形式上与母公司独立,但其所有权部分或全部属于母公司,生产经营活动间接受控于母公司。作为独立的经济实体,海外子公司一般拥有自己独立的名称、章程、资产等,并且独立核算,自负盈亏,母公司没有义务为其海外子公司的亏损承担责任。

3. 国外分公司

国外分公司是指跨国公司在东道国的分设机构,它的所有权全部属于母公司,不是法人,也没有自己的公司名称和章程,生产经营活动直接受控于母公司。国外分公司实际上只是受母公司委托在东道国从事业务活动的非独立经济实体,它的资产和负债列入母公司的资产负债表,因而与母公司有连带责任。

4. 避税港公司

避税港公司也称作"纸上公司",是指跨国公司为了获得转移定价、优惠税率等利益,名义上将货物或劳务的法律所有权归于设在避税港的公司。避税港具备的条件是:对公司实行免税或低税政策,特别是所得税和资本利得税;取消外汇管制,允许自由汇回资本和盈利;对企业资本积累不加限制;拥有良好的交通、通信等基础设施。跨国公司设在避税港的公司一般不从事实质性的生产经营活动,只是根据财务管理需要将利润从高税率国家转移到避税地,获得财务上的利益。

(二) 按经营结构分类,跨国公司可分为横向型、垂直型和混合型 3 大类

1. 横向型跨国公司

横向型跨国公司是指在各东道国和母国从事某一种产品生产经营活动的公司。在公司内部,母公司和子公司在生产和经营上专业化分工程度低,生产制造工艺、过程和产品基本相同。世界上著名的横向型跨国公司有可口可乐、百事可乐、肯德基、麦当劳、雀巢等。这类跨国公司的特点是母公司和各子公司之间通过内部转让在从事同类业务或产品生产经营中积累的经验、技能、知识等,加强各自的竞争优势,并且,当公司决定进入新的国家、开拓新的市场时,可以很快调集必要的人、财、物。

2. 垂直型跨国公司

垂直型跨国公司是指母公司和海外子公司之间实行纵向一体化专业分工的公司。垂直型跨国公司把具有前后衔接关系的社会生产过程国际化,母公司和各海外子公司之间的生产经营活动具有显著的投入产出关系。例如,这类跨国公司可以在资源丰富、劳动力成本低的东道国生产原材料或零部件,在母国生产最终产品,然后销往世界各地。垂直型跨国公司的特点是全球生产经营的分工、协调严密,一个海外子公司的产出是另一个海外子公司的投入,每个生产经营环节紧密相扣。由于专业化分工,每个海外子公司只负责生产一种或少数几种零部件,因而可以实现标准化、大规模生产,获得规模经济效益,并且,母公司可以利用各海外子公司之间的投入产出关系,统一制定转移价格,获得最大的财务利益。

3. 混合型跨国公司

混合型跨国公司是指母公司和各海外子公司经营相互之间没有关系的产品或服务的

公司。混合型跨国公司是企业在世界范围内实行多样化经营的结果。这类跨国公司的特点是可以分散经营风险,增强公司规模扩大的潜力。一方面,在经济趋于全球化的今天,许多行业也逐渐变成国际性或全球性行业,跨国公司为分散风险而进行多样化经营,必须在世界范围内进入不同行业从事生产经营活动。另一方面,对于大型跨国公司,仅仅在一个行业中发展,增长潜力很小,要想扩大公司规模,必须抓住新的投资机遇,向其他行业扩展。当然,具有竞争优势的跨国公司并不是盲目地向不同行业扩展业务,而是围绕加强体现核心业务能力或核心产品中的竞争优势开展国际多样化经营活动的。

(三) 按决策风格分类,跨国公司可以分为民族中心型、多元中心型、全球中心型和区域中心型 4 种类型

1. 民族中心型

民族中心(Ethnocentrism)型跨国公司是以母国利益为基础,以母公司为中心进行决策的公司。在这类跨国公司中,决策的制定高度集中,即使分权给海外子公司,海外子公司制定的决策也必须与母公司的要求一致。为了保证母公司决策得到执行,海外子公司中的重要职务通常由母公司在母国选派管理人员担任。民族中心型反映出的文化观念认为,母国人力资源的素质要高于东道国人力资源的素质,因而从母公司派到海外子公司的管理人员工资待遇明显高于东道国当地的管理人员。这种民族中心的观念也体现在生产经营活动的其他方面。

2. 多元中心型

多元中心(Polycentrism)型跨国公司是以东道国的特点为基础、以海外子公司为主进行决策的公司。在这类跨国公司中,海外子公司享有高度决策自主权,以便根据东道国政治、经济环境或市场需求变化做出灵活、及时的反应。多元中心型反映出的文化观念认为,母国与每个东道国在政治、经济、法律和文化等方面有较大差异,由本国派到海外子公司的管理人员很难完全适应这种差异,因此,挑选和培训当地的管理人员,依靠当地的管理人员经营海外子公司,是这类跨国公司人事管理的基本指导思想,母公司通过财务控制协调各子公司的生产经营活动。

3. 全球中心型

全球中心(Geocentrism)型跨国公司是以全球作为一个整体制定决策的公司。这类跨国公司中,生产经营活动的决策权既不完全集中在母公司手中,也不全部分散于各海外子公司。与全球范围协调和控制有关的决策由母公司制定,与适应东道国经营环境有关的策略则由海外子公司制定。全球中心的最终目标在跨国公司的总部和各海外子公司之间实现全球性统一协调和管理,每个海外公司生产经营活动的安排要同时考虑在东道国应实现的目标和全球性目标,以自己特有的优势为整个跨国公司的全球利益最大化做贡献。

4. 区域中心型

区域中心(Regiocentrism)型跨国公司是指跨国公司在作决策时,不是以全球利益作为出发点,而是以地区利益作为出发点。在这类公司中,设有区域总部,负责整个区域生产经营活动的协调和控制,制定区域性发展战略。在重大决策问题上,各区域总部要和公司总部协商,或征得母公司同意。

三、跨国公司的特征

尽管各个跨国公司在具体的经营结构、营业规模、主营项目乃至组织形式等方面有着很大的差别,但作为从事全球性生产经营活动的一般组织形式,各类跨国公司仍然具有一些共同的特征。

(一)结构特征

跨国公司在结构方面的特征主要表现在营业规模、股权结构、地理分布等几个方面。

1. 营业规模

按照维农的理论,"规模对跨国公司是很重要的,销售额低于1亿美元的公司不值得引起注意"。各个跨国公司的营业规模虽然有所不同,但是普遍大于相同的国内企业,尤其是作为世界跨国公司主体的大型制造业跨国公司,无论在国内还是在国外都处于寡头竞争的地位。它们依靠在资金、技术、产品、人员等方面的优势及遍布全球的分支机构,营业收入都达到惊人的程度,见表5-1。究其原因,一是因为跨国公司是在全球范围内开展经营活动,其所面对的市场远远大于国内企业,完全有条件扩大规模;二是因为跨国公司追求全球范围内的利润最大化,其规模大于国内企业是这一经营目标的必然要求。

表 5-1　2015 年《财富》杂志全球 500 强排名前 10 位的公司

排名	2014 年排名	公司名称(中英文)	营业收入(百万美元)	利润(百万美元)	国家
1	1	沃尔玛(WAL-MART STORES)	485651	16363	美国
2	3	中国石油化工集团公司(SINOPEC GROUP)	446811	5177	中国
3	2	荷兰皇家壳牌石油公司(ROYAL DUTCH SHELL)	431344	14874	荷兰
4	4	中国石油天然气集团公司(CHINA NATIONAL PETROLEUM)	428620	16359.5	中国
5	5	埃克森美孚(EXXON MOBIL)	382597	32520	美国
6	6	英国石油公司(BP)	358678	3780	英国
7	7	国家电网公司(STATE GRID)	339426.5	9796.2	中国
8	8	大众公司(VOLKSWAGEN)	268566.6	14571.9	德国
9	9	丰田汽车公司(TOYOTA MOTOR)	247702.9	19766.9	日本
10	10	嘉能可(GLENCORE)	221073	2308	瑞士

资料来源:http://www.fortunechina.com。

跨国公司规模存量宏大,资产发展迅猛,许多跨国公司的年营业收入甚至超过了世界上的许多发展中国家和一些发达经济小国。早在1991年,美国通用汽车公司的年营业额(1200亿美元)就约等于两个波兰的国民生产总值,也超过了北欧三国(芬兰、丹麦和挪威)。2015年美国的沃尔玛零售商店以4856亿美元的营业收入位居世界500强的榜首,沃尔玛每周为26个国家超过1亿名消费者提供服务,超过6000家海外店铺的净销售额达到了1469亿美元。所以,所谓全球经济活动的核心并非少数发达国家,而是一批最大的超规模跨国公司的说法,一点也不为过。《财富》发布的2015年美国500强榜单显示,榜上500家公司总收入为12.52万亿美元,较2014年12.15万亿增长了3%。全部500家上榜公司的总收入相当于上年美国GDP的71.9%,其中相当大的一部分来自海外业务,与1955年《财富》杂志首次发布美国500强榜单时相比,500强公司总收入出现了巨大增长,当时美国500强的总收入仅相当于美国GDP的35%。

2. 股权结构

跨国公司在股权控制结构上的特点,可以从母公司和海外子公司两方面来考察。在母公司的股权结构上,目前大部分跨国公司母公司的股权仍然控制在母国资本手中,但已有越来越多的跨国公司,其总公司的股权结构呈现出多国化的特点,尤其是20世纪80年代以来蓬勃发展的大型企业跨国合并浪潮,进一步推动了这种多国化的趋势。在海外子公司股权控制结构上,早期跨国公司往往倾向于对子公司实行完全控股,近年来跨国公司在这方面表现出较大的灵活性,不但所占子公司股权比重呈逐渐减少趋势,而且许多跨国公司使用各种非股权参与方式,组建自己的附属机构,参与其经营并分享产品或收益。

3. 地理分布

根据跨国公司的定义,它与国内企业在地理分布上特征不同。国内企业的机构局限在本国领土范围之内,其地理分布十分狭小;而跨国公司则在海内外建立起庞大的生产经营网络,它们不但在国内拥有生产经营实体,而且在国外设立了众多的由自己直接控制的子公司和附属机构,其地理分布十分广阔。

(二)环境特征

由于跨国公司在全球范围内开展活动,其所面临的经营环境比国内企业要复杂得多。在政治环境方面,东道国的政治局势变化、政治动荡和国际冲突都会给跨国公司造成影响和损失,如国有化改造、地区战争等。在经济环境方面,跨国公司不但受东道国的经济状况、发展趋势和经济政策取向的影响,而且要受其从事生产经营活动的各个东道国的经济发展水平及结构、市场运作情况、经济波动和政策变化的影响。在文化环境方面,跨国公司要在具有不同价值观、宗教信仰、道德行为准则、社会结构、教育程度和风俗习惯等文化环境下从事生产经营活动,要处理和适应各种文化差异和文化冲突。在法律环境方面,跨国公司不但受到本国法律的约束,其子公司和附属机构还要受到东道国的法律约束,以及各国之间缔结的贸易条约、协定和国际贸易法规等的约束。

(三)经营管理特征

跨国公司为了争夺国际市场,获取高额利润,采用对外投资方式作为主要的扩张手段,从而形成了从国内到国外、从生产到销售的超国界的独特的生产经营体系。这一独特的生产经营体系使跨国公司在经营管理上也呈现出一系列特征。

1. 全球一体化战略

自20世纪80年代以来,面对变化迅速、竞争激烈的国际市场环境,跨国公司的经营管理进入了一个崭新的阶段,其对全球子公司的管理权限由过去较为分散的管理趋向于相对集中的管理,逐步建成了一套母公司与海外子公司之间、海外子公司与海外子公司之间互相依存、密切联系的统一的生产经营体系,而指导这一庞大的生产经营体系协调运作的就是全球一体化战略。全球一体化战略是以世界市场为导向、以充分有效地利用世界范围内的生产要素资源为手段、以公司的总体利益为基础,追求全球范围内的利润最大化,求得公司长期的生存和发展。全球一体化战略是跨国公司最核心的经营管理特征。

2. 组织管理的内部一体化

跨国公司的经营地域和业务范围非常广泛,面对复杂多变的市场环境,没有周密的一体化管理,很难把分散在不同地域、从事不同业务活动的海外子公司组织成一个整体,灵活地应对市场竞争,实现其全球经营目标。所以,现代跨国公司普遍实行内部一体化的组织管理。各海外子公司的重要活动,都要在总公司的统一指挥和领导下进行。另外,现代科技的迅速发展,为跨国公司实行集中式的管理提供了条件。

3. 国际生产的专业化和多样化

跨国公司国际生产的专业化体现在其从事产品生产时,根据不同地区的有效利用程度,按专业化分工安排国外投资,将一种产品的生产过程分为若干部分,在全球范围内进行专业化生产配置,定点生产,分工制造,在有利的地区装配,面向国际市场销售。国际生产的专业化大大提高了劳动生产率,并可将世界各地不同的资源进行整合,提高产品的竞争力。

国际生产的多样化,即指随着跨国公司的发展,越来越多的企业在保持原有行业垄断地位的同时,通过直接投资方式,把资本渗透到其他行业,从事多种行业生产和销售。多样化经营有助于跨国公司扩大在国际市场上的活动范围及其经营规模,分散经营风险,提高在国际市场上的适应能力。

4. 生产要素转移的内部化

随着跨国公司的发展,生产国际化的规模不断扩大,跨国公司的母公司与海外子公司之间、海外子公司与海外子公司之间的联系日益紧密和频繁,生产要素如原材料、产品、资金、技术等通过内部交易而非通过外部公开市场交易实现转移。这种内部化转移一方面表现为技术转移的内部化,即当需要在国外生产中使用某项本公司技术时,跨国公司通常将技术转让给自己拥有控制权的海外子公司,而不将其出售给当地企业;另一方面表现为中间产品转移的内部化,即跨国公司倾向于从自己的海外子公司或附属企业手中购买生产某种产品所需的中间产品,而不愿通过外部市场从其他企业手中获得该种中间产品。内部化为跨国公司带来了极大的好处,如可以有效地控制整个公司的生产经营活动,可以防止技术扩散可能给企业带来的损失等,最为显著的好处是可以为跨国公司实施内部转移价格、获取高额利润提供便利条件。

5. 生产经营的本土化

随着跨国公司的发展,生产、销售和管理的当地化程度越来越高,充分利用当地原材料,产品大部分在当地市场销售,公司的管理人员也以当地人员为主。这种本土化对母公司和东道国都有好处。就母公司而言,由于其拥有先进的技术和管理经验,通过本土化,可以提高与东道国的融合度,消除民族隔阂,从而迅速进入当地市场;还可以利用东道国的资源优势,降低产品成本。就东道国而言,虽然市场潜力大,经济发展前景广阔,但由于技术水平相对落后,跨国公司的本土化为其提供了先进的技术和管理经验,为其提供了更多的就业机会。

第二节　跨国公司的形成和发展

一、跨国公司的形成及发展历程

跨国公司是生产国际化的载体和国际直接投资的主体,跨国公司的形成是资本摆脱国家边界的限制、在世界范围内追求更高收益的结果。跨国公司不是普遍存在于任何社会之中,而是以社会化大生产和市场经济为特征的社会的产物。跨国公司也不是突然出现的,而是在漫长、复杂的经济发展过程中逐渐形成的。在欧、美主要经济发达国家,现代意义上的跨国公司是在 19 世纪末出现的。跨国公司的发展虽然仅有 130 多年的历史,但其历史渊源可以追溯到 17 世纪初的英国。从 1868 年第一家跨国公司诞生至今,跨国公司的发展大体经历了早期发展、初步发展、低谷、高速发展、群雄并起 5 个时期。在经济全球化条件下,跨国公司获得了大发展,在不同时期具有不同的特征,并出现了一些新特点和趋势。跨国公司对世界和各国经济发展的影响日益增大,已成为推动经济增长的重要力量。

(一) 跨国公司的早期发展期

跨国公司的原始形态出现于 19 世纪中叶以前。从 15 世纪起,旨在发现新大陆的海上探险活动逐渐活跃起来,这些活动促进了早期资本主义国家的经济扩张,揭开了跨国生产经营的序幕。16 世纪和 17 世纪,交通运输工具有了较大改善,跨国商贸活动的范围扩大,不同国家贸易伙伴之间的关系由不规范的个人关系转变成更多地依赖正式的商业文件。在这一时期,对外直接投资大体有两个目的:一是加强国际贸易活动;二是加强海外殖民统治和土地开发。然而,与商品贸易相比,对外直接投资微不足道。只有英国和法国有少量对外直接投资。工业革命明显改变了资本主义国家的对外贸易和殖民活动。这些国家中企业的对外投资动机也发生了变化,以促进贸易为主转向为国内工业发展寻找原材料和矿产资源为主。同时,工业革命导致企业之间和企业内部专业分工的细化,加强了技术进步、货币资本和管理技能在社会化大生产中的作用。这一切都为跨国经营奠定了物质基础,进而孕育了跨国公司。17 世纪初,资本主义正处于初步发展阶段,重商主义盛行,开展经常性的稳定的跨国商业贸易成为可能。随着西欧商业资本开始向海外发展,国际贸易中产生了垄断现象。英国是当时世界上经济最发达的国家,英国殖民主义者把垄断国际贸易作为加速资本原始积累的重要手段,如 1600 年成立的英国东印度公司是英国垄断印度和远东的香料、棉织品、丝绸等商品贸易的早期载体。在随后的 200 多年间,出现了一批类似英国东印度公司的特许贸易公司(Chartered Company)。这些特许贸易公司虽然在本质上仍属于贸易公司,但已经具备跨国经营的特点,可以看作是跨国公司的雏形。

随着欧、美主要国家产业革命的完成和国际垂直分工体系的建立,少数发达国家的大型企业,为了进一步扩大产量和销售量、增加利润,开始在海外的原材料供应地和目标市场设立生产性机构。同时,发达国家在完成资本的原始积累后出现大量的剩余资本,为了寻找更好的投资机会,开始流向海外,形成早期的跨国公司。所以早期的跨国公司以资本输出为其主要海外经济扩展方式。

(二)跨国公司的初步发展期

现代跨国公司的先驱当属德国的拜耳化学公司和美国的胜家缝纫机公司(Singer)。1863 年拜耳化学公司在科隆建立了子公司,并于 1865 年购买了美国奔胺工厂的股份,后将其吞并为自己的分厂,成为第一家现代意义上的跨国公司。美国的胜家缝纫机公司专门生产家用缝纫机,产品适销对路,并很快畅销到欧洲市场。为了满足国外市场对产品的需要,同时为了防止欧洲的一些厂商仿造,胜家公司于 1868 年在苏格兰的格拉斯哥设立工厂,开始在当地进行生产。继这两家公司之后,德国的西门子公司,美国的美孚石油公司、福特汽车公司、爱迪生电气公司,瑞士的雀巢公司,英国的帝国化学公司等,都纷纷在国外设立分厂或分公司,国内工厂与国外工厂同时生产、同时销售。19 世纪末 20 世纪初,早期的跨国公司在第二次科技革命、垄断企业迅速发展的热潮下出现较大的发展,到第一次世界大战前夕的 1913 年,英国跨国公司的海外子公司数已达 140 家,欧洲大陆国家达 175 家,美国达 118 家。

跨国公司在这一时期的发展特征主要表现在:①跨国公司母公司局限在西欧、美国等少数几个资本主义强国。在各国对外投资总额中,英国居首位,其次为法国、德国和美国;比利时、荷兰、瑞士等也有少量对外投资。②跨国公司的对外投资绝大部分是间接投资。③跨国公司的扩张方向大多是殖民地、半殖民地和其他落后的国家。④跨国公司对外投资是为宗主国向殖民地落后国家输出工业品,并从殖民地落后国家输入初级产品。

跨国公司首先在欧美国家出现的主要原因有:①争夺市场的需要和实力。当时正是欧美国家开始大量输出资本的时期,随着欧、美各国生产与资本的集中,企业规模越来越大,迫切需要利用技术和资本的垄断优势,到海外投资建厂,抢先占领当地市场,保持和扩大市场份额。②为了避开关税壁垒和贸易保护的限制。例如,美国威斯汀豪斯空气刹车公司到法国投资建厂,是因为法国铁路公司规定空气刹车必须由当地厂商供应。③美国的反垄断法规限制了托拉斯在国内的垄断地位无限制扩张,必然引起各国公司的类似反应,从而形成国际范围的扩张趋势。

(三) 跨国公司发展的低谷期

在两次世界大战之间,跨国公司的发展相对缓慢,进入了低谷期。从整体上看,全球对外直接投资总额增幅不大,间接投资也停滞不前,虽然对外直接投资绝对额从1914年的143亿美元增至1938年的263.5亿美元,但增长速度已低于第一次世界大战前。从国家之间的比较来看,英国的发展相对缓慢一些,有些国家甚至出现负增长,而美国的发展则相对较快。

这一时期的特征具体表现在两个方面。第一,全球对外直接投资仅增加70亿美元,共增长16%,年平均增长0.6%。在新增加的70亿美元投资中,英国仅占11亿美元,美国则占46.5亿美元,其余的分别属于德国、法国、荷兰、比利时等。经过这段时间的发展,英国的资本输出仍居世界首位,但其优势已大大下降,而美国则从原来的第四位升至仅次于英国的第二位,并由债务国成为世界主要债权国。英国跨国公司在海外的子公司数由140家增至251家,欧洲其他国家由175家增至402家,美国由118家增至779家。第二,科学技术的发展,拓宽了新的生产领域,使跨国公司的投资范围进一步扩大,投资部门增加。大部分跨国公司分布于技术先进的新兴工业国。

在这一时期,全球对外投资速度下降,但跨国公司还是有所发展,特别是美国的跨国公司获得了长足发展。造成这种现象的原因有5个方面。第一,第一次世界大战的创伤。许多参战国遭受的损失巨大,战区的正常生产被破坏,收入减少,并且还得承担巨大的战争债务和重建费用。因此,无论是对国内的投资,还是对国外的投资,增长幅度都不大。但美国的对外直接投资由于受战争刺激而迅速增长,从1914年的26.5亿美元增加到1938年的73亿美元,占世界比重也由18.5%增至27.7%。第二,频繁的经济危机。1920—1938年间三次世界性经济危机,使资本主义世界在这一时期的平均工业生产增长率仅为2%,影响了对外直接投资。特别是1929—1933年的经济大萧条,使西方列强实施贸易保护政策,鼓励自给自足,对跨国公司投资采取差别对待甚至排斥的态度。第三,世界性的金融秩序混乱。资本主义体系的国际货币制度一直未能恢复到第一次世界大战前的相对稳定状态,各国普遍利用货币贬值作为"贸易战"的手段,各种货币及汇兑管制法令层出不穷,使跨国公司对外投资的风险增大。第四,卡特尔(Cartel)制度的盛行。卡特尔控制的范围和程度,已从流通领域发展到分割世界产地和投资场所等方面,阻碍了对外直接投资的发展。第五,政府对企业对外投资的限定。为了稳定国内经济,或是出于准备新的战争的目的,部分国家限制企业的对外投资。

(四) 跨国公司的高速发展期

第二次世界大战期间,除了美国等极少数国家的跨国公司有所发展外,西方国家的跨国公司基本上处于停滞不前或倒退状态。但战后,跨国公司开始进入高速发展时期,并在世界经济中发挥着越来越重要的作用。根据联合国跨国公司中心的统计资料,我们可以看出:

(1) 全球对外直接投资总额迅速增长,从1945年的200亿美元增到1978年的3696亿美元,共增加了17.48倍,年均增长9.2%。

（2）跨国公司的数量大大增加。1949 年，全世界跨国公司母公司有 512 家，1956 年迅速增至 1724 家，1968 年增至 7276 家，到 1978 年全世界跨国公司的总数已达到 10727 家。跨国公司在海外子公司的数目也迅猛增加，从 20 世纪 50 年代到 70 年代美国和欧洲的跨国公司平均每年都要在海外建立 1～2 家子公司，巨型跨国公司在海外建立子公司的数量更多。

（3）跨国公司的地区分布更为广泛。到 20 世纪 70 年代末，跨国公司的投资所在地（东道国）已超过 160 个国家和地区，几乎遍布全球每一个角落。

（4）跨国公司的产业分布进一步扩大。早期跨国公司的对外直接投资主要集中在铁路、矿产、石油等生产初级产品的行业，而投在制造业的资金较少。第二次世界大战后，跨国公司的投资部门结构从生产初级产品的行业转向了制造业和服务业。

（5）从 20 世纪 50 年代初期开始，美国的跨国公司超过英国，跨国公司的总体发展出现了英、美两个强国并存的格局。与英国及其他欧洲国家相比，美国的跨国公司呈现出公司规模最大、海外子公司最多、对世界贸易和投资最有影响的特征。到 1960 年，美国对外直接投资额累计达到 319 亿美元，占全部发达国家对外直接投资总额的 49%；英国为 108 亿美元，占总额的 16.6%；荷兰为 70 亿美元，占总额的 10.8%；加拿大为 25 亿美元，占总额的 3.8%。1969 年，美国对外直接投资额的累计数在全部发达国家对外直接投资总额中所占比重超过一半，达到 51.5%。

在这一时期，跨国公司高速发展的原因可归结为：

（1）与第一次世界大战不同，第二次世界大战的结束意味着导致战争的因素受到彻底摧毁，德国、日本两个法西斯战败国在军事上丧失了在短时期内发动战争的条件和能力，世界性的战争不再成为威胁经济发展的障碍，国际投资受到很大鼓舞。

（2）第三次科技革命对经济和社会发展产生了重大影响，其广度和深度均大大超过前两次科技革命。大量科技成果的广泛应用促进了经济总量的迅速增长，促进了分工的深化，也促进了生产和销售的国际化。一些大型公司突破了在国内生产的格局，将整个生产过程扩大到其他国家，甚至在全球范围内进行产品和生产过程的国际化。

（3）垄断程度进一步加深，"过剩"资本日益增大。第二次世界大战后，企业兼并浪潮在发达国家盛行不衰，使得企业的规模不断扩大，特别是在一些新兴工业部门，更造成少数大企业的垄断统治。技术先进的垄断企业迫切要求到国外寻找有利的投资场所和销售市场，以获取高额利润。

（4）美国跨国公司迅速崛起，并超过英国。究其原因，主要有三。其一，第二次世界大战后初期，只有美国有实力对外进行大规模直接投资，其他资本主义国家都不同程度遭到战争破坏。美国利用支持战争及参战后成为盟国的军工基地和帮助西欧恢复经济的机会，加速生产和资本的集中，经济实力急剧膨胀，极大地增强了对外投资的能力。其二，布雷顿森林协定使美元成为唯一与黄金联系的国际货币，确立了美元的特殊地位。其三，美国跨国公司拥有技术上的优势。战争期间，美国政府支出巨款用于军事研究，其中一部分研究成果可以用于民用工业。战后，美国政府除继续资助以军事工业为主的研究和开发外，还支持基础科学研究，大量招募高级科研人才，改善科研条件，因而美国跨国公司的技术优势得到进一步增强。

（五）跨国公司的群雄并起期

英国和美国跨国公司从第二次世界大战后开始并驾齐驱发展了 30 多年。进入 20 世纪 80 年代后，美国的地位相对下降，而后起的其他国家的地位迅速上升，形成美、日、欧"三足鼎立"的格局。日本作为战败国，经过多年的恢复和积累，终于在 20 世纪 80 年代赶上世界先进水平，成为与美、欧相提并论的跨国公司超级大国。第二次世界大战后初期，日本根本无力对外直接投资。到 1951 年，日本才第一次在印度投资制造电线电缆，但因慢性赤字、失业、通货膨胀等问题，直至 20 世纪 60 年代末，日本仍没有多大余力进行对外投资。1963—1965 年，日本对外投资平均每年为 1.3 亿美元，1970 年为 9 亿美元，1973 年增长到 35 亿美元。进入 20 世纪 70 年代后，对外投资对日本的国际分工、产业结构变化和经济发展，显示出很大的带动力和影响力，发挥了重大的作用。从 1987 年开始，日本每年的对外直接投资都超过 100 亿美元，1990 年达到 480 亿美元，成为世界上对外直接投资大国之一。日本跨国公司的数量也有很大增加。在美国《财富》杂志评选出的 1982 年美国以外最大 500 家工业公司中，日本公司已占 134 家，远远超过英国（87 家）和联邦德国（59 家）的大公司数目。日本对外直接投资的迅猛增长，主要得益于日本政府提供的投资保险计划、进出口银行特惠融资安排、租税激励等措施，以及国际收支连续盈余所导致的日元坚挺、升值及暴涨等因素的推动。

进入 20 世纪 90 年代以来，跨国公司的发展出现了美、日、英、法、德、发展中国家等群雄并起、相互竞争、快速发展的格局，跨国公司成为一种全球现象。在科技革命和生产国际化的推动下，作为国际直接投资主体的跨国公司得到迅速发展。

（1）跨国公司数量和规模迅速扩张。据联合国有关机构最近统计，迄今全球跨国公司已达 8.2 万家，它们的子公司约 81 万家。2013 年跨国公司海外雇员人数达到 7072 万，国外分支机构销售额达 34.5 万亿美元。

（2）跨国公司的产业指向主要是制造业和服务业，第一产业比重降低。二战前，跨国公司在第一产业的投资居于主导，二战后，这一格局发生了变化，第二产业投资比重急剧上升。20 世纪 80 年代以来，随着服务业的快速发展，服务业吸收的直接投资开始大幅上升。1990 年，全球对外直接投资中，制造业所占比重为 43.5%，服务业所占比重为 47.5%，到 2012 年，制造业和服务业所占比重分别为 18.7% 和 68.9%，服务业的投资已占绝对优势。

（3）直接投资流入国呈现多元化。20 世纪 90 年代后随着新兴行业化国家的崛起，越来越多的发展中国家加入到对外投资中，投资来源日趋多元化。2006 年 1 月联合国贸易和发展会议（UNCTAD）公布的一份报告显示，2015 年全球 FDI 增势强劲，全球 FDI 同比增长 36% 至 1.7 万亿美元，为 2007 年以来最高年份。其中美国流入 3840 亿美元，遥遥领先于其他国家和地区；流入欧盟的资本高达 4260 亿美元，亚洲流入的 FDI 增长 15% 至 5480 亿美元，创历史新高，占到全球 FDI 的三分之一。流入中国的 FDI 增长 6% 至 1360 亿美元，但流入制造业的资本减少，服务业吸收 FDI 保持增长势头。

二、跨国公司发展的新特点

进入 20 世纪 90 年代以后,跨国公司又出现了新的扩展浪潮,并呈现出新的特点,不同国家体制、不同规模、不同类别的跨国公司都竞相参与国际市场竞争。发展中国家的跨国公司异军突起,中小型跨国公司获得较大的发展,跨国公司对全球经济的主导作用进一步加强。

(一)企业跨国并购日益成为跨国公司对外直接投资的主要手段

企业跨国并购(Cross-border Mergers & Acquisitions)是指一国为了某种目的,通过一定的渠道和支付手段,将另一国企业的整个资产或足以行使经营控制权的股份收买下来。跨国并购作为一种比较复杂的跨国经营行为,可以分为横向并购、纵向并购和混合并购。企业跨国收购、兼并、合并的过程,也就是一国企业实现国际化的过程,一国资本市场实现国际化的过程,也就是资本运营国际化的过程。

20 世纪 90 年代,面对激烈的竞争压力、自由化浪潮和新投资领域的开放,越来越多的企业以兼并与收购作为自己的核心战略,在国外建立起自己的生产设施,以保护、巩固和加强自己的国际竞争力。1990—2015 年,世界跨国并购总额从 1506 亿美元增加到 49000 亿美元,增长了近 32.5 倍。

1980—2007 年间,全球并购总数年增长率达 42%,而且巨型跨国公司之间的并购日益增加。1995 年超过 10 亿美元的合并、收购总交易为 804 亿美元;1999 年上升为 5008 亿美元;2006 年全球的跨国并购总额达到 3.79 万亿美元,比 2005 年增长 58%,并购已经成为世界上跨国投资的趋势和主流。1998 年 5 月,德国的戴姆勒—奔驰公司与美国的克莱斯勒公司以 405 亿美元的股票价值实现了并购,创造了制造业跨国并购的纪录。同年下半年,英国石油公司出价 482 亿美元收购美国阿莫科公司,使这一纪录大大提高。1999 年,英国的沃达丰公司以 603 亿美元并购了美国的空中通信公司,再次将此纪录刷新。2000 年出现了超过 1000 亿美元的超大型跨国并购,全球最大的移动电话运营商英国的沃达丰公司以 1320 亿美元收购了德国老牌电信和工业集团曼内斯曼。2001 年,美国的传媒巨头美国在线与时代华纳的并购额也达 1035 亿美元。2007 年 2 月,数据库软件巨头甲骨文公司突然宣布,以 33 亿美元的巨资收购商业智能软件 Hyperion。同年 11 月中旬,正在全力向软件服务转型的 IBM 宣布以 50 亿美元收购 Cognos,这也是 IBM 公司成立以来的最大一笔收购。2015 年美国最大的制药公司辉瑞集团以 1600 亿美元收购艾尔建公司,建立了全球最大的制药集团,创造了医疗保健领域历史第一大并购案。从单笔交易额来看,紧随辉瑞之后居第二位的是世界第一大啤酒制造商、来自美国的百威英博,它 2015 年以 1200 亿美元的高价将南非米勒收购,这是一起典型的"老大吃掉老二"的案例,合并后的公司将生产全球近 1/3 的啤酒,成为世界实力最强的"啤酒大王"。

跨国并购仍以发达国家为主。2005 年全球发生的 30000 多起并购案中,有 3/4 的交易发生在发达国家之间。据美国调查分析机构汤臣金融统计,2005 年美国企业并购以 9045 件居世界首位;日本企业并购达到了创纪录的 2552 件,居其次;英国以 2425 件居第三位。越来越多的领域成为跨国并购的方向。近几年,随着制药、汽车和航空等制造业由于多次并购达到较高的市场集中度,制造业领域的跨国并购呈整体下降趋势,而以电信、石油、保险、电力、天然气与供水、化学及相关产品、零售、电子与电气设备及商业服务等10个行业的并购却在不断扩大,尤其是保险、银行、金融服务、商业服务等领域的并购交易更是呈明显上升趋势,近年来均超过50%。服务业作为高利润、高增长行业已经成为跨国公司争夺的目标和焦点。2015年,企业收购行为的主导者主要集中于大型公司,收购金额往往也十分巨大。2015年,美国企业并购交易金额达到2.3万亿美元,比2014年大幅增长55%,创历史新高。其中,全球最大的10宗并购交易中,7宗涉及美国企业。在经济低迷的情形之下,并购一方面是为了实现企业扩展市场份额、增强竞争力的目的,另一方面就是受到了低廉的融资成本的驱动。

(二) 国际化生产规模日益扩大,当地化生产程度越来越高

为了不断扩大区位竞争优势,跨国公司在不同国家和地区设立的母公司和子公司的数量大幅度增加。20世纪90年代初期,全球范围母公司数为3.7万家,所属国外分支机构为24万家。

根据联合国最新统计,到目前为止全球跨国公司已增加到8.2万家,海外子公司和分支机构增加到81万家,这些海外子公司渗透到各国和地区几乎所有产业部门,进行跨越国家和地区界限的生产要素和资源的优化组合。这些跨国公司控制着全球生产总值的25%左右、国际商品贸易的65%以上、国际技术贸易的60%～70%、产品研究与开发的80%～90%以及国际直接投资的90%以上。许多全球性行业中的跨国公司已占据了垄断地位,一些大型跨国公司的总销售额超过了许多中小发展中国家的国内生产总值,真正成为"富可敌国"。这说明跨国公司的规模日益庞大,超越国境的经济联合几乎遍及世界各个国家和地区。

跨国公司的规模和生产销售空前扩大。1991年,由全世界的跨国公司的海外分支机构所生产和销售的金额总计达6.02万亿美元,第一次超过了当年全世界出口额4.71万亿美元。这标志着全球经济从国际贸易时代进入国际生产时代。到1998年,前者已达11万亿美元,后者为7万亿美元,差额从1991年的1.3万亿美元扩大到4万亿美元,说明跨国公司的国际化生产规模日益扩大。

(三) 缔结战略联盟已成为跨国公司间合作的主要趋势

跨国公司战略联盟(Strategic Alliances of Transnational Corporation)是指两个或两个以上的跨国公司为实现某一或若干战略目标,以签订长期或短期契约为形式而建立的局部性互相协作、彼此互补的合作关系,其目的是通过外部合伙关系而非内部增值来提高企业的经营价值。跨国公司战略联盟是自发的、非强制的联合,各方仍保持本公司经营管理的独立性和完全自主的经营权,彼此之间通过达成各种协议,结合成一个松散的联合体。

最早的跨国公司战略联盟出现在汽车行业。1979年,美国福特汽车公司与日本马自达汽车公司结成战略联盟。据福特公司估计,通过产品开发、采购、供应和其他活动全球化,每年至少可节省 30 亿美元。20 世纪 80 年代,跨国公司之间在产品开发、科学研究、生产制造、产品销售和售后服务等方面,以相互参股或联合的方式进行合作。如通用公司持有富士重工公司 20％的股份,三菱公司持有现代公司 13％的股份。20 世纪 90 年代以来,跨国公司战略联盟在广度和深度上有较大的突破。缔结战略联盟的领域,主要集中于国际竞争异常激烈的半导体、信息技术、电子、生物工程等资本密集型行业,并且其战略合作覆盖科研开发、生产、销售、服务的全过程。联盟各方不拘地理限制、不受市场地位约束,使许多产业结构发生了深刻的变化,各国资源也在世界范围内得到重新配置。21 世纪以来,跨国公司在研究开发、资源补缺、市场营销等方面也结成了战略联盟。

跨国公司战略联盟的兴起,既是多种因素交叉作用而产生的新经济现象,也是跨国公司在当今国际经济关系中实现战略调整的必然结果。首先,经济全球化与竞争激烈化需要强强联合。世界经济正在走向全球化和区域经济集团化,随着社会生产力的发展,经济主体不断拓展其活动范围,跨国公司之间的竞争日益激烈,为了分散风险,寻求利益共同体来实施联合化的竞争已成为企业取代传统一体化扩展方式的有效竞争形式,通过资源和优势互补实现强强联合无疑是适应全球化竞争的重要战略。其次,由于新技术开发和应用的加速发展,研究和开发知识密集型的、高附加值的新技术产品所需要的资金数额巨大,单个企业往往难以承担。通过组建跨国公司战略联盟可以分担相应的费用,充分利用单个企业组织以外的资源,实现外部经济的内部化,从而分散投资风险。再次,跨区域联盟可以绕过关税壁垒。随着区域经济集团的发展,贸易壁垒形式多样,特别是欧盟汽车和纺织品等采取统一的贸易保护政策,使其他国家对欧盟的贸易摩擦不断深化,跨国公司积极结成战略联盟以绕过贸易壁垒。

(四) 流入发展中国家的 FDI 数量呈增长趋势

20 世纪 90 年代以前,世界 FDI 的双向流动基本上在发达国家之间进行。据世界经合组织统计,1990 年年底西方各国的 FDI 总额中,投在发达国家的约占 4/5,投入发展中国家的只占 1/5。1991 年以来,由于发展中国家经济的不断发展、市场的不断开放以及国家政治局势的稳定,对外资的吸引力大大增加。当然,发展中国家巨大的市场空间和丰富的资源优势是跨国公司对外直接投资的主要驱动力。1993—1998 年间,流入发展中国家的 FDI 高达 35％;1999—2000 年间有所回落,为 18％;2001 年间又回升到 28％。21 世纪以来,全球 FDI 正在变得多样化,其中最突出的特点是,发展中国家和转型经济体的 FDI 开始蓬勃兴起。发展中国家的 FDI 流入也具有很大的不平衡性,就总体而言,亚太地区 FDI 流入量高于其他地区,占发展中国家的一半以上。

20 世纪 90 年代以来,我国吸引跨国投资约占世界跨国资本总额的 1/4,其增长速度远远快于全球跨国投资的增长速度,1996 年我国利用外资达 417 亿美元,1997 年为 442 亿美元,仅次于美国,连续 6 年保持世界第 2 位,占发展中国家吸收外资总量的 27％。1999—2000 年所占比例有所下降,但仍居世界第 6 位、发展中国家第 1 位,占世界 FDI 流入的 4％,占发展中国家和地区的 19％。2001 年我国吸引外资达 469 亿美元,占世界跨国投资总额的比重为 6％。近年来,我国跨国公司的 FDI 开始步入较快发展期。2002—2005 年,对外直接投资年均增速为 65.5%,2005 年首次突破百亿大关,达 122.6 亿美元。2008 年在全球对外直接投资总额下降 13.5% 的背景下,我国的对外投资增长了 11%,达到 559 亿美元,对外投资与吸收外资的比例已升为 1∶2,成为全球第三大吸收外资国。由于巨大的市场空间和对外开放的步伐大大加快,我国会继续保持 FDI 流入的较大规模。尽管国际经济依旧低迷,2015 年,中国实际使用外资(FDI)再创新高。中国商务部 2016 年 1 月公布的数据显示,2015 年中国实际使用外资金额(FDI)7813.5 亿元人民币(折 1262.7 亿美元),同比增长 6.4%(未含银行、证券、保险领域数据),增幅较 2014 年扩大 4.7 个百分点。分行业来看,2015 年服务业实际使用外资 771.8 亿美元,同比增长 17.3%,占比达到 61.1%。制造业实际使用外资 395.4 亿美元,与上年基本持平,在全国总量中的比重为 31.4%。其中,高技术制造业实际使用外资 94.1 亿美元,同比增长 9.5%,占制造业 FDI 的 23.8%。

(五)跨国公司间的技术合作与研究开发日益全球化

20 世纪 80 年代以来,国际化生产已越来越成为涉及高新产业的知识密集型生产,这必然增加跨国公司的研发预算支出。同时,由于技术进步的加快,产品生命周期越来越短,产品生产成本增大,市场风险和不确定性增加。跨国公司为了增强对市场环境变化的适应能力,力求建立公司间的技术合作,实行研发国际化。另外,各国的投资自由化改革,使市场一体化程度提高,以技术进步为基础的技术竞争加剧和技术扩散加快。为了分担由于在更为广泛的地理空间和新市场的开拓中因竞争而带来的高额研发成本,跨国公司间在互相兼并和联合的同时,加强了技术合作和研发的国际化。研发能力的国际化和分散化意味着跨国公司将自己的发明能力和其他国家或地区的技术力量紧密结合起来,有利于利用科技资源降低研发成本和风险,进而巩固和提高自己的竞争能力。例如 1982—1992 年间,美国跨国公司母公司的研发费用占总销售额的比重由 1.6% 提高到 2.2%,1987—1993 年,美国在外研发投资从 52 亿美元增加到 98 亿美元。美国是世界跨国公司输入研究与开发 FDI 的重要国家,也是跨国公司建立海外 R&D 分支机构的主要东道国。据美国商务部经济分析局统计,外国跨国公司在美的 R&D 支出,从 1987 年的 65 亿美元增加到 2008 年的 5155 亿美元,年均增加 165%,增速很快;而美国国内的公司也很重视研发,2014 年美国 R&D 投资额度达 4650 亿美元,研发领域雇用 270 多万美国人,并间接提供 600 万个就业岗位,这对美国经济而言影响也是很大的。我国也日益重视 R&D,2008 年 R&D 经费总支出为 673.5 亿美元,2015 年 R&D 经费总支出大约 2187.7 亿美元,占当年 GDP 的 2.10%,为 2008 年的 3.25 倍,投入强度再创历史新高。目前,我国已成为仅次于美国的第二大研发经费投入国家,研发投入强度已经位居发展中国家前列。

第三节　跨国公司对世界经济的影响

19 世纪末 20 世纪初,跨国公司的出现对世界经济的影响是深远的,表现在跨国公司超越了原先国际贸易、国际金融、信贷资本流动这些简单的单一要素流动模式,是一种综合了资本、技术、管理、人才等众多要素的、整个生产行业的跨国转移,它的兴起使世界经济的性质发生了变化。

一、跨国公司对世界经济的影响

跨国公司是生产国际化和世界经济高度发展的产物,它又反过来对世界经济的发展发挥了重要作用和影响。跨国公司通过建立独资或合资企业、战略联盟以及其他合作形式,几乎渗透到各个国家和地区的所有产业领域和部门,其影响已遍及全球生产、流通和消费等各个领域。跨国公司对世界经济的影响主要表现在以下几个方面。

(一) 促进了国际资本流动

跨国公司是资本国际化的微观基础,跨国公司的投资体制是国际资本流动日趋活跃的微观渠道,它的投资体制由内外两部分组合而成。内部化投资主要是跨国公司母公司和子公司之间的资金流动,如母公司为子公司筹措资金,或经由母公司从一子公司向另一子公司调度,这部分资金流动不受国界限制,而且不受地理上分割的市场的限制。而外部投资则涉及跨国公司母、子公司与外部市场间的资金流动,包括从母国的资本市场或金融机构获得外部融资,从东道国或国际市场上获得外部融资。跨国公司借助于自身的国际市场地位在国际市场上募集资金,在全球范围内寻求最具效力的投资机会。跨国公司还自组财务公司、投资公司,在国际资本市场上频繁活动,大大激活了资本的证券化。因此,跨国公司资本的跨国流动,提高了资金的利用效率,推动了世界经济发展,对东道国的资本市场发展及成熟具有有效的促进作用。

根据联合国统计资料,1990 年,跨国公司对外直接投资形成的资本存量价值近 1.7万亿美元,在母国以外运用和控制的资本总额达 1.8 万亿美元,而 2007 年资本存量价值达 68.7 万亿美元,比 2006 年的 55.8 万亿美元增加了 23％。2008 年由于受金融危机影响,增速减缓。在全部对外投资总额中,西方发达国家跨国公司占绝大多数比重。美国、英国、日本和德国在世界对外直接投资总额中所占比重就达 65.6％。其中美国既是最大的资本输出国,也是最大的资本输入国。2007 年,美国资本输出总额达 3180 亿美元,占世界资本输出总额的 30.5％,资本输入总额达 3289 亿美元,占世界资本输入总额的 27％。美国的资本流动活跃与其跨国公司的活动有直接关系。美、日和欧洲对其他国家或地区的投资也有一定流向。美国的投资重点是拉丁美洲国家,日本的主要投资对象是亚洲国家,欧洲国家的主要投资对象是欧洲地区和一些与欧洲国家有历史渊源的发展中国家。除直接投资外,跨国公司还从事各种证券投资,在母国以外的证券交易市场上买卖股票和债券。这也是国际资本流动的重要组成部分。跨国公司对外投资活动的发展促进了跨国金融机构的发展,进一步加速了国际资本流动。反过来,跨国银行、跨国投资公司和跨国保险公司等金融机构的发展也推动和支持了跨国公司的发展。随着服务业跨国经营的发展和跨国公司本身操纵的流动资金的扩大,跨国公司的运行对国际资本流动的影响远远超出了单纯的直接投资范畴,成为国际间接投资的关键参与者。

2015 年联合国贸发组织数据显示,全球跨国企业生产活动继续扩大,盈利处于历史较高水平。截至 2014 年年底,全球最大的 5000 家跨国企业共持有 4.4 万亿美元现金,比 2008—2009 年危机期间的平均水平高 40%。美国经济增长有所恢复,有关地区区域一体化进程加快以及跨国企业继续在全球调整生产及经营布局,都有助于推动外国直接投资的增长。

(二) 推动了国际贸易的发展

跨国公司对国际贸易的创造及促进,使当代国际投资和国际贸易呈现出互为关联、互为补充的状态。这种贸易创造和促进,既涉及跨国公司与外部企业的贸易,也包括对跨国公司内部贸易的作用。大量实证研究表明,与一般国内企业相比,跨国公司具有更高的贸易倾向,跨国公司及其海外分支机构的进出口额超出销售额。这不但是因为跨国公司通常集中在贸易密集的行业,而且也因为其生产分布跨国化所必然引起的机器设备、原材料和零部件等的进出口,所以跨国公司既是其母国进出口的主要创造者,也成为投资东道国最主要的国际贸易创造者。

跨国公司的内部贸易对当代国际贸易的贡献巨大。跨国公司由于要到海外不断兴建、扩建子公司,从事生产经营,就需要把机器设备、原材料等生产资料提供给海外子公司。海外子公司的一部分产品也会返销第三国或返销母国,这就势必扩大国际贸易流量。在跨国公司的生产经营过程中,子公司与母公司之间、子公司相互之间往往需要往返运输、多次贸易,从而大大增加国际贸易的流量,对国际贸易的发展具有积极意义。据联合国的统计,目前约 1/3 的国际贸易为跨国公司的内部贸易。企业内跨国界的贸易活动虽然同样引起商品的跨国界交易,但是交易双方实际是同一所有者,交易的价格也由公司内部确定。这种贸易既具有国际贸易的特征(跨越国界),也含有内部转移的因素(在公司内进行),是企业跨国化的组织机制将世界市场内部化了。因此,内部贸易的发展不但改变了国际贸易的原有范畴,而且使得当今的国际贸易向中间投入品和知识产品推进。

服务业跨国公司和服务企业的迅速国际化是近年来跨国公司发展的新特点,同时促进了国际无形产品的贸易发展。这一现象的最初原因在于这些服务企业的主要客户——制造业的大公司相继拓展了国际业务。实施国际化生产要求服务业也相应完善,甚至超前在全球范围内提供各种支持。随着一批新兴工业化国家的出现和发展中国家普遍的经济国际化,服务业跨国公司认识到它们不但可以为传统客户国际化经营提供帮助,而且还可以为来自发展中国家的新客户提供有关进入本国市场的各种服务。

跨国公司的兴起和发展对国际贸易的影响是多层面的,既是对国际贸易规模扩大的支持,也将对国际贸易性质与结构的变化产生积极的影响。

(三) 加速生产国际化

跨国公司国际直接投资的发展,通过深化国际分工促进了生产的国际化。它把原来集中于一国国内的基本生产过程分成一系列相对独立的环节,并将各个环节转移到不同的国家或地区进行,使国际分工进一步扩大和加强,生产国际化进一步加深。

随着现代技术发展带来的跨国协调成本的降低、各国投资政策壁垒的消除和区域经济集团化的加强,跨国公司海外各生产点的互相独立的传统组织方式发生了巨大变革。集中的研究与开发、集中的中间投入品的采购、集中的财务和金融安排等,日益成为跨国公司生产经营的普遍趋势。当今,不仅跨国公司的国别属性难以确定,其产品的生产国属性也难以辨别,形成了以价值链增值为纽带的跨国生产体系。这不仅使生产要素的配置得以在全球范围内展开,也使生产国际化在广度和深度上发生了重大变化。

跨国公司在世界范围内的经济扩展,特别是近年来迅猛发展的收购与兼并活动,不断改变着国际分工协作关系,推动着生产向全球一体化发展。跨国公司的生产经营正在努力与本土政治制度、经济制度和文化习俗相融合,使企业适应东道国的文化,并逐渐把世界上每一个国家都纳入全球竞争中,促进全球生产和市场的一体化。

(四) 加快科技研究与开发的国际化

随着科技的快速发展,巨型科研项目越来越多,科技开发的难度也越来越大,对设备、人员等方面的要求越来越高。跨国公司的国内机构很难独立完成具有很大规模的科技开发项目,科技开发需要跨国性的合作。跨国公司凭借自己雄厚的资金实力,在全球范围内招揽人才、置办设备,利用来自各国的优秀人才、丰富的物质资源进行国际协作开发。近年来,在经济自由化背景下,跨国公司为了保持和增强自己在国际市场上的竞争力,不断增大自己的研发费用,又力求利用其他国家和地区的科学技术能力,利用不同国家的研究开发成本的差异,获得研发的规模经济和区位经济效益。许多跨国公司拥有数量巨大的知识产权,全世界每年产生的70%以上的新技术、新工艺被全球500家跨国公司所拥有。

(五) 推进了世界经济一体化进程

跨国公司的兴起和发展不仅在一般意义上对世界经济格局以及传统的贸易、投资等领域产生重大影响,更推动了世界经济一体化进程。跨国公司实施的生产国际化促进了生产国际分工的发展,而生产国际分工是世界经济形成的标志之一。生产国际分工就是在考虑原材料的供求及价格,劳动力、资金、技术等生产要素供求以及交通运输成本的基础上,在生产过程中形成的将各类产品生产配置于全球范围内该生产所需的资源要素禀赋综合优势最佳的区位上,从而实现最高生产效率。跨国公司在生产和经营上实行全球战略,通过对外直接投资或其他控制形式,成为各国跨国经营活动的组织者,开创出以公司内分工为基本框架的国际生产一体化体系,极大地改变了商品、劳务、资本和技术等资源国际流动的格局与方式,推进世界经济一体化的发展。首先,许多行业的全球性市场已经形成。实行全球战略的跨国公司以全球市场需求为服务对象,按统一标准设计和生产产品,向世界各国销售。这种全球性产品在很大程度上忽略了各国消费者偏好和口味上的差别,以其价格、质量和蕴含的跨国公司品牌优势赢得消费者的青睐。可口可乐饮料是美国跨国公司的产品,几乎在世界各国都可以看到。在这些全球性市场中,相互之间的竞争对手已不是出口类似产品的国家,而是生产经营同类产品的大型跨国公司。因此,大型跨国公司价格的调整或产品的更新会对整个全球市场和各东道国的市场产生重大影响。

其次,全球范围内的生产分工与协作体系在逐步建立和加强。跨国公司为了提高效率,降低成本,通过在全球范围内利用各东道国特有的地理、资源和市场等优势,在不同子公司之间实行专业化分工和协作,合理配置有限资源。例如,美国波音公司生产的747型客机由450万个零部件组成,生产这些零部件的企业有25000家,分布在26个国家,而它本身只生产座舱和翼尖。其中,非美国企业提供的产品重量竟占飞机总重量的70%。专业化分工提高了标准化程度,使得某个子公司能够大规模生产某一个部件或零件,获得规模经济效益。

在专业化分工基础上的协作又把不同国家和不同行业的经济联系在一起。一个国家或一个行业经济的变化会影响到其他国家的经济甚至全球经济。例如,2007年始于美国次贷危机引发的华尔街金融风暴以及由此导致的全球性经济衰退,对世界经济造成了很大的冲击和影响。

当然,跨国公司对世界经济也会产生负面影响。一是作为经济实体,跨国公司有其自身的利益,在制定和实施跨国经营战略时,往往不会考虑东道国或母国的利益。例如,跨国公司在全球范围调配资金,手法隐蔽多样,各国政府难以有效控制,若通过汇率差异频繁调动资金,可能导致东道国金融市场不稳定,甚至债务危机;跨国公司在一些行业中的垄断地位会限制东道国民族工业的发展;把环境污染严重的产业向东道国转移,破坏当地的生态平衡等。二是跨国公司造成发达国家和发展中国家的贫富差距日益严重。发达国家的跨国公司往往依靠自己的强大实力,轻易获取发展中国家的各种资源和广大的市场,资本积累迅速膨胀。而发展中国家则被迫廉价出卖劳动力和资源,导致更加贫穷。发展中国家必须制定相应的政策,采取相应的措施加以限制和防范;也要提高应对能力,以促进本国经济健康、持续发展。

二、跨国公司对母国经济的影响

跨国公司对外直接投资对母国经济的发展具有重要作用。

(1) 跨国公司对外直接投资的主要领域是能源和基本原材料工业,其目的是为了夺取和控制主要自然资源。自然资源是经济发展的基本要素,当今大型跨国公司对稀缺资源的竞争已达到白热化的程度,因为自然资源的分布是非均衡的,即使在发达国家中,也有资源贫乏的国家,如日本、西欧。

(2) 跨国公司对外直接投资为母国的过剩资本找到了新的场所。母国一般要对跨国公司在国内的投资进行限制,加上母国的投资环境相对欠佳,使得很多资金沉淀下来,形成过剩资本。跨国公司的参与和发展,为这些过剩资本寻求到海外的发展天地。通过直接投资使投资国边际报酬相对低下的过剩资本和成熟技术得到更大的收益,这些收益又通过利润收回和转移价格等方式回到母国,投入到技术创新和新产品的开发中,促进母国经济的发展。

(3) 跨国公司的对外直接投资带动了母国的商品输出,从而推动了母国生产规模的扩大和产业结构的升级。发达国家经济发展水平较高,总体技术水平也较高,人民生活水平相差不大,对商品的需求更注重多品种、高质量、高效用。因此投资于发达国家的跨国公司,往往集中在那些高技术高附加值、高市场容量、高关联度的行业,通过这些高度技术密集和知识密集型产业和产品,抢先占领发达国家的市场,同时带动母国有关配套和协作的相关产品出口。

三、跨国公司对东道国经济的影响

跨国公司和东道国之间是合作伙伴关系,跨国公司看中的是东道国的资源和市场,东道国则看中跨国公司的技术、市场和先进的管理经验,双方通过平等的协商,达成双赢的目的。

跨国公司对东道国尤其是发展中东道国的影响是多方面的,表现在对东道国的资本市场、国际收支、贸易、技术、民族企业等产生影响。这些影响表现在:

(1)从资金角度看,跨国公司直接投资有助于弥补发展中东道国的资金不足。由于发展中东道国经济落后,储蓄和外汇不足,所以往往把利用外资作为本国经济启动的最直接方式,对于所有来投资的企业给予优惠,以解决它们资金不足的矛盾。大型跨国公司投资兴建的企业通常具有规模大、投资额较高的特点,其投资目标多元化、系统化,注重长期的战略发展,尤其得到东道国的欢迎。

(2)从国际收支看,理论上跨国公司直接投资对东道国国际收支的资本账户起着积极的作用,对其货币也有一定的作用。但事实并非如此。英国经济学家詹金斯在对因跨国公司直接投资而形成的发展中东道国的资本流入和流出进行考察后发现,以红利和利息形式从发展中东道国流向发达国家的资本,大大超过了以新的直接投资形式流向发展中东道国的资本,存在着极为广泛的"资本盈余流出效应",其子公司汇出的资本总是大于流入的资本。所以,从总的和长期来看,跨国公司投资对发展中东道国国际收支的消极影响大于积极影响。

(3)跨国公司对东道国贸易发展的影响表现在:当地原材料的加工,将进口替代型产业转变为出口加工型产业,新的劳动密集型产品的出口,国际垂直一体化生产中劳动密集型加工与组装的专业化分工。从总体上看,跨国公司比东道国当地企业更具有出口的潜力,发展中国家由于技术落后,缺乏先进的机器设备,通常采用原材料加工生产的方式扩大出口,但当今国际市场上竞争相当激烈,又有很多关税和非关税壁垒,严重阻碍了这种方式的出口。跨国公司在转变出口产业导向中优势明显。

(4)从技术上看,跨国公司的进入,为发展中东道国带来了先进的产品、技术和管理,对于优化发展中东道国的经济结构、提高其技术水平和管理水平、推进工业现代化和社会信息化发挥着重要作用。特别是从科学技术的作用看,依靠科技的进步和先进的技术来发展一国的经济已经成为当今世界经济发展的主要趋势。而发展中国家发展本国经济面临的重大障碍就是技术水平低下,劳动生产率不高,管理经验不成熟。实践证明,与跨国公司合作是冲破这一障碍的有效途径:首先,发展中国家整体技术水平比发达国家落后十几年,甚至数十年,不采用引进技术的特殊方式,这种落后还会继续并扩大;其次,当代科技的发展突飞猛进,科技作为振兴经济和提高经济效益的重要因素,日益被广大发展中国家所认识,通过引进跨国公司先进技术,可以促使产业部门全面提升技术、优化结构、提高经济效益和更快发展经济等；最后，通过引进先进技术，能缩短时间、节省研究经费，达到事半功倍的效果。

毋庸置疑，技术水平的提高对促进经济增长的作用重大，但问题的关键在于技术转让的方式是否可行、价格是否合理、技术是否适用于东道国。事实上，目前发展中国家在吸引跨国公司投资以提高技术水平方面还存在不少问题，其中最明显的是技术上的"虚入效应"。在跨国公司大量独资的情况下，即使是随着先进的生产要素流入发展中国家的先进技术，也还是被牢牢掌握在跨国公司手中。有些跨国公司则利用对合资企业的绝对控制，把已投入的或在东道国开发出的先进技术和其他资源转移出去，这不但不利于发展中国家技术水平的提高，反而造成了东道国技术等资源的流失。

(5) 跨国公司的大规模投资对发展中东道国民族工业发展有重大影响。的确，通过与跨国公司合作，积极参与工业部门的垂直型国际分工，是发展中国家加速其工业化进程的一种有效途径。但是，由于外资大规模涌入以后，诸如西班牙民族工业一蹶不振的事例也是屡见不鲜，成为不争的事实。当今遍布世界的跨国公司的存在和发展应归于跨国公司和东道国对双方利益的承认和双方合作实质的再认识，隐藏在东道国合作意愿背后的，也只能是东道国由此得到的利益，并且这种利益应大于所付出的代价。跨国公司具有生产规模巨大、经营管理经验丰富、研究与开发能力强、金融信誉良好、资本和物资集中以及销售网络和信息网络发达等优势，但追求垄断地位也是跨国公司的天性。市场的垄断会扭曲市场结构，降低市场效率。跨国公司控制企业以后，必然会将企业的生产和销售纳入母公司的总体战略计划，根据母公司的利润最大化原则来决定生产产品的种类和数量，从而导致行业发展主动权的转移。同时，即使是发展中国家的优势企业，与国际大跨国公司相比，其竞争力也仍有很大差距。对于发展中东道国有限的市场规模来说，跨国公司的大量涌入，势必在一定程度上冲击民族工业的发展。

四、跨国公司对国际分工的影响

跨国公司的兴起和发展是推动国际分工深入发展的重要力量。第二次世界大战后国际分工的深入发展与跨国公司在世界范围的扩张有密切关系，跨国公司以其母国为基地，在国外广设分支机构和建立子公司。它实行高度集中管理，全面安排母公司、子公司及分支机构的生产、销售、研究开发和资金调拨，并协调其设在不同国家的各公司、工厂之间的专业化生产和协作，是当代国际分工的重要组织者。另外，跨国公司拥有世界上80%的新技术、新工艺的专利，并且控制着70%以上的国际技术转让。跨国公司这种强大的发展态势，对战后国际分工的发展演进产生了越来越大的影响。跨国公司作为国际性企业的组织形式，正日益把国际分工纳入其企业内部的分工合作过程中。跨国公司以利润最大化为目标，根据各国、各地区的要素禀赋，在整个世界范围内进行要素配置，例如，将研究与开发部门置于技术、知识密集地区，把不同生产工序按技术密集、资本密集、劳动密集等要求布置于相应的地区，以期获得最好的综合产出效率。跨国公司财力雄厚、技术先进、规模巨大，其内部生产专业化和协作的高度发展是国际分工进一步深化的重要推动力量。

第四节　国际直接投资

在当今世界经济中,国际直接投资(International Direct Investment,也称对外直接投资 Foreign Direct Investment,简称 FDI)已成为整个国际资本流动中最为复杂且涉及面最为广泛的部分。一方面,直接投资作为国际资本流动的重要组成部分,对许多国家资金融通和另一些国家过多储蓄的再循环起着决定性作用;另一方面,直接投资还直接涉及国际贸易和国际生产,对世界各国经济的发展产生了深远的影响,甚至于直接投资已成为国际经济关系中经济政策的主要"筹码"。无怪乎许多国际知名学者也不得不慨叹"在当今国际经济学中,最敏感的部分也许要算是直接投资了"。

一、有关国际直接投资与跨国公司的基本理论

在当今世界,绝大多数国家直接投资都是由跨国公司组织和推动的,而且国际直接投资也是跨国公司出现的根本原因和向境外扩张的主要手段。因此国际直接投资和跨国公司在理论意义上是一致的。

第二次世界大战以后,西方国家跨国公司及其对外直接投资迅速发展的现实促使了相关理论研究的兴起。有关国际直接投资与跨国公司的理论是从早期的国际资本流动理论中分离出来的,它的奠基之作是美国经济学家海默(S. H. Hymer)于 1960 年提出的垄断优势理论。这一理论以产业组织理论为基础,试图解释跨国公司的对外投资行为。在海默之后,西方经济学家又相继提出了其他理论,推动了对跨国公司研究的深入进行。在理论发展的过程中,研究的重点从早期的对外直接投资行为转移到跨国公司经营管理方面,分析方法则是以微观分析为主流。

(一) 垄断优势理论

垄断优势理论(Specific Advantage Theory)是美国经济学家海默于 1960 年在其博士论文中最先提出的。在文中,海默主要以第二次世界大战后美国的跨国公司作为研究对象,运用产业组织理论的分析方法,通过批判传统的资本流动理论和完全竞争的市场结构假设,建立了对跨国公司进行对外直接投资的全新解释。海默认为,企业之所以进行对外直接投资,主要原因在于企业所具有的某些"特定优势",即后来所称的"垄断优势",这种优势主要是由于市场的不完全性造成的。通过对外直接投资进行跨国经营的企业必须拥有这种优势,才能克服在经济、社会、文化、地理等方面遇到的困难,取得高于当地竞争对手的利润。后来,他的导师金德尔伯格(C. P. Kindleberger)吸收了海默分析的方法和结论,并加以完善、补充,形成了比较完善的理论体系。后来的研究者把他们两人共同视为垄断优势理论的创始人,并将他们的工作称为"海默—金德尔伯格传统"。

垄断优势理论提出了研究对外直接投资的新思路,将国际直接投资理论与国际贸易理论和国际资本流动理论独立开来,较好地解释了第二次世界大战后美国大规模对外直

接投资的行为,对后来的理论研究产生了重大影响。但该理论也有一定的局限性:一是难以解释为什么拥有技术优势的企业一定要对外投资;二是不能解释跨国公司在直接投资中的地理布局和区位选择问题;三是无法解释发展中国家的对外直接投资,特别是发展中国家向经济发达国家的直接投资。

(二) 产品生命周期理论

美国哈佛大学教授弗农把动态的产品生命周期各阶段的技术垄断优势和区位因素结合起来,分析了第二次世界大战后美国的对外直接投资过程,即产品生命周期理论(Product Life Cycle Theory)。该理论将产品生命周期划分为 3 个不同阶段,即产品创新阶段、成熟阶段和标准化阶段。弗农认为,产品各阶段的垄断优势和竞争条件的变化是促使美国对外直接投资的原因。这一理论解释了战后美国企业对外直接投资的区位转移模式,即母国生产并出口改为到发展中国家投资生产、母国减少生产和出口改为通过投资转移到发展中国家生产、母国停止生产改由国外进口。这一理论开创了对外直接投资的宏观经济分析。

产品生命周期理论存在的局限性主要表现在:该理论主要涉及最终产品市场,而资源开发型投资和技术开发型投资与产品的生命周期无关;该理论对于初次进行跨国投资的解释较为适用,对于已经建立国际生产和销售体系的跨国公司行为则解释乏力;该理论不能很好地解释发展中国家的对外直接投资;该理论认为母国垄断优势的丧失导致对外直接投资,实际上,许多跨国公司在保有垄断优势的同时,还进行大量的对外直接投资。

(三) 比较优势理论

20 世纪 70 年代中后期,日本一桥大学教授小岛清(Kiyoshi Kojima)提出比较优势理论(Comparative Advantage Theory),又称边际产业扩张理论。这是一种利用国际分工的比较优势原理,分析和解释日本对外直接投资的理论模型。该理论认为,国际直接投资不能仅仅依靠从微观经济因素出发的跨国公司的垄断优势,还要考虑从宏观经济因素出发的国际分工原则。该理论与前人的对外直接投资理论有较大的不同,解释了 20 世纪 70 年代以资源导向型、劳动力导向型和市场导向型占主导的对外直接投资行为。但它仍具有局限性:一是只能解释经济发达国家与发展中国家之间的以垂直分工为基础的投资,难以解释经济发达国家之间的以水平分工为基础的投资;二是该理论以投资国为主体而不是以跨国公司为主体,实际上假定了所有跨国公司都有相同的动机,难以解释复杂的国际环境下的对外直接投资行为;三是低估了发展中国家接受高新技术的能力,对发展中国家不具有指导意义,按照该理论,发展中国家只能接受发达国家的边际产业,永远不能追赶上发达国家。

(四) 内部化理论

内部化理论(Internalization Theory)形成于 20 世纪 70 年代末,认为对外直接投资发生的原因不仅仅在于最终产品市场的不完全性,更重要的是由于中间产品市场的不完全性。这种不完全性主要是由关税、配额、外汇管制和汇率政策等政府干预所引起的。跨国公司所生产的一些中间性产品,特别是专利技术、管理技能和营销技巧等知识资产的跨国流动,更需要避免市场的不完全性。一个必然的选择便是将其内部化,即通过企业内部组织体系以较低的成本在企业内部实现知识资产的跨国流动,从而有效保护知识产权,避免技术泄露,保持跨国公司对技术的长期垄断。简而言之,内部化理论的基本观点是:跨国公司之所以进行对外直接投资,是为了降低交易成本和避免中间产品市场的不完全性。

内部化理论是从跨国的充分条件,即企业内部经营管理,主要从财务成本管理的观点出发,来研究跨国公司的。可以说,它是对跨国公司旨在将跨国经营的各种成本降低到最低限度的理论说明。与其他理论相比,内部化理论突破了垄断优势理论和产品生命周期理论的局限性,成为西方跨国公司理论研究的一个重要转折,为跨国公司一般理论的形成做出了巨大贡献。但它解释的只是跨国公司行为的充分条件,没有对跨国公司的必要条件,即跨国公司通过其生产和销售活动以满足消费者的需求的机能给予说明和解释,因而存在片面性。

(五) 国际生产折中理论

1981 年,英国里丁大学教授邓宁(John H. Dunning)系统地阐述了国际生产折中理论(Eclectic Theory of International Production)。该理论认为,企业从事对外直接投资是由该企业自身所拥有的所有权优势、内部化优势和区位优势三大因素综合作用的结果,这就是跨国公司对外直接投资的所谓 OIL(Ownership Internalization Location)模式。所有权优势主要是指企业拥有或能得到其他国家企业没有或无法得到的无形资产和规模经济优势,尤其是知识资产这类无形资产的优势。内部化优势是指企业为了避免外部市场的不完全性对企业经营的不利影响而将企业优势保持在企业内部,通过内部化可以使其优势获得最大收益。区位优势是指生产地点的政策和投资环境等方面的相对优势所产生的吸引力,包括东道国的地理位置、生产要素的相对价格、现实的与潜在的市场需求、基础设施、市场体系的发育程度、文化差距等。

国际生产折中理论并不是对以往对外直接投资理论简单的总结归纳,而是从跨国公司国际生产这个高度,讨论所有权优势、内部化优势和区位优势 3 组变量对国际直接投资的作用。它吸收了以往各派理论之长,较有概括性和综合性,能兼顾各种理论解释的需要,是迄今最完备的、被人们广为接受的对外直接投资领域中的"通论"。但是国际生产折中理论也无法解释部分国家在尚未同时具备 3 种优势的情况下对外直接投资的现象。

二、国际直接投资的产生和发展

国际直接投资作为国际资本流动的一种重要形式,是指一国投资者(自然人或法人)以有效控制企业经营管理权为核心,以获取利润为主要目标,以对外投资为媒介并通过在海外设立独资企业、合资企业、合作企业等形式而进行的一种特殊而复杂的投资行为。它可以通过 4 种途径进行:①投资者直接到国外建立新企业;②购买国外企业的股票并达到一定比例;③与国外企业共同投资,设立合资企业或合营企业;④投资者的利润再投资。对所投资企业拥有实际控制权是国际直接投资区别于国际间接投资的本质特征。由于对企业控制权的掌握,投资者便可参与到企业的经营管理等生产性活动中,并带动资本、技术、人员等真实资本的国际流动,因此国际直接投资过程就是生产国际化过程,两者是不可分的。

(一) 第一次世界大战前的国际直接投资

从 18 世纪 60 年代到 19 世纪 30 年代,英国率先完成工业革命并成为"世界工厂"。英国工业革命的完成加快了其原始资本积累的步伐,为英国对外直接投资提供了必要的物质条件;而当时欧洲大陆因拿破仑战争面临经济重建,美国尚在进行第一次工业革命,均出现了资本供不应求的局面,从而为英国对外直接投资创造了良好的外部环境。据统计,1850 年英国的对外直接投资累计总额已超过 2 亿英镑,其中 66％的资本投在欧洲大陆国家,30％的资本投向美国,20 多家英国公司在欧洲大陆和美国建立了企业,开发矿山或修筑铁路,成为事实上的世界最早跨国公司。1868 年英国设立了"国外及殖民地信托"机构进行对外直接投资;1891 年将该机构更名为"国外及殖民地投资信托公司",一方面大肆购买外国公司股份或债券,另一方面直接在国外投资办厂,对外直接投资步伐加快。据统计,到 1914 年,英国对外直接投资累计总额已达 40 亿英镑,占当时世界各国对外直接投资累计总额的 41％。可见,第一次世界大战前,英国是名副其实的世界最早最大的对外直接投资国。

法国是西方另一个起步较早的对外直接投资大国,其对外直接投资始于 19 世纪后期,是从法国对外借贷资本发展过程中派生出来的产物。1880—1914 年,法国累计输出资本约 90 亿美元,其中绝大部分是对外中、长期贷款,只有不超过 15 亿美元的资本用于对外直接投资,约占 16.7％。其对外直接投资主要投向沙俄及非洲法属殖民地国家,且主要用于开发矿山和发展农业。德国在第一次世界大战前也有一定的对外直接投资,其突出特点是起步较晚而发展极快。1883—1913 年,德国对外直接投资累计额从 50 亿德国马克剧增至 240 亿德国马克,20 年间增长了 3.8 倍。其主要投资对象是东欧及巴尔干半岛。值得指出的是,美国作为一个后起的资本主义国家,其对外直接投资发展极为迅猛,并迅速崛起为仅次于英国的第二大对外直接投资国。据统计,1897 年美国对外直接投资累计额约为 6 亿美元,1908 年增至 16 亿美元。截至 1914 年年底,美国对外直接投资累计额已达 26.32 亿美元;其投资对象几乎遍布全球,但主要分布在拉美、北美与欧洲。综上所述,自 19 世纪后半叶起,对外投资已逐渐在国际经济中起着重要作用。随着西欧、北美等主要资本主义国家工业革命的进展,跨国公司海外直接投资已有一定的发展。

概括而言,第一次世界大战以前跨国公司海外直接投资具有以下主要特点:

(1) 投资来源国高度集中,直接投资的数额及比重均较小。虽然第一次世界大战以前的半个世纪内被公认为国际资本流动的黄金时期,但对外投资绝大多数表现为英、法、德、美等少数国家的间接投资。到 1914 年第一次世界大战前夕,资本主义各国的对外资本输出总额为 440 亿美元。其中英国 180 亿美元,居首位;法国 90 亿美元,居第二位;德国 58 亿美元,居第三位;美国 35 亿美元,居第四位。毫无疑问,资本输出是帝国主义形成和发展时期的重要经济特征,但上述资本输出总额中,绝大多数以间接投资为主要方式,仅有约 10% 是对外直接投资。正因为如此,第一次世界大战以前,主要资本主义国家跨国公司经营的业务相对于整个经济活动而言比重甚小,各国大公司的主要经营活动立足于国内,到海外建厂(场)从事直接生产性经营活动的为数不多。1900 年 187 家美资制造业大企业的海外附属企业仅为 47 家,1913 年也只增加到 116 家。

(2) 投资对象多为殖民地、半殖民地、新开发地区和其他经济落后国家和地区,这一特征在头号投资大国英国表现得尤为明显。如前所述,在英国率先完成工业革命之后的相当长时期里,英国对外投资的主要去向是当时忙于经济重建而急需资金的欧洲各国,占 60% 以上。在进入帝国主义时期尤其是到第一次世界大战前夕,英国资本则主要投向殖民地、半殖民地国家和新开发地区。据统计,到 1913 年,英国海外投资中 70% 以上是投放在殖民地和半殖民地国家和地区,其中,有 47.3% 投放在英帝国范围之内,南美占 20.1%,其他经济落后国家和地区占 6.8%。英国对殖民地和半殖民地的投资成了其控制、奴役和剥削这些地区的重要手段。

(3) 投资行业主要是采矿、石油和农业等初级产品行业以及为初级产品生产服务的基础设施部门。英国的对外直接投资主要集中于美国、印度、加拿大、马来西亚、南非等地的铁路业、矿山、油田、牧场和种植园等。法国、德国及美国等对外直接投资的行业分布也具有上述特点。以美国为例,1897 年,美国对外直接投资总额为 6.35 亿美元,其中在铁路业的投资居首位,占 22.6%;在矿业的投资居第二位,占 21.1%。到 1914 年,美国对外投资总额达 26.32 亿美元,其中,石油与采矿业占 40.4%,制造业占 18.2%,公共基础设施(铁路及公共工程)占 14.7%,农业占 13.5%,商业占 6.5%。值得指出的是,虽然英、法、德等西欧国家与美国在第一次世界大战以前对制造业直接投资的数额及比重均较小,但美国对制造业直接投资所占比重相对较高。这一方面表明美国在取代英国成为世界上头号资本主义工业强国之后,其制造业海外子公司的发展远较西欧国家迅速,因而美国跨国公司逐渐成为制造业海外直接投资的主体;另一方面也说明制造业海外直接投资与母国资本是否充裕并不一定有直接关联。可见,在第一次世界大战以前,跨国公司海外直接投资的部门结构以初级产品生产和公共基础设施开发为主,这种部门结构充分反映了投资国与受资国之间不平等的"垂直型"国际分工体系,它既是投资国为了在政治和军事上对落后国家和地区进行有效控制,也是为了从经济上把落后国家和地区沦为其商品销售市场和原料产地。从本质上讲,这一时期跨国公司海外直接投资是宗主国对殖民地和半殖民地、先进工业国对落后农业国进行政治控制和经济掠夺的工具和手段。同时,制造业海外直接投资主要表现为工业发达国之间"水平型"的交叉投资,这在很大程度上表明制造业直接投资更多地取决于经济因素;从一定意义上讲,从事制造业投资的跨国公司不但与经济发展水平密切相关,而且主要由市场导向决定,已初步具备真正现代意义跨国公司的特征。

(二) 两次世界大战间的国际直接投资

在这个时期,当时的发达国家的对外直接投资处于停滞状态,因为相当多的国家在战争中遭受很大损失,企业不敢冒险用有限的资金在海外进行生产性的投资扩张。而由战争引起的敌对情绪、经济危机和萧条使保护主义抬头,对国外直接投资持排斥、歧视态度。因为战争,对外投资来源的国别结构发生了较大变化,这既是国际竞争实力格局发生变化的反映,也为第二次世界大战后美国跨国公司谋得国际市场的支配地位打下基础。美国的许多企业在这一阶段大规模地进入国际市场,第一次在国际化经营方面超过欧洲。例如,美国的通用汽车公司、福特汽车公司向欧洲的扩张就是在那时实现的。

(三) 第二次世界大战后的国际直接投资

第二次世界大战以后,影响和决定资本国际运动的经济条件有了很大变化,国际直接投资逐渐取代战前的国际间接投资成为资本国际化的核心和主体,使资本国际运动发展到了一个新的高度。在这一过程中,FDI 在规模和结构方面表现出一系列新的发展趋势和特征。

1. FDI 增长迅速、规模巨大

第二次世界大战以后,以跨国公司为主体的 FDI 一直保持着快速增长的势头。1960—1985 年,西方国家对外直接投资累计余额从 580 亿美元增加到 6600 亿美元,25 年增长了 10 多倍,年平均增长率达 10.2%。1985 年之后,这一增长速度进一步加快,到 1995 年,这一数字达到 25143 亿美元,10 年间增长了约 4 倍。在 1996 年,西方国家的对外投资总额达到创纪录的 2810 亿美元,发展中国家也实现了 510 亿美元的对外直接投资。1997 年,由于发生了东南亚金融危机,国际直接投资出现了大幅下降。随着时间的推移,危机的影响逐渐减弱,进入 21 世纪以来,FDI 又出现了恢复性增长的态势。全球 FDI 正在变得多样化,其中最突出的特点是,发展中国家和转型期经济体的 FDI 开始蓬勃兴起。2005 年,发展中国家跨国公司 FDI 投资额达到了创纪录的 1200 亿美元,FDI 投资存量超过 50 亿美元的发展中国家由 1990 年的 6 个增加为 25 个。发展中国家的 FDI 流入也具有很大的不平衡性,就总体而言,亚太地区 FDI 流入量高于其他地区,占发展中国家的一半以上,2005 年高达 70%。

2008 年由于金融危机,FDI 流入量下降了 14%,从 2007 年的 1.979 万亿美元降至 1.697 万亿美元。全球 FDI 流入量继 2013 年小幅反弹之后,2014 年下降 16%,达 1.23 万亿美元。这主要受全球经济增长脆弱、投资者面临的政策不确定性增多以及一些地区地缘政治风险加大的影响。2014 年流入发达国家的 FDI 持续低迷,全年下降了 28%,为 4990 亿美元。其中,欧洲、北美 FDI 流入量均大幅下降。

2. 国际直接投资的主体日益趋向多元化,但发达国家仍居主导地位

国际直接投资的主体指的是向外输出资本的国家和地区。长期以来,发达国家一直独霸着国际直接投资,发展中国家所占的份额微乎其微。到 20 世纪 70 年代末,发展中国家的国际投资累计额仅相当于发达国家的 1%。80 年代开始,一些发展中国家由于经济实力增强,也加入了对外直接投资的行列,从而使 FDI 主体呈现多元化发展。到 20 世纪末年,上述数字已达到 10%,发展中国家对外直接投资获得了长足的进展,但发达国家仍处于绝对的主导地位。

在发达国家中,第二次世界大战以来,美国一直是最大的对外直接投资国。在 20 世

纪 60 年代,美国的 FDI 累计额曾占到世界总额的 50% 以上。进入 70 年代,随着美国经济的相对衰落,美国在 FDI 中的地位也相对削弱,而日本、德国及其他西欧国家的 FDI 发展迅速。90 年代中期以来,美国经济增长强劲,其第一投资大国的地位又得以巩固。发展中国家中,从事对外直接投资的主要是石油输出国及新兴工业化国家和地区。另外,20 世纪 80 年代以来,印度等经济发展较快的国家和地区,对外直接投资也蓬勃发展。

3. 国际直接投资的地理流向发生变化

第二次世界大战以前,FDI 中 70% 以上是从发达国家流入发展中国家,资本运动表现为单向流动。战后,FDI 的地理流向开始转向发达国家,到 20 世纪 60 年代末,发达国家之间的相互投资成为 FDI 的主体。这一趋势持续发展,到 80 年代末,发达国家吸收了全部 FDI 的 75% 以上,流向发展中国家的 FDI 则不足 25%。90 年代以后,随着新兴工业化国家和地区经济的崛起以及东亚地区经济的快速增长,发展中国家和地区吸收 FDI 的比重有所回升,最高在 1996 年达到 60%;1997 年由于东南亚金融危机的爆发,发展中国家吸收 FDI 在数量和比重上急剧下降。

4. 直接投资的部门结构发生变化

在第二次世界大战战前和战后初期,发达国家的 FDI 大部分投入资源性开发,如采掘业和农业等。20 世纪 60 年代以后,与 FDI 地理流向的变化相适应,FDI 逐渐转向制造业部门,表现为发达国家制造业部门之间的相互投资。流向发展中国家的 FDI 也逐渐转向资源密集型和劳动密集型的制造业部门。80 年代后期,国际直接投资的部门结构进一步升级,约半数的投资投入第三产业部门,如银行业、保险业、信息服务业等。

三、21 世纪国际直接投资的新形势

(一) 21 世纪国际直接投资的特点

自 20 世纪 90 年代起,国际直接投资流入规模陡然增加,跨国公司进入了全新的全球化经营时代。进入 21 世纪以来,受美国新经济热潮的降温、世界经济增速放慢和全球市场需求下降等因素的影响,众多跨国公司经营业绩急剧滑坡,国际直接投资在 2001—2002 年大幅减少,但全球国际直接投资在经历了低谷之后,在 2003 年后连续增长,其中跨国并购起着重要的作用,主宰未来全球经济的跨国公司的对外直接投资的发展出现了许多新的特点。

(二) 资源型行业成为外国直接投资的重要领域

资源型行业之所以成为国际直接投资的重要领域,在于资源型行业是全球经济运行的根本保障,资源型产品价格的提高对跨国公司的直接投资和政府的决策具有深刻影响。2005 年,流入资源型行业的 FDI 存量高达 7550 亿美元,其中发达国家仍然是该行业最主要的 FDI 输出国。在此期间,荷兰、英国和美国是该行业最大的 FDI 存量输出母国。近期,一些发展中经济体和转型经济体也成了向这些行业输出 FDI 的重要来源国。矿产资源的开采主要是由大规模、资本密集型的跨国投资来完成的。一些项目对技术的要求极高,并且对其投资具有较高的不确定性和较长的筹备期。除了中国和印度(有些生产在国

内消费使用)以外的其他发展中国家,矿产的采掘主要是用来出口,是国家的重要收入来源。

(三) 基础设施领域的外国直接投资迅速增长

对于电力、通信、交通和自来水等基础设施的国际直接投资近年来得到了迅速发展,1990—2006年,全球范围内的基础设施的直接投资增长了31倍,达到了7860亿美元;目前各国基建需求强劲,发展中国家在加速工业化和城市化发展中,需要加大基础设施投资建设。世界银行的研究认为,发展中国家目前每年基建投入约1万亿美元,但要想保持目前的经济增速和满足未来的需求,估计到2020年之前每年至少还需增加1万亿美元。以非洲为例,非洲进出口银行的数据显示,目前在非洲只有40%的民众用得上电,33%的农村人口能够享受运输或交通,只有5%的农业用地得到了灌溉。为此,非洲每年的基建需求缺口达1000亿美元。

(四) 来自发展中经济体和转型经济体的外国直接投资增多

在过去的20年里,来自发展中经济体和转型经济体的外国直接投资迅速增长,并且这种增长还将继续。2014年流入发展中经济体的FDI达到历史最高水平,达6810亿美元,上升2%。发展中经济体在全球FDI流动格局中的地位进一步增强,占全球FDI流量的55%。亚洲发展中经济体FDI流入量再创新高,增长9%,接近5000亿美元,其作为全球FDI最大流入地区的地位进一步加强。其中,流入东亚及东南亚的FDI上升10%,达3810亿美元,流入南亚的FDI大幅增长16%,达410亿美元,流入该地区制造业的外资增长强劲。

(五) 跨国公司研发的国际化

研发的国际化伴随着跨国公司一同发展,但是近些年快速发展并逐渐延伸到发展中国家却是一个新动向。研发是跨国公司价值链中国际化程度最低的环节,但某些研发活动已在国外进行了很长时间,逐渐形成研发的国际化。跨国公司国外研发的比重在不断增加,尤其是欧美主要国家在20世纪80年代就开始大规模实施研发国际化。另一个显著特征就是跨国公司越来越多地采用非股权安排的战略联盟方式,其所占的比重增长也很快,而以股权为基础的战略联盟则不断减少。外国子公司在东道国研发中的作用不断增强。另外,各国外国子公司在东道国研发活动中所占的份额也根据国家的情况而有所差异。

四、跨国公司与国际直接投资

从历史和现实角度考察,国际直接投资的主体绝大多数都经历了首先在国内立足并取得良好业绩,然后从母国基地公司向海外转移一揽子生产性资源以使企业的生产经营活动国际化乃至全球化的过程。但从理论上分析,国际直接投资的主体还包括个人(自然人),即一国居民以个人身份在海外从事投资经营。因此,正确认识和理解跨国公司与国际直接投资的关系是十分必要的。

(一) 跨国公司是国际直接投资的主要组织者和承担者

跨国公司是现代管理技术和组织创新的产物,它的产生和发展迎合了现代科学技术发展和国际经济交易深化的需要,便利了科学技术在全球范围内的传播和转移,从而极大地增进了全人类的福利。科学技术的革命与发展导致了大规模生产方式的出现,而现代化的大规模生产要求资本、技术和管理人员等通力合作,协同组织生产过程。因此,将资金、设备和技术等生产性资源进行一揽子转移的国际直接投资成为国际技术传播的主要渠道。而跨国公司作为人类为适应现代化的大规模生产方式所创造的一种组织形式,正是在全球范围内开展国际直接投资活动最主要的组织者。跨国公司不仅是国际直接投资的主要组织者,还是国际直接投资的主要载体或承担者。世界上几乎所有的国际直接投资都是由跨国公司完成的,尤其是大型跨国公司更是对外直接投资的主导力量。跨国公司的国际直接投资不仅在质的方面较自然人的直接投资广泛和复杂得多,而且在量的方面占据绝对优势。正是因为跨国公司是全球国际直接投资的主要承担者,因而从某种意义上讲,了解了跨国公司的海外直接投资活动,就意味着了解了整个国际直接投资。在诸多文献和论著中,国际直接投资与跨国公司海外直接投资经常被交互使用,原因正基于此。

(二) 国际直接投资是跨国公司在全球范围内组织经济活动最重要的形式

跨国公司是当今世界经济发展的主要支柱和决定性力量,其活动领域涉及国际经济交易的各个方面。跨国公司不但是国际直接投资的组织者和承担者,而且也是国际证券投资、国际贸易、国际技术转移的主要参与者。尽管国际贸易一向被认为是国际经济交易的主导力量,并因此而建立了一个反映贸易活动的国际结构,但在当今世界市场上,跨国公司海外分支机构的销售远比本国出口重要。2015 年,虽然全球经济复苏缓慢,但跨国公司海外子公司总销售额仍占全球生产总值的 1/3。与此同时,技术和其他生产要素伴随对外直接投资的迅猛发展而在全球范围内加速流动,国际投资已成为当今世界经济发展中最活跃、最重要的因素。跨国公司以海外直接投资活动为主要手段、以世界市场为主要目标的全球经营战略给世界经济发展带来了深刻的变化,传统的以商品贸易为主的国际经济交易格局被打破,国际分工渗入到生产领域,进而渗透到产业内部和企业内部,因此需要从跨国公司的国际生产角度来考察国际经济交易。

从上述角度考察国际经济交易,不难发现,国际直接投资作为适应高度复杂化的生产技术以及伴随资本和管理人员合理转移的经济方式,是跨国公司在全球范围内组织经济活动最重要的形式。跨国公司国际直接投资日益成为国际经济交易的主导力量,贸易及技术转移等日益被纳入国际直接投资的结构之中;国际直接投资是跨国公司体系最重要的经济活动方式和主要的海外扩展手段。

五、国际直接投资对世界经济发展的影响

20 世纪 80 年代以来,资本要素的国际运动趋于广泛,表现为跨国界资本流动的数量和速度空前活跃,资本国际联系的形式更趋多样。20 世纪五六十年代国际直接投资的增长低于世界贸易的增长。尽管美国在欧洲和拉美大量投资,产品出口始终是国际竞争的主要内容。70 年代国际直接投资的增长超出了世界贸易的增长,然而导致这一变化产生

的主要原因并非是由于国际直接投资的过快增长,而是因为国际贸易增长的减缓。70 年代的危机严重打击了世界贸易,一方面各国市场增长缓慢,另一方面由于失业增加,进口障碍明显增多,如技术标准和自愿限制进口等。

而国际直接投资却似乎并未受到增长减缓的影响,相反,在此期间生产的国际化进程继续发展。资本的国际流动为国际化生产提供了两个必要的前提:①可支配资源的国际流动性,这种流动性不仅不受国界限制,而且不受地理上分割的市场的限制;②生产布局的全球性,这种全球性既指数量和地理分布上的广泛性,更指遍布于全球的各生产点有机联系、互为依存。

始于 20 世纪 80 年代中期的国际直接投资的快速增长使生产的国际化具有了与贸易国际化同等重要的作用。此后,国际贸易的活力很大程度上来源于生产的国际化。据联合国贸发大会的统计,目前世界产品和服务贸易的 1/3 是由跨国公司及其子公司的公司内贸易实现的,全球国际直接投资总额的增长率比工业化国家国内投资的增长率高出 1 倍。

在经过几年的连续减少后,2004 年全球对外直接投资出现了首度回升。全球国际直接投资流入量经过连续增长,2007 年增加 30%,达到 1.979 万亿美元,远远高于 2000 年创下的历史新高。尽管 2007 年下半年开始出现金融和次贷危机,但在三大类经济体——发达国家、发展中国家和转型经济体(东南欧国家和独联体)中,国际直接投资的流入量都在增长,特别是发展中国家海外子公司的利润增长,收益再投资约占国际直接投资总流量的 30%。有关专家预计,全球对外直接投资将进一步趋于活跃,并且全球对外直接投资的地区结构和产业结构也将发生变化,全球正迎来对外直接投资的新一轮增长。目前,全球对外直接投资已经超过贸易,成为组织国际化生产的重要方式,并有力地促进了世界经济的增长。对外直接投资已成为全球经济增长的"发动机",一批跨国公司迅速成长;形成和完善了国际化生产的组织;跨国公司的生产活动带来了商品、劳动力要素的流动和合理配置,并使全球市场结构、东道国竞争政策都发生了变化;在提高了跨国公司竞争力的同时,促进了流入国经济的发展。2007 年,全球金融危机对 FDI 形势的影响还是很有限的,但进入 2008 年后,这种影响开始充分地体现出来。

在愈演愈烈的经济和金融危机中,2008 年全球对外直接投资流入量为 1.697 万亿美元,比 2007 年的 1.979 万亿美元下降了 14%。这一下滑趋势持续到 2009 年,而且变得更加显著,2009 年全球 FDI 流入量跌至 1.2 万亿美元。世界经济增速的放缓和金融动荡,导致了主要发达国家货币市场及债务市场的流动性危机。很多跨国公司也开始注意风险意识,在国际直接投资中变得谨慎和保守。2010 年随着各国刺激经济和吸引投资的优惠政策陆续出台,全球经济开始呈现复苏迹象,国际直接投资也得到发展。全球 FDI 流入量继 2013 年小幅反弹之后,2014 年下降 16%,达 1.23 万亿美元。这主要受全球经济增长脆弱、投资者面临的政策不确定性增多以及一些地区地缘政治风险加大的影响。一些经济及政治风险,包括欧元区的不确定性、一些地缘政治风险的扩散以及一些新兴经济体增长前景的不确定性,都可能对全球 FDI 的增长带来风险。

☞ **思考题**

1. 简述跨国公司的特征。
2. 跨国公司的经营管理特征有哪些？
3. 跨国公司的发展经历了哪几个阶段？
4. 跨国公司发展的新特点有哪些？
5. 简述国际直接投资的基本理论。
6. 何为国际直接投资？

第六章

金融国际化和国际资本市场

☞ **内容提要**

本章主要阐述了现代国际货币体系的形成、金融国际化的发展、金融国际化的作用与影响、国际资本市场与世界金融危机等内容。

☞ **关键词**

国际货币体系　国际资本市场　金融危机

第一节　国际货币体系及其演变

国际货币体系是指在国际经济关系中,为满足国与国之间各类交易的需要,各国对货币的兑换、国际收支的调节、国际储备资产的构成等问题共同做出的安排所确定的规则、采取的措施及相应的组织机构形式的总和。现代国际货币体系的发展已经过了 3 个阶段。从 1880 年国际金本位体系自然形成,到 1944 年布雷顿森林体系的确立,再到 1976 年通过改革形成牙买加体系,至今已经历 130 多年的时间。

一、国际金本位体系的形成与衰落

第一次世界大战以前,资本主义世界普遍实行金本位体系,这种典型的体系直到一战爆发前夕才告结束。这一体系使西方资本主义国家获得了一种先发优势,从而使其进一步加强了对殖民地半殖民地国家的控制和剥削。第一次世界大战前,它主要反映了英国的利益,对英国霸权的建立起到了重要作用。第一次世界大战结束到第二次世界大战前是国际货币体系的动荡发展时期,反映了英国霸权的衰落和美国的崛起。

国际金本位体系是在各主要国家普遍实行金本位制基础上形成的历史上第一个国际货币体系。广义的金本位包括金币本位制、金块本位制和金汇兑本位制。狭义的金本位制是指金币本位制。而典型的金本位制是一种以金币为本位货币的货币制度,英国于 1816 年最早实行,19 世纪 70 年代欧美主要国家先后实行,大约于 1880 年形成国际金本位体系。

在第一次世界大战以前,各国实行的都是金币本位制。金币本位制在主要资本主义国家的确立,使各国货币制度相对统一起来,使黄金成为唯一的金属货币,从而确立和巩固了世界货币的地位;黄金作为国际商品交换的唯一价值尺度、主要的和最终的支付手段,使各国货币有了统一的定值标准,即各国货币的含金量;各国货币的含金量的法定性和相对稳定性,为各国汇率的相对稳定提供了客观基础。稳定的货币体系不仅有利于国际贸易的顺利进行,也使对外贷款、投资有保障,促进资本输出。可以说,国际货币体系的形成对资本主义的发展起了巨大的推动作用。

1914 年第一次世界大战爆发后,各国都停止了银行券兑换黄金,禁止黄金输出。战后国际金融格局发生了重大变化,大量黄金流向美国,纽约成为新的世界金融中心。英国积累大量英镑负债,英镑信誉严重下降。欧洲大陆国家黄金短缺,国际收支也长期处于赤字状况。在这种新的金融力量对比下,国际格局发生了重大变化,美国在国际舞台上的地位和作用明显突出。1925 年,英国建立金块本位制,标志着金本位体系在欧洲重建的开始。1928 年法国也建立起金块本位制,美国则继续实行金币本位制。其他国家大都实行金汇兑本位制,本币与美元、英镑或法郎挂钩,通过这 3 种货币同黄金挂钩。显然,金本位体系的稳定性已大不如第一次世界大战前。在 1929 年经济大萧条的冲击下,金本位体系逐步瓦解。1933 年伦敦国际货币会议失败后,形成了英镑集团、美元集团和金本位集团以及金集团崩溃后的法郎集团并存的局面。

二、布雷顿森林体系的建立与瓦解

(一) 布雷顿森林体系的建立及其主要内容

在第二次世界大战即将结束之前,将要取得胜利的同盟国就开始拟定战后的经济体系重建计划。该计划主要由美、英两国推动,其主要目标是通过国际经济合作,谋求国际货币金融关系的稳定和全球经济问题的解决,避免战前不时出现的各货币集团之间的"货币战"和 1929 年经济大萧条后的国际金融体系崩溃的事件发生,重整国际货币金融秩序。1944 年 7 月,44 个国家和地区的代表在美国新罕布什尔州布雷顿森林召开联合国和盟国货币金融会议,这次会议通过了《联合国货币金融协议最后决议书》和《国际货币基金组织协定》《国际复兴开发银行协定》两个附件,总称《布雷顿森林协定》。

布雷顿森林体系建立了两大国际金融机构,即国际货币基金组织(IMF)和世界银行。国际货币基金组织负责向成员国提供短期资金借贷,目的是保障国际货币体系的稳定;世界银行负责提供中长期信贷,促进成员国经济复苏。成立国际货币基金组织,在国际上就货币事务进行共同商议,为成员国的短期国际收支逆差提供信贷支持;美元与黄金挂钩,成员国货币和美元挂钩,实行可调整的固定汇率制度;取消经常账户交易的外汇管制等。

布雷顿森林体系建立了美元与黄金挂钩制度和固定汇率制度,结束了混乱的国际金融秩序,为国际贸易的扩大和世界经济的增长创造了有利的外部条件。美元作为储备货币和国际清偿手段,弥补了黄金的不足,提高了全球的购买力,促进了国际贸易和跨国投资。

(二)布雷顿森林体系的缺陷及其瓦解

布雷顿森林体系对于促进第二次世界大战后世界经济的繁荣和发展起过相当大的作用,然而这一国际货币体系也存在着一些缺陷和弱点。首先,布雷顿森林体系并不是一种合理的货币制度,而是建立在不平等关系基础上的制度。基准货币国家美国享有特权,获得巨大现实利益,其他国家的货币则处于附庸地位。其次,布雷顿森林体系从根本上说还是非常脆弱、非常不稳定的货币制度。该体系实际上是一种国际金汇兑本位货币制度,它继承了第二次世界大战前的金汇兑本位货币制度的弱点,即基准货币国家与依附国家相互牵连的弱点。最后,布雷顿森林体系的最致命的弱点是这一国际货币体系没有办法对付"特里芬难题"(Triffin Dilemma),即在布雷顿森林体系中,基准货币国家美国的国际收支无论出现顺差还是逆差都会给这一国际货币体系带来困难,因而布雷顿森林体系注定会瓦解。

随着经济的发展,国际市场发生着微妙的变化,美国独占市场的情况在改变,政治上称霸的代价是开支的加大,一进一出都对美国的经济不利,大量的美元流出不仅缓解了美元荒的现象,美元在国际市场上开始大量过剩,而美国的国际收支也开始出现逆差。美元不再是各国追逐的财富,人们开始怀疑美国国际收支逆差的出现能否保证布雷顿森林体系中的承诺,美元的地位开始动摇,各国在黄金和美元的选择上,更多地趋向于黄金,美国的黄金开始大量外流。到20世纪60—70年代,爆发多次美元危机,其后以1971年12月《史密森协定》为标志,美元对黄金贬值,同时美联储拒绝向国外中央银行出售黄金,至此美元与黄金挂钩的体制名存实亡,各国纷纷放弃对美元的固定汇率制。1973年2月美元进一步贬值,世界各主要货币由于受投机商冲击被迫实行浮动汇率制,至此布雷顿森林体系完全崩溃。

三、牙买加体系与浮动汇率制的实施

(一)牙买加体系的建立与主要内容

布雷顿森林体系瓦解后,关于建立新的国际货币制度的努力一直没有停止过。1976年1月,国际货币基金组织"国际货币制度临时委员会"在牙买加首都金斯顿召开会议,就若干重大的国际金融问题达成协议,即《牙买加协议》。该协议从1978年4月1日起生效,在此基础上形成的国际货币制度被称为"牙买加体系"。

牙买加体系放弃了布雷顿森林体系下的双挂钩制度,保留了布雷顿森林体系下的国际货币基金组织,并且加强了该组织的作用。牙买加体系的主要内容是:

(1)浮动汇率合法化。IMF会员国可根据本国的情况自由选择汇率制度,可以选择自由浮动或其他形式的固定汇率制度,但会员国的汇率政策应受IMF的监督,并与IMF协商,以确保有秩序的汇率安排和避免操纵汇率谋取不公平的竞争利益。这从法律上认可了已经实施多年的浮动汇率制度,但并未放弃恢复固定汇率制的打算。《牙买加协议》

规定实行浮动汇率的成员国,根据经济条件应逐步恢复固定汇率制度,且不得采取损人利己的货币贬值措施,在将来世界经济出现稳定局面后,经 IMF 总投票权 85% 多数票通过,可以恢复实行一个稳定但可调整的平价的固定汇率制度。

(2)黄金非货币化。废除原有协定中所有黄金条款,取消黄金官价,从此黄金不再是平价的基础,不能用来履行对 IMF 的义务,也不能用于官方之间的清算,各会员国中央银行可按市价自由进行黄金交易。同时,IMF 对所持有的黄金逐步加以处理,将其持有黄金总额的 1/6 按市场价格出售,其超过官价(每盎司 42.22 美元)的部分成立信托基金,用于援助发展中国家。另外还有 1/6 按官价由原缴纳的各会员国购回,其余部分约 1 亿盎司,根据总投票权的 85% 做出的决定处理,向市场出售或由各会员国购回。

(3)扩大特别提款权的作用。修订特别提款权的有关条款,规定会员国之间的特别提款权交易和转移不需要 IMF 的特殊规定,以使特别提款权逐步取代黄金和美元而成为国际货币制度的主要储备资产。参加特别提款权账户的会员国,可以用特别提款权作为各国货币定价标准,可以用特别提款权偿还 IMF 的债务,也可以用特别提款权作为偿还债务的担保。

(4)扩大基金组织份额。各会员国对 IMF 所缴纳的基本份额由原来的 292.11 亿特别提款权增至 390.33 亿特别提款权,增加 33.6%。在增加总份额的同时,各会员国的份额比例也有所调整,主要石油输出国的比重提高一倍,即由 5% 增至 10%,其他发展中国家维持不变,主要工业化国家除联邦德国、日本略有增加外,其余略有减少。基金份额的增加,有助于提高 IMF 的融资能力。

(5)扩大对发展中国家的资金融通。IMF 用出售黄金所得的收益设立信托基金(Trust Fund),以优惠条件向最贫穷的发展中国家提供贷款或援助,帮助他们改善国际收支。此外,还扩大了 IMF 信贷部分贷款(又称普通信用贷款,GRA)的额度,由占会员国份额的 100% 提高到 145%;出口补偿贷款的额度,由 50% 提高到 75%。

牙买加体系与布雷顿森林体系的差别主要表现在汇率制度多样化、黄金非货币化、国际储备多样化 3 方面。虽然牙买加协议对汇率和黄金等问题在很大程度上仅是对已存事实的法律追认,但却是国际货币关系发展的历史性选择。牙买加体系是世界经济动荡、多变和发展不平衡的产物,在内外均衡实现问题上的制度安排比较灵活,从而使其具有较强的适应性,对世界经济发展的推动作用相当明显。但是,随着世界经济的不断发展,该体系存在的问题逐步显露。

(二)牙买加体系的缺陷

1. 浮动汇率制度下,汇率浮动使经济发展的不确定性加强

在布雷顿森林体系下汇率变动被限制在相对狭小的范围内,而在牙买加体系下汇率极易出现过度浮动。汇率剧烈、频繁的波动,增加了世界经济发展的变数,给世界经济发展带来不利影响。汇率剧烈波动,使进出口商难于核算成本和利润,外汇风险加大,不利于国际贸易的发展;汇率剧烈波动,助长了外汇投机活动,外汇投机商乘机倒卖外汇牟取暴利,可能导致银行倒闭,进而引发国际金融市场的动荡和混乱;汇率剧烈波动,使国际信

贷关系也要承担汇率风险，不是债权方蒙受损失，就是使债务方负担加重，从而可能引发或加重债务危机，严重影响国际信用的发展。

2. 国际储备多元化，缺乏稳定统一的价值标准

在国际货币格局错综复杂的情况下，储备货币多样化且价值标准不统一，本身就是不确定的因素，易加大国际金融市场上的汇率风险，易促使短期资本在国与国之间频繁流动，增加各国国际金融和储备资产管理的难度，也使国际清偿力总量供应的调控更加困难，最终可能危及世界经济的健康发展。

3. 国际收支调节机制不甚健全，存在国际收支危机隐患

牙买加体系下，主要运用汇率调整、利率调整、资金弥补等方式调节国际收支的失衡。但由于浮动汇率机制加大了投机因素，利率机制的运用常常对国际金融发展产生副作用或使内外经济目标产生冲突，而 IMF 的贷款能力有限，同时也无力指导和监督顺差国和逆差国双方对称地调节国际收支，从而使上述调节机制难以真正发挥作用，致使国际收支失衡成为一种常态。

总之，牙买加体系在汇率机制、国际储备、国际收支调节等方面存在种种缺陷，随着世界经济的发展，这些缺陷不断显露，并成为世界经济发展的障碍。20 世纪 90 年代以来不断爆发的金融危机事件，实质上也是现行国际货币制度、国际金融体系的危机，是现行国际货币制度内在矛盾激化的表现形态。

四、改革牙买加货币体系的努力

牙买加体系面临的国际形势是经济、金融全球一体化，世界各国的合作进一步加深，经济与金融之间的相互依赖性增强；同时，各国间的利益冲突也会增加，不稳定因素还很多。在这种背景下，国际货币体系应把"稳定"放在第一位。鉴于牙买加货币体系存在的缺陷，国际社会对于如何改革提出了如下设想。

1. 建立浮动汇率为主导的国际汇率体系

牙买加体系确立之初，不少成员仍抱有恢复固定汇率制度的幻想。历史发展已经证明，固定汇率制绝不是最好的货币安排，尤其是僵化的汇率制度会成为危机爆发的重要原因。汇率稳定有利于国际经济与贸易的发展，但汇率稳定并不等于汇率固定不变。一成不变的汇率安排实际上是不利于经济、贸易稳定发展的，僵化的汇率则必然扭曲资源配置机制，从而损失效率。浮动汇率也不是天生注定就能造成汇率动荡，汇率作为外汇的价格，是市场变化的信号。变化是绝对的，不变是相对的，汇率应该是浮动的。浮动汇率制度可以随时自动矫正内外经济失衡，释放货币升、贬值压力，提高国际收支调节的灵活性。所以，新型国际货币体系应是浮动汇率为主导的体系。

2. 改良现有的国际金融机构

例如，加强 IMF 在其贷款的份额、对全球资本流动的监测和预警系统方面的功能，并减少美国及其他西方发达国家的干预；提高世界银行在稳定国际金融体制中的作用；发挥区域性国际金融机构如亚洲开发银行的作用，加强对遭受危机袭击的国家实施资金援助；以国际清算银行为中心，建立国际金融风险预警系统，为 IMF 或其他国际金融机构提供

基础性材料,向有关成员国发出金融风险的预警信息。

3. 创立新的国际金融机构

例如,建立一个类似"世界金融组织"的机构,制定新的规则和宗旨,提高发展中国家在国际金融中的地位和作用,使发展中国家与发达国家平等参与国际资本流动和国际金融运行规则的制定,规范国际金融市场行为。

4. 建立和加强国际金融监管制度

公开披露有关信息,提高信息透明度,加强对银行的跨境监管,解决许多国家由于银行管理不善引起的金融过度风险;或由于银行财务状况信息不透明延误发现和解决风险的时机;或由于监督机构不独立,使制定的监督制度不能实施。

5. 加强国际协调,建立多国对话机制

世界经济与金融的一体化需要宽松的国际环境。从根本上说各国的利益都是一致的,都是为了发展本国经济。同时,各国之间出现矛盾与冲突也是不可避免的。只有宽松的国际环境,才能使经济资源国际配置机制充分发挥作用,这就需要加强国际协调。在新的国际货币体系下,最有效的国际收支调节渠道是国际协调,因为没有国际协调,汇率政策不可能有效。而国际融资解决国际收支困难不是长久之计,只有国际协调,才能化冲突为合作,在国际收支调节方面各国政策协调一致。对话机制是国际协调的主要模式。由基金组织定期组织包括发达国家、发展中国家与最不发达国家共同参加的对话机制,改变目前仅有西方主要发达国家参加的对话机制。

第二节　金融国际化的发展

一、金融国际化的进程

19世纪初,英国海外扩张形式发展到了跨国债券和银行扩张,并带动法国、德国、美国、加拿大各国金融机构,金融资本的国际化初露端倪。19世纪末20世纪初,随着股票、债券等投资形式的产生,资本的国际流动已经开始在欧、美各国发生,银行跨国甚至跨洲开设分行,投资者购买外国的股票和债券。但此时,国际资本的流动和金融的国际化程度并不高。

20世纪70年代以来,世界经济格局发生了重大变化,主要表现在:布雷顿森林体系崩溃,西方主要国家的货币纷纷自由浮动,外汇市场起伏波动;两次"石油危机"后,西方大国陷入滞胀之中,发展中国家经济也陷入困境;80年代初,一些发展中国家发生了债务危机,西方一些大银行陷入困境;美元大涨大跌,外汇市场动荡不安。这使得国际金融市场和国际商业银行风险急剧提高并且十分动荡。另外,计算机网络的广泛应用和通信卫星技术的发展,使全球金融中心联系加强。为了防范风险,金融创新层出不穷,大大推动了金融市场的一体化进程。此时,西方国家为了增加金融机构的竞争活力,纷纷放松管制;同时许多发展中国家开始着手打破"金融抑制",推进本国金融的自由化和国际化,以金融增长来促进本国经济的启动和发展。20 世纪 90 年代以来,世界各国金融市场开放程度越来越高,金融管制越来越松,金融市场规模迅速扩大,资本流动速度大大加快,金融创新层出不穷,各国金融政策的相互影响程度不断增强,因此越来越倾向于一体化。尽管各国对本国金融开放路径的安排和政策选择并不完全一致,但金融的全球化(尤其是区域内的一体化)仍是世界经济发展的大势。

二、金融国际化的成因

(一) 金融自由化

金融自由化是金融国际化的一个重要条件。20 世纪 70 年代以来,在全球范围内出现了金融自由化浪潮。金融自由化也称"金融深化",是"金融抑制"的对称。金融自由化理论主张改革金融制度,改革政府对金融的过度干预,放松对金融机构和金融市场的限制,增强国内的筹资功能以改变对外资的过度依赖,放松对利率和汇率的管制使之市场化,从而使利率能反映资金供求,汇率能反映外汇供求,促进国内储蓄率的提高,最终达到抑制通货膨胀、刺激经济增长的目的。

发达国家的金融自由化即放松金融管制。美国率先开始了以放松金融管制为主要内容的金融自由化改革,其他发达国家如日本、英国等也纷纷效仿。随着金融管制的取消,国际资本流动的法律障碍大大减少,资本的国际流动性得以提高,各国国内金融市场之间以及与国际资本市场之间的联系进一步加强,金融市场一体化进程加快。特别是 20 世纪 80 年代以来,在金融创新和放松金融监管的背景下掀起了金融自由化浪潮,迫于竞争压力的外在动力和追求利润最大化的内在动机,发达国家金融市场使国际化程度大大加快,商业银行和其他非银行金融机构向全球扩展的速度进一步加快,从而导致了国际资本流动的速度加快与规模急速扩大,且金融资产与金融交易的虚拟化程度进一步提高。到 90 年代中期,发达国家基本上取消了资本管制,实现了资本账户的完全自由化。

发展中国家的金融自由化即以金融深化为标志的金融体制改革。针对发展中国家普遍存在的人为压低利率,造成金融体系和经济效率低下的现象("金融抑制"现象),金融学家提出了"金融深化"理论。该理论的核心思想是,放松政府部门对金融体系的管制,尤其是对利率的管制,使实际利率提高,以充分反映资金供求状况。这样,投资者就不得不考虑融资成本,充分权衡投资成本和预期收益,从而使资金配置效率大大提高。并且,高利率鼓励人们储蓄,从而提供了储蓄向投资转化的顺畅渠道。也就是说,人为的低利率造成低储蓄,使发展中国家的资金不足。因此只要解除利率管制,由市场确定利率水平,刺激储蓄,就会增加资本供给。由此可见,发展中国家的金融自由化以利率自由化为核心。

(二) 现代科技革命和信息技术

如果说,以蒸汽机为标志的第一次技术革命促进了各国之间商品的交换,以电力应用为标志的第二次技术革命促进了世界市场的形成和债权、债务的清偿与支付,那么以电子计算机技术为主要标志的第三次技术革命则使国际贸易进一步扩展到金融领域。当代发达的信息技术为金融活动在全球范围内开展提供了前所未有的便利,通过信息及网络,资金的汇兑与周转、票据的结算在一瞬间即可完成。特别是随着互联网技术的日臻成熟、电子货币的普及,网络银行和网上交易将突破国界,迅捷的信息传输网络消除了分散在世界各处的金融市场信息传递的障碍,使得交易能迅速达成,大大节约了时间和空间成本;电子计算机技术的不断改进使得金融业务的处理可以以前所未有的速度和规模进行;互联网连接了各地的资金借贷者,使他们能快速地进入市场。

(三) 金融创新

金融创新是个历史范畴,构成金融创新的国际背景主要有以下 3 个方面:第二次世界大战后国际资本流动及欧洲货币市场的建立和发展;20 世纪 70 年代世界"石油危机"以及由此产生的"石油美元"的回流;20 世纪 80 年代国际债务危机的爆发和影响。

为适应新技术条件下的竞争,同时亦为规避限制性法规和风险,从 20 世纪六七十年代开始,发达国家率先出现了金融创新活动。这种创新,既包括金融制度的创新,又包括大量金融工具的创新,如信用制度、股权衍生工具、货币制度工具、利率衍生工具的创新等。在金融创新诸种形式的推动下,一方面融资证券化趋势大大增强,促进了金融全球化的趋势;另一方面,也由此带来了新的金融风险和不确定性危机。

创新理论的先驱熊彼特(J. A. Schumpeter)在《经济发展理论》(*Theory of Economic Development*)中认为,创新是新的生产函数的建立,包括新产品的开发、新生产方式或者技术的采用、新市场的开拓、新资源的开发和新的管理方法或者组织形式的推行。熊彼特研究的对象是广义的经济发展中的创新,金融创新则是金融业为适应实物经济发展的要求在制度安排、金融工具等方面所进行的创新活动。金融创新包括金融工具创新、金融制度创新、金融机构创新、金融市场创新及管理与技术方面的创新。当今世界金融创新的主要领域是金融工具特别是衍生产品。以美国为例,近年来 75% 以上的金融创新是关于金融衍生工具的,因此狭义的金融创新仅指金融工具的创新。正如金融在国民经济中的重要性一样,金融创新对金融业乃至宏观经济发展的促进作用越来越为人们所重视。金融创新是金融结构提升的主要方式和金融发展的主要推动力量。

三、金融国际化的表现

(一) 金融机构国际化

金融机构国际化是指一国的金融业在海外广设分支机构,扩展金融业务,形成信息灵敏、规模适度、结构合理的金融机构网络;同时,在对等的条件下,开放本国的金融市场,允许外国金融机构进入本国。

20 世纪 80 年代以来的金融创新、金融自由化为跨国银行向"全能型银行"发展创造了条件,推动了跨国银行业务综合化的发展。在金融创新的推动下,分业经营的管制失去了效力,各国金融管理当局不得不放松管制,使得跨国银行的经营业务扩展到非银行业务领域,跨国银行开始经营过去主要由投资银行、保险公司和其他金融机构经营的证券发行、信托、咨询和保险等收费业务,并且还开始经营一些与普通银行无关的经营活动,如国际租赁、国际现金管理和国际投资管理等业务,甚至从事出口信贷业务。金融全球化的发展为跨国银行的全球化战略创造了条件,金融电子化则为跨国银行实施全球化经营战略奠定了基础。现代跨国银行以整个世界为市场,以全球战略作为行动战略,利用计算机、通信设备形成全球金融网络,在全球范围内调配资金。大多数跨国银行不但存在总行、地区分行,并且发展了在岸银行、离岸银行以及各种专业银行和子银行。例如,MBNA 欧洲银行于 2002 年 5 月得到西班牙中央银行的批准,被允许进入当地的信用卡市场,并于当年 10 月开展业务。从那时起,西班牙 MBNA 积极开展信用卡营销,包括 MBNA 品牌的信用卡和各种联名卡。

(二) 金融市场国际化

金融市场国际化首先体现在各地区之间金融市场的相互贯通。金融市场国际化是指一国国内金融业务向外进一步延伸和扩展,从传统的地区性业务发展到国际化的创新型业务。虽然其重心仍未脱离存款、放款、投资等传统业务,但规模、性质和对象已有显著差异。其特点是:①存放款业务的规模庞大,需要多家金融机构联合操作;②服务的对象多为跨国公司、外国企业和政府;③以流通性强、可自由兑换的国际货币为记账单位。

金融市场国际化体现在以下 3 个方面:

(1) 目前各个金融市场之间的界限日益模糊,相互联系密切。金融市场计算机化、网络化,全球主要国际金融中心融为一体,打破了不同地区市场时差的限制,使交易能够连续进行,24 小时不间断交易成为现实。

(2) 全球不同类市场相互贯通。金融市场既包括了货币市场和资本市场,又有银行信贷、债权、股票及外汇市场等。但在近 20 年,上述区分正逐渐淡化,出现了较明显的"金融证券化"趋势,即银行金融机构在经营其资产负债业务的同时,以其所拥有的资产为依托,向市场发行相应的债券或其他有价证券。金融证券化贯通了间接金融和直接金融,联结了各类金融市场,使储蓄存款机构、信贷银行、金融公司、投资银行及各类基金甚至保险公司等业务经营上的关系日益密切。从而使资金不但能在某一类市场上实现跨国界的流动,而且能在不同类市场之间迅速地转移。

(3) 金融市场国际化还体现在全球金融市场的相关性进一步提高。

"欧洲美元"和"离岸金融市场"是金融市场国际化的典型代表。在冷战时期,美国向欧洲提供了巨额援助和投资,并向欧洲支付了巨额驻欧美军军费;另外,苏联等东欧国家为了免遭美国的监管,不愿把美元存于美国而存于欧洲银行,由此"欧洲美元"诞生。所谓"欧洲美元"即离开美国本土在欧洲地区流通的美元。20 世纪 60 年代形成了"欧洲美元"离岸市场。一般来说,各国的金融机构只从事本币存贷款业务,但第二次世界大战之后,各国金融机构从事本币之外的其他外币的存贷款业务逐渐兴起,有些国家的金融机构因此成为世界各国外币存贷款中心。这种专门从事外币存贷款业务的金融活动统称为离岸金融(Offshore Finance)。也就是说,任何国家、地区及城市,凡主要以外币为交易(或存贷)标的、以非本国居民为交易对象,其本地银行与外国银行所形成的银行体系,都可称为离岸金融中心。欧洲美元市场就是一种典型的离岸金融中心,它是一种自由交易、不受管制的自由的国际金融市场。

20世纪70年代,由于国际贸易、投资扩张与石油支出的增加,各国的货币与信用需求得到了快速的扩张,而欧洲离岸金融市场的高效率运作正好适应了这种信用需求的扩张。例如具有弹性的多元化的利率结构,能够调和不同货币、不同期限的资金供需。在此期间,无论是短期(1年以内)资金交易的欧洲货币市场,还是长期(1年以上)资金交易的欧洲债券市场,都得到了迅速的发展。目前,伦敦之所以成为全球最大的外汇交易中心,就在于伦敦拥有全球最为活跃的美元离岸交易市场,伦敦的美元交易量比美国本土的美元交易量还要高。

(三) 金融证券化

20世纪90年代以来,国际金融市场上金融创新与金融改革呈相互推动的趋势。金融工具的增加,期货、期权和指数期货交易技术的发展,资金、债务调期技术的发展与不断完善,不但增强了国际金融市场的深度,而且为市场借贷双方提供了更多的可供选择的机会,融资方式更趋于多样化,出现了较明显的"金融证券化"趋势,即银行金融机构在经营其资产负债业务的同时,以其所拥有的资产为依托,向市场发行相应的债券或其他有价证券。

证券化有两层含义,一是把传统银行和证券机构的资产和贷款、抵押转换为存款机构或非银行投资者购买的可转让的证券;二是资金的筹措与管理由贷款型的间接融资转换为证券型的直接融资。

一般说来证券化过程包括两个方面。一方面是金融工具的证券化,即通过创造一系列新的金融工具来筹措资金。这主要是由微观经济现象促成的。对借款人来说,在证券市场筹资的成本低于向银行借款所付的利息。对金融机构来说,证券化能满足其流动性的需要。另一个方面是金融体系的证券化。所谓金融体系的证券化,是指通过银行和其他金融机构借款的比重相对下降,而利用发行对第三方转让的金融工具的比重相对提高。这是宏观经济现象,即由政府巨额财政赤字促使政府债券大量发行造成的。

金融证券化贯通了间接金融和直接金融,连接了各类金融市场,使储蓄存款机构、信贷银行、金融公司、投资银行、各类基金甚至保险公司等业务经营上的关系日益密切,从而使资金不但能在某一类市场上实现跨国界的流动,而且能在不同类市场之间迅速地转移。同时,随着证券市场日趋成熟,越来越多的机构直接或间接地进入有价证券市场,发行各种证券筹资和融通资金,银行等金融机构也热衷于从事证券的安排和交易业务,国际金融业务证券化趋势得到很大的发展。

(四) 金融监管国际化

金融国际化进程的加快使得各国的金融市场越来越紧密地联系在一起。一国范围内的金融动荡很可能引起别国的乃至世界范围的负外部效应的发生。经济学界称这种世界范围内的负的外部效应的传播为国际金融市场的系统风险。系统风险的防范非一国监管体系所能胜任,必须以金融监管的国际协调为基础。另外,不同国家和地区在金融监管的范围、信息披露及基本标准、管制程度等方面存在很大差别,这就给国际投机者进行"监管套利"(Regulation Arbitrage)提供了可能。因此,加强金融监管的国际合作势在必行。金

融监管机构逐渐完善,12 个工业化国家的银行监管当局组成的巴塞尔银行监管委员会
(Basle Committee)是银行业国际多边管理的重要机构,这个机构于 1997 年 4 月发布的
《有效银行监管的核心原则》已不再是少数发达工业化国家之间谈判协商的结果,而是与
许多非十国集团成员的国家和地区监管当局达成的共识。另外,非经合组织成员国组成
了多层次的离岸金融中心银行业管理集团(Offshore Group of Banking Supervisors);欧
洲银行顾问委员会(EC Banking Advisory Committee)和监管当局联络组(Contact Group
of EC Supervisory Authorities)是地区组织;此外,还有拉丁美洲加勒比海的监管当局委
员会(Commission of Supervisors Authorities of Latin America and Caribbean)、海湾银行业监
管合作委员会(Gulf Cooperation Council Committee of Banking Supervisors)等实施地区监管
或制定地区监管立法的组织。

在证券方面,国际证券委员会(International Organization of Security Commissions)
是目前唯一一家多边证券监管机构。该组织成立于 1983 年,有投票权的正式成员主要是
证券监管机构、自律组织和有联系的国际组织。在会计领域,国际会计标准委员会是主要
负责会计标准国际规范化的一个组织。该组织成立于 1973 年,成员包括各国的专业会计
机构。在多边私人组织方面,国际金融协会(Institute of International Finance)是一家非
营利性国际机构,其成员来自各国商业银行、投资银行和跨国公司。国际金融协会的功能
是监督全球银行和金融服务规则并通过非正式对话将其成员的一致性意见传递给各国中
央银行和监管当局。国际金融协会经常利用工作组和专题小组收集信息,并以论坛方式
让成员探讨监管的手段。

(五) 金融衍生工具的发展

金融衍生工具属于衍生工具中的一类。衍生工具包括金融衍生工具和商品衍生工
具。金融衍生工具是相对于金融原生工具(如现金、债券、股票、利率、外汇、指数等)而言
的,既属于金融工具的范畴,又属于衍生工具的范畴,是两者的交集,如我国曾开展过的国
债期货属于金融衍生工具。目前国内开展的小麦、大豆、铜等商品期货则属于商品衍生
工具。

金融衍生工具的基础应涵盖完整的金融市场。人们习惯于将金融衍生工具按照交易
方式和特点分为以下 4 类:金融远期、金融期货、金融期权和金融互换。许多对金融衍生
工具的研究也是以此为基础而进行的。这种分类无论从方式上还是从内容上已无法总括
当前所有的金融衍生工具,束缚了人们对金融衍生工具的全面认识,使人们仅仅停留在利
率、汇率、指数等原生工具的衍生工具上。而与完整的金融体系相对应,基础工具不仅包
括货币市场、资本市场、外汇市场的金融工具,还包括保险、信托等专业市场的产品或工
具。伴随着银行业务创新、证券业务创新、保险业务创新、信托业务创新,将会产生各种各
样的衍生工具及组合性衍生工具。

不能忽视场外交易金融衍生工具的发展。目前国内对金融衍生工具的研究中,一般
集中在交易所内交易的产品上;对于金融衍生工具的场外交易品种,从研究到实践则相对
较少。而场外交易则以其量身定做的灵活性和低廉的交易成本广泛存在于国际金融市场

之中,如利率互换与货币互换,其交易量的增长幅度已经超过了有组织的场内交易的增长幅度。

第三节　金融国际化的作用与影响

一、金融国际化的"双刃剑"作用

金融国际化是把"双刃剑",它对世界各国利弊、喜忧兼有,机遇、风险并存。金融国际化促使资金在全世界范围内重新配置,一方面使欧、美等国的金融中心蓬勃发展,另一方面也使发展中国家,特别是新兴市场经济国家获得了大量急需的经济发展启动资金,带动了地区经济乃至世界经济的增长。可以说,世界经济的发展离不开金融国际化的推动。然而,金融国际化带来的并不都是利益,尤其是流动的短期金融投资对发展中国家具有相当的危险性。20 世纪 90 年代以来,金融危机频繁爆发,1992 年的西欧金融风暴不仅使英格兰银行损失了大量资产,而且迫使英国退出欧洲货币体系。1994—1995 年墨西哥爆发的金融危机对拉美经济造成了严重影响。最为严重的是 1997 年的东南亚金融危机,它如飓风一般席卷东南亚各国,然后顺势北上,在 1998 年波及刚刚加入 OECD 的韩国。这场金融危机的波及范围甚至到了南非和俄罗斯,对世界股市造成冲击。在当今世界,一场金融风暴对世界经济的影响是多层面、深层次的,无论是对发达国家还是发展中国家,它引起的震撼都难以避免。

二、金融国际化的主要特点

金融国际化的迅速发展对我国金融乃至世界经济产生了深远的影响,其主要特点如下所述。

1. 发达国家及跨国金融机构是金融国际化的规则制定者和主要获益者

发达国家及其跨国金融机构在金融国际化进程中居于主导地位,是金融国际化的规则制定者和主要获益者。这主要表现在:发达国家金融资本雄厚,金融体系成熟;调控手段完备,基础服务设施完善;以发达国家为基地的跨国金融机构规模庞大,金融创新层出不穷;与之对应,全球金融规则也主要来自发达国家,这些规则总体上有利于其金融资本在全球范围内实现利益最大化。发展中国家特别是最不发达国家在金融国际化进程中则经常处于被动的、受制约的地位,面临着"边缘化"的威胁,较少地分享到金融国际化的利益,而较多地受到金融国际化浪潮的冲击。

2. 跨国金融机构的全球扩展和全能化运作

从影响金融国际化的因素看,除跨国生产、贸易、投资和科技进步等实体经济因素对金融国际化的推动外,跨国金融机构的全球扩展和全能化运作也为金融国际化构造了微观组织基础,层出不穷的金融创新和日益激烈的金融竞争为金融国际化提供了持续的技术支持和发展动力。

3. 金融资本规模不断扩大,短期游资与长期资本并存

在金融国际化进程中,随着参与全球化的金融主体越来越多,全球金融资本不断扩大。在这其中,既有长期投资的资本,也有短期投机的资本。长期资本的投入有利于一国经济的稳定和发展,而短期游资的逐利和投机则易引发一国的金融动荡。

4. 电子商务的发展,为金融国际化提供了交易平台

互联网技术的发展为全球性金融活动提供了前所未有的便利。随着电子商务、电子货币的普及,网络银行和网上交易已在全球范围得到应用,全球金融市场将被连接成为一个整体,从而提高金融市场的同质性。

三、金融国际化的影响

(一) 金融国际化的积极影响

1. 推动世界经济的增长

金融国际化通过促进国际贸易和投资的发展推动世界经济增长。首先,促进国际贸易的发展。国际贸易的发展对金融国际化提出了需求,金融国际化又反过来有力地促进了国际贸易的发展。以银行的国际化经营为例,一般说来,国际贸易的开展为银行的国际化经营提供了可靠的资金来源,为银行的跨国筹措资金提供了物质上的基础;银行的国际化经营也为国际贸易的进一步拓展提供了资金上的支持。其次,促进国际投资的发展。银行国际化经营强化了金融资本的流动性,推动了国际投资的发展,为一些发展中国家的经济发展提供了机遇。银行的国际化经营使得银行的资本筹措与资本使用均在国际经济大系统内进行,而不再局限于某一个国家或某一个地区。在其他条件相对不变的情况下,金融资本筹措的范围扩大在一定程度上增加了资本的筹措能力。广大发展中国家一般都存在资金紧缺、技术落后、内部积累率低的问题。金融国际化可使一国的资金在世界范围内流动,使一国的经济发展不完全受制于国内储蓄和资金的积累。

2. 优化资本等生产要素的配置

金融国际化通过推进全球性金融的市场化改革,优化资本等生产要素的配置。首先,推进全球金融的市场化改革。金融国际化是以金融自由化为前提的,又反过来推动各国金融的自由化。其次,优化资本等生产要素的配置。在金融国际化的背景下,资本等生产要素的大规模流动对资源的优化配置和世界经济的发展具有全方位的促进作用。投资活动遍及全球,成为经济发展和增长的新支点。国际直接投资额年均增长率高于国际贸易、世界总产值的年均增长率。

3. 促进全球金融业自身效率的提高

首先,促进金融机构降低交易费用。金融国际化促进了金融机构之间的竞争,从而降低了流通费用。其次,提高金融资本的配置和运行效率。金融国际化有利于提高资本的配置效率,是由于资本市场与国际资本市场相衔接,使得融资者可以在世界范围内选择成本最低的资本,投资者则选择利润最丰厚的项目,这样可以实现全球范围内的最佳投资组合。理论和实践都已证明,国际化投资组合可以减少风险、提高收益。因此资本市场的开

放必然提高资本的国际化配置效率,提高金融资本的运行效率。随着电子技术、通信技术的应用和普及,国内外资金过剩的经济实体与资金短缺的经济实体能够及时沟通,缩短了资金融通时间,扩大了资金融通范围,使资金得到更充分、有效的利用。最后,增强金融微观主体的竞争能力。金融国际化增强金融微观主体的竞争能力,从而为金融效率的进一步提高埋下伏笔。

(二) 金融国际化的消极影响

作为一把"双刃剑",金融国际化在对世界经济和各国经济产生积极效应的同时,也有许多消极的影响。

1. 强化金融资本对全球经济的控制

金融国际化在很大程度上是伴随着跨国公司的发展而发展的。因为一方面,跨国公司发展对金融国际化提出的需求,使跨国公司成为金融国际化的动力;另一方面,跨国公司和跨国银行的日益结合,又使跨国公司本身能运作大规模的国际流动资本,从而使跨国公司成为金融国际化的重要主体。跨国公司对全球经济的控制地位决定了依附于它的金融资本在金融国际化过程中也进一步加强了对全球经济的控制。认识了跨国公司对全球经济的控制,也就认清了金融资本对全球经济的控制。在跨国公司大发展的背景下,国家和地区之间的市场障碍不断被跨国公司的全球战略所打破,产业分布越来越成为跨国公司全球竞争战略的结果,国家控制经济的独立性正在受到威胁。一方面,对于东道国来说,跨国公司的全球性资源调动服从微观企业谋求最大利益的行为需要,而不以东道国的意志为转移。另一方面,跨国公司的巨额利润是在东道国获得的,所以母国对其收入甚至其他一些经济活动难以控制。跨国公司的规模以及它在国际经济中的作用使它在不同程度上左右着东道国与母国的对内对外政策,资本的分化组合导致它对国家的政治生活也不断介入。

2. 削弱国家宏观经济政策的效能

随着金融国际化的发展,一国经济金融的发展越来越受到外部因素的影响,因此国家制定的经济政策尤其是货币政策在执行中常常出现效能弱化的情况。就货币政策而论,金融国际化的发展使得国际金融市场之间以及国内和国外金融市场之间的联系日益紧密,它们相互影响,相互促进,逐渐走向一个统一的全球性金融市场。在此背景下,各国国内货币政策在制定和执行过程中会不同程度地受到外部影响,其自主性受到削弱。

3. 加快金融风险在全球范围内的传递

金融国际化使各国的经济联系不断加强,各国经济相互融合,形成了一个有机整体。随着各国金融市场联系的日渐紧密,信息传播速度的加快,金融局部失衡蔓延范围在扩大,程度在加深。从全球的角度分析,导致金融风险在全球范围内传递的主要因素有巨额资本的跨国流动、金融自由化和创新的发展、信息传播速度的提高、金融恐慌等。

4. 增大全球性金融监管的难度

金融是现代经济的核心,也是最难管理的行业。金融业的飞速发展和金融业务、金融工具的花样翻新,促进了经济的发展,同时也产生了较大风险,增大了一国金融监管的难度。在金融国际化的条件下,这种难度因为有了更复杂的因素而进一步增大。在过去的20年中,金融服务业的变化无论在范围和速度上都是前所未有的。金融监管当局面临的主要问题已不仅仅是与贷款有关的信用风险,还包括与证券有关的交易风险。

四、金融国际化的应对措施

金融国际化对世界各国尤其是新兴市场经济国家造成种种弊端,究其原因,国际金融市场本身具有内在不稳定性,表现在以下三方面:

(1) 资金的流动容易受到市场预期和信心的变化而出现急剧的逆转。

(2) 信息技术的进步和金融市场的全球一体化使得国际资本的参与者能够以"即时"的速度,十分迅捷地在全球范围内进行大笔资金的跨国界流动,为国际投机资本的兴风作浪提供了条件,加剧了金融市场的不稳定性。发展中国家在金融自由化的国际大趋势下,对金融市场的不稳定性和国际投机资金操作的危险性既缺乏警惕也缺乏监管的经验。

(3) 大的国际风险投资基金和投资银行以20倍、30倍的高杠杆运作,其可动用的资金远大于中小金融市场所能承受的规模,使中小金融市场的一些缺陷,即可受到少数几家国际风险投资基金或投资银行的狙击而酿成大祸。国际上尚无制止和惩罚国际金融投机家联合炒作的法律,因此需要一系列行之有效的措施来规避这些风险,使金融国际化的风险尽量最小化。

从国家层面来看,新兴市场经济国家的政府应该谨慎对待资本开放,加速国内银行业的改革,促进国内金融体系的均衡发展。尚未开放资本账户的国家没有直接受到国际投机的冲击,随着国际资本市场的日益一体化,这些国家迟早要面临放松资本管制、开放资本账户的压力。在开放资本账户以前,应该首先解决国内银行业不良贷款居高不下的问题,而银行不良贷款的出现又往往是政府对企业的隐含担保所致,所以需要同时加快企业改革和政府管理体制改革。对于已经实行资本账户开放的国家来说,应该着重加强对短期资本流入的管理,如果资本流入规模过大,可以对其实施无息的存款准备金(URR)和最短持有期限(MHP),应该通过加强审慎监管尽量减少"双重错配"。如通过银行有效监管框架可以规定对风险资本充足率、提高风险管理的标准,尤其要注意建立对单一借款人、关联团体和风险较高的行业(如房地产)的风险限制机制并加强对跨国交易的监管。

1997年东南亚金融危机发生时,东南亚经济的金融体系中银行所占的比重非常高,股票市场不完善,企业债券市场几乎没有得到发展。通过发展健全、有流动性的国内资本市场,能够在相当程度上解决"双重错配"的问题。

从区域层面来看,各国应该加强区域货币合作。区域货币合作至少应该包括以下3个方面:

(1) 宏观经济政策协调。通过建立区域性的监管体系,共同开发早期预警体系,加强区域间的信息共享和联合监督,能够在较早阶段就发现危机的迹象,降低危机的危害程度。

(2) 区域最终贷款人。东南亚金融危机之后,有关建立区域性最终贷款人的呼声甚高。区域性的最终贷款人应该是对全球最终贷款人的补充。区域内的各国更熟悉彼此的情况,更容易给出符合各国国情的改革建议,所以能够更有效地防范流动性危机。目前,东亚地区的外汇储备已经超过 1 万亿美元,如果能够利用这些资源共同抵御货币危机,成功的概率就会大大提高。

（3）区域汇率联动机制。从东南亚金融危机的教训来看,僵化的固定汇率制度可能是导致货币危机的原因之一。但是,由于东南亚各经济体多为开放程度较高的发展中国家,汇率的过度波动对其出口和吸引外资都十分不利。这些经济体可能面临着固定汇率制度和浮动汇率制度之间的两难选择。有的经济学家主张实行非常"硬"的固定汇率制度,如阿根廷曾经实行的货币局制度。但是阿根廷金融危机告诉我们,货币局制度的最大缺陷在于无法依赖于所盯住货币的发行国作为最终贷款人。阿根廷的货币局制度盯住的是美元,一旦金融危机爆发,美国只是袖手旁观。欧洲货币联盟的经验似乎能够提供一种可行的选择,即通过建立一种区域汇率联动机制,既消除了区域内部的汇率波动,又能够保持区域货币与区域外货币的自由调节,兼得固定汇率制度和浮动汇率制度之利。

从全球层面上看,应该推进对 IMF 的改革,建立更合理的国际金融体系。首先,应该改变 IMF 教条式的对资本账户自由化的推销,允许各国政府有更多的自主权,允许各国政府根据本国国情选择资本开放的最佳时机和最佳次序。其次,应该改革 IMF 的议事程序,增加议事程序的民主性,消除非经济因素对 IMF 决策的干扰。最后,通过国际清算银行(BIS)等国际组织和各国政府的共同努力,监督对冲基金和跨国银行的交易,减少国际资本流动中的投机因素。

第四节　国际资本市场

一、资本市场的概念和分类

资本市场是金融市场的重要组成部分,作为与货币市场相对应的概念,资本市场着眼于从长期上对融资活动进行划分,它通常指的是由期限在 1 年以上的各种融资活动组成的市场,是提供一种有效地将资金从储蓄者(同时又是证券持有者)手中转移到投资者(即企业或政府部门,它们同时又是证券发行者)手中的市场机制。在发达国家,资本市场的交易几乎已经覆盖了全部金融市场。

从宏观上来分,资本市场可以分为储蓄市场、证券市场(又可分为发行市场与交易市场)、长期信贷市场、保险市场、融资租赁市场、债券市场、其他金融衍生品种市场等。资本市场经营业务的主要方式是银行中长期贷款和证券交易。

（一）银行中长期借贷市场

它是国际银行提供中长期信贷资金的场所。一般资金期限在 1～5 年的称为中期,5 年以上的称为长期。这个市场的资金需求者主要是各国政府及其工商企业。贷款方式是通过两国银行签订双边信贷协定。对金额较大的贷款由几家银行组成银团贷款。资金利率由多方面因素决定,一般包括资金供求量、货币政策、通货膨胀率和经济形势等。这个市场资金周转期长,风险大,所以银行在考虑贷款时除了审核申请贷款的用途外,还要着重分析其偿还债务的能力。

(二) 国际债券市场

债券是依照法定程序发行,约定在一定期限内还本付息的有价证券。证券的期限在1年以上的,是中长期的融资工具,其中1～5年期限的是中期债券,5年以上期限的是长期债券。债券的发行者(即中长期资金的需求者)有中央政府、地方政府、银行和非银行金融机构、工商企业和国际金融机构。债券的购买者或资金的供给方为人寿保险公司、基金、信托公司、各种投资公司和其他储蓄机构。此外,有些国家政府机构和个人也可以选择债券方式进行长期投资,获取收益。债券的发行市场又称为初级市场。大多数国家债券的发行都没有固定场所,而是通过证券投资机构或大商业银行和信托公司等金融进行的。债券在不同投资者之间进行转手交易的市场被称为二手市场。在一般情况下,债券的转售交易也通过证券投资机构或商业银行等中介机构。经营证券交易的投资机构可以随时向想要出售债券的资金需求者及想购买债券的投资者提供有关债券的买卖行情,以供其选择。

当代国际债券市场主要分为欧洲债券和外国债券两大部分。

1. 欧洲债券

欧洲债券是指以欧洲货币表示,在数个国家同时发行,由国际辛迪加组织承销,而且绝大部分甚至全部在该货币发行国以外市场销售的债券。

近年来,国际债券市场创新发展非常迅速,除了传统形式的债券以外,又出现了很多新型的债券工具。

(1) 可转换债券。可转换债券是公司债券的一种,可以在指定日期,以约定的价格转换成债券发行公司的普通股票或其他可转让流通的金融工具。

(2) 选择债券。选择债券的持有人有权按自己的意愿,在指定的时期内,以事先约定的汇率将债券的面值转换成其他货币,但是仍按照原货币的利率收取利息。这种债券大大降低了债券持有人的风险。

(3) 零息债券。这种债券没有票面利率,到期一次还本,出售时以折价方式,类似国库券的发行。由于是长期债券,出售时还打了很大的折扣,到期有很大的增值,因此对投资者有较大的吸引力。

(4) 附有金融资产认购权的债券。这种债券的利率稍低,筹资者可以降低筹资成本,而投资者可以持有认购权,保留将来继续投资的权力。认购权也可与债券分离单独出售,其价格依市场利率水平或股票价格行情而定。

(5) 浮动利率票据。在票据的有效期限内,利息率随市场利率波动而变化,通常是3个月或半年,按伦敦同业拆放利率或其他基准利率进行调整。由于利率适时调整,所以可使投资者免受利率波动带来的损失,在利率动荡的时期特别有吸引力。

2. 外国债券

外国债券是指外国借款人到某一国家的债券市场上发行的债券,债券面值货币是市场所在国货币。债券的承销由市场所在国组织的辛迪加经手,债券的经营受到所在地政府有关法律的管辖。某些外国债券及其市场在国际金融市场上有特定的名称,例如在美国发行的外国债券称为扬基债券(Yankee Bonds),该市场就称为扬基债券市场(Yankee Bond Market);在英国发行的外国债券称猛犬债券(Bulldog Bonds),该市场称为猛犬债券市场(Bulldog Bond Market);在日本发行的外国债券称为武士债券(Samurai Bonds),相应的市场则称为武士债券市场(Samurai Bond Market)。

(三)国际股票市场

股票是股份公司发给股东以证明其进行投资并拥有股份资本所有权的有价证券。股票作为公司股份的书面凭证,用以衡量股东在公司中拥有的权益和责任的大小。在流通方面,股票的特殊性就在于它是一种没有期限,且不可以返还发行公司、要变现只能转让的投资。这种特性使其交易转让的周转率提高,流通性加强。股票市场也包括发行市场和交易市场。股票市场的核心是股票交易所,它是一个固定的、有组织地进行股票交易的场所。

目前世界上主要的股市都是高度国际化的,这一方面体现在世界上主要的西方股票交易所已不仅是国内公司的股票交易所,它们都有大量的外国公司的股票上市交易,外国公司上市的数量有的甚至接近或超过本国公司的数量。另一方面体现在世界各主要股票交易所之间有现代化的通信联系,任一股市的行情可以迅速传递到其他股市。股票交易所已成为国际金融市场的重要组成部分,它对投资者和筹资者都具有国际性。

二、国际资本市场的发展

20世纪70年代以来,伴随着全球经济一体化的迅猛发展,各国政府审时度势,根据本国经济发展的需要,放宽对资本市场的管制,允许外国金融机构与投资者买卖本国公司股票以及政府与公司债券,并取消了对外国投资者政策不同于本国投资者的双重标准。例如,1974年美国政府废除了实行达10年之久的、限制外国居民在美国发行证券的利息平衡税;1979年10月英国取消了外汇管制。20世纪80年代以来的金融自由化浪潮,在信息技术飞速发展、新兴市场迅速崛起的过程中,为资本在全球范围内寻求最佳的投资渠道创造了有利的条件,使资本的跨国流动达到了空前的规模和速度。

进入20世纪90年代以来,美、欧经济全面复苏,国际金融市场流动性充裕,尤其是美国经济长时间持续增长和低通胀并存,使大量资本急于追寻高回报。市场竞争加剧和欧元按期启动的前景不断为金融业合并注入最新动力,进一步加速了资本的跨国流动。信息和高科技产业的迅速发展,加快了金融创新的步伐,多种形式的金融衍生产品不断出现,新兴市场的快速发展对资本的渴求以及投资者在高回报驱使下避险意识的不断淡化,为资本流动创造了所需的外部环境。国际资本流动以前所未有的数量、惊人的速度和日新月异的形式使全球资本急剧膨胀。国际投资不断增长,投向发展中国家的资金增长更快,尤其是东亚经济快速发展的国家。对发展中国家投资的增加中,从有形产业向无形金融转化(我国等国家除外),股票、证券和债券投资增加更快。而对金融投资中,短期投资又增加更快,这些投资无疑促进了受资国的经济在短期内的发展。

三、当代国际资本市场的特点

1. 国际资本流动速度明显加快,资本流动方式更趋多样

国际资本流动的增长速度超过了国际商品和劳务的增长速度,其规模相当巨大。2014年流入发展中经济体的国际投资额6810亿美元,国际资本流动规模之大是以往任何时候都无法比拟的。这不但是指金融领域的金融产品和交易方式不断更新,而且也包括投资领域新的投资形式的不断扩展。各类商业票据虽然由银行提供,却不同于传统的银行信贷,而更接近于债券市场的融资品种。而在既有的债券市场上,股票、债券以及组合融资新品迭出,如可转换股票债券、浮动利率债券、双重货币债券、存款与保险的组合等。国际直接投资的形式呈现出以跨国兼并收购为主、多形式并存的特征。

2. 国际虚拟资本流动与实物经济相脱节

随着金融自由化的趋势加强,许多国家都放松了对资本市场的控制,也促进了间接投资的发展。由于大大快于实物经济的变化,国际资本流动开始呈现严重虚拟化、具有投机性和流动性的特点,潜伏着很大的风险。这种虚拟资本以套利为目的,资金规模大而且不可预测,经常在金融市场上兴风作浪,极具破坏力。

3. 跨国并购仍是国际资本流动的主要推动力

目前,国际资本流动的一个引人注目的变化就是跨国公司为了扩大市场、优化资源配置而进行的跨国并购异常活跃,跨国并购已经成为全球直接投资的主要形式。20世纪90年代后期是跨国公司发展的黄金时期。无论是发达国家还是发展中国家,跨国并购仍是吸收外资的主要手段,传统的绿地投资黯然失色。因为跨国公司的全球扩张计划并未改变,中小企业对外资的需求亦呈增长趋势,因此,今后几年跨国并购可能进一步深化,而且规模会再创新高。

4. 证券化融资在国际资本流动中将继续保持较大优势

国际资本市场融资证券化趋势增强,通过证券市场进行跨国并购相当普遍。由于金融全球化的发展趋势,证券市场迅速发展,银团贷款迅速被各种债券所取代。证券化融资具有很大的流动性与安全性,其成本也相对较低。因此,证券市场越发受到人们的青睐。国际资本市场证券融资额已超过银团融资的一半以上,而国际银行信贷市场近期的相对低迷为国际证券市场的发展提供了更大的空间。

5. 电子货币与网络银行的出现提高了国际资本市场运作效率

电子货币首先在发达国家兴起,其对社会经济生活带来不可忽视的影响:

(1) 改变着消费者与企业家之间的交换方式。电子交易能够完全取代支票和现金。但这需要权威机构的支持和信任,包括商家和银行,它们是能够被充分信任的第三方。

(2) 改变着人们储蓄与投资的方式,有剩余的收入者能够在家通过计算机储蓄和投资,并获取大量的金融产品变动的信息,可以通过网络实现交易场所交易。

（3）电子货币的出现,使90%以上的财富在计算机网络中迅速实现账户间转移,并大大提高创造和追逐财富的速度。

（4）货币电子化不但能节约资金给付、交换的时间,而且能从优选择资金的成本和收益,如能够在最佳的时刻上选择最优的利率和汇率。

网络银行的出现对经济产生了重要影响：

（1）在网络银行的世界里,银行的规模不能再以分行数、人员数衡量。

（2）在网络银行的世界里,各银行的金融产品一目了然,客户很容易挑选出最有利的产品,银行很难再靠单纯的存放款业务生存,推出特殊、高附加值的投资理财业务,设计出高附加值、个人特色强的金融产品是银行经营的核心所在。另外,个人只要在网络银行上留下姓名、年龄、家庭等资料,只要用鼠标回答薪金所得、财产状况,计算机就可以自动评估信用等级。

（3）网络银行对人才的需求有新的标准,不但需要银行家,而且需要经济学家、数学家和自然科学家,他们能设计模型,预测发展趋势,成为金融世界的先知先觉者。

当然,网络银行的发展也要受到制度环境、投入成本、运作条件和法律保障等约束,但随着科学技术的发展、人类理念的更新,网络银行的地位将与时俱进。

四、证券市场国际化

（一）证券市场国际化的含义

证券市场国际化是指以证券形式为媒介的资本在运行过程中实现的证券发行、证券投资以及证券流通的国际化。从一国的角度来看,证券市场国际化包含以下3个方面的内容：一是国际证券筹资,是指外国政府、企业、金融机构以及国际性金融机构在本国的证券发行和本国的政府、企业、金融机构在外国及国际证券市场上的证券发行;二是国际证券投资,是指外国投资者对本国的证券投资和本国投资者对外国的证券投资;三是证券业务国际化,是指一国法律对外国证券业经营者(包括证券的发行者、投资者和中介机构)进出本国自由的规定和本国证券业经营者向国外发展的规定。

（二）证券市场国际化的成因

证券市场国际化的成因有：

（1）生产和资本国际化的发展。第二次世界大战后,主要西方国家经济的迅速恢复和发展、国民收入和国内储蓄的不断增大、资本积累和科学技术的进步,以及新兴工业国的崛起,都有力地推动了证券市场国际化的发展。尤其是20世纪80年代以来,频频出现的发展中国家的债务危机使许多国际银行的信用受到怀疑,产生了转移信用风险的必要,国际融资证券化的趋势更加明显;国际银行贷款呈下降趋势,而国际债券的发行额则不断增加。

（2）证券行业国际竞争的加剧。为了扩大交易量,世界各主要证券市场纷纷利用最新的科技手段,简化证券发行手续和改善上市管理环境,降低交易成本,完善投资风险管理系统,改革结算交易程序,以此来吸引外国公司和政府发行股票与债券,并吸引外国投资者。

（3）下列因素也起到了推波助澜的作用：期货、期权等金融衍生工具的发展为机构投资者提供了投资组合机会和风险管理手段，不仅增加了交易量，还增加了市场流动性；现代电子技术的迅猛发展为证券市场国际化提供了技术保证。电子交易系统的应用意味着：交易场地已通过远程终端扩展至整个世界；交易营业时间由 8 小时延长为 24 小时；世界统一市场与价格形成；交易成本节省，结算速度和准确性提高。

第五节　金融危机

金融危机是指在金融货币领域内，由于制度安排不合理、金融秩序不完善、交易风险、管理水平差、市场机制不健全或国际游资的冲击等原因引起的金融货币体系出现困难乃至崩溃的现象，往往表现为金融资产价格的急剧变动、货币贬值、银行挤兑、金融机构倒闭等，并对实物经济的运行产生极其不利的影响。

一、金融危机的类型和特征

根据金融危机发生的直接原因和表现，可以将其大致分为 4 种类型：

（1）债务危机，指由于盲目举债，造成外债规模失控引起的金融危机。

（2）货币危机，指由于国际收支严重逆差、汇率制度安排不合理等原因引起的货币对外严重贬值，如美元危机、欧洲货币危机等。

（3）机构危机，指由于监管失误、交易失败等引起的金融机构倒闭的危机，如巴林银行倒闭等。

（4）市场危机，指由于价格暴跌引发大规模抛售金融资产，从而导致金融市场震荡乃至崩溃的危机，如东南亚金融危机中我国香港的股市动荡等。

必须指出，由于在金融一体化背景下金融货币各个领域之间的联系空前加深，不同类型的市场联动日渐加强，20 世纪 90 年代以来的金融危机较少地表现为某一单纯的类型，而往往是一种类型的危机引发其他类型的危机，使不同类型的危机交织并发。尽管各种金融危机的类型各异，具体原因复杂，但都表现出一个共同的特征：金融资产价格急剧下降，资金大规模逃离市场，这两者互为因果，恶性循环，形成一股冲击波，威胁金融货币体系的稳定。

二、金融危机的根源及实质

金融危机爆发的根源是虚拟经济与实物经济的背离。虚拟经济的过度膨胀与实物经济的相对萎缩导致经济危机以金融危机的形式爆发出来。现代经济是货币经济，对货币的依赖性极高。自从货币转化为生息资本，特别是它的证券化而形成各种虚拟资本后，它就脱离物质再生产过程而相对独立化，并且具有自身的变化规律。在一定条件下，就会造成虚拟经济与实物经济的背离，当这种背离发展到一定程度就会爆发金融危机。导致金融危机的原因如下：

（1）金融自由化以及金融创新为虚拟经济的过度膨胀创造了条件，金融资本高度虚拟化，日益演变成一个具有相对独立的符号经济系统。

（2）虚拟经济过度膨胀的同时，实物经济却相对萎缩，投资结构不合理导致整个经济结构严重失衡，经济发展缺乏后劲。

（3）虚拟经济的虚假繁荣，掩盖了实物经济的缺陷，把某些矛盾和问题转移到金融领域，一旦金融危机爆发，实物经济的问题也会暴露出来。

金融危机的实质仍然是过度投资、产业结构失衡、贫富分化等原因造成生产相对过剩经济危机的延伸，是资本输出的衍生物，是资本主义经济危机在新的国际条件下的表现。具体来说就是：过剩资本脱离经济需要大规模移动，这种资本运动过于迅速和剧烈，以致改变了一国现有的价值尺度，造成金融和经济背离的矛盾，从而引起金融货币领域的体系性困难。

三、当代世界金融危机

第二次世界大战以后，西方发达国家为了缓解生产过剩的矛盾，普遍采取了金融自由化的政策，把国内过剩的资本转移出去，从而导致金融扩张，虚拟经济与实物经济严重背离。金融扩张以及经济泡沫化虽然在一定程度上缓解和掩盖了生产过剩的矛盾，但是又在更大的时空范围内制造了新的矛盾，当矛盾积累到一定程度，便在某一范围内爆发金融危机，乃至经济危机。当代世界金融危机大都表现为币值的大幅下降和股市的全面下挫，并带来一国、一个地区乃至世界范围的生产下降、失业和持续性的经济萧条。

（一）20 世纪 70 年代中期以美元为代表的货币危机

这次冲击整个国际货币体系的美元危机，其根本原因在于布雷顿森林体系这一制度本身固有的缺陷，而另一个因素是从 20 世纪 60 年代开始的经济实力相对削弱的状况。当时美国国际收支日益恶化，黄金储备大量外流，国际金融市场美元过剩，美元的信用不断跌落。于是在各主要国际金融市场上出现了抛售美元、抢购黄金的风潮。1961—1973年，共发生了 10 次美元危机，致使美国政府被迫宣布停止美元兑换黄金和美元公开贬值，同时不少西欧国家也开始实施浮动汇率制。这一切宣告了布雷顿森林体系的瓦解，形成国际货币金融领域的一次重大变革。

（二）20 世纪 80 年代的拉美债务危机

拉丁美洲国家 20 世纪 70 年代普遍实施"赤字财政—负债增长"战略，使该地区的大部分国家比较轻松地避开了当时的世界经济衰退，但是，也正是这一战略的实施导致了20 世纪 80 年代拉美国家普遍的债务危机。1982 年 8 月，由于美国的高利率政策，墨西哥无力偿还到期外债本息，政府不得不宣布墨西哥比索巨幅贬值，并停止偿付外债，从而诱发了一场席卷整个拉美的债务危机。这场危机的爆发标志着拉美地区经济在第二次世界大战后所经历的漫长的增长期的结束，并引起持续的衰退。1981—1990 年拉丁美洲经济年均增长率仅为 1.0%，人均产值年增长率为 -1.0%，以致整个 20 世纪 80 年代，从经济增长的角度被看成是拉丁美洲"失去的十年"。

（三）1992—1993 年的欧洲货币体系危机

首先是在金融衍生品上投机失利引起的"巴林事件"和"大和事件"，继而发生了北欧银行危机，然后有 10 多个欧洲发达国家在一批投机者的攻击下发生了几乎使欧洲汇率机制走向崩溃的 1992 年欧洲汇市危机。实行了 10 多年、看似稳定的欧洲汇率机制（ERM）之所以陷入危机，其原因在于：①ERM 在 1987 年 1 月到危机爆发前的 5 年多时间里，未进行过重组，使得各国货币汇率水平与他们所代表的各国经济状况严重不符；②拥有强势货币的德国与其他弱势货币国家在经济周期上不一致，导致这些国家在货币、财政政策上不协调，使得弱势货币承受巨大压力；③弱势货币国家在经济上不景气甚至衰退，而且各国过分依赖中央对控制本国货币供应的口头承诺。

（四）1994—1995 年的墨西哥金融危机

由于外贸赤字的恶化，外国投资者信心动摇，在资本大量持续外流的压力下，1994 年12 月 20 日墨西哥不得不宣布让新比索贬值 15.3%。然而这一措施在外国投资中间引起了恐慌，资本大量外流愈加凶猛。墨西哥在两天之内就失掉了 40 亿～50 亿美元的外汇储备。到 12 月 22 日，外汇储备几近枯竭，降到了少于一个月进口额的水平，最后墨西哥被迫宣布让新比索自由浮动，政府不再干预外汇市场。几天之内新比索下跌了 40%。与此同时，这场货币和股市金融危机迅速传递到巴西和阿根廷等拉美国家，造成拉美和亚洲一些国家的股市下跌，引起各国投资者的恐慌，危及世界货币和股市稳定。据粗略估计，这场金融危机造成了投资者数十亿美元的损失，全球性的金融紧缩由此开始。

（五）1997—1998 年的东南亚金融危机

这场危机首先是从泰铢贬值开始的。1997 年 7 月 2 日，泰国被迫宣布泰铢与美元脱钩，实行浮动汇率制度，当日泰铢汇率狂跌 20%。和泰国具有相同经济问题的菲律宾、印度尼西亚和马来西亚等国迅速受到泰铢贬值的巨大冲击。7 月 11 日，菲律宾宣布允许比索在更大范围内与美元兑换，当日比索贬值 11.5%。同一天，马来西亚则通过提高银行利率阻止林吉特进一步贬值。印度尼西亚被迫放弃本国货币与美元的比价，印尼盾 7 月 2日至 14 日贬值了 14%。继泰国等东盟国家金融风波之后，我国台湾地区以及韩国、印度尼西亚的货币贬值，股市下跌，掀起金融危机的第二波、第三波、第四波。1997 年 7 月至1998 年 1 月仅半年时间，东南亚绝大多数国家和地区的货币贬值幅度高达 30%～50%，最高的印尼盾贬值达 70% 以上。同期。这些国家和地区的股市跌幅达 30%～60%。据估算，在这次金融危机中，仅汇市、股市下跌给东南亚国家和地区造成的经济损失就达1000 亿美元以上。受汇市、股市暴跌影响，这些国家和地区出现了严重的经济衰退。

四、当前世界金融危机

2007 年 8 月爆发于美国的次级抵押贷款危机，已经蔓延到美国金融体系的其他领域。由于经济全球化程度的不断加深和全球贸易、金融体系的长期失衡，这场金融风暴愈演愈烈，迅速波及欧洲、日本等主要金融市场，并蔓延到实体经济，演变成全球性的金融危机,其冲击之强、波及之广、规模之大,都是自 1929 年"经济大萧条"以来所仅见。可以预见,它将对国际金融体系及世界经济政治格局产生重大的趋势性和结构性的影响。

(一) 成　因

2007 年以来的金融危机是由美国住宅市场的泡沫促成的。从美国 2007 年 2 月开始的次贷危机引起的华尔街风暴,已经演变为全球性的金融危机。这个过程发展之快、数量之大、影响之巨,可以说是人们始料不及的。造成这次危机的背景是复杂的、多方面的:

(1) 美国的消费习惯。美国人的储蓄率历来很低,近年来,一直在零储蓄率上徘徊。要消费,只能靠借钱。

(2) 经济增长模式。美国的经济增长主要依靠消费驱动。其消费率长期为 70% 左右,投资率为 15% 左右,而出口为负数。

(3) 经济管理思想。自 20 世纪 70 年代发生经济"滞涨"以后,凯恩斯主义的"国家干预"政策遭到新古典自由主义的强烈批评,此后,新自由主义思潮受到追捧。80 年代的"华盛顿共识"所倡导的"经济自由、私有化、减少管制"成为指导西方国家经济走向的主要道具。

(4) 经济环境与具体政策工具。美国 2000 年后陷入高科技泡沫破裂后的短暂衰退之中,在美联储前主席格林斯潘的主持下,连续 13 次大幅度消减联邦基准利率,从最高 6.5% 下降到 1%,强行向市场注入流动性资金,扼住了经济下滑,也拉动了美国房地产连续多年繁荣。此为次贷危机乃至金融危机爆发的直接导火线。

当前世界金融危机不能仅仅从体制运作层面来寻找危机的原因,而要从资本主义制度的本质层面寻找它的深刻根源。这次危机表面上是金融危机,但本质上同历次资本主义经济危机一样,是生产过剩的周期性危机。这次生产过剩的特点是,由于经济全球化的发展,除了发达国家自身一些产品如房屋、汽车等生产过剩,还包括流通领域各种金融产品的过剩,形成虚假的购买力,刺激了发展中国家为发达国家提供廉价产品,造成一些发展中国家严重的生产过剩。

(二) 危机的长远影响

这场金融危机在给全球经济造成巨大损失的同时,也将对世界金融体系、能源消费结构以及国际经济政治格局等带来深远的影响。自 20 世纪 70 年代关于国际货币的布雷顿森林体系瓦解以来,美元在现行国际货币体系中具有核心货币的地位。国际贸易计价、世界外汇储备以及国际金融交易中,美元分别占 48%、61% 和 83.6%。美国为主的商业银行、投行和对冲基金在国际金融体系中占据主导权,美元本位的金融架构支撑着美国赤字体系和无止境的信用扩张。世界上主要贸易国家将大量资金投入美元资产,推动美国房地产及金融衍生产品发展,也使得金融市场风险在缺乏有效监管的情况下不断积聚。由于美元在国际货币体系中的特殊地位,美元的周期性波动直接影响或决定了全球金融市场的动荡。金融危机发生后,美元资产及其金融产品的吸引力下降,美国依赖资本账户为其国内赤字和消费融资的发展模式将难以为继,全球货币金融体系面临严峻挑战,这引起了国际社会对现今金融体系的反思。

此外,随着新兴经济体的崛起,世界经济版图已经发生了重大变化。然而,国际金融体系的游戏规则长期以来由发达国家主导,缺乏全球的广泛参与,漠视广大发展中国家的利益。这场肇始于美国并肆虐于全球的金融危机,以及危机爆发后发达国家集团的束手无策,充分暴露出原有的体系已无法有效应对当前及未来可能发生的金融危机。改革不合理的经济和金融秩序,缔造公平、公正、包容、有序的国际秩序,使之既反映金融监管的普遍规律和原则,也兼顾不同经济体的发展阶段和特征,并体现新兴市场国家和发展中国家的利益,已成为不少国家的共识。但从 2008 年 11 月举行的 20 国峰会上也可以看出,各国受金融危机的破坏程度和影响领域特点不一、差别各异,美国不愿意放弃主导权,各利益相关方对于建立新秩序的具体措施尚未形成一致意见。因此,只有先易后难,分阶段努力,才能最终形成平衡体现各方利益,形成各方有效参与的国际金融新秩序。

五、欧洲主权债务危机

欧洲主权债务危机是指欧元区一些国家以自己的主权作担保,通过发行债券等方式向外国政府、国际机构借款,但由于政府资产负债表出现问题,其股价信用评级被调低,从而引发的国家信用危机。2009 年 11 月,希腊政府宣布其前任政府隐瞒了大量财政赤字,随即引发市场恐慌,导致希腊主权债务危机爆发。此后,西班牙、爱尔兰、葡萄牙和意大利等国先后遭受信用危机,欧洲主权债务危机全面爆发。欧债危机是美国次贷危机的延续和深化,其本质原因是政府的债务负担超过了自身的承受范围。欧洲主权债务危机表明全球金融海啸并未过去,而是进入了一个表面稳定、实际更脆弱的新阶段,更大的挑战随时会出现。

欧洲主权债务危机爆发以来,欧盟和欧元区成员国采取了一系列救援措施,力阻债务危机多米诺骨牌式蔓延。2010 年 5 月,欧盟成员国财长理事会、欧元集团联合国际货币基金组织达成了一项总额为 7500 亿欧元的救助机制,并成立欧洲金融稳定基金(EFSF)。2012 年 9 月,欧洲央行推出"直接货币交易计划",决定无限期回购欧元区成员国 1～3 年期国债。2012 年 12 月,欧元区财长授权欧洲央行有权直接监管欧元区 17 国资产规模超过 300 亿欧元或者资产规模超过所在国 GDP 20% 的银行,有权关闭不安全的银行,建立了由欧洲央行主导的单一监管机制。

从外因看,全球金融危机冲击、国际市场投机和评级机构的推波助澜催生了欧洲主权债务危机。从内因看,危机发生国经济的结构性弊端、刚性的社会福利制度是危机爆发的主要原因。然而,欧元单一货币制度的先天缺陷是诱发主权债务危机的根本原因。

☞ **思考题**

1. 简述布雷顿森林体系的主要内容。
2. 金融国际化的成因是什么?
3. 金融国际化的表现有哪些方面?
4. 国际资本市场的作用有哪些?
5. 简述当代世界金融危机的根源与实质。
6. 简述欧洲主权债务危机的产生原因与救援措施。

第七章

国际经济发展模式

☞ **内容提要**

本章主要阐述了世界经济和其发展模式,通过对发达国家、新兴工业国家和地区、发展中国家、转型国家等不同类型国家经济发展模式的分析,了解世界不同经济发展模式的特点。

☞ **关键词**

发展模式

所谓发展模式,即为一个国家、一个地区在特定的生活场景中,也就是在自己特有的历史、经济、文化等背景下所形成的发展方向,以及在体制、结构、思维和行为方式等方面的特点,是世界各国或地区在实行现代化道路过程中对政治、经济体制及战略等的选择。

自国家产生以后,在不同的历史时期以及同一时期的不同地区,出现过具有某些不同特征的不同国家。由此,历史上和现代的许多学者,尤其是政治学研究者们,依据某一个标准,对国家做过多种多样的分类。总体说来,分为以下几类:

(1)按生产力发展水平把世界各国划分为发达国家、新兴工业国家、发展中国家和最不发达国家。

(2)按国家实力及国际地位把世界各国划分为超级大国、大国、中等国家和弱小国家。超级大国主要是指美国。大国主要包括法国、英国、德国、日本、中国、俄罗斯等。中等国家主要有韩国、南非、以色列、埃及等。弱小国家是指那些无论在综合国力还是国际影响上都轻微的国家,如发达国家中的摩纳哥、安道尔等欧洲袖珍国家以及发展中国家中的弱小国家。

(3)按国家工业化进程分为未实现工业化的国家、工业化国家和后工业化国家。

(4)按政治标准把当代国家划分为民主国家和集权国家。

不论依据什么标准来划分国家,都有它一定的意义,也符合某一方面的情况。各个国家在经济发展时都采用了不同的发展模式,有成功的经验也有失败的教训。

第一节　世界经济及其发展模式

当前世界经济发展的趋势之一是市场经济化。结合本国的经济发展实际,选择不同的发展模式,这是各国经济发展的首要条件。世界各国市场经济模式有较大的差别,主要有以下几方面的原因:

(1) 世界各国的历史文化和政治体制等差别较大。不同的历史及文化传统与市场经济的特征相结合,必然要导致市场经济特征的改良和变异。而不同的政治体制下推行市场经济体制,必然要对市场经济的特性进行不同的取舍,至少强化和忽视的方面会有差异。

(2) 经济基础不同。不同的经济基础下推行市场经济体制时,必然采取不同的态度,经济较为强大、对外经济力量较雄厚的国家当然提倡自由化的国际贸易政策,而工业基础较为薄弱的国家自然需要对本国的幼稚工业实行适度保护。

(3) 各国采取市场经济体制的原因不同。英国、法国、德国在资产阶级革命推翻封建统治后,建立了市场经济体制;日本、韩国是第二次世界大战后由美国强行移植的市场经济体制;苏联、东欧各国及越南实行计划经济体制多年后看到了市场经济体制的客观优势,然后采纳市场经济体制。

世界各国经济模式的差异对我国经济模式的选择与发展有重要的启示。但选择经济发展模式一定要结合自己的特殊国情来定。一种市场模式的形成并取得成效,是在特定的可能性空间做出正确选择的结果。脱离选择的可能性空间构想市场经济模式是不现实的。选择经济模式必须有其基本标准:①不能简单照搬和盲目模仿国外某种现成的市场经济模式,要注重模式的内部协调性,不能把各种模式的某些方面简单拼凑起来,形成一种板块式的硬性组合;②任何一种市场经济模式都是在不断发展和完善的,因此,只能追求一种符合本国国情的市场经济模式,而不能刻意追求一种完美无缺的模式;③不能排斥国外市场经济模式对本国的可借鉴的方面。

现在世界上有 100 多个国家和地区实行了市场经济,各自的经济模式大多不同,而真正实行得比较成功的只有 30 多个。由于社会文化背景的差异,各国家和地区的市场经济机制及其观念意识各有特点,现在选择主要的进行介绍。

第二节　发达国家的经济发展模式

发达资本主义国家是指具有成熟的市场经济体系、有效的国家宏观调控机制、先进的生产力发展水平、较高的生活水平以及资本主义生产关系在经济生活中占主导地位的资本主义国家。一般认为,"经济合作和发展组织(OECD)"成员国,就是发达国家,主要包括北美、西欧国家和日本等。

当今西方发达资本主义国家的市场经济模式,按引进非市场机制的方式和程度的不同,可分为 3 种类型,即德国的社会市场经济模式、日本的政府主导型市场经济模式、美国的自由竞争型市场经济模式。在日本模式中,政府直接参与经济活动的程度较高;而德国和美国的模式都着重于市场经济秩序的维护,其中德国侧重于社会公正和社会保障等规范性秩序,美国则侧重于基于个人主义精神的自由竞争秩序。

一、美国的自由竞争型市场经济模式

美国在 20 世纪全球经济的表现中是最为突出的,无论是从实现现代化的时间,还是从现代化内涵即广度和深度上看,美国都是最具有代表性的。自然因素、制度因素以及政策因素共同作用促成了美国经济的大发展,同时,政治、经济和军事的全球扩张,使美国得以有效地利用全球资源。其中市场经济的制度和促进经济长期增长的政策发挥了最重要的作用,美国的市场体系具有较高的自由化程度。

美国模式主张减少税收负担、放松管制和实行私有化。该模式的基本特征是崇尚个人主义和充分的竞争性。市场机制对经济的充分调节始终是经济发展的动因,以企业分散决策为主要形式,政府决策被限定在最小范围内。例如,美国国有企业的数量是西方国家中最少的。同样是市场经济国家,美国企业的竞争力和活力要明显比欧洲国家强。

1860 年前后,美国自由市场经济体制已基本成型,到 20 世纪二三十年代发展成熟。20 世纪美国经济的迅速成长,证明了美国市场经济发展模式的巨大成功。自由竞争的市场经济模式是以私有制为基础,通过自由竞争性的价格体系,推动理性经济人自主决策,从而达到经济资源自主自发的有效配置。但是,任何市场制度都不可能永远处于最佳状态,因为市场制度的发生环境、运作前提乃至运作机制本身都会随着时间的推移和空间的转换而发生改变。以第二次世界大战为界,美国的市场经济大体上分为两大不同的阶段。二战前的竞争是 19 世纪资本主义自由竞争的延续,这种竞争的特性就是俗话所说的“大鱼吃小鱼”。这时,企业大量破产,小生产被剥夺,社会为此付出的代价就是自然资源的浪费和破坏,市场竞争盲目而无序。战后的竞争是奉行凯恩斯主义理论的市场竞争。当资本主义自由竞争发展到一定阶段以后,客观上要求将现有的资源加以合理配置和充分利用。战后市场竞争的实质就是在尽量合理地利用有限资源的同时减少社会代价。

尽管战后美国经济采取了一定的国家干预措施,但相对于世界上其他资本主义国家来说,美国市场竞争的自由度比较高。有 3 个基本原因大概能够对此加以解释。首先,美国是一个后起的资本主义国家,当欧洲国家的资本主义普遍发展的时候,美国还没有完成产业革命。虽然后起国家并非需要花先行工业化国家相同的时间来完成自由竞争的路程,但资本主义发展的规律却决定着美国不能跳过这一阶段。其次,美国具有不同于欧洲国家的得天独厚的地理、自然条件和资源优势,为经济活动所能提供的条件是全世界资本主义国家中最好的,美国的国内市场容量很大,竞争机会很多。最后,美国的保守主义思潮传统影响比较大,而欧洲受到社会民主党的影响比较大,相对更加重视政府的作用、公

平的价值观等。

美国市场经济的高度自由具体体现在以下两个方面。

1. 自由企业制度

只有经济行为主体具有独立的主体地位,独立支配其资源,独立决策,独立承担风险和责任,独享其经营成果,市场体系才能正常运行。市场体系与企业制度之间存在着内在的统一机制,它们相互适应,相互依赖,相互促进,推动了市场机制的运行与美国经济的发展。美国的自由企业制度,与西方其他发达资本主义国家相比,其经济自由的特点尤为突出。美国所谓的经济自由,实际上就是经济资源私有,企业自由生产,消费者自由选择购买。每个经济行为主体的利己之心,构成了市场经济活动的基本动力;每个行为主体的决策是高度分散的,它们依靠市场价格信号进行协调。激烈而有序的市场竞争是一个国家充满生机和活力的根本动力。

2. 完善的市场体系

完善的市场体系包括完善的商品市场、金融市场和劳动力市场。商品市场以商品交易所为主要形式,主要从事全国性和国际性的初级产品拍卖、现货或期货买卖。美国的金融市场包括美国的股票市场、债券市场和美国的银行体系。美国债券市场包括联邦政府债、市政债券和公司债。股票市场包括纽约证券交易所、纳斯达克和美国证券交易所等。劳动力市场是美国市场经济体系的主体构件,它基本上是自由的市场,其运行的动力是劳动力的价格。在这样一个自由的劳动力市场基础上形成的美国就业制度,是自由雇佣的就业制度。

美国模式的缺点,主要是贫富差距过大和对个人的社会保障体系不够完善。由于文化、传统和制度的原因,美国的贫富差距比欧洲和日本都要大。另外,在奥巴马政府实施医疗保险体系改革以前,有几千万的人还处于美国医疗保险或政府保障的医疗体系之外,很多人必须有工作才能获得雇主提供的医疗保险。奥巴马医疗保险体系改革以后,这方面情况有所改善,但是跟其他发达国家相比还有一定差距。

二、日本的政府主导型经济发展模式

日本的市场经济体制强调了政府的主导作用,通常被称为政府主导型市场经济。

第二次世界大战后,受到美国影响,日本重视私人资本的发展。到20世纪50年代中期,日本经济已完全复兴,进而迈入了被称为高度发展期的阶段。从50年代后期至第一次石油危机的大约20年的时期,日本经济通过引进欧美先进技术以及使国内产业合理化而实现了产业结构的优化,达到了年平均9.8%的实质增长率。与此同时,日本经济成功地从封闭体制转换成开放体制。高度发展期的发展来源于国内市场的扩大(即内需主导)。第一次石油危机带来了世界经济的不景气,经济的停滞和需求的减少给各国特别是发达国家以直接打击。为了摆脱危机,日本通过官民协调而推进产业合理化,开发节能产品。其结果是提高了日本产业的国际竞争力,使日本产品在确立了国内市场的同时拓展了国外市场。第一次石油危机后,日本经济的高速发展则是来源于出口的增长(即外需主导)。

第二次世界大战后,在日本经济发展的过程中,政府起到了重要的作用。政府从保护幼稚产业出发,实施了保护贸易政策,制约外国资本的流入。在这种政策下,创造了所谓的"温室状态",把日本经济和海外各国分隔开来。针对战略上应该扶植的产业,采取财政、金融等各方面优惠措施,以促使其产业化。正是这种制度性的结构有效地发挥了作用,促成了战后日本经济的高速发展。大范围推行进口分配制,实施了被称为进口统制和直接投资限制的严格的产业保护政策,限制进口指标。在财政、金融政策上,采取各种手段促进产业化必需的社会间接资本的筹集与投入,如对重要设备实行进口免税制。这些优惠措施促进了资本储蓄和进口。通过对日本开发银行、日本进出口银行等政府金融机构的整顿,确保了战略产业的资金供给,成功地实现了产业化。可见,日本政府在经济发展的过程中始终扮演着比较重要的角色。

第二次世界大战后日本经济的成功在很大程度上应归功于这种经济体制。其一,及时推动了产业结构的升级换代。经济计划和企业政策保证了生产要素优先配置于重点发展的产业。其二,培育出一批具有强大的国际竞争力的企业集团。通过产业组织政策实现生产集中,企业合并,支持日本企业集团参与国际竞争,并在世界经济社会中占有相当的地位。其三,避免了本国经济脆弱时遭到外国资本等力量的强烈冲击,创造了有利的国内经济建设环境。其中日本"护送船团"方式的金融体制对于避免风险、保持社会稳定、保证高速增长十分重要。

但是随着经济的发展,日本体制自身的弱点日益暴露。其核心就是随着经济全球化的发展以及产业结构的演进,政府对经济的干预越来越力不从心,同时日本固有的双重结构也并没有得到纠正。日本经济的双重结构是指面向出口的部门与面向国内市场的部门之间生产率的巨大差异。面向出口的部门包括汽车、家电、机械、钢铁等部门,这些部门的企业很早就面向国际市场,有很强的竞争力,尤其是面对日元升值的压力,这些企业采取各种措施,提高生产效率,反而提高了竞争力。而面向国内市场的制造业和服务业,如邮政、服装、食品、流通、医疗、建筑、金融等,受到政府的高度管制和补贴,因而缺乏竞争力。日本当前的金融机构不良债权问题就是源于这种双重体制。由于大多数国内的银行贷款都流向这些缺乏竞争力的制造业和服务业,造成了日本金融机构的不良债权。

三、德国的社会市场经济模式

德国社会市场经济的基本原理是:经济的活力应该建立在市场的基础上,市场应该享有最大的运转自由,但市场运行不能独自支配整个社会生活,它应该首先受到社会需要的平衡和制约。其实质是一种以自由竞争为基础,国家进行适当调节,并以社会安全为保障的市场经济。其特点包括以下3点。

1. 竞争环境平等

竞争机制被认为是社会市场经济体制的基础。保证竞争环境平等是政府的一项重要责任。德国政府强调禁止大企业签订卡特尔协定,同时积极鼓励中小企业在适当条件下签订卡特尔合同。当然,为保证社会经济目标的实现,规定农业、信贷、保险、运输、市政等行业的垄断企业被认为是可以接受的。同时强调私人经济活动的自由,每个经济主体在市场上都具有赢得收益和承担亏损风险的均等机会。使用经济杠杆如税收等,创造一个较为公平的经济条件。

2．公 平

(1) 共同利益至上。集体利益通常优先于严格意义上的个人利益,个人所在的共同体如企业、工会等都属于保护性的和稳定性的结构,但这并不意味着德国模式的国家信奉集体主义,市场经济、私有制和自由竞争仍然是它的基本准则。

(2) 共同参与决定制的保障和实施。雇员进入最高决策机构与雇主一起参与企业大政方针的决定。这是德国模式的重要特征之一,它把企业变成了一个真正的利益共同体,如德国公司的董事会常常受到由工会代表参加的监事会的制约。

(3) 在工资自治方面,由雇主联合会和工会的代表来协调双方的利益。强大和负责任的工会组织是双方经常协商和共同决定的基础。工会考虑的常常是工人的经济利益,德国工薪阶层的收入是世界最高的,工资制度也比较单一,工资差别比其他国家小得多。

3．进 步

第二次世界大战后的德国曾被认为是在保持货币价值稳定的基础上实现经济较快增长的范例。这在相当程度上归因于德国中央银行的独立性以及维护币值稳定的单一目标。由于历史上深受恶性通货膨胀之害,所以德国中央银行拥有极大的独立性。另外,德国的银行往往是企业的股东,这样构成了一种牢固而又相对封闭的工业——金融共同体。它使银行家本能地关心企业的长期发展,这种利益交叉网络使得企业在金融上得到了广泛的保护,稳定的股东也给企业的管理层带来了安全感。

德国模式也有自身的问题,主要是劳动力市场过于僵化,失业率居高不下,同时,对国际市场依赖程度过高。由于具有良好的社会福利制度,德国人的创新精神和冒险精神相对比较欠缺。尽管有良好的科学技术基础,但是在把技术优势转化为市场销售上有所欠缺。明基收购了西门子的手机部门以后发现,尽管西门子的手机部门有大量的专利等知识产权,也有大量的有经验的工程师,但是,对于市场变化的反应非常落后,一切按照既定的流程操作,以至于无法在市场上取得优势,最后,明基在巨亏以后宣布并购失败。这个失败反映了德国体制上的一些问题:劳动力市场僵化,创新和冒险精神缺失。总之,如果用相对平等、公正、安全等标准来衡量,那么,德国模式无疑比美国模式更善于把社会公正、集体负担费用和管理效率结合在一起。然而随着经济全球化的推进,无所不包的社会保障制度加重了财政支出的沉重负担,弱化了个人积极创新、承担责任的精神。

第三节　新兴工业国家和地区的经济发展模式

新兴工业国家和地区在当今全球经济中扮演着越来越重要的角色,成为 20 世纪世界经济中的亮点。新兴经济的含义既是指从传统经济体制向市场经济体制的转变,又是指工业化带来的高速的经济增长率。新兴工业国家和地区主要包括拉美的巴西、墨西哥、阿根廷以及亚洲"四小龙"(韩国、新加坡、我国香港和我国台湾),东盟国家中的马来西亚、泰国、菲律宾等国家和地区,其中一些已经步入发达国家和地区的行列,如新加坡和我国香港。

一、新兴工业国家和地区在世界经济中的地位和作用

从 20 世纪 50 年代起,拉美一些政治上取得独立的国家以发展民族经济为核心,强调政府干预,实行企业国有化和增强基础设施建设等手段,保持经济高速增长。到 70年代和 80 年代,这些国家的人均国民生产总值达到中等发达国家水平,主要代表国家有巴西、墨西哥和阿根廷。但从 80 年代起,拉美国家的经济发展速度放缓。世界经济热点转到西太平洋国家,特别是亚洲"四小龙",成功地克服了自身地域狭小、资源不足的困难,获得了经济持续高速的增长。虽然经历了亚洲金融危机的冲击,但从其经济发展的主要指标来看,已经日益接近发达国家的水平。由于积极参与国际分工,新兴工业国家(地区)重组了经济结构,促使产业结构升级换代,在世界贸易格局中的地位得到明显改善,工业品和高科技产品占出口贸易的比重越来越大。进入 20 世纪 90 年代以来,新兴工业国家(地区)已经开始了出口多元化的方针,试图减轻对以美国为主的西方国家的依赖程度。

目前新兴工业国家(地区)特别是亚洲"四小龙"已经成为资本市场的重要来源,新加坡和我国香港作为国际金融中心,不仅促进了自身经济的发展,也为周边的发展中国家提供了大量建设资金,满足它们发展民族经济和加速基础设施建设的需要。新兴工业国家(地区)特别是亚洲"四小龙"由于国内(地区)生产成本的上升以及贸易保护主义升级,形成了扩大对外直接投资的趋势。它们日益扩大的直接投资以及由此建立的国际分工,可以促进目前仍处于国际分工底层的广大发展中国家的产业结构升级。新兴工业国家(地区)的技术和资金一般符合亚非拉国家的需要,在一定程度上也减轻了发展中国家对发达国家资金和技术的依赖。

新兴工业国家(地区)具有一般的共同特性:经济保持持续快速增长,以出口为导向的外向型经济特征明显,经济水平不断提高,产业结构优化。但是在具体的发展模式上又有区别,一般认为包括拉美和东亚两种模式。

二、拉美模式

拉美经济有自身独特的资源禀赋和历史传统,主要有以下几点:①自然资源丰富,有适宜的气候和肥沃的土地;②经济发展相对较早,并受到了"大萧条"的影响;③属于拉丁文化圈,忽视对制度的建设和对产权的保护;④受到外国资本,特别是美国资本的全方位控制。拉美经济的主要发展阶段见表 7-1。

表 7-1　拉美经济的主要发展阶段

发展战略	产品出口	初始阶段进口替代	第二阶段进口替代	出口多样化和第二阶段进口替代
主要工业	墨西哥：贵金属、矿产、石油 巴西：咖啡、橡胶、可可、棉花	墨西哥和巴西：纺织品、食品、水泥、钢铁、造纸、化学制品、机械	墨西哥和巴西：汽车、机械、石化产品、药品	墨西哥：石油、银、服装、运输设备、非电气机械 巴西：铁矿砂、钢、大豆、服装、制鞋、运输设备、非电气机械、石化产品、塑料
主要经济力量	墨西哥：外国投资者 巴西：民族私人企业	墨西哥和巴西：民族私人企业	墨西哥和巴西：国有企业、跨国公司、民族私人企业	墨西哥和巴西：国有企业、跨国公司、民族私人企业、跨国银行
经济趋向	国外市场	国内市场	国内市场	国内和国外市场

资料来源：俞新天.制造奇迹——拉美与东亚工业化的道路.上海：上海远东出版社,1996.

　　拉美经济最早以出口农产品和矿产品为主要特色。由于受到"大萧条"期间各国实施贸易保护政策的影响,国际市场开拓相对困难,所以拉美国家开始了进口替代工业化战略的早期阶段,试图通过进口替代实现工业化。第二次世界大战以后,由于凯恩斯主义的流行和中心—外围说的普遍传播,墨西哥、巴西和阿根廷掀起了进口替代工业化的第一次浪潮,并在战后成功地引导了外资的投入,实现了从农产品等初级产品出口向轻工业为主的进口替代的转变。到 1950 年前后,主要拉美国家的轻工业产品已能基本自给,并初步建立了本国的钢铁工业和石油工业。

　　但是,进口替代战略有固有的缺陷：缺乏对市场机制的尊重,未能引导资源的有效分配;形成了利益集团,并导致了广泛的寻租行为;国内市场狭小,导致许多工业缺乏规模经济;跨国公司对核心技术的封锁,使得引进→落后→再引进→再落后成为发展本国产业的障碍。这些问题困扰着拉美国家的经济发展,所以虽然在 20 世纪 60 年代到 70 年代初,由于全球经济的高速发展,拉美各国得到了高速增长（通过进口替代和出口导向的结合）,但是,从 70 年代主要西方国家进入滞涨开始,拉美经济就受到了重大挫折,通货膨胀居高不下,国际收支长期逆差,劳动生产率低下,经济效益增长缓慢,直到 80 年代爆发了债务危机。整个拉美地区所欠债务高达 36000 亿美元,并且每年债务利息增加 3700 亿美元。拉美大多数国家失去了偿还债务的能力。债务包袱使本已困难重重的拉美经济雪上加霜,整个 80 年代拉美地区经济仅增长了 1.2%。

　　在经济困境中,拉美国家的经济调整与改革朝着私有化、贸易自由化和市场化方向发展。这一时期拉美经济改革的主要内容可以归纳为 7 个方面：反通货膨胀与调整政策、税制改革、贸易开放、金融自由化、私有化、养老金制度改革和劳工市场改革。改革所采取的主要措施包括：大量拍卖国有企业,减少国家对经济活动的干预,调整产业结构,控制通货膨胀,稳定经济,降低关税,开放市场等。例如,巴西面对恶性通货膨胀推出了"雷亚尔计划",相对成功地遏制了通货膨胀,但与此同时,财政赤字和经常项目赤字问题日益严重,对外资依赖急剧增加。同时,拉美国家在收入分配上比较不均,失业问题一直很严重。拉美国家在 20 世纪 90 年代初恢复经济增长,但又受到 1994 年和 1998 年两次金融危机的冲击,在现代化发展之路上还是困难重重。进入 21 世纪以来,拉美国家对自身的问题有了较多反思,也有了一些制度性的进步,取得了一些成就。

拉美国家发展经济的道路曲折、坎坷有其内在的原因:

(1)拉美国家在现代化道路的选择上,有时屈从于外部势力的压力,有时盲目照搬西欧国家的经验。1929 年"大萧条"后拉美国家千篇一律地实行进口替代工业化战略,是对西欧工业革命过程的一些简单复制,并没有结合拉美国家的具体国情,也没有根据国际形势变化做出灵活的调整,因而发展道路必定遇到挫折。

(2)拉美国家始终没有建立起一种自主的完整的经济结构。19 世纪下半叶拉美国家服从当时新殖民主义秩序和资本主义的国际分工,执行初级产品出口战略,在经济上成为欧美中心国家的依附国,经济自主能力极差。1929 年"大萧条"后,拉美国家为了自主发展、增强经济实力,强调进口替代,却忽视了国际市场的开拓。由于执行进口替代,拉美国家的经济结构中存在许多脆弱性,不能适应全球化的国际条件,无法抵御国际金融危机的冲击。

(3)拉美国家的政治周期决定经济周期,政府过于迎合民众对短期利益的追求,采取了一些违背经济规律的做法,导致经济不稳定。民选政府上台以后,为了取悦选民,纷纷向国内民众做出不切实际的福利承诺。由于国内财力有限,于是采取大量对外借债和对内超发货币的通货膨胀政策。短期的民众实惠很快被恶性通货膨胀所抵消,并导致外资抽走,经济萧条。新一届政府上台以后,又延续上届政府的老路子。少数利益集团和外国垄断资本获得了巨大利益,而广大民众的利益受到极大损害。这是主要原因。

(4)忽视对私有产权的尊重和对人力资本的投资。在拉美国家,公共教育的质量低下,穷人无法通过义务教育获得参与现代竞争的必要技能,导致失业和贫困。同时,政府缺乏对私有产权的强有力保护,导致企业家的投资动力不足。

三、东亚模式

(一)东亚模式概述

东亚模式是指东亚国家和地区,主要是亚洲"四小龙"实现现代化的过程。它们在相似的历史、宗教、文化(尤指儒教)的背景下,在强政府的干预下,重视教育与人力资源开发,在经济与社会生活各方面实行赶超战略,以实现加速实现现代化。20 世纪 60 年代,亚洲"四小龙"抓住时机,推出出口导向型发展战略,采取各种优惠政策吸引欧美劳动密集型产业的转移,以劳动密集型产业为主导迅速取得了高速增长。80 年代,日本受日元升值的影响加快向亚洲发展中国家转移国内产业,东盟国家和中国由此获得了经济发展的契机,促进了亚洲"四小龙"经济的高级化。据统计,亚洲"四小龙"在 20 世纪 60 年代和 70 年代的 20 年间,平均增长率达到 9% 左右,大大超过发达资本主义国家 60 年代的 5% 和 70 年代的 3% 的平均经济增长率。70 年代末 80 年代初,发达资本主义国家相继陷入经济危机,大多数发展中国家和地区也深受影响,经济增长率急剧下降。然而,亚洲"四小龙"仍表现出相当强的活力,1980—1988 年间的增长率保持在 6%～9%。进入 90 年代,尽管所面临的内外部经济环境不如七八十年代那样有利,经济发展的总体速度低于新崛起的市场经济国家和地区,但是还是明显高于其他发达国家和发展中国家。1990—1997年,我国香港的年均经济增长率为 5%,我国台湾为 6.4%,韩国为 7.5%,新加坡为8.3%。东盟四国中,除菲律宾外,其他国家增长率都高于 8%。其中,韩国、泰国、马来西亚、印度尼西亚等成为中等收入国家,新加坡更实现了人均 GDP 超万美元的骄人业绩。

东亚模式的内涵包括了以下 5 个重要特征:

(1) 宏观调控之外政府高度干预,行政引导与市场调节结合。

(2) 劳动密集型产业为最优先发展的产业,大量引进外资,推行出口导向型外向型经济发展战略。

(3) 注重公平增长,避免了西方国家在早期经济增长阶段出现的社会不公平现象。

(4) 财政、金融政策谨慎,在对外经济政策支持下的宏观经济环境稳定。

(5) 对教育高度重视。由于传统思想的影响,东亚各国普遍对教育比较重视,从政府到家庭,对教育始终比较投入,为经济发展提供了大量高素质的劳动力,为出口导向型的经济发展奠定了基础。

东亚经济模式的特点是与本地区的自然、社会条件分不开的:①东亚国家大部分脱胎于殖民地、半殖民地社会,没有市场经济的早期经验,企业规模效应还未形成,所以政府的地位就明显不能忽视;②国内自然资源相对缺乏,亚洲"四小龙"原材料几乎全部靠进口;③劳动力资源丰富,所以发展劳动密集型产业,如加工和装配等,是其经济起步时的优势所在;④国内市场狭小,因此普遍采用外向型经济发展战略,依靠出口推动经济的高速增长;⑤科技总水平不高,因而很难在高科技产业上取得一席之地。

下面以我国台湾和韩国为例,介绍一下东亚模式下的产业结构演进,如表 7-2 所示。

表 7-2　东亚模式下的产业结构演进——以我国台湾和韩国为例

发展战略	产品出口	初始阶段进口替代	初始阶段出口导向	第二阶段进口替代和第二阶段出口导向
主要工业	我国台湾:糖、大米 韩国:大米、豆类	我国台湾和韩国:食品、饮料、烟草、纺织品、服装、制鞋、水泥、轻工业	我国台湾和韩国:纺织品、服饰、电子产品、层压板、塑料(我国台湾)、假发(韩国)、中间产品(化学制品、石油、纸张和钢产品)	我国台湾:钢、石化产品、计算机、通信设备、纺织品和服装 韩国:汽车、造船、钢、金属制品、石化产品、纺织服装、电子产品等
主要经济力量	我国台湾和韩国:当地生产者	我国台湾和韩国:民族私人企业	我国台湾和韩国:民族私人企业、跨国公司、地区/国有企业	我国台湾和韩国:民族私人企业、跨国公司、国(地区)有企业、跨国银行(韩国)
经济趋向	海外市场	地区市场/国内市场	海外市场	地区市场/国内市场和海外市场

资料来源:俞新天.制造奇迹——拉美与东亚工业化的道路.上海:上海远东出版社,1996.

（二）1997 年亚洲金融危机

以 1997 年 7 月泰国货币危机——泰铢大幅度贬值为导火索，引起了一场波及亚洲诸国（地区）的大规模金融危机，除我国大陆以外的东亚主要国家（地区）几乎无一幸免，都遭到沉重的打击。国际投机者以外汇市场为突破口，利用各大金融市场的联动效应，牵一发而动全身，使这些国家（地区）的汇率下泻，利率猛升，股市暴跌，外资纷纷撤离，大量金融机构倒闭，最终引发整个金融市场的巨幅震荡，并重创了各国（地区）的实体经济。

此次亚洲金融危机，东亚诸国（地区）暴露出长期形成的许多弊端，主要有以下几点：

（1）政府强干预下，市场作用弱化。在市场不发达的情况下引入政府干预，能够摆脱国（地区）内外各利益集团对本国（地区）经济的干扰，制定并执行经济计划，确定主导产业，集中推动资金积累，集中全力发展经济，促进经济的高速发展。但随着市场的发展，政府的干预越来越显露缺陷。政府的干预会降低资金的使用效率，不利于公平竞争和自由的价格控制，影响企业的竞争生存能力，不利于这些新兴工业经济国家（地区）向高度的社会法治化发展。政府与企业之间的关系也有不正常的一面，突出表现在政企不分甚至官商勾结。

（2）缺乏核心的自主知识产权。在技术方面，东亚国家为了加快赶超发达国家，大量引进技术，却往往收效甚微。因为从外国直接投资中获得的技术和设备往往并不先进，许多技术和设备已经落后，同时各国普遍缺乏对技术消化吸收和继续发展的能力；另外跨国公司为贯彻全球战略，通常只采用独资的形式，以免技术扩散。当然，也有一些公司通过自主研发，发展自身的核心技术，成为全球一流的跨国公司，如韩国三星，但比例很小。

（3）日本经济的衰退。"雁形模式"的梯级序列中，日本、"四小龙"、东盟和中国大陆发展程度不一，但相互之间互补性很大，经济关联较强，因此，其中只要一环出了差错，就会影响到其他国家和地区经济的增长。日本在东亚国家经济发展中的作用是相当大的，不仅提供资金、技术、设备的支持，也为这些国家和地区提供市场，有"领头雁"的作用。但从 20 世纪 90 年代开始，日本经济开始陷入低速增长和衰退的困境，至今仍未摆脱，使日本难以再发挥对东亚地区经济的辐射作用，无疑加剧了此次危机的冲击。

（4）同质化的出口结构。东亚国家仍然以劳动密集型产业出口为主，高新技术产品在其出口中占比相对较小，这样很容易受到来自其他发展中国家的竞争，也很难经受国际市场环境恶化的考验。

（5）货币金融体制存在漏洞。新兴工业经济国家（地区）为了实施外向型战略，同时，部分迫于美国的压力，对金融市场放松管制。亚洲"四小龙"的做法包括：利率自由，放松外汇黄金的管制，鼓励资本流动，采取优惠措施吸引外资。东盟十国的金融自由化内容有：放松外汇的管制，放宽资金流入流出的控制标准；取消银行对外贷款的限制，允许外国投资者进入本国的资本市场；允许企业自主对外借款，开办各种金融衍生工具的交易。然而，由于各国（地区）普遍实行的盯住美元的固定汇率制的内在局限，也由于各国（地区）在金融管制和开放方面缺乏经验，大量热钱的进出扰乱了各国（地区）的金融秩序，形成了股票市场和房地产市场的泡沫。

（三）东亚模式的最新进展

经过 1997 年亚洲金融危机，特别是 2008 年由于美国次贷危机引发的全球经济危机，东亚各国对其长期增长模式也进行了反思，并采取了一些措施，其中最重要的是市场多元化和挖掘内需市场，并减少对美国市场的依赖。东亚模式的特点是对美国市场的高度依赖，目前各国已开始着手解决这一问题：

（1）推进本地区的经济一体化。欧洲经济一体化以及北美自由贸易区的建立对东亚经济形成了很强的示范效应，各国逐步认识到建立统一的大市场对本国经济发展的重要性。

目前，东盟内部已经建立自由贸易区，中国与东盟十国的自由贸易区已经于 2010 年 1 月 1 日正式建立，中国对东盟的进口产品有 93% 关税降为零，而东盟各国也正在降低对中国的进口关税和减少非关税壁垒。此外，2015 年中国已经跟韩国签署了自由贸易协定，双方全面降低关税和非关税壁垒。

（2）建立本地区的货币信贷危机救助机制。在 1997 年亚洲金融危机中，有些国家由于外汇储备不足，外债居高不下，所以不得不求助于国际货币基金组织，被迫答应苛刻的条件。所以现在东亚各国开始逐渐建立危机期间的货币互换机制，以摆脱对国际货币基金组织的依赖。

（3）对高科技产业的扶持和发展。部分国家认识到出口产品中技术含量较低的问题，开始重视发展高科技产业，并建立世界知名品牌。

（4）成立新的地区开发银行。为了解决以亚洲发展中国家为主的基础设施投融资需求问题，中国政府倡导成立了亚洲基础设施投资银行，注册资本 1000 亿美元。

第四节　发展中国家的经济发展模式

通常我们所说的发展中国家，大体上是 16 世纪以来长期受到殖民主义、资本主义奴役和剥削、掠夺，经过长期民族革命斗争获得政治独立的原殖民地国家。这些国家主要分布在亚洲、非洲和拉丁美洲地区，有 140 多个。

一、发展中国家的现状和基本特征

（一）劳动生产率低，人民生活水平低

大多数发展中国家，获得独立的时间不长，经济基础薄弱，起点低，在世界经济格局中处于不利的地位，始终未能获得很好的发展。发展中国家的劳动生产率水平与发达国家之间相差 10 倍以上，人均国民生产总值的差距达到 50 倍甚至更多。发展中国家人均寿命仅有 57 岁，远远低于发达国家的 72 岁。发展中国家生产技术落后和劳动者文化素质低是其生产力水平低下的根本原因。

（二）发展中国家的产业结构相对比较落后

发展中国家对农产品和初级出口产品严重依赖，多种经济形式并存，包括自给自足经

济、部落经济、封建经济、小商品经济、中小资本经济、私人垄断资本经济、国家资本主义经济、外国垄断资本经济等,特别是存在大量前资本主义(自给自足、封建经济等)经济。发展中国家不得不接受发达国家跨国公司的直接投资,不得不向外国银行大举借贷,不得不以极不利的条件向发达国家大量出口初级产品。

(三) 在国家关系中处于劣势地位,具有依附性和脆弱性

发展中国家科技水平落后,生产工具落后,劳动者知识技能低下,管理水平低下。发展中国家的民族产业经济实力有限,发展缓慢,外国资本在发展中国家影响力较大。发展中国家处于国际分工的不利地位,这一分工格局如今发生了显著变化,经济全球化正在导致一种新的国际分工格局:发达国家主要发展知识密集型的高技术产业和服务业,而将越来越多的劳动和资源密集型产业以及污染环境的企业向发展中国家转移;广大发展中国家除继续作为原材料、初级产品的供应者外,还成为越来越多的工业制成品的生产基地。这就决定了在一个新的平台上,发展中国家仍然处于国际分工的低层次的弱势地位。在经济全球化过程中,贸易保护主义隐蔽性更强。发达国家制定一些技术标准、卫生标准等,以此来阻止发展中国家的商品进入发达国家市场,导致发达国家与发展中国家在国际贸易上差距的扩大。

(四) 人口迅速增长带来经济和社会问题

发展中国家人口增长率高,近年来世界新增人口的90%来自发展中国家。过多的人口加重负担,这意味着资源消耗增多,用以投资和发展的资源减少,从而减缓经济增长的速度。剩余人口造成较高的失业率。人口的过度增长导致土地和水资源严重退化,带来对森林的过度砍伐。过多的贫困人口涌向城市,形成破旧不堪的贫民窟,卫生设备差,犯罪分子和不良分子横行,造成了严重的社会问题。

(五) 严重的债务问题

发展中国家自身积累很少,发展所需要的资金大部分来自发达国家的捐助和贷款。到1989年,发展中国家累积的债务已达到13000亿美元,巨额债务已经成为发展中国家发展的包袱。造成发展中国家巨额债务负担的原因是多方面的,但发展中国家自身的决策失误无疑是其中最主要的原因。例如,20世纪70年代的石油危机造成世界经济衰退,而许多发展中国家正在推行其工业化计划,面对衰退的国际经济形势,它们并没有调整政策、压缩建设投资,反而扩大贷款和投资以保持其经济的快速增长。虽然大规模的信贷投资确实使一些发展中国家保持了一定的经济增长率,当时大多数发展中国家还保持着偿付本息的能力,但1979年第二次石油提价后,西方国家采取了更加严厉的紧缩政策,大幅提高贷款利率,并迫使初级产品价格降低20%以上,此时发展中国家已经没有能力偿还负债和利息。

二、发展中国家的类型

世界上诸多的发展中国家,在地理位置、自然条件、人口和资源状况方面存在一定差异,按照不同的标准可以把发展中国家分为不同的类型。

（一）按人均 GNP 标准划分

按世界银行《2000/2001 年世界发展报告》的划分，人均 GNP 低于 755 美元的国家和地区为低收入国家和地区，主要是南亚、中亚和撒哈拉以南的非洲地区。人均 GNP 在 756～9265 美元之间的国家为中等收入国家，其中又以人均 GNP 2995 美元为界限，分为下中等收入国家和上中等收入国家。一些国家人均收入虽然高于 9265 美元，但是由于经济结构畸形发展、产业单一，虽然取得经济上的高收入，但是仍被联合国、经济合作与发展组织（OECD）定位为发展中国家，主要是中东的石油出口国。亚洲的韩国和新加坡等少数新兴工业国家也被划入这一类型。

（二）按产业结构和工业化进程划分

按产业结构和工业化进程，发展中国家可以分为以下 5 类：

（1）原料和初级产品生产国。这主要是一些非洲国家，以生产和出口单一的经济作物或者矿产品作为外汇来源，换取本国必需的生产资料和生活资料。

（2）石油输出国。这主要是以石油及其产品出口作为收入主要来源的国家，这些国家一般具有较高的生活水平，但其他经济部门的发展水平有限。

（3）综合型发展大国。这类国家地域比较辽阔，自身资源丰富，人口众多，发展潜力大，但是由于经济发展不平衡，人均收入不高。

（4）新兴工业国家和地区。这类国家包括亚洲"四小龙"以及拉美的巴西、墨西哥等国。

（5）最不发达国家。这一般是指人均收入不足 300 美元的国家，大多数是撒哈拉以南的非洲农业原料生产国。

（三）发展中国家的经济发展模式

不同发展中国家在不同的发展阶段对经济发展模式有不同的选择。广大发展中国家在获得政治独立后，都把发展民族经济作为头等大事。第二次世界大战后头 20～30 年时间，多数国家采取了国家制定计划直接干预经济的措施。主要措施是推行企业的国有化和土地制度的改革，并且在保护贸易政策下实行进口替代战略。这是由于当时许多发达国家都接受了凯恩斯主义的政策，对市场失灵采取积极的政府干预，英、法等国还出现了国有化的浪潮。苏联在第二次世界大战后经济恢复很快，其通过政府管制集中资源、发展工业的成功经验对发展中国家产生了影响。例如，印度利用 3 个"五年计划"的时间，采取优先发展重工业的措施，建立了比较齐全的工业体系；自第 4 个"五年计划"进行调整，加强农业、轻工业和小企业的发展，国民经济得到了比较稳定和快速的增长。发展中国家还建立了一大批国有企业，这些国有企业奠定了发展中国家的工业化基础，也是发展中国家干预经济的一种手段。

进入 20 世纪 70 年代，计划经济日益暴露出其弊端，越来越多的国家转向市场导向的经济体制，以此来刺激经济效率的提高。主要的改革措施包括以下 4 点：

（1）大规模的私有化。为了扭转国有企业效率低下的局面，发展中国家推行私有化和重新界定政府在经济发展中的作用。政府减少了对国有企业的优惠政策，以及关税和非关税的特权，减少了私有企业进入市场的限制。如前所述，拉丁美洲和东亚国家都成功地实现了私有化的进程,并在一定程度上刺激了经济的发展。非洲国家如埃及在 1991 年制定了私有化的计划,突尼斯于 1994 年开始私有化计划。

(2) 自由的价格机制。价格管制的结果是市场机制失灵,价格不能准确地反映企业效率,资源被配置到无效的领域。到 20 世纪 80 年代,许多发展中国家开始逐步放弃对价格的管制,这大大刺激了稀缺产品的生产,满足了市场的需求。例如,越南曾经是大米的净进口国,80 年代后期由于放开了农产品的价格管制,到 1989 年一跃成为全球第三大大米净出口国。

(3) 货币金融制度改革。与价格改革相比,金融改革更为复杂和敏感。20 世纪 70 年代中期,拉美国家实施了激进的金融改革措施,然而由于这些国家宏观经济不完善,实施激进改革后,爆发了大规模的金融危机,被迫重新恢复对金融体系的监管。东亚国家则采取了渐进式的金融改革。泰国中央银行首先实行规定上下限的自定存贷款利率,逐渐过渡到存款利率的自由浮动。印度尼西亚、韩国也都采取了类似的谨慎做法。而且在东亚新兴国家,主要银行归国家所有,政府的干预仍不可避免。

(4) 发展中国家经过初期的发展阶段后,开始认识到工农业、能源、交通基础产业和金融服务行业协调发展的重要性,纷纷采取措施发展多样化经济,促进国民经济均衡发展。非洲国家为了改变粮食短缺的现状,着重发展农业经济;而石油输出国则通过技术升级,提高石油产品的附加值,努力改变畸形的低级产品出口模式。

不同的发展中国家和地区在发展民族经济的道路上取得的成就很不相同,它们之间的差距有拉大的趋势。有的国家通过石油资源的出口,收入迅速上升;另一些国家采取了一系列成功的经济策略,通过努力发展成为新兴工业国;还有一些国家经济始终徘徊在较低的水平,成为最不发达的国家。

自第二次世界大战结束以后,发展中国家的经济发展取得的成绩不容否认。1975—1998 年,发展中国家的人均收入增加近 1 倍,即从 1300 美元增加到 2500 美元。但是,这种发展是不平衡的。有的国家经济增长速度迅捷,被认为是"奇迹"。受益于经济的辐射作用和适当的国内政策,未来还将有一批发展中国家脱颖而出,加入到新兴工业经济国家的行列。与此同时,最不发达国家的数量从 1971 年确定的 25 个增加到 2001 年的 49 个,其中 34 个在非洲撒哈拉以南地区。

随着经济全球化的深入发展,进入新的世纪,发展中国家的经济持续增强。这一方面得益于上一时期经济结构的调整,加强了经济自身的活力;另一方面是由于国际资本的流动为发展中国家带来了充裕的发展资金。发展中国家经过一段时期的发展,内部需求也在不断增加。世界银行的研究报告预测:发展中国家将在较长的时期内保持较快的增长速度。

第五节 转型国家的经济发展模式

所谓的转型经济,一般是指由传统的高度集中的计划经济向市场经济过渡的经济。转型国家包括苏联 15 个加盟共和国和南斯拉夫分裂出来的 5 个国家,以及捷克、斯洛伐克、波兰、匈牙利、保加利亚、罗马尼亚、阿尔巴尼亚,共计 27 个国家。这些国家在实行了几十年的计划经济体制后,纷纷向市场经济体制转轨,有的已经实施了私有化和放开物价,有的正在建立市场经济所需的各项具体制度。

一、传统经济体制的渊源

苏联高度中央集权的计划经济体制形成于 20 世纪 20 年代末 30 年代初,其实质在于最大限度地排斥市场机制在资源配置中的作用。这种机制与苏联所处的特殊历史背景有关系。相对于西方发达国家,苏联生产力水平低下,经济落后,几乎没有什么工业。作为唯一的社会主义国家,苏联处于资本主义国家的包围中,而且其内部民族矛盾尖锐,必须通过强权来保持稳定。为了应对当时国内外的险恶环境,苏联决定优先发展重工业和国防工业。这些因素促进了中央集权经济体制的形成和发展。高度集中的计划经济体制的形成,还在于理论认识上的严重错误。苏联教条主义地运用马克思对未来社会主义社会的蓝图轮廓,生产资料全民占有,社会生产统一计划和调节,取消了市场配置资源的功能,不存在商品货币关系,价值规律不起作用。

1918 年夏天苏联爆发国内战争后,产生了以全方位取消商品货币关系而对国民经济实行绝对集中计划管理的"战时共产主义",这有利于集中力量平息叛乱和粉碎外国武装的干预,但限制了国民经济和社会的正常发展。1921 年春天,在列宁对社会主义发展道路的探索和实践中,苏联转而实行"新经济政策",提出了社会主义过渡时期的长期性问题,允许多种所有制并存,大力发展商品货币关系,强调社会主义条件下的物质利益原则。

然而 1924 年斯大林上台后,重新开始排斥市场机制的作用,最终建立完全中央集权的计划经济体制。一方面斯大林执政时期的计划经济体制取得了巨大的成就,1950 年苏联的社会总产值和国民收入水平分别是 1913 年的 8.2 倍和 8.8 倍,由一个实力薄弱的国家变成世界第二经济大国。但另一方面,这种体制却违背了经济运行的内在规律并导致了深层次的不良后果。斯大林时期苏联的经济增长是粗放增长模式,不具有可持续发展性。片面强调发展重工业的结果造成了经济结构严重失衡,苏联 1950 年的粮食产量和人均粮食占有量甚至低于 1913 年的水平,作为一个发展农业条件很好的国家,经常需要从国际市场进口粮食。

20 世纪 50 年代以后,苏东各国对中央计划经济有了一定程度的反思和认识,做出了一些改良。有代表性的改良包括苏联的"有市场因素的计划经济体制"、匈牙利的"计划与市场并存的经济体制"、南斯拉夫的"自治"型改良体制等。遗憾的是,这些改革仅限于细枝末节的修补,原模式的基本框架没有变,形成了改良型的计划经济体制。这主要是因为:①苏东国家的社会主义经济理论没有实质性突破,固守计划经济的思维方式;②"冷战"思维没有改变,而斯大林模式符合强军备战的需要;③政治体制长期僵化,内耗抵消了改革的速度和深度。

这样的改良没有达到预期的效果,造成后斯大林时代苏东经济增长乏力,经济效率低下,国民经济结构严重失调,人民生活水平提高缓慢。几十年间,尖锐和复杂的矛盾不断积蓄和日益激化，1989 年年末到 1991 年年底，苏东国家先后放弃了社会主义制度，苏联解体，东欧剧变。

二、经济转型的方式

20 世纪 90 年代以来，计划经济国家纷纷走上体制转轨的道路。这是一场全新的探索和实践过程。

（一）大规模的企业私有化

苏东国家实行市场经济是以大规模企业私有化为基础的。从 1990 年起，它们陆续颁布了一系列促进私有化进程的法律。比较有代表性的是 4 种模式：捷克的全民分配模式、匈牙利的面向外资拍卖模式、波兰的工会参与模式以及俄罗斯的内部人交易模式。

1. 捷克斯洛伐克[①]的全民分配模式

捷克斯洛伐克在经济转轨前，85% 的企业为国有企业。从 1990 年开始，捷克斯洛伐克建立了私有化部，先后颁布了数十项私有化法令，通过退还没收后归国有的财产、小私有化、大私有化和投资券私有化等多种形式实现了国有企业的私有化。1991 年 11 月 1 日起，凡年满 18 岁的捷克斯洛伐克公民均可以领到一份投资券，公民通过一定程序，可以将投资券投向一家或者几家企业，获得相应价值的股票，从而成为该企业的股东。到 1996 年年底，捷克斯洛伐克私有企业的产值已占国内生产总值的 80%，政府还计划出售掉捷克电力公司、工商银行、储蓄银行和国家航空公司等。

2. 匈牙利的面向外资拍卖模式

匈牙利则主要面向外资拍卖国有企业。匈牙利原有国有企业 1857 家，占社会总资产的 90% 以上。1990 年开始，匈牙利政府计划用 10～15 年时间，使国有资产减少到只占 25%～30%。实际上，到 1998 年，除了国家保留的 116 家企业和一部分关、停和破产企业，共有 1100 家企业完全变为私有，私有经济产值占到国内生产总值的 80%。匈牙利私有化的突出特点是把国企向国外的资本出售，外资占到购买匈牙利国企的资金的 87%，这样一来既引进了资金和技术，又减轻了困扰匈牙利的外债负担。匈牙利同时也考虑到向外国人出售国有资产的风险，因此也采取措施鼓励本国公民购买企业股份，如分期付款支付购买股份等。近年来，匈牙利的经济走上了持续增长的道路，这与前几年的私有化是分不开的。不过，这也使匈牙利的很多经济部门为外资所控制。

3. 波兰的工会参与模式

由于特殊的历史，波兰的工会在转轨过程中发挥了很大的作用，这就使得捷克的全民分配模式和匈牙利的面向外资拍卖模式在波兰很难实行。同时，因为政府本身受到工会的制约，所以政府很难按照自己的规划推进私有化进程。这使得波兰的私有化进程经历了复杂的相关利益者博弈过程，但是，虽然交易成本较高，充分考虑了各方利益以后，执行成本却较低。波兰通过向私人和国内外投资者出售国有资产、出售或无偿发放给全体成

---

① 捷克斯洛伐克是 1918 年 10 月 28 日—1992 年 12 月 31 日存在的联邦制国家。1993 年 1 月 1 日，捷克斯洛伐克正式分为捷克共和国和斯洛伐克共和国两个国家。

年公民国有企业的股份、将亏损的国有企业破产和归还 1945 年以后没收的国有资产等方法，迅速地完成了所有制的转化。到 1992 年年底，私有商业已占批发总额的 85%、零售总额的 62%，饮食店的 98% 已归属私有。到 1998 年年底，波兰私有经济在国内生产总值中所占的比重以及从业人员占全国就业人员的比率均超过 60%。

4. 俄罗斯的内部人交易模式

苏联解体以后，俄罗斯向市场经济过渡的改革大张旗鼓地开始了。俄罗斯把私有化作为向市场经济过渡的最重要环节。俄罗斯的私有化分为 3 个阶段：第一阶段称为"证券私有化"，通过发给公民私有化证券，无偿转让国有资产；第二阶段为"货币私有化"，通过出售企业股票有偿地转让国有资产；第三阶段为"个案私有化"，停止大规模私有化，转为按"点状方案"有选择地、个别地进行国有企业的股份制改造。经过所谓的小私有化（商业、服务业及小型工业、运输业和建筑业企业的私有化）、大私有化（大中型企业的私有化）过程，到 1996 年年底，俄罗斯实现私有化的企业共有 12.46 万个，占私有化初期国有企业总数的 60%，非国有资产占全部资产总额的 55%，非国有企业产出占全部产出的 72%。从 1996 年开始，大规模私有化时期结束，这个时期打破了国家对经济的垄断。之后开始了有选择的个案私有化，更加注重私有化的效率和质量，不再设置私有化的强制数量指标。个案私有化阶段进行股份制改造的大公司包括电信、石油、钢铁、航空等行业。但是，这个阶段的私有化特征其实有很强的内部人交易色彩，即与政府接近的人士或者企业的内部人以较低的价格取得企业的所有权。

如前所述，大规模的私有化进程实现了转型国家所有制结构的根本转变，市场主体实现了多元化。随着产权改革的基本完成，市场经济体制逐步建立，政治和经济秩序稳定后，各国经济都出现了恢复性增长。私有化促进了苏东国家企业生产率的提高，大量事实表明，私有化在主要领域运行良好。总的来说，私有化是一条正确的道路，东欧和中欧国家私有化改革的成功是不容置疑的。

（二）由计划向市场转变

东欧剧变、苏联解体以后，苏东各国纷纷向市场经济演变。俄罗斯实行经济政策的内容大体包括 3 方面：第一，市场和内外贸易快速自由化，快速而全面地消除价格监督，尽快转向开放的、非集中的监督和货币体系。俄罗斯自 1992 年 1 月开始，全面而急剧放开商品、物价、汇率、外贸进出口等的管制，政府对经济的调控作用大大减弱。第二，国有企业的全盘私有化，所有制改革的最终目标归结为包括几乎全部企业的私有化。迅速而大规模的国有企业私有化的主旨，是打造以私有制经济为主体的广泛的有产者和企业家阶层。第三，宏观经济稳定化，减少财政赤字，严格限制贷款和货币发行，将稳定卢布、控制通货膨胀作为经济政策的重中之重，发展生产、调整产业、更新结构等政策，均让位于货币紧缩政策。

此外，西化或全盘西化被认为是俄罗斯转型的一个核心方面，其实质是效仿西方模式。即俄罗斯努力引入和效仿西方特别是美国的市场经济模式，向外国首先是西方主要发达国家全面开放国内市场，为确保转轨的顺利进行尽可能多地争取西方国家的投资和贷款。

其他国家也先后采取了自由的价格制度,放开外贸,取消国家对贸易的干预。有的国家还创造条件,将本国货币变成可自由兑换的货币。捷克斯洛伐克从1991年1月起放开物价。匈牙利逐步取消物价补贴,采取放开物价的办法,到20世纪90年代中期,物价几乎全部放开。这期间虽然也出现过通货膨胀,但均在可控制的范围内。

三、私有化带来的问题

(一) 这种激进的改革方案引起了社会经济一片大乱

(1) 苏东转型国家在私有化初期都出现了生产下降,俄罗斯最为严重,经济一直处于衰退之中。1989年,俄罗斯的GDP是我国的两倍多,而在10年后却仅为我国GDP的1/3。其要点在于,"休克疗法"本身是有效的,因为它针对经济失衡的根源,使得经济达到短时期的均衡。但是,如果没有根本的制度性变革,市场体制和各种市场主体没有得到充分发育,这种短暂的均衡是不可能持久的。

(2) 很多国家国有资产流失现象严重,最典型的是俄罗斯。使私有化能够大大增加国家预算收入曾是俄罗斯私有化的初衷之一,但私有化给俄罗斯财政带来的收入却少得可怜。这主要是因为公众参与太少,私有化成为内部人交易所导致的。相反,由于企业在私有化过程中想方设法逃避政府税收,转移资产,反而给财政造成了负担。

(3) 转轨初期,有些国家出现物价飞涨、生产下降、恶性通货膨胀等难以控制的现象。波兰在"休克疗法"之初,物价有所稳定,本国货币对美元的汇率也比较稳定,但好景不长,很快出现了财政赤字恶化、本币贬值、生产下降、通货膨胀卷土重来的情况。其他转轨经济国家也有类似的情况。

(4) 所有制结构和收入分配原则的变化,使社会成员的收入和财富差距扩大,贫富两极分化严重。

(二) "休克疗法"式的制度转型使俄罗斯形成一种畸形的经济社会形态

"休克疗法"本来是医学中的治疗方法,在经济学中是指通过实施财政货币紧缩政策,治理恶性通货膨胀的一系列严厉的经济措施。与渐进式的改革相区别,俄罗斯实行的"休克疗法"是一种从计划经济向市场经济一步到位的激进变革方式,旨在遏止通货膨胀、克服财政危机,使经济复苏。当时俄罗斯社会的主流思想大多赞同向市场经济过渡,这为激进的改革提供了支持。严峻的经济形势也促使俄罗斯执政者急于推进改革。当时的俄罗斯普遍存在一种幻想和错觉,认为一旦转向市场经济,马上就可以解脱危机。俄罗斯的民主派刚刚上台,地位不稳固,面临传统保守势力的挑战,希望通过激进的改革尽快摧毁传统的计划经济体制,使得市场经济的转轨不可逆转。但"休克疗法"式的制度转型使俄罗斯形成了一种畸形的经济社会形态。这主要是因为没有相应的产权制度和市场主体,以及政治上不稳定。

四、俄罗斯和东欧国家的对策

由于"休克疗法"受挫,1994年1月,切尔诺梅尔金政府拟定了一个经济改革的新方案,宣布"浪漫的市场改革已经结束",强调加强宏观调控,注重社会保障,以渐进方式推进改革。随后产生的普里马科夫、斯捷帕申和普京三届政府均十分重视对经济市场的宏观调控,他们制定相关措施,从政策上扶持本国企业的发展,这给一直受到外资侵扰的俄罗斯民族工业带来了好的发展环境,一大批中小企业如雨后春笋般出现,俄罗斯经济重新焕发了活力。

自从普京执政以来,俄罗斯逐渐摆脱了叶利钦时代以新自由主义为导向的经济政策,开始探索建立市场制度与加快经济增长的新途径。俄罗斯前期转型的实践,使普京政府认识到特别重要的两点:第一,在宏观经济方面必须加强政府力量,尽管这一坚定信念使他与西方国家发生了矛盾,但是近年来国际货币基金组织和世界银行已经认识到政府能力建设的必要性;第二,为了让微观经济高效率地运行,通过改善资本主义所必需的法律和制度环境,解决微观经济中的一些长期性问题。俄罗斯转型的实践证明,创建市场经济制度比当年所想象的要艰巨得多,时间要长得多。因此,普京政府转而实施务实而有效的经济政策。

在经历了 10 年的直线下滑后,从 1999 年开始,俄罗斯经济终于走出了谷底,开始走上良性运转的轨道,持续多年保持了较快的增长。这得益于金融危机中俄罗斯货币卢布的大幅贬值,在很大程度上抑制了进口的增长,也与俄罗斯逐渐摆脱原先的分工体制、逐渐融入国际市场有关系。与此同时,俄罗斯出口替代型生产得到了迅猛发展,1999 年,贸易顺差达 332 亿美元,改善了俄罗斯的国际收支状况。在俄罗斯政府积极调整国内市场并取得成效之际,国际原油市场的变化更让俄罗斯得到了一大笔"意外之财"。原油出口一直在俄罗斯整个工业中占有举足轻重的地位,俄罗斯政府 30% 的收入来自这一产业,石油出口的盈余大大缓解了俄罗斯财政拮据的状况。俄罗斯不断扩大的内需在经济增长中的作用日益显现,对外部因素的依赖性开始减弱,普金政府采取的强化政治秩序的手段有效地稳定了政局,经济改革和经济政策调整的成效开始显现。不过,从长远来说,俄罗斯过于依赖原料出口的经济模式没得到根本改变,很多行业(特别是制造业和农业)仍然缺乏国际竞争力。特别是在 2014 年乌克兰危机爆发以后,西方国家加强对俄罗斯的制裁,国际原油市场又因为供求关系发生逆转,沙特为保住市场份额持续发动价格战,油价持续下跌,造成卢布持续贬值,俄罗斯目前经济遭遇困境。表 7-3 为俄罗斯经济转轨以来卢布对美元汇率的变化情况。

表 7-3　俄罗斯经济转轨以来卢布对美元汇率变化(直接标价)

日期	1992.7.1	1993.7.2	1994.7.1	1995.7.1	1997.7.1	1998.7.1	1999.1.1
汇率	125.26	1059.00	1989.00	4553.00	5782.00	6.20	20.65
日期	2000.1.1	2010.1.1	2014.1.1	2014.10.1	2014.12.18	2015.1.1	2015.11.1
汇率	27.00	30.19	32.66	39.40	67.90	56.24	64.40

注:1998 年以后是新卢布,1 个新卢布＝1000 个旧卢布。

　　近年来,东欧国家为了加入欧盟,都在国内外政策上不断做出调整,引进外资,稳定汇率、约束财政,进一步放宽经济领域的限制,致力于推进市场经济,减少行政部门对经济领域的干预,经济都保持了一定速度的增长,市场体制也得到了巩固。

☞ **思考题**

　　1.谈谈发达国家经济发展的现状与特点。

　　2.试评价拉美模式及其内在根源,并结合当前拉美国家的现实。

　　3.试分析东亚模式以及东亚经济一体化的趋势。

　　4.发展中国家的现状和基本特征是什么?

　　5.试述转型国家经济转型的效果。

第八章

经济全球化

☞ **内容提要**

随着世界生产力的发展,特别是生产和资本国际化的迅猛发展,世界各国的经济联系和相互依赖关系日益增强,逐步形成了有组织、可协调、高效率运转的国际经济体系,世界经济进入了一个新时期,其突出表现就是经济全球化的大发展。经济全球化是指生产要素在全球范围内不停流动和最佳配置的全过程。它是对国际经济关系发展变化的高度概括,具体表现为全球贸易自由化与发展、资本自由流动与扩大、跨国生产经营网络的形成与扩大、科技交流与合作的加强、区域经济一体化的发展等,从而使各国和地区经济相互联系、相互依存、相互促进。伴随科学技术的进步、世界市场的发展,以及生产和资本的国际化,经济全球化经过了由地区到全球、由流通到全部生产过程、由垂直分工到水平分工的形成与发展的过程。

☞ **关键词**

经济全球化　跨国生产

第一节　经济全球化的内涵和成因

一、经济全球化的内涵

世界经济全球化过程早已开始,世界经济正处于向成熟的经济全球化迈进的关键阶段。可以预期,经济全球化过程就是各国经济政策基本一致的状态:世界经济在一个为各国普遍接受的规则下运行,资源在全世界配置的成本降到尽可能低的水平,并不比在一国国境以内配置成本高。

不过,不论是理论界还是实业界对经济全球化的含义有多种解释,至今仍旧缺乏明确而统一的认识。经济学家 T.莱维在 1985 年提出了"全球化"一词,他用这个词形容以前20 年间国际经济的巨大变化,即商品、服务、资本和技术在世界性生产、消费和投资领域的扩散。经合组织(OECD)在 1990 年也使用了"全球化"这一概念,主要是指生产要素以空前的速度和规模在全球范围内流动,以寻找适当的位置进行最佳的配置。国际货币基金组织(IMF)在 1997 年 5 月发表的一份报告中,对全球化进行了这样的描述:"全球化是指跨国商品与服务交易及国际资本流动规模和形式的增加,以及技术的广泛迅速传播,使世界各国经济的互相依赖性增强。"

德国学者从全球网络化与集中化趋势的角度分析了经济全球化,认为全球化的过程是一种不断强化的网络化。这种不断强化的网络化可被概括为 3 个方面:一是相互依赖性增强。经济活动的网络化对参与者都产生反作用,全球化的发展不但调控各民族经济的发展,而且还调控各城市和地区经济的发展。二是转移的便利。由于科技产业革命所导致的信息传递成本、运输成本大幅度降低,跨国公司把它的生产部门及部分服务监督职能机构转移到低工资成本的国家,以便获取更大利润。信息技术和运输技术越发展,这种国际网络就越扩大。三是集中化趋势。随着全球化趋势的迅速发展,企业的各部分业务活动转移到世界各地的许多生产基地,对于监督控制和协调工作的要求越来越强烈,而这种协调组织工作的任务也就更多地集中到少数几个国家的主要城市,使这些地方发展成为极其专业化的中心。

但是,迄今为止,经济全球化尚没有一个被普遍接受的权威定义,各国学者从各自不同的立场和角度对这一概念进行诠释。总之,经济全球化是世界经济向更高层次发展的一个过程和一种状态,它是一个内涵丰富而深刻的概念:

(1) 经济全球化是生产力超越国界,生产要素跨越国家的范围,在地区乃至全球范围内自由流动和优化配置,促进全球生产力增长的过程。在这一过程中,国内统一市场逐渐向全球统一市场过渡,进而形成规范全球经济行为的统一规则,建立起全球经济运行机制,保证行为主体之间的自由、公平竞争,从而促进跨国公司的全球化经营及全球产业结构的新一轮调整和生产力的快速增长。

(2) 经济全球化也是利益再分配的过程。市场经济通常是以实力为基础、以"资本"多少来分配利益的。发达国家由于具有较强的经济实力和较大的科技优势,在世界经济中居支配地位,处于经济全球化的"中心",是经济全球化的最大受益者;发展中国家贫穷落后,在世界经济中居于被支配地位,处于经济全球化的"外围",在经济全球化过程中受益甚少;最不发达国家将是经济全球化的牺牲品。可以说,经济全球化是生产力超越国界、推动市场经济的扩大和深化、促进生产力的增长和利益再分配的过程。

(3) 经济全球化使得各国经济互相依赖的程度大大提高,导致世界经济趋向于某种程度的一体化。经济全球化是各国和各地区经济联系不断扩大和融合不断加深的过程,它大体经历了 3 个阶段:经济国际化、经济全球化和全球经济一体化。目前世界经济正从经济国际化阶段过渡到经济全球化阶段,即从国际化的世界经济发展为全球化的世界经济。国际化的世界经济主要是工业社会规模经济国际扩张的结果,全球化的世界经济则主要是信息社会网络经济兴起的产物。

(4) 经济全球化是一个与时空相联系的概念。"地球村"就是对经济全球化最形象的概括和描述。经济全球化使世界经济的地缘扩展空间接近完成,贸易和投资范围已扩大到全球,在更广阔的空间配置资源;经济运行的"地域空间"正在为"流动空间"所取代,经济活动的地域正在为全球网络所覆盖。各种利益主体,包括公司、国家、区域板块的经济交往和竞争从来没有像今天这样在时空压缩的世界经济中交叉渗透。由于各国经济关联度的提高和互动性的加强,世界经济的发展日益呈现出立体性、整体性和全球性。

二、经济国际化、经济全球化和经济一体化

经济国际化、经济全球化和经济一体化既有联系,又有区别。它们的共同之处,都是以市场经济为基础,以国际市场为依托。它们的不同之处在于,经济国际化是以国家主权为基础的国与国之间的经济联系,而经济全球化将世界作为一个整体,通行的是全球统一规则,国家虽然还存在,但其部分主权开始"过渡",全球化所表达的是世界经济在空间范围上的发展和扩大,揭示了世界上除了个别国家之外,几乎都被纳入世界经济运行体系之中的客观事实。因此,经济国际化是经济全球化的"前奏",经济全球化是经济国际化的深化。而经济一体化所表示的是各国经济在内在机制上的统一,揭示了世界各国经济关系的高度融合,表明各国经济相互联系中的障碍日益消除,一般由各国联合组成统一的机构,制定统一的规则,并在这一规则下进行协调一致的经济活动。经济一体化既可以是区域性的,也可以是全球性的。在经济一体化进程中,如欧盟,发行单一货币,实行统一的货币政策和财政政策,是区域经济一体化的典型代表。全球经济一体化与经济全球化含义相似,但前者比后者的要求更高,全球化是一体化的外在形式,一体化是全球化的内在机制;全球化是一体化的前提条件,一体化是全球化的发展趋势。国际货币基金组织、世界银行、世界贸易组织都是经济全球化的重要国际机构,但显然不是世界经济一体化组织。

三、经济全球化的成因

经济全球化是历史发展的必然,是不可抗拒的历史潮流。尽管存在着不利于经济全球化发展的种种阻力,但推动全球化发展的有利因素始终起着主导作用。这些因素既包括经济和科技方面的,也包括政治、文化等方面的。当今经济全球化正朝着更高层次发展,究其原因是多方面的。

(一)世界各国经济体制的趋同

世界各国经济体制的趋同,消除了经济全球化发展的体制障碍。在当今世界,已经有越来越多的国家认识到,只有选择市场经济体制,才能加快本国经济发展的速度、提高本国经济的运转效率和国际竞争力。封闭经济由于缺少外部资源、信息与竞争,经济发展可能将呈现静止状态。计划经济体制则由于存在信息不完全、不充分、不对称和激励不足等问题,易导致资源配置与使用的低效率。所以,不管是传统的封闭经济,还是计划经济,都不约而同地走上了向市场经济转型的道路。由此,各国在经济体制上逐渐趋同,消除了商品、生产要素、资本以及技术在国家与国家之间进行流动的体制障碍,促成了经济全球化的发展。

(二)生产力发展和现代科技进步

生产力发展水平的提高,客观上要求分工的深化和市场规模的扩张。这一要求推动

着生产从国内区域间分工向国际分工发展,销售从国内市场向国际市场扩张。而经济全球化反过来又大大地解放了社会生产力,使社会生产力获得了更加广阔的发展空间。社会生产力这种不断放大的正反馈效应,是经济全球化过程获得持久动力的最根本原因。

另外,科学技术进步通过研究开发和技术转让把各国紧密联系起来。20世纪80年代以来,以微电子为中心的信息技术、航天技术和交通运输技术的发展,使得交通运输工具和通信手段日趋完善,各国和各地区在时间和空间上的距离大大缩短。而且,现代化的运输和通信网络的应用大大降低了商品和资本的交易成本,便利了商品和资本的国际流动,加快了信息的全球传播,使生产要素得到优化配置。21世纪以来,随着互联网和电子商务的高速发展,各国之间的交流合作更加便捷,各国经济联系更加紧密,经济全球化的进程大大加快。

(三)跨国公司的大发展

跨国公司是经济全球化的主要驱动者、组织者和载体。第二次世界大战后,跨国公司一直处于持续的扩张之中,其数量不断增加,规模日益扩大。跨国公司以世界市场为舞台,越过贸易障碍,降低成本,增强竞争能力,达到增加利润的目的;利用和重组世界各地的自然资源、资金、技术、人才、劳动力等生产要素,组织全球性的生产和销售,从而把世界各国和各地区的经济直接联结起来,成为经济全球化微观层面的直接组织者和主要驱动力。跨国公司的所有这些活动对加速生产要素的国际化流动,密切国与国、企业与企业之间的经济关系起了重要作用,成为推动经济全球化的直接组织者和担当者。

(四)西方国家贸易、投资、金融自由化的发展

第二次世界大战后在西方发达国家曾大行其道的凯恩斯国家干预理论,由于20世纪70年代的经济"滞胀"而逐渐失势,取而代之的是新自由主义思潮的泛起。20世纪70年代末80年代初,以"里根经济学"和"撒切尔主义"的推行为契机,西方国家掀起了非管制化和市场化改革的浪潮,各国纷纷取消或放松政府管制,从而推动了贸易、投资和金融自由化的发展。在贸易自由化方面,在1986—1993年的乌拉圭回合贸易谈判中,各成员达成了从降低关税和削减非关税壁垒、从货物贸易到服务贸易、从国际贸易到国际投资的规模空前的贸易自由化协议。

伴随着国际产业分工与技术扩散,发展中国家与发达国家之间的比较优势也发生了变化,发展中国家不再仅仅输出初级产品,逐渐成为世界市场上劳动密集型商品的重要供给者,一些新兴经济体也从资本净输入变为资本净输出。越来越多的国家实行自由化政策,为商品、服务与生产要素的跨国流动创造了更大的市场空间,为经济全球化提供了有力的制度环境和制度保证。

(五)国际经济一体化的发展

20世纪80年代以来,国际经济一体化大大加快,各个区域经济组织尽管发展层次不同,但在其内部都要求逐步取消贸易堡垒,推行贸易和投资自由化政策。实际上它是世界经济全球化在区域范围内更加深化的具体体现,是经济全球化的重要组成部分。区域经济组织虽然对外具有排他性,但随着其自身的经济贸易的发展,区域内市场就会显得狭

小,不能满足经济规模进一步扩大的要求,必然要到区域外其他国家和地区寻找商品市场和投资场所,由此产生外溢效应。这种情况长期发展下去,各个区域集团的经济和贸易利益就会逐步接近,以至将集团融为一体,从而在更大范围内实现贸易和投资自由化。因此,各个区域经济组织采取的全球化政策措施,以及其内部经济贸易自由化的发展,都可以说是迈向经济全球化的重要步骤和环节。

第二节　经济全球化的发展阶段与主要形式

一、经济全球化的发展阶段

世界经济全球化过程早就开始。有人认为,自从 1492 年哥伦布远航美洲使东西两半球会合之时起,经济全球化过程就已经开始;又有人认为,世界经济出现全球化联系的初始阶段可以追溯到 16 世纪初西方资本主义国家的殖民扩张;也有人认为,经济全球化过程开始于 18 世纪资产阶级革命首先在英国取得胜利的时候。所以经济全球化并非一种新现象,只是到了 20 世纪 90 年代,经济全球化才在世界经济的各个领域迅猛发展起来。在几百年的历史进程中,经济全球化大致经历了以下 4 个发展阶段。

第一阶段:15 世纪末到 19 世纪。自 1492 年开始,哥伦布多次远航美洲,发现了新大陆。哥伦布发现新大陆可以视为经济全球化的起始点,它不但打开了东西方之间商品交流的通道,使原先各自分离的区域性市场逐渐连接成世界市场,而且推动了"生产和消费都成为世界性"的全球化发展趋势。18 世纪中叶的产业革命,使工业生产由手工业转变为大机器生产,原材料不只是来自本国,还来自海外各地;产品也不仅在当地销售,还远销海外。这个阶段国际经济活动的主要内容是原料与商品的跨国界贸易交流。与此相适应,国际金融活动也开始发展起来,但是规模并不大。

第二阶段:19 世纪 70 年代至 20 世纪初。第二次科技革命的大规模展开,推动了世界生产力的发展和垄断资本主义的形成。垄断资本主义除了继续扩大商品输出外,还大量输出资本,越来越多的国家进入国际市场之中。

第三阶段:第二次世界大战结束到 20 世纪 70 年代。殖民地体系的瓦解、民族国家的兴起、国际分工体系的拓展和第三次科技革命的推动,使世界经济迎来了 20 年的黄金时代,世界经济全球化得到进一步发展,形成了以生产经营跨国化、信息传播全球化、科技与产业梯度扩散化为特征的世界经济全球化的新趋势。

第四阶段:20 世纪 90 年代以来。"冷战"结束以后,国家之间、国家集团之间关系明显缓和,各国都把注意力集中在经济发展和综合国力的提升上,这为生产要素的国际流动创造了良好的条件。同时,信息技术、交通技术不断取得新的突破,世界不同地域之间的物资、人员、消息交流成本大为降低,这就为资本、人员、技术在世界范围内合理布局提供了技术上的保障。至此,经济全球化已经发展成为以科技革命和信息技术为先导,涵盖生产、贸易、金融和投资领域,囊括世界经济和与之相关的各个方面的庞大体系。

二、经济全球化的主要形式

贸易全球化、生产全球化、金融全球化是经济全球化的主要内容和形式,它们构成了由低级到高级的经济全球化的 3 个阶段,这 3 个阶段的关系是层层推进的关系。贸易全球化是经济全球化过程的起点,从 19 世纪开始,到"冷战"结束,贸易全球化一直是经济全球化过程的主要形式。20 世纪 70 年代起,由于贸易品种和贸易规模的扩大,各国对外开放程度的提高,以及贸易成本差异的存在,世界范围内买方市场的形成,生产全球化在跨国公司的推动下,日益成为一种潮流。与此同时,贸易全球化逐渐出现行业内贸易、公司内贸易等新的形式。如果说贸易全球化对国际金融服务提出了一定要求,那么生产全球化则大大促进了金融服务全球化的进程。生产全球化加剧了国际资本流动,尤其是短期资本流动规模日趋扩大,在贸易全球化与生产全球化的合力推动下,国际货币兑换、金融风险防范都提出了前所未有的要求。金融是为生产和商品交换提供服务的,所以贸易全球化与生产全球化直接催生了金融服务全球化的发展。

(一) 贸易全球化

贸易全球化过程开始于 1870 年,资本主义首先在英国取得胜利的时期。随着社会生产力的蓬勃发展,国内的市场狭小得难以容纳其生产的全部商品,市场需求的限制几乎成了生产规模进一步扩大的唯一障碍。于是,早期的商品开始走出国境,出现在全球的各个角落。第二次世界大战后,在关贸总协定的主持下,世界各国先后进行了 8 轮多边贸易谈判,达成了内容越来越广泛的贸易自由化协议,并催生了世界贸易组织在 1995 年的成立。这样,一个以贸易自由化为中心,以多边贸易体制为框架,几乎覆盖所有国家和地区、囊括当今世界贸易诸多领域的高度统一的全球贸易大市场已现雏形。世界贸易自由化的扩展和多边贸易体制的确立,不但规范了世界贸易的规则,而且降低了各国海关和市场准入的门槛。贸易合同的标准化也使国际贸易标准进一步趋同,大大降低了商品交易成本。贸易信息的网络化,更大大提高了国际贸易的效率。

当今的国际贸易正在不断发生巨大的变化:国际贸易额以惊人的速度发展,贸易品种不计其数,贸易方式不断创新,几乎所有的生产企业都卷进了贸易全球化的洪流之中。贸易全球化的过程,又进一步推动了社会生产力的发展,使国际交易成本与费用大幅度降低。20 世纪 90 年代以来,国际贸易总额更是不断创出新高,世界贸易整体上维持了相对均衡的增长态势。世界贸易的增长速度已超过了世界经济的增长速度,贸易对世界经济增长的作用也日趋增强。目前世界贸易总额有 45% 属于跨国界贸易,国际贸易中的产品日趋多样化、复杂化。近年来,随着互联网的发展,跨境电子商务的贸易额飞速增长,国际贸易更加便捷。贸易全球化的持续发展,已经使全球商品市场形成一个整体。

(二) 生产全球化

生产全球化主要表现为不同国家和地区的产品生产、加工以及销售过程超越国界,形成日益密切的分工合作、相互依存的生产联系。当代社会的生产是高度现代化的大规模生产,它既要求不断增加投入以发展新技术、新工艺,也要求分工更加精细化、专业化,协作范围进一步扩大化、广泛化。这样,过去那种以垂直为主的分工变为以水平为主的分工,以往在一个国家范围内的分工与协作关系发展为一系列国家之间的国际分工和协作关系,从而使各个国家的生产活动密切联系、互相依赖,在国际范围内结成一个整体。随着纵向生产国际化程度的发展和加深,生产的国际分工和协作呈不断升级的态势,整个地球俨然成了一个大工厂,各国经济不断融合、互补,形成新的嫁接优势。同时,产业地区转移和投资国际化的加速,促使横向生产国际化水平进一步提高。各国被卷入世界市场体系之中,不同程度地成为全球经济中的一个组成部分,在新的国际分工体系中占有一定位置,互相交织,互相融合,密不可分。

生产全球化在 20 世纪 80 年代中后期以来获得长足发展,有其特定的历史背景:

第一,现代信息和通信技术的发展降低了跨国生产成本,特别是全球通信费用的大幅度降低,大大降低了跨国经营各个环节的交易和管理费用,便于跨国公司生产各个环节的协调,有利于生产信息在极短的时间内到达分布在全世界各地的生产分支机构。因此,科学技术,尤其是信息网络技术的发展,为生产全球化发展提供了良好条件,使跨国公司在世界各地统筹生产有了技术保证。

第二,各国政府放松外国直接投资管制及有关国际投资自由化双边多边协议的谈判则为生产全球化提供了制度保证。自 20 世纪 80 年代中期以来,发达国家广泛开放金融、电信行业,鼓励服务贸易。而发展中国家逐步从严格限制外资流入向鼓励外资流入转变,它们除了广泛开放保护性行业外,积极订立、颁布多种形式的国际投资保障与投资促进协议,减少国有垄断行业的数目,同时大幅度取消 70 年代被发展中国家用于保护民族经济的对外资的股权比例限制,甚至还推出大量财税优惠措施,鼓励外资进入本国从事生产经营活动。

第三,企业在更广泛的市场范围内追求利润最大化的动机是生产全球化的微观基础,使参加生产全球化的经济主体有了保证。20 世纪 90 年代以来,科研成果层出不穷,新产品、新技术不断进入生产线,进入人们的生活,以至于人们将这个时代称为知识经济时代。技术的蓬勃发展,使产品的生命周期明显缩短,人们的消费习惯也加快了更新的节奏,从而使产品生命周期进一步缩短。加上新技术、新产品的研究开发(R&D)费用日益增长,企业的产品在某一个目标市场上往往成本还未收回,就进入了生命周期的衰退期。为了生存和发展,企业必须将 R&D 成果向全球各地输送,以利用各地市场生命周期不完全同步的规律追求利润最大化。涉及技术诀窍,企业往往不愿意通过专利买卖形式转入 R&D 成果,可以有效控制专利和技术诀窍传播路径的公司内贸易则成为较优的选择。这一切是企业积极参与生产全球化过程的根本动力。

(三) 金融全球化

金融全球化是经济全球化的重要发展阶段之一,是世界经济和金融发展的必然趋势。正如金融是现代经济的核心一样,金融全球化也是经济全球化的核心。金融全球化是指金融主体所从事的金融活动在全球范围内不断扩展和深化的过程。

第二次世界大战后,特别是 20 世纪 80 年代以来,世界市场发展的最显著特征是国际金融市场的扩张。推动金融全球化的主要动因是西方国家 20 世纪 80 年代以来金融自由化、信息技术、融资证券化和金融创新等的发展。经济全球化要求金融全球化,金融全球化过程导致金融市场向全球开放。金融自由化还推动了金融领域里的创新活动,使新的金融工具、金融市场和金融机构不断涌现。

金融全球化有如下特征:

(1) 发达国家及跨国金融机构在金融全球化进程中处于主导地位。这主要表现在:发达国家金融资本雄厚,金融体系成熟;调控手段完备,基础服务设施完善;以发达国家为基地的跨国金融机构规模庞大,金融创新层出不穷;与之对应,全球金融规则也主要来自发达国家,这些规则总体上有利于其金融资本在全球范围内实现利益最大化。

(2) 信息技术和互联网的发展,为金融全球化提供了技术通道。当代发达的电子计算机技术为全球性金融活动提供了前所未有的便利,特别是随着互联网技术的日益成熟、网络支付的普及,网络银行和网上交易已突破国界在全球铺开,全球金融市场越来越被连接成为一个整体,金融市场的同质性进一步提高。

(3) 金融创新层出不穷。为适应新技术条件下竞争的需要,同时亦为规避限制性法规和风险,从 20 世纪 60 年代开始,在发达国家率先出现金融创新活动。这既包括制度的创新,又包括工具的创新,如信用制度的创新、股权衍生工具的创新等。在金融创新的推动下,一方面融资证券化趋势大大加强,另一方面,也带来了新的金融风险和不确定性。

(4) 金融资本规模不断扩大,短期游资与长期资本并存。在金融全球化进程中,参与全球化的金融主体越来越多,全球金融资本不断扩大。在这其中,既有长期投资的资本,也有短期投机的资本。应该说,长期资本的投入有利于一国经济的稳定和发展,而短期游资的逐利和投机则易引发一国的金融动荡。

金融全球化是一把"双刃剑",它对世界各国利弊兼而有之,机遇与风险相伴。现代国际金融危机的爆发和传导与金融全球化的背景有着极为密切的关系,在金融全球化的发展过程中,与其相伴的蔓延效应会使金融危机迅速扩散,产生巨大的波及和放大效应,国际金融动荡已成为一种常态。

第三节　经济全球化的发展特点及对世界经济的影响

一、经济全球化的发展特点

(一) 发展程度的幼稚性

经济全球化作为一种明显呈现的世界经济发展趋势,由于起步时间较晚,还具有很大的幼稚性,表现在:

(1) 国际经济体制发展尚不完善。目前国际经济体制的作用虽然在不断加强,但仍存在很多内在缺陷。首先,从国际贸易体制来看,当前 WTO 体制还面临着如何进一步加强约束力度的问题,如美国在经济上的霸权主义就是对多边贸易体制的一个严峻挑战。WTO多边贸易体制还需加强对区域经济集团的制约,以减少和避免区域经济集团对国际贸易产生的消极影响。其次,从国际金融体制看,20世纪90年代以来欧美、拉美和亚洲频频爆发的金融危机更深刻地反映了国际金融领域内严重的体制匮乏。尤其是2008年发端于美国的金融危机,使美国经济衰退经历18个月,于2009年第三季度开始复苏,为"大萧条"以来持续时间最长的经济衰退。随着美国金融危机不断地向纵深蔓延,世界经济的增长步伐明显放慢,经济增长面临的挑战和消极因素增多:出口增长乏力、各国间的投资下降、消费疲软、汇率和资本市场剧烈波动、本币大幅贬值等。目前美国经济一直处于持续但又有波动的复苏中,美国经济是否走出衰退的阴影而进入新一轮的扩张和繁荣,人们拭目以待。

(2)国际市场的价格不统一。经济全球化意味着商品和生产要素在全球范围内的自由流动,以及在世界各国价格上的趋同。但当前的经济全球化的发展却远非如此。首先,各国商品的价格远未统一。当代发达国家进入了长期的快速工业化过程,并且展开了水平分工体系,也同时形成了发达国家之间的价格体系,而发展中国家由于工业基础相对落后,只能与发达国家展开水平垂直分工,即主要以初级产品与发达国家的工业制成品交换,由此不断拉开了发达国家与发展中国家的经济发展水平差距。发达国家在快速工业化过程中随着经济规模的急剧扩张,不断提升发达国家经济体系内的生产要素价格,而发展中国家由于工业化进程滞后,生产要素价格水平的提升速度十分有限,这样就形成了发达国家与发展中国家之间高低相差悬殊的两种体系:"进口高价格,出口低价格",发展中国家在全球价格体系中缺乏定价权。其次,各国间生产要素的价格相距甚远,发展中国家长期处于低要素价格状态,包括低土地成本、低环保成本、低资金成本。

(二)利益分配的非均衡性

经济全球化是生产要素在全球范围内更加自由的流动和合理的配置,这必然带来经济财富的经济增长。但经济财富在社会成员间的分配却并不均衡,世界经济的全球化趋势使世界财富不平衡分配进一步加剧。由于世界市场的自由化发展,拥有较强国际竞争力的国家所占有的市场份额进一步扩大。发达国家是经济全球化最大的受益者,其原因主要有以下几个方面:

(1)发达国家完善的市场经济体制使其能够以较小的成本获得经济全球化的收益。发达国家的市场经济体制发育已非常成熟,拥有完备的宏观调控体系和稳定的微观经济基础,能够以有效的手段和措施来应付国际市场的风险和不确定性,从而在经济全球化中付出较小的成本。

(2)发达国家在国际经济规则的制定中居主导地位。发达国家由于经济发展水平、经济体制及意识形态等方面比较接近,国与国之间商品、资金、技术、劳务等要素的流动主要集中在发达国家,使得很多国际经济规则的制定都以发达国家的经济社会为依据,体现着发达国家的意志。规则制定的"不对称性"最终将影响经济全球化的利益分配,从而使发达国家获得更多的收益。

（3）发达国家在国际分工中明显居于有利地位。在国际分工体系中，发达国家往往将资本或技术密集型产品中的劳动密集型的加工和装配工序转移到发展中国家进行，利用技术优势完成高精尖加工工序。在各国经济增长越来越依赖于知识、技术进步的情况下，先进的知识与技术成为当今最宝贵的生产要素。发达国家依靠技术优势所取得的国际分工中的有利地位，必然导致分工利益向其倾斜。

（三）跨国公司成为经济全球化的核心，领导着世界经济的发展趋向

跨国公司是世界经济一体化的集中体现形式，它与国家间一体化的不同之处在于它直接组织公司内部的全球生产配置和贸易交换，因而是更紧密、更深刻的全球化。由于跨国公司的存在和发展，世界经济不再是各国国民经济的组合，而越来越成为跨国企业的组合。

据联合国有关机构最近统计，迄今全球跨国公司已达 8.2 万家，它们的子公司约 81 万家。这些跨国公司的产值已占全球总产值的 1/3 以上，跨国公司直接投资已占全球跨国直接投资的 90％，跨国公司内部和相互贸易已占世界贸易的 60％以上，控制世界新技术和知识产权的 70％以上。根据联合国《2015 年世界投资报告》统计，全球跨国企业生产活动继续扩大，盈利处于历史较高水平。截至 2014 年年底，全球最大的 5000 家跨国企业共持有 4.4 万亿美元现金，比 2008—2009 年经济危机期间的平均水平高 40％。

二、经济全球化对世界经济的影响

经济全球化对世界经济的影响是广泛而深远的，既有积极的方面，又有消极的方面。实践证明，其积极作用是主要的，消极作用是次要的；而且积极作用和消极作用都不是固定不变的，随着世界经济环境的变化，消极作用也可能逐渐被积极作用所取代。

（一）经济全球化对世界经济的积极影响

1. 促进了全球经济的增长

首先，全球化有利于资源的优化配置，作为全球经济组成部分的各个国家，可以发挥自己特有的优势在国际经济交往中实现优势互补。一国经济运行的效率无论多高，总要受到国内经营资源和市场狭小的限制，只有积极参与全球资源和市场一体化，才能使本国经济最大限度地摆脱资源和市场的局限，从而可以有效地利用世界任何地方的资金、技术、信息、管理和劳动。其次，经济全球化使商品的生产成本和运输费用大大降低。最后，经济全球化使生产技术和管理经验得到充分扩散。

2. 推动了贸易和投资自由化

贸易和投资自由化，既是世界经济全球化的产物，又是世界经济全球化的强大推动力。贸易和投资自由化的加速发展，推进了世界经济全球化的进程；世界经济全球化的发展，又要求贸易和投资自由化进一步完善和规范。两者之间互相作用，互相促进，共同推动世界生产力的发展。最近几十年来，凡是实行对外开放和经济自由化政策的国家，经济增长速度加快，人民生活水平提高很快。贸易和投资自由化，一方面促进了国际贸易的发展，使国际贸易对世界经济的拉动作用大大加强；另一方面，使世界直接投资额迅速增加。

不但发达国家,而且越来越多的发展中国家,积极采取投资自由化的措施,既大量引进外资,又积极进行对外投资,投资活动遍及全球。

3. 各国之间的相互依存程度加深

在经济全球化的进程中,世界上大多数国家卷入了更深层次的国际分工,各国经济相互依赖、相互渗透、相互制约的程度进一步加深。多边协调与合作,成为解决和缓和各种摩擦与矛盾、促进经济共同发展的重要途径和方式。在这种情况下,经济竞争在很大程度上取代了军事对抗,因而,也大大减少了发生大规模战争的危险性。但是,各国之间的利益矛盾并没有消除,相反,还会随着经济全球化的进程而加深。发达国家之间、发达国家与发展中国家之间以及发展中国家之间,将会围绕全球化责任、义务与利益分配等问题,在几乎所有领域展开对抗,经济冲突将不可避免地频繁爆发。有关国家只有在尊重对方合理利益和要求的基础上相互妥协,才能各得其所。因此,在经济全球化的形势下,相互协调成为解决经济冲突的主要途径。

4. 加快了技术转让和产业结构调整的进程

资本、技术等生产要素在国与国之间的自由流动,不但有利于发达国家向外转移夕阳产业,发展技术密集型产业,实现产业结构的高级化,而且也向发展中国家提供了机遇:大量引进资本和技术,弥补本国资本、技术等生产资源的缺口,获取几乎不付费用的后发优势,迅速实现产业升级、技术进步、制度创新和经济增长。技术垄断优势一直是推动跨国公司成长的一个重要因素。在发达国家,跨国公司构成了技术创新的中坚力量。跨国公司也是绝大多数高新技术的最早采用者和垄断者。当前,跨国公司纷纷在境外设立研究开发机构,并着手建立国际经济技术联盟,技术创新和技术转让的速度大大加快。发展中国家可以有更多的机会选择先进和适用的技术,加快产业结构升级和工业化进程,加快从传统经济向现代经济的转变。

5. 经济全球化使世界市场实现真正一体化

经济全球化使世界市场成为一个不断扩大的统一的整体,客观经济规律将在全球范围内发挥作用。在统一的世界大市场中,产品生命周期在全世界范围内趋同,且周期日渐缩短,产品创新频率以惊人的速度提高。随着经济全球化程度的进一步加深,生产要素跨国流动速度加快。由于信息技术日新月异,互联网络迅速延伸与扩展,信息获得成本大幅度下降,世界经济在四通八达的网络社会中运行,任何高额利润都会使全世界的生产要素趋之若鹜,商品价格、汇率差别将日益缩小。各国面对激烈的国际市场竞争,必须努力改善生产经营活动,降低成本,提高劳动生产率,实现规模生产。这一切都会有效地扩大世界的总产出水平。同时,激烈的国际竞争还会刺激新技术的研究与开发,使科技成果在世界范围内更快地转化为生产力,从而刺激全球经济的增长。

(二) 经济全球化对世界经济的消极影响

与此同时,经济全球化也给世界经济带来一定的消极影响。这种消极影响主要表现为:整个世界经济发展一直处于不平衡状态;在经济全球化过程中充满了矛盾和斗争,但又不易得到彻底解决。

1. 经济全球化发展的不平衡

首先,发达国家和发展中国家的经济差距扩大,贫富分化加剧。经济发达国家生产力水平高,科技基础雄厚,基础设施完善,制造业和金融业发达,市场广大,信息灵通,法制比较健全,在资金、人才等方面具有较大优势,因此,在经济全球化的过程中占尽先机。发展中国家虽然有丰富的自然资源、充裕而低廉的劳动力,但是大多数发展中国家生产力水平不高,经济不发达,基础设施不完善,市场尚待开拓,甚至有些国家和地区社会不安定,政局动荡,在国际经济活动中所占份额无法与发达国家相比。由于经济全球化对于不同类型国家的增长效应不同,因而在促进全球经济加速增长的同时,也进一步拉大了各国之间的贫富差距。经济专家认为,经济全球化并没有缩小南北国家经济上的差距,反而越来越大了。国际货币基金组织(IMF)于 2016 年 4 月发布了《世界经济展望》。数据显示,2015 年世界 GDP 总量为 77.3 万亿美元,总人口为 73.16 亿,人均 GDP 为 10138 美元。在全球 191 个经济体中,中国人均 GDP 排名第 76 位,人均 GDP 排名在中国之前的国家 GDP 为 53.17 万亿美元,占 GDP 总量的 72.7%,人口为 18.67 亿,占总人口的 25.5%,人均 GDP 为 28476 美元;人均 GDP 排名在中国之后的国家 GDP 为 9.01 万亿美元,占 GDP 总量的 12.3%,人口为 39.75 亿,占总人口的 55.7%,人均 GDP 为 2267 美元。各国之间的贫富悬殊问题不断恶化,根据联合国贸易和发展大会 2014 年《最不发达国家报告》,目前全球 48 个最不发达国家的贫困人口数量仍在不断增加,人均 GDP 只有 992 美元,这些贫困人口每天的生活费不足 1.25 美元,在苦苦为生存而挣扎。

其次,在世界贸易总额中,发达国家在商品贸易和服务贸易两方面一直占绝大部分,而且在同发展中国家的交换中获得巨大的贸易利益;而广大发展中国家在世界贸易总额中所占比重长期停留在 1/5~1/3 之间,而且多数国家的贸易条件持续恶化,要改变这种不利的贸易处境相当困难。由于大多数发展中国家长期以出口初级产品和劳动密集型产品为主,其价格受国际市场供求变化的影响而经常波动。工业发达国家的出口多以资本和技术密集型产品为主,用这类产品同初级产品、劳动密集型产品相交换,无疑给发达国家带来更大的贸易利益。不仅如此,一些发展中国家即使出口低附加值的产品,也往往受到发达国家保护主义的限制而难以增加出口。

2. 在金融风暴的冲击下,国际金融市场的风险将进一步加大

经济全球化,意味着金融要和贸易与投资一样,逐步实现自由化。金融自由化,有利于在世界范围内实现资源优化配置。但是,金融业是世界上发展最快同时又是最难管理的行业,全球性的金融危机越来越频繁,持续时间越来越长,波及范围越来越广,这种现象已经引起各国政府和经济、金融界的忧虑。目前,世界金融业的增长率远远高于贸易、投资和国内生产总值的增长率,不但金融交易量大,而且形式多样。与此同时,金融衍生工具日新月异,品种已达上百种,人们对其性质、功能的认识尚处于相当模糊的阶段,还缺乏一套成熟有效的规则来规范和管理金融业的发展。目前,世界各国所建立的金融防范和监督体制尚不健全,特别是缺乏国与国之间的应急预防机制。而广大的发展中国家,由于经济实力较弱,再加上立法不全,执法不严,使金融投机活动往往有机可乘。2007 年美国爆发的金融危机迅速蔓延就是一个典型的例证,已经严重影响了全球经济的发展。

3. 加大世界经济发展的矛盾性

当代国家的矛盾错综交织,使全球经济充满了不平衡、不协调、不稳定和各种危机。在发达国家之间,以及发达国家与欠发达国家之间的贸易战、货币战接连不断,并波及整个世界。发达国家,尤其是美国,凭借其经济实力和在世界中的优势地位,对别国的干预、制裁、威胁愈演愈烈。这理所当然地引起其他国家的反击,从而加剧了世界范围内的矛盾、摩擦和斗争。这对世界经济的发展同样造成了不利的影响。

4. 经济全球化使世界经济和各国经济的不稳定性和风险性增加

对发展中国家来说,它们的国民经济不发达,工业基础薄弱,多数国家出口仍以初级产品为主,受国际市场供求和价格变化影响很大,抵御外部干扰和冲击的能力不强,在其开放度提高以后,更容易受到外部的冲击。相对于发展中国家来说,发达国家的经济基础雄厚,经济运行机制较为健全,国内市场也较发达,抗干扰能力较强,所遇到的风险相对较小。但是,随着发达国家之间经济联系日益紧密,国民经济各个领域相互联系的程度越来越深,来自外部的冲击和干扰也会随之增加。它们之间的经济联系一旦遭到破坏,给经济全球化造成的影响要比发展中国家大得多。

5. 经济全球化的发展引起国际性规范的冲突

随着经济全球化的加快发展,新的世界贸易纠纷已延伸到国际性规范。随着世界经济中国界的逐渐淡化,国际性规范不健全问题日益凸显,规范的建立与健全成为国际竞争和冲突中一个新的焦点。今后随着一些国家越来越放宽对经济的控制,市场的开放越来越需要在各国的规范政策方面制定出全球性的行为准则,如国际劳资纠纷、环境保护、知识产权问题等,这些领域的规章制度更为敏感,更加重要。

上述事实说明,在经济全球化过程中,存在着不少不利因素,这些因素构成了经济全球化进程中的严重障碍。只有排除全球化中的各种障碍,才能推动经济全球化的健康发展。

三、经济全球化的发展趋势

通过对经济全球化不同影响因素的分析,今后经济全球化的发展趋势可归纳为如下几个方面:

(1)随着高科技产业的迅速兴起,全球信息网络的建立,跨国公司的加快发展,世界市场的进一步扩大,经济全球化将进一步加强。从具体行业看,数字通信和计算机技术已分别成为全球专利申请增幅最快和最多的领域,大数据、智能制造和无线革命将改变21世纪,3D打印、人工智能等交叉融合技术成为研发热点。尽管在其发展过程中存在种种障碍,但发展经济已经成为"冷战"后各国的中心任务,因此,今后各国经济的相互依存关系将更趋密切。

(2)随着经济全球化的深入和广泛发展,生产要素在各国之间的流动将进一步加快和扩大,从而实现在全球范围内的优化配置;与此同时,各国互通有无,优势互补,使得国际分工与合作进一步加强,特别是在经济增长较快的亚洲和拉丁美洲,这种趋势将更加明显。

（3）随着经济全球化的进展、信息技术革命和经济软化趋势的加强,市场经济下的贫富差距仍将继续存在。经济全球化与信息技术革命相结合,最引人注目的是全球产业价值链的形成。发展中国家参与了跨国公司主导的全球生产价值链,出现了产业内贸易的快速发展,发展中国家成为低附加值制成品的出口大国,正在成为服务外包的重要接包国。发达国家与发展中国家之间的经济差距,在某些经济增长较快的地区将出现缩小的趋势,而在某些低收入、经济技术落后的最不发达国家集中的地区,其差距有可能进一步扩大。这些地区参与全球化的程度很低,涉及的领域也很有限,因此它们的全球化进程仍将是缓慢的,仍将继续在贫困化和边缘化中挣扎。

（4）在经济全球化进程中,一方面是各国之间的经济联系与合作进一步加强,另一方面仍将存在矛盾和斗争。"冷战"后国际关系中的经济因素更加突出,在各国综合国力的较量中,经济成为决定性因素。为了提高自己的综合国力,各国都将极力促进经济的加快发展。但由于某些发达国家想争夺世界经济各个领域的主导地位,所以它们之间的贸易战、货币战、投资战和高科技争夺战还将继续下去,在某些国家和地区有时可能表现得更为剧烈,这仍将是今后经济全球化的重要障碍。

（5）经济全球化进程中出现的既统一又对立的两种发展趋势,都要求加强对全球经济的国际协调。而要做到这一点,既要建立与健全更加有效的国际经济协调机制,又要建立与健全必要的国际规章制度。由于"冷战"后世界格局和经济全球化的新发展,原有的国际经济组织和一些规章制度已经不适应新形势的发展要求,必须从组织与功能等方面进行全面改革,使其更加有效地发挥对经济全球化的推动作用。

（6）随着国际贸易、国际投资和经营资源全球化的发展,已在全球范围出现对大量生产、大量消费、大量废弃体制的反省。目前的这种体制产生了许多问题。其中单一的、标准化的大量生产体制始终伴随着生产过剩的压力,其结果是不得不开始实行适应个别需求的多品种、少批量的生产体制。另外,大量消费和大量废弃使环境遭到破坏,资源遭到浪费,处理废弃物也成为难题。今后随着贸易和投资自由化、全球化的发展,人们将会更加提倡循环利用、重新利用和少废弃,并逐步建立与此相适应的经营与管理体制。

四、经济全球化下我国的发展战略

1. 积极参与经济全球化,倡导可持续发展的经济全球化

随着全球化浪潮的迅猛发展,不但原来不公正的国际政治秩序没有被打破,发展中国家在国际社会中反而处于更加不利的地位,南北差距呈现逐步扩大的发展态势。其原因是:整个世界经济的规则是由发达国家制定的,在全球化的竞争中,发达国家占据主导地位,发展中国家只能充当配角。我国作为联合国常任理事国,应代表发展中国家,倡导在可持续发展原则之下,对全球化的竞争规则与全球化的发展方向做严格规范。唯有如此,才能逐步弥合南北两极分化带来的巨大鸿沟。

2. 掌握对外开放的主动权,提高对外开放程度,降低对外依赖程度

我国应适应加入世界贸易组织的需要,抓住机遇,迎接挑战。由有限范围、领域和地域的开放,发展成为全方位、宽领域、多层次的开放,由试点为特征的政策性开放发展成为

按世界贸易组织规则运作和在我国法律框架下可预见的开放,由单方面为主的自我开放发展成为中国与世界贸易组织成员间的双向的相互开放,并以加入世界贸易组织为契机,加快结构调整和产业升级的速度,发展壮大优势产业,增强市场竞争力和抵御风险能力。与此同时,要注意防范经济的对外依赖性。

3. 努力参与并推进国际经济关系的协调

充分利用国际规则保护民族产业,维护国家经济安全。在全球化中,既要加强在国家和企业管理方面互动型的战略学习,取人之长,补己之短,了解和学习国际规则,还要扫除"恐外"心理,积极稳妥地参与、推进国际经济关系的协调,把"学外"与"不恐外"结合起来。这既是一个学习的过程,也是维护我国在全球利益的过程,更是争取我国最大市场份额的过程。充分利用国际规则的"安全阀"来保护中国的民族产业。例如,以世界贸易组织的例外条款、区域贸易保护条款、非歧视原则以及 WTO 争端解决机制为"安全阀",用以保护那些具有自主知识产权的民族产业,保护那些能够代表我国先进生产力和先进经济文化以及具有竞争优势的民族产业。

4. 充分发挥中国的比较优势,增强综合国力和提高国际竞争力

在经济全球化过程中,一国的地位和作用,主要取决于其综合国力和竞争力。国家实力越强,融入全球经济越快,就越有利。我国在国际分工与国际竞争中,有自己的比较优势,包括自然资源禀赋、资本、文化历史传统、社会经济制度、科技和教育、容量大和购买力高的市场、有特色的产业和有竞争力的企业以及尤为重要的信息、知识、人才等优势,我国要充分利用自己的比较优势来提升国际竞争力。只有提高国家竞争力,才能维护国家经济主权和保证国家经济安全。

☞ 思考题

1. 简要说明经济全球化的内涵。
2. 推动经济全球化的原因有哪些?
3. 金融全球化的特征有哪些?
4. 经济全球化对世界经济的影响有哪些?
5. 经济全球化的发展趋势是什么?

第九章

区域经济一体化

☞ **内容提要**

　　区域经济一体化和经济全球化是当代世界经济的重要特征,特别是 20 世纪 90 年代以来世界经济中最具活力的现象。由于区域经济一体化具有天时(资源禀赋、市场自然联合)、地利(地缘、周边关系)与人和(政治制度、文化习俗相近)等有利条件,对不同类型的国家具有更加直接的利益和影响,因此区域经济一体化的发展表现得更为突出。

☞ **关键词**

　　区域经济一体化　欧盟　北美自由贸易区

第一节　区域经济一体化的含义及其特点

一、区域经济一体化的含义

　　第二次世界大战后,建立新的国际经济秩序成为各国经济发展的重要条件和维持世界和平的基础,为此,各国在不断调整各自经济贸易政策的同时,也在寻求与其他国家更多的经济联系和区域间更紧密的经济合作。在这种国际环境下,1944 年 9 月 5 日,比利时、卢森堡和荷兰三国签署了关税协定,决定战后建立关税同盟,并向经济同盟发展。1948 年 1 月 1 日协定生效,它意味着比、荷、卢三国之间经济一体化的开始,同时也拉开了区域经济一体化的序幕。随后,欧洲煤钢共同体(1951 年)、欧洲原子能共同体(1957年)、欧洲经济共同体(1957 年)、欧洲自由贸易联盟(1960 年)、中美洲共同市场(1962年)、安第斯国家共同体(1969 年)、东南亚国家联盟(1967 年)、加勒比共同体(1973 年)、西非经济共同体(1974 年)等,如雨后春笋般相继出现,使区域经济一体化经历了 20 世纪 50 年代后期至 70 年代初的第一次高潮。在经历了 20 世纪 70 年代至 80 年代上半期的徘徊之后,从 20 世纪 80 年代中后期开始,特别是 20 世纪 90 年代以来,区域经济一体化的发展趋势明显增强。欧盟东扩,美国、加拿大、墨西哥三国的《北美自由贸易协定》生效,东盟自由贸易区的成立等,将区域经济一体化推向第二个高速发展时期。

目前世界上已建立的区域经济一体化组织共有 30 多个,参加国遍布世界各个地区,覆盖了世界全部国家的 90% 以上,WTO 成员 95% 以上参加了一个或多个区域一体化组织,仅欧洲、北美和亚太三大区域集团就涵盖了全球 48.4% 的人口、81.2% 的国内生产总值和 83.6% 的贸易额。此外,跨区域的双边或多边自由贸易协定因可操作性强而发展更快。近些年来,全球范围内的双边或地区贸易协定(Regional Trade Agreement, RTA)等区域性体制(亦称 RTA 体制)如雨后春笋般涌现,且发展势头强劲。截至 2015 年 1 月 8 日,WTO 成员通报的 RTAs 数量已达 604 项,已生效的就有 398 项,对 WTO 多边体制形成前所未有的强烈冲击。特别是,目前正如火如荼开展的、美国主导的"跨太平洋战略经济伙伴关系协定"(Trans-Pacific Strategic Economic Partnership Agreement,TPP)和美、欧之间正在进行的"跨大西洋贸易与投资伙伴关系协议"(Transatlantic Trade and Investment Partnership Agreement,TTIP)等区域性体制谈判,无论是在议题覆盖的广度上,还是法律规则的复杂性、先进性方面均超过了 WTO"多哈回合"谈判。作为世界上第一大贸易体,中国现已与新西兰、瑞士、新加坡、韩国等达成双边自由贸易协定,中、美之间和中、欧之间的双边贸易与投资协定谈判目前正紧锣密鼓地进行。与此同时,面对日益复杂的全球经济格局,中国适时提出了"一带一路"的对外经济交往战略,这一战略涵盖亚洲、欧洲众多贸易伙伴,波及领域之广泛、涵盖内容之丰富,前所未有。世界其他地区,如南美洲地区、东南亚地区、非洲地区的区域性贸易和投资安排谈判风生水起,不甘落后。

一体化(Integration)一词源于拉丁语,含义是企业间通过卡特尔、康采恩、托拉斯等形式结合形成的经济联合体。20 世纪 50 年代初,人们开始用经济一体化(Economic Integration)一词来表述各国家之间在经济上结合起来逐步形成一个经济联合体的过程,即区域经济一体化。对此国内及国际学术界都有许多描述。荷兰经济学家丁伯根(J. Tinbergen)被认为是第一个给经济一体化下定义的人,他认为经济一体化是有关各国贸易的自由化。平德(J. Pinder)认为,经济一体化就是"消除各成员国经济单位之间的歧视,而且要形成和实施协调的和共同的政策"。彼德·林德特(Perter H. Lindert)和金德尔伯格(C. P. Kindleberger)认为,"经济一体化是指宏观经济政策的一体化和生产要素的自由流动以及成员国之间的自由贸易……是生产要素国际流动障碍消除,并导致要素价格的均等化"。

国内学者对区域经济一体化也多有表述。李琮认为,区域经济一体化大致可以表述为:"一组国家在平等互利的基础上联合起来,彼此自愿地约束自己的部分经济主权甚至相互对等地让渡或分享一部分经济主权,通过制定条约、法规,建立必要的执行机构,共同规范部分生产要素(如商品)或全部生产要素(商品、资本、人员和劳务)在所有成员国家间自由流通的条件,从而使这一组国家的资源得以不受成员国边界的限制,在这一组国家的共同经济空间中得到优化配置,使成员国在经济上的互补性得以实现,达到共同繁荣的目的。"庄宗明认为,区域经济一体化是"特定区域中的两个或两个以上的国家或地区,为谋求区域内商品和要素流动的自由化,通过达成经济合作的某种承诺或签订条约、协议,在经济上结合起来形成一个区域性经济联合体的过程"。陈漓高教授认为:"区域经济一体化是指地理位置相临近的两个或两个以上国家（地区），以获取区域内国家（地区）间的经济集聚效应和互补效应为宗旨，为促使产品和生产要素在一定区域内的自由流动和有效配置而建立的跨国性经济区域集团。"而宫占奎等学者则认为："所谓区域经济一体化，即是为谋求共同的利益与经济发展，以对内加强经济合作与对外增强竞争实力为目的，由国家出面通过协定或条约将两个或两个以上主权国家为在国民经济的各个领域实行相互协调与合作而结合在一起的地区性经济安排。"

以上定义虽不尽相同，但所要表达的实质内容却是一样的，即区域经济一体化是指两个或两个以上的国家通过签订条约或协议，甚至让渡部分经济主权，逐步减少直至消除区域内的各种壁垒，使商品和各种生产要素在成员国间自由流动，从而达到共同繁荣和发展的区域性经济安排。同经济全球化一样，区域经济一体化是一个动态的发展过程。

目前区域经济一体化已经日益成为当今世界经济的一个显著特点。各种类型的区域经济一体化组织遍布世界，对世界政治经济格局产生了深远的影响。区域经济一体化已是全球性浪潮，这一方面反映了国际分工的深化，各国之间经济关系的日益密切，另一方面也反映了多边自由贸易体制正面临着挑战及区域性贸易保护主义抬头的一种倾向。

二、区域经济一体化的特点

在世界经济发展中，出现了越来越多的区域经济一体化组织，它们日益取代国家经济成为世界经济的主体。综观其发展历程，区域经济一体化具有以下几个特点。

1. 以贸易自由化为起点

从已建立的区域经济一体化组织来看，无论规模大小、成员多少、一体化程度高低，都是以贸易自由化为起点的。一体化组织成立的协定或条约，均以成员国相互之间提供关税减让为互惠互利条件，并以此为契机不断降低区域内的关税和非关税壁垒，促进区域内商品的自由流动。贸易自由化是各区域经济一体化组织的共同目标。在成员国关税一体化和区域内贸易自由化的基础上，区域贸易一体化向更高的层次扩展。

2. 以政府推动为契机

与经济全球化本质上是一种自发的市场行为不同，无论是哪种形式的区域经济一体化组织，都是由政府出面，在签订某种互惠互利的一体化协议的基础上建立的。这种国家间的协议，不仅是区域性经济组织成立的基石和标志，而且成为区域性一体化组织运行和合作的机制。成员国以协议的规则为行为准则，自觉遵守、认真执行和共同维护协议约各项条款，从而保证参加国在履行了协议规定的义务的同时，能够充分享受到应有的权益，实现成员国共同的目标。这种涉及国家之间的经济关系，甚至是部分经济主权让渡的超国家经济决策，如果没有政府的参与是不可能的。也就是说，区域经济一体化组织的建立是以政府的推动为直接表现的。

3. 具有对内自由和对外保护的双重特性

通过签订不同程度的优惠协定，区域经济一体化组织成员国之间消除关税和非关税壁垒，推动了商品和各种生产要素的自由流动，从而促进了成员国贸易的自由化和经济发展。但任何区域一体化组织的各种优惠措施都仅仅适用于区域内的成员，而对区域外的其他国家则实行共同的贸易壁垒政策,以保护区域市场和产业免受外来商品的冲击,也就是说,区域经济组织在加强成员国对内开放、促进区域内贸易自由化的同时,对外则通过共同的关税和非关税壁垒等保护措施,限制非成员国商品的进入。这充分体现了区域经济一体化组织作为一种区域性经济组织,同时具有开放性和排他性的双重属性。

4. 贸易创造与贸易转移双重效应兼备

区域经济组织成立后,由于成员国之间取消了关税及其他贸易壁垒的限制,产品在区域内自由流动,因此,使得部分原先由国内以较高生产成本生产的商品改由从低成本的成员国进口,从而使进口和出口的成员国都能够更专业化于具有比较优势的产品,提高了资源的使用效率,扩大了生产规模和贸易规模。同时,由于低成本产品的流入,减少了消费者的消费开支,增加了消费者用于其他产品的消费,扩大了社会需求。生产、消费和贸易的同时扩大,提高了成员国的社会福利水平。这就是区域经济组织的贸易创造效应(Trade Creating Effect)。

但与此同时,区域经济组织成立后,使成员国原来从区域外低成本生产国进口的某种产品改由从区域内较高成本生产的成员国进口,使其进口成本增加,社会福利水平下降。从全球的角度讲,生产从效率较高的国家转移到效率较低的国家。这种转移使生产背离了比较优势原则,从而造成国际资源分配的恶化和全社会经济财富的浪费,使社会经济福利水平降低。这就是区域经济组织带来的贸易的转移效应(Trade Diverting Effect)。

5. 由地缘性向广泛性扩展

地理位置邻近,民族传统、宗教信仰、风俗习惯相近,劳务、资本、人员、信息等生产要素和商品的跨国流动便捷,不仅可以大大减少交易中的流通费用,而且易于在价值理念沟通的基础上达成一致,因此,地缘关系是区域经济一体化组织产生和发展的首要因素。实践中,几乎所有紧密型区域经济一体化组织都是起源于地理位置邻近的国家,这是基于地理条件、文化背景、经济联系及社会制度相似等因素的考虑。但随着经济全球化的深入发展,地缘关系逐渐为共同的经济利益取代而成为次要条件。互惠互利、谋求更大发展,成为区域经济一体化的基本原则和前提条件。在区域经济一体化合作的形式上,已打破地理位置的界限,向更广阔的范围扩展。特别是20世纪90年代以来,在各区域经济组织规模扩大、一体化进程加快的同时,区域经济组织的形式结构和主体结构同时发生了变化,突破了成员国多为地理位置邻近、经济发展水平相似的旧式结构,出现了合纵连横、区域集团与区域集团之间、发达国家与发展中国家之间以及社会制度不同的国家之间组成的"跨区域""次区域",甚至跨洲的各种形式的新型组合。例如,一个大区域组织内部又存在着若干联系更为紧密的小区域组织(如亚太经合组织和其区域内存在着联系更加紧密的其他区域性经济合作组织),东盟自由贸易区和其他国家结成的经济合作组织(如"10+1""10+3"等)。再如,欧盟提出与北美自由贸易区联合为"泛大西洋自由贸易区",并已得到加拿大的支持;东盟与南美的南锥共同市场建立一个跨洲的自由贸易区计划正在协商酝酿之中。这种多层次、多角化的经济联合和合作的结构使许多国家同时是几个区域经济组织的成员,或者既处于某一大区域组织中,同时又是其中某一个甚至是某几个次区域组织的成员,且这种趋势还在随着经济全球化和区域经济一体化程度的加深而发展。

在地域范围扩大的同时,区域经济组织合作的领域也越来越宽,已经由单纯的货物贸易领域扩展到服务贸易、技术贸易、知识产权和投资等领域的合作。

第二节　区域经济一体化的动因

一、世界经济格局的变化是区域经济一体化存在和发展的客观基础

第二次世界大战以后,特别是"冷战"结束后,世界政治及经济格局发生了重大变化,由个别超级大国统治和垄断的单极格局变为多元鼎立的多极化格局。在这种格局下,任何一个国家都没有能力左右整个世界经济和贸易的发展,单靠一国实力也很难在愈演愈烈的国际竞争中站稳脚跟。因此,与地理上相邻或相近、历史上早已有经济联系渊源,且在文化、宗教、风俗等方面有较多共同或相近之处的国家组建区域经济一体化组织,是保持国际经济格局中地位和优势、提高国际竞争力的明智选择。对于实力弱小的发展中国家来说,通过区域经济合作,可以以一个地区组织的资格参与国际事务,增加谈判实力,从而争取更大的发言权和更有利的国际地位。对于国力强大的发达国家而言,除了通过区域经济合作达到其扩大市场、实现资源更大范围的有效配置、促进本国经济发展的目的之外,还可以此为依托扩大影响,争取在本地区范围内起主导作用,形成以自己为核心的势力范围,并逐步向其他地区乃至全球扩张。因此,它们也倾向于建立本地区的经济一体化组织。经过五年多的谈判,美国、日本等12个国家终于达成跨太平洋伙伴关系协定(TPP)。这是一项由美国政府主导的、旨在促进环太平洋地区国家经济往来的协议。签署TPP协议的12个国家包括美国、日本、加拿大、澳大利亚、文莱、智利、马来西亚、墨西哥、新西兰、秘鲁、新加坡和越南,这些国家GDP总和占到了全球的40%。TPP也是美国自1993年与加拿大和墨西哥达成北美自由贸易协议(North American Free Trade Agreement)以来,与其他国家签署的一项规模最大的贸易协定。美国总统奥巴马在2011年宣布美国将在TPP谈判中扮演主导角色。《纽约时报》文章说,TPP协议的达成也有望成为奥巴马任期内的一大功绩。奥巴马的外交政策是向增长迅速的东亚地区倾斜,而TPP协议将成为这一外交政策的最大成就。有观点认为,TPP协议是为了遏制中国的经济影响力,让美国而不是中国得以在太平洋地区设立商业标准。

二、福利效应是区域经济一体化发展的诱因

区域经济合作组织之所以受到各国政府的青睐并如此迅速地发展,一个重要的原因是它具有促进成员国经济利益实现、增进福利效应的作用。

区域经济组织可以使区域内各国充分利用区域地缘优势,打破国界限制,共享资源及要素在成员国内自由流动的优势,共享市场规模扩大的成果,实现经济效益和经济福利的最大化。区域经济一体化从以下几个方面促进了成员国福利的增加。

1. 贸易创造效应

由于区域经济组织内部取消关税,实行自由贸易,从而使部分原先由国内以较高生产成本生产的商品被其他成员国的低成本产品所取代,提高了区域内的资源配置效率,扩大了成员国的生产和贸易。同时,由于低成本产品的流入,减少了消费者对该项产品的消费开支,增加了对产品的选择范围和社会需求,从而在节约社会劳动的同时提高了社会福利水平。

我们这里引用李普西《关税同盟理论的综合考察》中的例子来说明。假定在某一固定汇率下,x 商品的价格在 A 国为 35 玩,B 国为 26 元,C 国为 20 元。这里 A 代表本国,B 代表关税同盟国,C 代表世界其他国家。假定在 A、B 两国结成关税同盟前,A 国自己生产 x 商品,那么该国必然要借助于关税保护,假定关税为 100%。A 与 B 结成关税同盟后,两国相互取消关税,实行自由贸易。这样,A 国就不需要自己生产 x 商品,而改为向 B 国购买。A 国自己生产需 35 元(假定价格等于成本),而向 B 国购买只要 26 元,节省了 9 元的机会成本,创造了从 B 国向 A 国出口的新的贸易和国际分工,这就是所谓"贸易创造"效应。因此,当关税同盟中某成员国的一些国内产品被另一成员国的生产成本更低的进口品所替代时,便发生了贸易创造。

贸易创造是指由于关税同盟内实行自由贸易后,国内成本高的产品为成员国成本低的产品所代替,从成员国的进口增加,新的贸易得以"创造"。其效果是:①购买同样产品的消费支出减少,此为消费利益;②专业化分工改善了资源配置,提高了资源利用,此为生产利益。

A 国将原来生产 x 商品的资源投入别的生产,有利于发挥自己的优势;而对于 B 国,由于 A 国市场上消费的 x 商品均由 B 国生产,则其生产规模扩大,成本会降低;对于 C 国,由于原来就不和 A、B 发生贸易关系,所以也就没什么变化。

2. 规模经济效应

区域经济一体化组织取消了成员国之间的贸易壁垒,将原本各自分散孤立的单一市场扩大为区域性的统一大市场。厂商由此扩大了生产规模和出口规模,降低了产品成本,获得了规模经济带来的贸易利益。

大市场理论从动态角度来分析区域经济一体化所取得的规模经济效应,其代表人物是西托夫斯基(T. Scitovsky)和德纽(J. F. Deniau)。

大市场理论认为,各国的贸易保护政策把市场分割得很狭小,只能为本国厂商提供狭窄的市场,无法实现规模经济,因此该理论主张扩大市场范围,创造激烈的竞争环境,推动规模经济和技术利益的实现。

德纽对大市场的原理作了如下表述:由于市场扩大,机器设备得到充分利用,应用新技术和进行专业化大批量生产,加上竞争的激化,所有这些因素都会使生产成本和销售价格下降,再加上取消关税更使价格下降。这一切必将导致购买力的增加和实际生活水平的提高。随着购买力的增强,又可能使消费增加,投资增加,导致价格下降,工资、购买力全面提高。这样就会使经济出现滚雪球式的扩张。因而只有市场规模迅速扩大,才能促进和刺激经济扩张。

西托夫斯基则提出一个"小市场与保守的企业家态度的恶性循环"或被称为"高利润率恶性循环"的有趣命题。就是说,在组成共同市场之前,由于市场狭小,市场竞争趋于消失,西欧国家陷入了高利润率、低资本周转率、高价格的矛盾中。由于价格高,很多耐用消费品的普及率很低,企业不能进行大批量生产,结果陷入了高利润率、高价格、市场狭窄、低资本周转之中。西托夫斯基认为,能打破这种恶性循环的方法就是建立共同市场或推行贸易自由化。形成共同市场以后,消除了成员国间的贸易壁垒,各国厂商间竞争激烈,从而刺激劳动生产率的提高和成本的下降,企业转向大规模生产,大众消费增加,从而步入良性循环。

大市场理论对于区域经济一体化提供了有力的解释,但仍然不完备。比如即使不组成区域性经济贸易集团,只要有世界性的自由贸易,亦可取得大规模市场的各种利益,而且就市场规模的大小而言,世界性的自由贸易远远大于区域性的经济一体化。

而日本学者小岛清(Kiyoshi Kojima)在考察经济共同体内部分工的理论基础以后于20世纪70年代在《对外贸易论》一书中提出了协议性国际分工理论。他认为,许多经济学家都以大卫·李嘉图的比较优势原理来说明经济一体化成员国的分工原理,通过竞争激化来获得规模经济等动态利益,是有疑问的。因为完全依靠这一原理,可能导致各国企业的垄断和集中,影响各成员国间分工的和谐和贸易的稳定发展。如欧共体形成以后,生产要素都流向发达地区,使区域内国家经济发展趋向不平衡。

小岛清提出,为了使经济一体化集团获得规模经济,并能和谐地扩大成员国间的分工和贸易,需要一种新的国际分工原理作为指导,这就是协议性国际分工原理,也就是成本长期递减下的国际分工原理。因为区域经济一体化的目的就是要通过大市场化来实现规模经济,这实际上也就是成本长期递减的问题。小岛清指出,两国要达成相互提供市场的协议,在协议的基础上进行国际分工,就可实现规模经济,这不是靠竞争,而是靠协议来推动的。如果听任竞争机制发生作用,那两国都去扩大两种商品的生产规模,以谋求降低成本,增强竞争力,两国都很难实现规模经济。

实行协议性国际分工是有条件的:

(1) 要素禀赋比率差别不大,经济发展水平相近,协议性分工的对象产品在每个国家都能生产,否则,比较优势仍起主导作用。

(2) 协议性分工生产的商品,必须是能够获得规模经济的商品。

(3) 生产两种商品的利益差别不大,即产业无优劣之分。

上述条件表明,经济一体化容易在同等发展阶段的国家间建立。两个或两个以上国家,通过签订协议来各自让出市场,各自从事专业化生产,从而享受大市场的规模经济效益。这种分工虽然并不一定符合比较优势原理,但也会给成员国带来利益。

3. 投资刺激效应

随着市场的扩大,区域内投资会大大增加。一方面,为了提高竞争能力,原有厂商增加投资,以提高产品质量和档次,相应地扩大了市场规模;另一方面,为了绕过区域经济组织对外设置共同关税所造成的贸易歧视,非成员国企业会到区域内进行直接投资。

4. 竞争压迫效应

区域经济一体化组织取消了各种贸易壁垒和限制，打破了成员国对本国市场的保护，使厂商面临空前激烈的竞争。在此压力下，各厂商努力提高技术水平和劳动生产率，降低成本，从而使经济资源得以更有效配置，整个区域的经济福利不断增加。

三、贸易保护主义的加剧是区域经济一体化的催生剂

战后科技革命和生产力的高速发展以及国际分工的不断深入，都要求生产要素的快速流动和更佳配置。但是，为了保护本国市场和本国产品的竞争力，各国都采取了不同程度的贸易保护措施，通过设置各种关税或非关税壁垒，人为地限制生产要素的流动。当在市场规律驱使下生产要素的流动遇到来自其他国家和地区所设置的障碍，而这种障碍又难以在世界范围内得到解决时，受到阻碍的国家就会率先在本地区建立起区域性经济组织，通过同区域内其他国家的贸易磋商和政策协调，以首先在局部范围内解决商品和要素的流动问题。不仅如此，成员国还可以充分利用区域内各国间在生产要素方面的差异性和互补性，通过生产要素在国家间的转移和流动，使要素得到有效利用和最优配置。另一方面，当一国的市场和产业发展受到威胁和严峻挑战时，也会求助于地区经济组织，凭借区域性的集体力量或协调，保护成员国的产业和市场。从这一点也可以看出，区域经济一体化具有双重作用，一方面，在区域内拆除贸易壁垒，促进成员国之间的自由贸易；另一方面，又是排他的，它以区域集团的力量设置贸易壁垒，维护成员国利益，无形中助长了贸易保护主义。所以，从某种意义上说，贸易保护主义催生了区域经济的一体化。

四、经济全球化的风险推动了区域经济一体化

由于经济全球化是一个自发的市场机制作用的过程，而市场机制的作用不仅具有随机性，而且其作用的结果往往是强者获利、弱者受损，因此，经济全球化的发展进程并不是稳定的，而是具有很大的风险性。经济全球化的风险既来自市场机制作用随机性的冲击，也来自一国不能根据全球化的进程做出适宜的调整，还来自于获益国获益差距的扩大和"边缘化"的威胁。要避免这种风险，采取封闭的反全球化行动是不可取的。因为在不可逆转的历史趋势面前，逃避只会失去更多的发展机会和历史机遇，正像世界银行所描述的那样：一国的经济发展速度和参与经济全球化的程度之间，存在着密切的因果关系。参与经济全球化有利于一国的经济增长；反之，面对经济全球化裹足不前，则必然影响经济的顺利发展。那些局部参加全球经济，对投资、贸易及新思想筑起围墙的国家，将付出高昂的代价——经济停滞，贫困加剧。但完全听凭经济全球化中市场机制随意性的摆布，也将使一国的经济发展陷入被动，特别是对于经济发展水平较低的发展中国家来说，风险性就更大。因此，首先与经济发展水平相近的国家结成区域性经济组织，既可以通过享受区域经济自由化的利益促进本国经济发展，又能够通过借助区域经济一体化的力量把全球市场内部化为区域市场，有效地避免了全球化进程中市场过度开放所造成的冲击，化解了经济全球化可能产生的风险和消极影响。

第三节　区域经济一体化的组织形式

区域经济一体化以一定的组织形式存在着。各参与国根据各自的具体情况和条件，以及各自的目标要求而组成不同形式的区域经济一体化组织。对于当前区域经济一体化组织的形式，我们可以按照贸易壁垒的取消程度和经济联系的紧密程度做出如下划分。

一、优惠贸易安排

优惠贸易安排（Preferential Trade Arrangements）是经济一体化最低级最松散的一种形式，是指在优惠贸易安排的成员国间，通过协定或其他形式，对全部或部分商品规定特别的关税优惠。1932年英国与英联邦成员国在渥太华会议上建立的英联邦特惠制以及二战以后建立的"东南亚国家联盟""非洲木材组织"等就属此类。

二、自由贸易区

自由贸易区（Free Trade Area）是指签订有自由贸易协定的国家组成的贸易区，在成员国之间废除关税与数量限制，使区域内成员国间的商品可以完全自由流动，但每个成员国仍保持自己对非成员国的贸易壁垒。比如1960年由英国、挪威、瑞典、丹麦、瑞士、奥地利、葡萄牙7国组成的"欧洲自由贸易联盟"就属于此类形式。为防止集团外国家的商品通过贸易壁垒较低的成员国进入自由贸易区，通常在成员国之间的边境上仍保留海关。比如瑞典和奥地利都是欧洲自由贸易联盟的成员国，且分别对进口汽车征收高关税和低关税，则第三国产品可以先进入奥地利，再进入瑞典，从而逃掉高关税。因此，成员国都规定进口商品应持有原产地证书。

三、关税同盟

关税同盟（Customs Union）是由两个或两个以上国家完全取消关税和其他壁垒，并对非同盟国家实行统一关税率的一体化组织。它除了包括自由贸易区的内容外，还在成员国间设定统一的对外关税率，这时成员国之间不再设有海关机构。关税同盟开始带有超国家调节的性质，是比自由贸易区结合程度更高的经济一体化形式。世界上最早的关税同盟是比利时、卢森堡、荷兰组成的关税同盟，比利时、卢森堡早在1920年就建立了关税同盟，二战以后，荷兰加入比利时、卢森堡关税同盟。

四、共同市场

所谓共同市场（Common Market），就是成员国内除完全取消关税和数量限制，并对非成员国实行统一的关税外，共同市场成员国之间的生产要素也可以自由移动。在共同市场内，除了商品可以自由流动外，资本、劳动力等生产要素也可以自由移动，从而可以改善整个区域的资源配置，促进区域经济增长。欧共体在20世纪70年代初就已经接近这个阶段。

五、经济同盟

经济同盟(Economic Union)就是成员国间不但商品与生产要素可以完全自由流动，建立共同的对外关税，而且要求成员国制定和执行某些共同经济政策和社会政策，逐步消除政策方面的差异，使一体化的程度从商品交换扩展到生产、分配及整个国民经济，形成一个有机的经济实体。

六、完全经济一体化

完全经济一体化(Complete Economic Integration)是经济一体化的最高阶段。在此阶段，区域内各国在经济、金融、财政等政策上完全统一，在各成员国之间完全取消商品、资金、劳动力、服务等自由流通的各种障碍，实行统一的货币。完全的经济一体化，事实上几乎等同一个扩大的国家。1993 年 11 月成立的欧盟便具有该形式的部分特征，1999 年欧元的诞生就是朝着完全经济一体化迈进的实质性一步。

综上所述，可以将六种形式的区域经济一体化组织的具体特征概括如表 9-1 所示。

表 9-1 区域经济一体化组织形式的特征

特征 / 形式	成员国关税优惠	区域内自由贸易	共同对外关税	生产要素自由流动	经济政策协调	经济政策完全一体化
优惠贸易安排	√					
自由贸易区	√	√				
关税同盟	√	√	√			
共同市场	√	√	√	√		
经济同盟	√	√	√	√	√	
完全经济一体化	√	√	√	√	√	√

注:"√"表示具备特征。

第四节 典型的区域经济一体化组织

一、欧洲联盟

欧洲联盟(European Union, EU)，简称"欧盟"，是起步最早、经济一体化程度最高的典范。欧盟的前身是欧洲经济共同体(EEC)，其最初是由法国、联邦德国、意大利、荷兰、比利时、卢森堡六国通过签订《罗马条约》，于 1958 年 1 月 1 日正式成立的。2004 年 5 月，欧盟成员国已经扩大到了 25 个，即法国、德国、意大利、荷兰、比利时、卢森堡、丹麦、爱尔兰、英国、希腊、西班牙、葡萄牙、奥地利、芬兰、瑞典、塞浦路斯、爱沙尼亚、匈牙利、拉脱维亚、立陶宛、马耳他、波兰、斯洛伐克、斯洛文尼亚、捷克。欧盟面积达 400 万平方公里,人口 4.5 亿,国内生产总值超过 10 万亿美元。2007 年 1 月 1 日保加利亚和罗马尼亚加入欧盟,欧盟进一步扩大为 27 个成员。2013 年 7 月 1 日克罗地亚成为欧盟第 28 个成员。目前还有一个候选成员:土耳其。

自 1958 年至今,欧洲一体化合作已经历了近 60 年的历史,在此期间,实现了经济一体化合作的四次飞跃:第一次是关税同盟(1968 年),第二次是统一大市场(1993 年的共同市场),第三次是经济与货币联盟(1999 年),第四次是欧盟宪法的制定(2004 年)。

1. 关税同盟阶段(1958—1968 年)

1957 年 3 月,西欧 6 国在罗马签订《欧洲经济共同体条约》,也称《罗马条约》,于 1958 年 1 月 1 日正式成立欧洲经济共同体。

《罗马条约》的核心内容是:

(1)成员国之间分阶段削减直至全部取消工业品关税和数量限制,实现工业品的自由流通。

(2)在农产品领域实行共同农业政策,逐步取消内部关税,统一农产品价格,实现农产品的自由流通。

(3)逐步实现统一对外关税税率。

因此,《罗马条约》的目标是建立一个关税同盟,这一目标虽然一开始就提出来了,但真正实现是在 1968 年。欧洲经济共同体是欧盟发展的第一阶段,它在性质上基本属于关税同盟。

2. 共同市场阶段(1968—1993 年)

欧洲共同体是欧洲经济共同体、欧洲煤钢共同体和欧洲原子能共同体的总称。1965 年 6 国决定统一这三个机构,于 1967 年 7 月生效实施。到 1968 年 7 月欧共体成功地建立起农产品的共同价格和共同的关税政策,变成了名副其实的"关税同盟",并与欧洲自由贸易联盟组成了欧洲自由贸易区。

20 世纪 80 年代中期以来,欧共体一体化在不断深化,成员国不断增加。1973 年 1 月 1 日,英国、爱尔兰、丹麦正式加入共同体;1981 年 1 月 1 日,希腊加入;1986 年 1 月 1 日,葡萄牙、西班牙加入。1985 年 6 月,欧共体发表了一份包括 300 项建议的"白皮书",提出了进一步取消内部障碍,建立包括商品、服务、资本、劳动力完全流动的统一市场的建议,并以补充条文(单一欧洲法案——Single European Act)的方式并入《罗马条约》中,其基本目标是在 1992 年年底前建立统一的欧洲市场。到 1992 年年底,各国已基本撤除了各种阻碍商品和生产要素自由流动的壁垒,一个统一的大市场基本组成,因此我们把这一阶段称为共同市场阶段。

3. 经济与货币联盟阶段(1993—2004 年)

1991 年 12 月,欧共体 12 国首脑在荷兰小城马斯特里赫特举行会议,签署了《经济与货币联盟条约》,简称《马约》,决定最迟于 1999 年 1 月 1 日建成欧洲货币联盟,实行单一货币。《马约》的宗旨是将欧共体缔造成一个政治经济一体化的联盟——欧洲联盟。1993 年 11 月,《马约》生效,欧共体改称欧盟。到 1995 年 1 月 1 日,奥地利、芬兰、瑞典加入欧盟,至此成员国也扩大到 15 个。

欧洲单一货币欧元于 1999 年元旦正式启动,并于 2002 年开始流通,法、德、意、比、荷、卢、西、葡、奥地利、芬兰、爱尔兰 11 国首批进入欧元区。希腊因未能全面达到统一货币的要求暂时落选,英、丹麦、瑞典由于各自的政治原因暂不进入欧元区。单一货币的推行标志着欧洲经济一体化的重大进展,为走向完全经济一体化迈出了实质性步伐。

4. 欧洲联盟的制度建设阶段(2004—2010 年)

2003 年 6 月 13 日,欧盟制宪筹委会经过 16 个月的艰苦工作,制定出了"欧洲联盟新宪法草案"。6 月 20 日,前法国总统德斯坦在萨洛尼卡峰会上庄严地将这部"宪法草案"递交给欧盟轮值主席国的希腊总理西米蒂斯。由于"宪法草案"关系重大,所以在讨论时引起了强烈的争议。经过激烈的争论,最终在许多关键问题上达成共识,并决定对"宪法草案"中剩下的技术问题继续进行修改,2003 年 10 月再次召开大会全面审查"宪法草案"的所有条款。欧盟制宪工作走完了最艰难的第一步,这意味着欧盟的体制改革又上了一个新台阶,是欧盟一体化建设的一次重大突破。

2003 年 12 月 12 日,欧盟首脑会议就"宪法草案"再次进行讨论。欧盟 15 个成员和 10 个准成员的领导人在"有效多数表决机制"等问题上分歧较大,会议未能就"宪法草案"最终达成协议。

2004 年 6 月 18 日,在欧盟东扩后 25 国举行的第一次首脑会议上,欧盟成员国求同存异、面向未来,终于就"宪法草案"达成一致。会议采取双重多数表决制解决了在"有效多数表决机制"问题上存在的分歧。依照"宪法草案"规定,任何欧盟做出的决议,赞成的成员国必须达到 55% 以上,也就是 25 个成员中至少 14 国赞成才能通过;而且赞成国家人口总和必须达到欧盟 4.5 亿总人口的 65%。另外,还特别规定,如果要阻止或否决一项决议必须有 4 个国家、人口达到欧盟人口总数的 35%。2004 年 10 月 29 日,欧盟 25 个成员元首与政府首脑在罗马正式签署了《欧洲联盟宪法》条约。宪法条约的通过是欧盟的一大成就,具有重大的历史意义。

《欧洲联盟宪法》的制定使不断扩大的欧盟进入依法管理、依法行政的发展新时期,大大地拉近了欧盟与公民的距离,增强了欧盟的民主决策力度;提高了欧盟扩大后的协调与决策能力;大幅度地提升了欧盟在全球一体化中的重要作用以及欧盟成员国的凝聚力。

5. 欧洲联盟面临新的挑战(2010 年以来)

欧盟近年挑战不断,先是多个成员国爆发债务危机,与要求紧缩的债权人争执不断。2015 年欧洲难民潮,各国为求自保纷纷设起栅栏,其后的难民配额制度,更再次激发成员国之间的矛盾。欧盟高呼民主、平等,决策权却集中在少数大国手上,造就疑欧情绪在欧洲各地崛起。无论是欧洲单一市场、实质废除边境的《申根协定》、还是共同货币欧元,都可见欧盟一步步推动欧洲一体化。然而英国 1972 年加入欧盟前身"欧洲经济共同体",看中的是单一市场的商贸价值,素来对一体化不感兴趣。英国拒绝加入《申根协定》及欧元区,并常向欧盟讨价还价,双方早已貌合神离。近年欧洲经济不景气,大量移民涌入经济相对稳定的英国,衍生了英国就业等社会问题,成为英国疑欧情绪的催化剂。

欧盟内部的疑欧情绪不仅仅来自英国,希腊激进左翼联盟 2015 年上台,开宗明义反对欧盟强推紧缩政策。极右"国民阵线"近年在法国急速冒起,党魁玛琳·勒庞(Marine LePen)被看好 2017 年角逐总统,她早前坦言"法国较英国有多 1000 个理由脱欧"。波兰右翼总理希德洛也曾表示希望英国留欧,但她 2015 年上任后,率先把欧盟旗帜移离新闻发布会的背景,象征意义不言而喻。

经济危机、一连串恐怖袭击和难民潮等问题频频揭示了欧盟的短板,损害了各国的团结。欧元区至今仍未走出欧债危机的阴霾,财困国不满被逼实施紧缩,德国及英国等又不满要为财困国债务"买单",欧盟要求各国财政预算须经欧盟审议,亦被指干预成员国主权,加剧了各国之间的裂痕。

欧洲理事会主席图斯克曾警告,欧盟在推动一体化上操之过急,呼吁各国领袖不应盲目追求"乌托邦"。文章指出,若欧盟不再正视疑欧思潮,继续扩大干涉成员国的有形之手,今天的脱欧风暴,将不可避免地扩散至其他地区,欧洲团结一致的愿景,只会变成黄粱一梦。

终于矛盾首先在英国爆发,英国 2016 年 6 月 23 日就是否留在欧盟进行了全民公投。在此次英国欧盟公投中,支持脱离欧盟的票数突破 16835512 票,得票率达到了 52%,从而表明脱欧派获得了胜利。这意味着英国有可能成为欧盟成立以来第一个退出的国家,这有可能动摇欧洲的团结,加强反欧盟势力。缺少了英国的欧盟将面临诸多课题。

首先,欧盟以"世界最大规模"的欧洲单一市场为武器,一直在世界上占据重要地位。据国际货币基金组织(IMF)统计,按调整物价水平、剔除汇率波动的购买力平价计算,欧盟地区生产总值(GDP)约为 19.2 万亿美元,属于世界最大规模。如果英国退出,欧盟将被 GDP 约 18.0 万亿美元的美国赶超,同时将与 GDP 约 19.4 万亿美元的中国拉开差距。欧盟总人口约为 5 亿 800 万人,其中英国占约 13%。英国首都伦敦是国际金融中心,同时拥有大量金融、会计和法律等支撑经济发展的高级专家,一直在发挥着超过人口比率的作用。如果显示国家和经济圈实力的 GDP 和人口减少,欧盟作为统一市场的吸引力将下降。此外,还有可能对与美日和亚洲各国推进签署的自由贸易协定(FTA)谈判造成负面影响。如果一直积极开放市场、重视自由贸易的英国脱离欧盟,FTA 谈判的推进力有可能减弱。由于英国的脱离,欧盟将不得不减少预算。欧盟的财政报告书显示,2014 年英国在欧盟预算中负担的金额为 140 亿欧元,占整体的 10% 以上,排在第 4 位。如何弥补英国脱欧导致的资金空缺将成为一大难题。由于很难要求成员国增加分摊,共同预算有可能缩小。地区内农业补贴和地区振兴等政策有可能受到影响。

其次,英国脱欧还将对安全保障投下阴影。在参加北大西洋公约组织(NATO)的欧洲各国中,英国派出的部队规模最大,在军事方面一直做出巨大贡献。英国脱欧,很可能会扩大与欧洲大陆之间的分歧。北约秘书长斯托尔滕贝格(Jens Stoltenberg)在英国脱欧公投后发布声明称,"英国在北约的地位不会改变,将继续承担主导作用",要求英国像以往那样做出贡献。欧盟方面一直警惕俄罗斯军事力量的提高,越来越多的观点担忧,英国脱欧"将加强俄罗斯总统普京的政治立场"。英国一直与美国同步,对俄罗斯采取强硬姿态。此外,在信息收集和分析方面具有优势的英国的退出,对旨在防止恐怖袭击再次发生的欧盟机密信息共享方面也将构成沉重打击。

再次,反欧盟势力有抬头趋势。此次英国的例子首次证明,脱离欧盟的情况将实际发生。反欧盟势力很可能提倡追随英国,进一步扩大势力。荷兰极右翼自由党党首基尔特·威尔德斯(Geert Wilders)对英国脱欧表示了欢呼,宣称这是"欧盟精英们的失败"。而在丹麦和瑞典,极右翼政党正在要求举行是否脱欧的全民公投。2017年3月,作为欧洲整合创始成员的荷兰将迎来大选。自夏季至秋季,法国和德国也将迎来总统选举和大选。在荷兰,极右翼政党自由党在民意调查中居支持率首位。而在法国,很多观点认为极右翼政党"国民阵线"主席马琳·勒庞将闯入决胜轮投票。上述党派均支持举行脱欧的全民公投,这一趋势已开始蔓延至地区内其他国家。

二、北美自由贸易区

(一) 北美自由贸易区简介

美国、加拿大、墨西哥三国在经过一年多谈判后,于1992年12月17日签署了《北美自由贸易协定》,并决定于1994年1月1日正式生效。北美自由贸易区(North American Free Trade Area, NAVIA)是第一个由经济实力悬殊的发达国家和发展中国家组织的经济一体化组织,其宗旨是:在北美三国间取消各种贸易壁垒,创造公平竞争的条件,增加投资机会,保护知识产权,建立执行协定和解决争端的有效机制,促进三边和多边经济合作。成员国将通过执行《协定》规定的原则,如国民待遇、最惠国待遇及程序上的透明原则等,来实现这些宗旨和目标。

《协定》规定,用15年的时间分三阶段取消三国间的关税和非关税壁垒,实行商品和服务的自由流通。

(二) 北美自由贸易区成立后的状况

北美自由贸易区成立后,其经济一体化的发展路程并不平坦。

1994年是北美自由贸易区成立的第一年,墨西哥与美国和加拿大的贸易和1993年相比分别猛增23.1%和35%;加拿大与美国的贸易比1993年劲升14.9%。但是,1994年年底,墨西哥受到了突然爆发的金融危机的打击,其中重要的原因之一,是美国从墨西哥抽走大量的短期资本。然而,这场危机来得快去得也快,其中重要的原因之一,也是美国采取了大规模的援救措施。这次金融危机,集中反映了在经济全球化条件下经济高度相互依赖的墨西哥和美国之间关系的复杂。墨西哥的经济从1996年起迅速恢复,但是墨西哥和美国的经济关系并非一帆风顺。除了墨西哥坚决反对美国的《赫—伯法》(the Helms-Burton Act)外,两国在金枪鱼、西红柿、水泥、公路运输等11个方面存在严重的贸易争端。例如,两国的金枪鱼之争使墨西哥每年损失4亿美元,失去6000个就业岗位。美国规定,进入美国的墨西哥西红柿售价必须高于佛罗里达州西红柿的价格。两国本应根据服务贸易开放的规定于1995年相互开放公路运输,但美国却单方面关闭了边界。这些贸易纠纷多是由于美国单方面设置贸易壁垒,不按《北美自由贸易协定》办事引起的。

这说明,北美自由贸易区在执行协定和贸易争端仲裁机制方面存在缺陷。

即便如此,2004年,北美自贸区10周年的时候,3个国家之间的货物贸易还是翻了一倍以上,从1993年的3060亿美元增加到2002年的6210亿美元。美国贸易代表办公室的数据显示,2010年,北美自贸区之间的贸易额达到9180亿美元。总部在华盛顿的国际经济研究所高级研究员肖特说:"没有北美自由贸易协定,这3个国家都不会像今天这么富裕,贸易关系也不会这么顺畅。"

(三)北美自由贸易区的特点

1. 北美自由贸易区处于区域经济一体化合作的较低阶段

美、加、墨三国合作的核心内容是在15年内取消相互之间贸易的关税和非关税壁垒,实现商品在三国间的自由流通。《北美自由贸易协定》没有规定另两个生产要素——资本和劳动力(人员)的自由流动问题。北美自由贸易区没有设定一套制度化的决策机构、决策程序、执行机构和仲裁机构。北美自由贸易区更没有设立用于发展、深化经济一体化合作的专用资金,特别是没有设立用于援助墨西哥经济发展的专用基金,这样,就难以缩小墨西哥与它的北美伙伴在经济发展上的巨大差距,墨西哥因此就难以履行长期、持续地向美、加两国开放市场的义务。

2. 北美自由贸易区具有两项创新

其一,它在一般自由贸易区实现商品自由流通的目标之外,增加了劳务合作的目标和促进相互投资的目标。这就使北美自由贸易区的合作有了更丰富的内容和更大的弹性,在一定程度上弥补了其机制上的缺陷。如果能坚持不懈地全面推动商品、资本和劳务三方面的自由流通,可以创造过渡到更高级的区域经济一体化合作形式——北美共同市场的条件。其二,照顾了经济发展水平较低的墨西哥利益,实行有差别地消除贸易壁垒安排。《北美自由贸易协定》规定,在《协定》生效后,立即取消50%商品的关税,但这一义务在三个成员国之间的分配是有差别的。在《协定》生效后的第一阶段,墨西哥只对来自美国35%的商品取消关税,对来自加拿大的商品只取消其中5%的关税。而美国和加拿大,则立即对来自墨西哥80%的商品取消关税,这样,使墨西哥得到了很大的优惠,也加强了该《协定》对墨西哥的吸引力。

3. 机制不健全

由于成员国经济实力相差悬殊,使经济规模较小、实力较弱的加拿大,特别是墨西哥经常面临经济一体化合作带来的巨大压力。例如,墨西哥金融危机,就是由于大量涌入的短期投资性证券投资(主要来自美国)突然抽走造成的。然而,《北美自由贸易协定》恰恰没有规定防范金融风险的合作条款,也没有制定稳定成员国货币汇率的机制。所以,类似的经济震荡今后仍有可能发生。

4. 在美国主导下,北美自由贸易区的强烈扩张性

美国在21世纪的经济外交战略,是建立自己的西半球经济一体化依托体系。向东,与欧盟相抗衡,并维护自己在欧洲的利益;向西,通过亚太经合组织分享东亚经济发展的成果,扩大自己在东亚的影响。实现这一战略的关键是建立美国的"根据地"——囊括整个北美和南美的西半球自由贸易区。因此,北美自由贸易区必须向南美扩展。1994年12月10日,在美国的积极倡议下,除古巴外的南、北美洲34国领导人在美国的迈阿密召开了第一届美洲国家首脑会议,与会国一致同意,在2005年建立美洲自由贸易区(Free Trade Area of Americas,FTAA)。在2001年举行的第三届美洲首脑会上,这一倡议再次得以明确。从2003年开始,美洲自由贸易区谈判陆续取得实质性进展:美国先后与智利、危地马拉、尼加拉瓜、萨尔瓦多和洪都拉斯等国签署自由贸易协定;2004年1月25日,哥斯达黎加和美国正式签署自由贸易协定。建成后的美洲自由贸易区包括34个美洲国家,涵盖8亿多人口,区域内经济总量接近10万亿美元,成为全球最大的自由贸易区,其组成元素之复杂将造就独特的贸易区形态,并与欧盟和亚太经合组织一道构成全球贸易和投资基本格局。美洲自由贸易区从倡议到构想虽是在美国主导下进行的,但也得到了拉美国家的响应,在最终建成自由贸易区这个问题上,拉美国家和美国是基本一致的。因为组建FTAA具有多方面的动因,既有经济上的缘由,同时也有政治上的考虑。FTAA从1994年12月迈阿密第一次美洲国家首脑会议启动以来,经过圣地亚哥和魁北克两次首脑会议和多次贸易部长级会议,到2003年年底,已历经九年,但进展甚微,在消除商品和服务贸易壁垒这个主要目标方面几乎没有达成任何有意义的协议。虽然历次首脑会议一再重申2005年建成美洲自由贸易区,但谈判一直停留在议程和框架层面上,无从深入。目前,由于如巴西等拉美国家与美国在建立自由贸易区的问题上存在较大分歧,谈判遇到了前所未有的困难,谈判进度受到遏制。作为替代模式,一些国家纷纷与美展开了多、双边自由贸易谈判。FTAA虽然没有如期启动,但是最终建立一个广泛的、"灵活的"美洲自由贸易区应是意料中的事。以美国现在的实力、地位和霸主气势,可以预料它将会不遗余力、不择手段地去推动FTAA进程,直至最终达到自己的目的。而拉美国家出于稳定本国政局、消除贫困和发展经济的需要也会共同努力,推动建立FTAA。随着欧洲和亚洲区域性合作的不断发展,建立FTAA将是大势所趋,而建立一个广泛而"灵活"的FTAA也是意料中的。但是,这条道路将是合作与冲突并存的荆棘之路,美洲各国之间的贸易争端还将继续存在,在触及敏感领域时可能还会有激烈的纷争。

三、亚太经合组织

亚太经合组织(Asia and Pacific Economic Cooperation,APEC)是亚太地区的一个主要经济合作组织,成立于1989年11月,最初只是国家间的一个部长级磋商机制。1989年1月,前澳大利亚总理霍克访问韩国时建议召开部长级会议,讨论加强亚太经济合作问题。经与有关国家磋商,1989年11月5日至7日,澳大利亚、美国、加拿大、日本、韩国、新西兰和东盟6国在澳大利亚首都堪培拉举行亚太经济合作会议首届部长级会议,这标志着亚太经济合作会议的成立。1991年11月,在汉城(2005年改名为"首尔")亚太经合组织第三届部长级会议上通过的《汉城宣言》,正式确定该组织的宗旨和目标是:相互依存,共同受益,坚持开放性多边贸易体制和减少区域内贸易壁垒。1993年6月改名为亚太经济合作组织,简称亚太经合组织或APEC。

1993 年 11 月,在美国西雅图召开了亚太经合组织各成员领导人第一届非正式会议,开始了经济一体化合作。西雅图会议以后,每年亚太经合组织成员领导人都要举行一次非正式会议,商讨本地区的经济合作问题。2015 年 11 月 18 日至 19 日,亚太经合组织(APEC)第 23 次领导人非正式会议在菲律宾马尼拉举行。会议发表《领导人宣言》,提出"打造包容性经济,建设更美好世界:亚太大家庭愿景";主张"继续团结一致、坚定不移地支持打造开放、可预见、基于规则和透明的贸易投资环境,创造有价值的经济机遇。这是实现可持续和包容性增长,创造有质量的就业,保持金融市场稳定的最佳途径。我们重申,共同致力于打造一个发展创新、增长联动、利益融合的亚太开放型经济";再次肯定以世界贸易组织为核心的多边贸易体制的价值,及其在国际贸易中的中心和首要地位;并承诺,到 2020 年实现茂物目标所规定的自由开放的贸易和投资,并最终实现亚太自贸区。

目前,亚太的概念一般是指东亚和环太平洋地区,包括澳大利亚和新西兰。经过近 20 年的发展,现有成员 21 个,分别为中国、日本、韩国、中国香港、中国台湾、新加坡、泰国、印度尼西亚、马来西亚、菲律宾、文莱、越南、墨西哥、智利、美国、加拿大、澳大利亚、新西兰、秘鲁、俄罗斯、巴布亚新几内亚。

亚太经合组织在经济一体化合作中存在许多的问题,致使该组织的许多协议并没有真正落实。

1. 对发展中成员的照顾空有其名

APEC 在合作机制上的独特创新,使它在开展经济一体化合作以后的不长时间内,就在贸易自由化方面取得了显著的进展:大部分成员都下调了关税税率。APEC 成员主要是发展中成员,还承诺今后继续降低贸易关税税率。此外,各成员还承诺要降低非关税壁垒。但问题在于,美国和日本等发达国家的平均关税已经很低了,降低关税对它们来说似乎不是什么努力的目标。此外,尽管美国和日本承诺在 2000 年把许多信息技术产品的关税降到零,但是,发展中成员在信息技术产品的开发和生产上相对落后,缺乏技术上的竞争力,实际上也享受不到太多的好处。所以,表面上《茂物宣言》规定发达成员要提前在 2010 年实现贸易投资自由化,是照顾了发展中成员,实际上,降低关税和非关税壁垒的鞭子,却不断地打在发展中成员身上。

2. 合作的机制缺乏约束力

APEC 在区域经济一体化合作机制上的独特创造,有益于多样化的亚太合作成员启动贸易投资自由化合作。在自愿的基础上"协商一致的单边方式"可以使合作成员自愿做出自己的单边承诺,似乎可以有效地保护自己的行动自由和主权,不受其他成员的约束。但是,同时每个成员也无法约束其他成员。这正是 APEC 经济技术合作难以开展的一个重要原因:发达成员可以不提出自己在这方面的单边承诺,发展中成员无法约束它们。这种"单边方式"并不能确保发展中成员不受发达成员的约束,反而给发达成员不受约束提供了根据。

3. 协调难度较大

APEC 合作的开发性有助于推动经济全球化进程,但是,同时也使各方的协作更加困难。在茂物会议上,APEC 成员领导人就提出 APEC 合作奉行开放的地区主义,愿与非合作成员共享亚太地区贸易投资自由化的好处。由此,APEC合作没有提出建立共同的关税壁垒问题。APEC的亚洲成员正积极地参与亚欧合作,北美成员也积极地开展与拉美的自由贸易合作。APEC合作的活力,吸引了这一地区的非成员经济体,它们纷纷要求参加APEC合作,甚至不是亚太地区的位于印度洋地区的印度,也希望加入APEC。目前,APEC成员已经达到了21个。这一切表明,APEC合作的开放性有助于推动经济全球化的进程。但是,成员越多,协商一致的难度也越大,一体化合作的范围虽然扩大了,地区合作关系也可能更松散。此外,APEC成员不仅社会制度不同,经济运行体制相异,而且经济发展水平悬殊,相互之间还存在不少历史遗留下来的领土纷争与现实的政治和意识形态分歧。因此,短时期内不可能建立起比较紧密的经济一体化组织。即使这一组织由论坛性质转向有实质性经济职能的制度性安排,其形式也与欧盟或北美自由贸易区不一样。

四、东南亚国家联盟

亚太次区域合作有各种各样的构想和安排,目前较有成效的有东南亚国家联盟(Association of Southeast Asian Nation,ASEAN)、南太平洋经济合作组织、东北亚经济合作等。尤其是东盟,1967年马来西亚、菲律宾、新加坡、泰国、印度尼西亚五国在曼谷签署《东盟成立宣言》,标志着该组织的诞生。现在共有10个成员,除了创始国,还有后加入的文莱、越南、缅甸、老挝、柬埔寨。

东盟成立以来,主要以政治和安全为目的,在推动区域经贸合作方面作用不大。直到1992年,东盟成员国达成协议,建立自由贸易区,于1993年元旦正式生效,其主要内容是:从1993年起联盟内部削减关税20%,到2008年关税率下降为5%,基本建成自由贸易区。然而由于东盟内部各国经济发展水平的差异,关税减让不平衡,如新加坡的关税基本为零,而印度尼西亚的关税却很高。

2002年1月1日,东盟自由贸易区如期启动,为东南亚经济一体化迈出了关键性一步。2003年10月,东盟10国又在印度尼西亚的巴厘岛召开了第九届首脑会议,签署了东盟《第二巴厘宣言》,(也称《第二巴厘协约》),计划在2020年把东盟地区建设成为以商品、服务与投资自由流通为特点的单一市场,成为一个经济、安全和社会文化全面合作的共同体。

在东盟基础上发展起来的"10+3"对话机制逐渐成为推动东亚经济合作的卓有成效的模式。"10+3"对话机制起源于20世纪90年代初马哈蒂尔"东亚经济核心论坛"的构想。这一构想虽然没有直接付之行动,但却间接引出了后来的东盟(10国)加中国、日本、韩国的"10+3"对话机制。东亚领导人非正式会晤(原为"9+3",1999年4月柬埔寨加入东盟后为"10+3",即东盟+中日韩)是由东盟倡议举行的,是目前没有西方国家参与的、东亚领导人就加强本地区合作交换意见的重要渠道。1997年年底,中、日、韩三国与东盟的"10+3"(当时是"9+3")经济合作构想正式启动,其目标是建成世界第三大自由贸易区。

近年来,"10+3"已发展成为东亚合作的主要渠道,被认为是亚洲地区的发展方向和振兴的重要标志。"10＋3"合作机制以经济合作为重点,逐渐向政治、安全、文化等领域拓展,已经形成了多层次、宽领域、全方位的良好局面。"10＋3"在 24 个领域建立了 66 个不同级别的对话机制,其中包括外交、经济、财政、农林、劳动、旅游、环境、文化、打击跨国犯罪、卫生、能源、信息通信、社会福利与发展、科技、青年、新闻及教育共 17 个部长级会议机制。在"10＋3"合作机制下,每年均召开首脑会议、部长会议、高官会议和工作层会议。中国为"10＋3"和"10＋1"合作机制的发展做出了重要贡献。在 1997 年举行的领导人非正式会议上,中国与东盟领导人发表的《联合宣言》,确定了双边睦邻互信伙伴关系。2002 年,中国与东盟签署了《全面经济合作框架协议》,确定了 2010 年建立自由贸易区的目标。2003 年,在第七次"10＋3"和"10＋1"会晤期间,温家宝总理与东盟 10 国领导人签署了《面向和平与繁荣的战略伙伴关系联合宣言》,出席了中国加入《东南亚友好合作条约》的签字仪式。第十八次东盟与中日韩("10＋3")领导人会议于 2015 年 11 月 21 日在吉隆坡举行。李克强总理就"10＋3"合作提出六点建议,即加快推进东亚经济一体化、协力维护地区金融稳定、提升互联互通水平、开展国际产能合作、深化农业减贫合作、拓展人文交流。

第五节 区域经济一体化的经济影响

区域经济一体化是当今世界经济发展的一个重要现象,对世界经济和政治的发展、演进产生了深远的影响。下面我们分别从国际贸易和国际直接投资两个方面来分析区域经济一体化的经济影响。

一、区域经济一体化对国际贸易的影响

1. 促进了集团内部贸易的增长

当今世界的区域经济一体化组织大多是以关税同盟为基础发展起来的。从一开始就取消内部关税,统一对外税率,形成区域性统一市场。由于成员国之间分工的深化,各国在经济上的依赖性增强,从而使得成员国之间的贸易迅速增长,集团内部贸易在成员国对外贸易总额中所占的比重迅速提高。比如 20 世纪 80 年代,欧共体内部贸易额占成员国贸易总额的比重从 20 世纪 50 年代的 30％提高到 60％。

2. 促进了集团内部经济技术合作和产业结构调整

区域经济一体化为成员国之间加强分工、发展专业化生产提供了有利条件。经济一体化创造的共同市场,通过商品和生产要素的自由流动,强化了市场竞争,促进了区域内企业效率的提高。与此同时,竞争和重组推动了产业结构的升级,促进了新兴部门的发展。经济区域一体化组织的建立还有利于成员国之间在科技方面的协调合作。比如在欧共体有关机构的组织下,成员国在许多单纯依靠本国力量难以胜任的原子能、航空航天、大型计算机等领域进行合作,大家所熟悉的空中客车飞机和阿丽亚娜火箭就是这种合作的重要成果。

3. 提高了成员国的贸易地位

区域经济一体化组织的建立,对成员国经济的发展起到了一定的促进作用,联合起来的贸易集团的实力大大增强。比如欧共体刚成立时,工业生产不到美国的一半,但 20 年后已与美国相当。贸易集团化改善了成员国在国际贸易中的地位,扩大了其对外贸易交往。在多边谈判中,一体化组织往往以整体的形式出现,大大增强了谈判实力,有助于维护自身的贸易利益。比如在我国加入 WTO 的谈判中,与拥有 15 个成员的欧盟的谈判就是一个非常重要的部分。

4. 贸易保护主义程度加深

一般情况下,区域经济一体化的各种优惠措施只适用于区域内的成员国,而对其他国家仍然维持一定程度的贸易壁垒,从而影响了成员国与非成员的贸易扩大,这就在客观上形成了排他性和保护性,而且为加强区域贸易合作,区域经济一体化组织成员势必削弱多边贸易谈判的注意力。这在客观上不利于改善多边贸易体系,进而影响全球范围的贸易自由化。

贸易转移效果(Trade Diversion Effect)其实就是区域经济一体化贸易保护主义性质的体现。关税同盟在成员国内部实行自由贸易,而对外实行统一的关税壁垒。如果一国因参加关税同盟,使得原来从外部世界进口价格低廉的商品,变为向同盟内成员国购买高价商品,便发生了贸易转移。当然有这样一个前提,即同盟内生产效率最高的国家并不是世界上生产效率最高的国家。所谓贸易转移,就是指由原来向同盟以外国家的低价购买转而向同盟国内伙伴国的高价购买。假定缔结关税同盟前,A 国自己不生产 x 商品,或由于资源关系,或成本太高,而只能通过进口满足国内市场需求。这样,A 国当然是从价格最低的 C 国进口,价格为 20 元。A 与 B 组成关税同盟后,共同筑起对 C 国的关税壁垒。根据 C 国 20 元与 B 国 26 元的差距,对 C 国的 x 商品征收 30% 以上的统一关税,就可以阻止 C 国 x 商品的进口。这时,A 国就由从 C 国进口 x 商品转而向 B 国购买,x 商品的价格为 26 元。由于结盟后,A 国从同盟外的低价购买转向同盟内的高价购买,这就是贸易转移。贸易转移的结果是:①进口成本增加,消费支出扩大,A 国的社会福利水平下降,对 C 国来说,则是失去了 A 国的市场;②从整个世界看,这种从低成本的供给来源向高成本供给来源的转移,扭曲了国际资源配置,降低了整个世界的福利水平。

从以上的分析不难看出,缔结关税同盟前的状况如何,决定了关税同盟是产生贸易创造还是贸易转移的关键。若结盟前各国封闭,自给自足,则结盟后产生贸易创造,关税同盟扩大了自由贸易;若结盟前贸易相对自由化,则结盟后可能产生的是贸易转移,关税同盟便成了扩大了的保护主义。

5. 加剧了贸易的不平衡发展

发达国家贸易集团的关税壁垒严重影响了发展中国家本来就缺乏竞争力的商品的出口,阻碍了发展中国家的贸易扩大。另外,贸易集团化也使国际直接投资更多地投向集团内部,以寻求安全或躲避贸易壁垒,这样就使流入发展中国家的资金减少,加剧其资金短缺的问题。

总之,区域经济一体化具有双重性质,它以对内自由贸易、对外保护贸易为基本特征。对成员国而言,取消关税和非关税壁垒会促进内部贸易的自由化,深化区域内各国的分工,使内部贸易迅速增长,因此是有利于经济全球化发展的。

但对于其他国家而言,由于贸易保护的加强,成员国同区域外国家的贸易减弱,使世界经济分割成若干相对独立的区域。

二、区域经济一体化对国际直接投资的影响

1. 区域内部直接投资内向化

区域经济一体化促进了区域内部的国际分工和生产专业化的发展,扩大了区内贸易,从而扩大了生产规模,使得区域内部对资本的需求增加。再加上区域内跨国界投资障碍的减弱和消除,投资风险降低,使得国际资本首先在区域内寻找投资机会。

2. 外部资本流向区域内部

区域经济一体化组织对外实行歧视性贸易政策,使区域外国家的商品进入成员国市场受到阻碍,面对区域经济一体化形成的更多商业机会和更好的经济增长前景,区域外国家的厂商为了不至于被日益扩大的市场排斥,便采取到区域内直接投资的方式来避开贸易障碍。因此,区域经济一体化可以吸引大量区域外国家的资金。

3. 发达国家间的直接投资占主导地位

过去发展中国家在资源、劳动力等方面具有比较优势,吸引了很多的国际资本,20 世纪 70—80 年代国际资本大量流向发展中国家。但是随着区域经济一体化的发展,其排他性特征使得国际资本向发展中国家倾斜的趋势发生了逆转,国际资本越来越向发达国家流动,从而更多地表现为发达国家之间的双向流动。

第六节　区域经济一体化与经济全球化的关系

经济全球化与区域经济一体化是既相互联系又相互区别的两个范畴。区域经济一体化所表达的是各国经济在机制上的统一,而经济全球化所表达的是世界经济在范围上的扩大;区域经济一体化所指的是世界各国经济高度融合的状态,而经济全球化则反映了各个相对独立的国民经济之间的联系越来越密切的事实。可以形象地将区域经济一体化与经济全球化比喻为纵向深化与横向扩张的关系,也可以将经济一体化看成是经济国际化发展的质变,经济全球化则是经济国际化过程中的量变。

一、经济全球化与区域经济一体化的联系

1. 区域经济一体化是实现经济全球化的一个必经过程

世界上为数众多的国家和地区不可能同时实现贸易一体化,更不用说更高层次的生产一体化和金融一体化了。而一些在地域上、文化传统上、经济上密切相关的国家和地区首先实现区域经济一体化,这有助于推进经济全球化进程。因为与分散孤立的各

国经济联系相比,组成区域经济一体化组织不仅在实际上已在全球经济的不同部分、不同层次上实现了经济一体化,而且也更有可能和更容易通过联合或合并的方式向经济全球化的完成形式——全球经济一体化过渡。正如欧洲的经济一体化组织不断扩大,最终将形成全欧洲的经济一体化一样,全球经济一体化也将以同样的形式得到实现。此外,区域经济一体化的发展为经济全球化的进一步发展提供了范例和模式,也有助于推动经济全球化进程。未来的全球经济将向何处发展? 全球经济一体化包括哪些内容,能够实现到何种程度? 区域经济一体化的组织,特别是欧共体(后来的欧盟)所做出的巨大努力和尝试,为其探索了发展方向和实施步骤。无论是统一大市场的建立,还是单一货币的设想与启动,区域性中央银行的建设,都是由欧共体(后来的欧盟)首先提出和实施的,并已取得重大进展。这些都为经济全球化过程的发展指明了一个可供借鉴的发展方向。因此,经济全球化过程最终发展为世界经济一体化,首先是在全球的各个经济区域实现的。正是区域经济一体化的出现,才有实际的、超出国界的经济全球化过程的不断发展。

2. 区域经济一体化和经济全球化是相互适应的

最初的经济全球化以贸易全球化作为核心内容,此时区域经济一体化也处于起步阶段,主要采取自由贸易区或关税同盟形式,基本目标是解决一定范围内的贸易自由化问题。早期的区域经济一体化理论与经济全球化理论也是基本一致的。比如,与经济全球化理论一样,区域经济一体化理论中也包括对资本和中间产品流动的分析,并且基本上不涉及从事跨国经济活动的基本单位——企业。当经济全球化进入生产全球化、金融全球化阶段时,区域经济一体化理论也就把国际直接投资以及跨国公司、经济全球化过程中有关国际宏观经济政策协调作为自己的研究范畴。

3. 区域经济一体化和经济全球化是相互促进的

从某一个角度看,经济全球化与区域经济一体化所追求的目标是一致的,即实现规模经济、提高经济效益和增强产品竞争力,只不过是范围大小的不同而已。区域经济一体化既是经济全球化的一个过程,又是经济全球化进一步发展直至形成全球经济一体化的基础。

以世界贸易组织所倡导的经济全球化和以众多区域经济一体化组织倡导的区域经济一体化实质上都是世界经济向一体化发展的过程,即超出国界而进行的各国间国际分工、国际投资、国际贸易等使各国经济成为一个相互依存的整体过程。

区域经济一体化对经济全球化的促进作用表现在:区域经济一体化内部实行生产要素的自由流动,必将加速资本的相互渗透,深化成员国之间的相互依存和国际分工,从而进一步推动全球的生产和资本一体化的过程。此外,各区域经济一体化组织除了追求区域内要素的自由流动外,还追求从整个世界贸易中获得更多的好处。以北美自由贸易区为例,北美地区的内部贸易只占美国、加拿大和墨西哥 3 国贸易总额的 36%。所以,区域经济一体化会加速世界经济全球化过程,最终形成全球经济一体化。

尽管区域经济一体化组织具有某些内向性和保护主义的色彩,但如果区域经济一体化组织的成立不对区域外国家和地区形成额外的经济自由交往的壁垒,那么,它在世界经济全球化过程中就起着积极而不是消极的作用。况且,区域经济一体化组织接受着世界贸易组织(前身为关税与贸易总协定)的领导,因此,在全球多边经济合作体系的保护、协调、控制和管理之下,其消极作用得到限制,而积极作用得到肯定和支持。因此,经济全球化的努力,将保障日益兴起的区域经济一体化浪潮健康发展,并使之成为全球经济一体化发展的推动力。

二、经济全球化与区域经济一体化的区别

区域经济一体化与经济全球化的区别十分明显,主要表现有以下几点。

1. 国家主权在区域经济一体化与经济全球化过程中的地位不一样

区域经济一体化是区域内各国突破了主权国家的界限,由国家出面签订的协约为基础而建立起来的一种国际经济合作的组织形式。它以主权国家为核心,还渗入了政治因素。与区域经济一体化不同的是,经济全球化是一种自发的市场行为,是一种超国家主权的概念,市场经济无限高度发展的结果就是经济全球化。因此,经济全球化要求最低限度的政府干预。经济全球化的超主权性质决定了它缺乏区域经济一体化中那种有效的政府间的协作与对市场的监督。

2. 区域经济一体化某种程度上与经济全球化过程背道而驰

区域经济一体化趋势与经济全球化发展趋势也不完全一致,区域经济一体化经济组织的某些规定在一定程度上不利于经济全球化的发展。如欧共体(后来的欧盟)对亚洲产品实行配额制和反倾销措施,使日本等国深受其害。北美自由贸易协定对成员国商品的免税待遇实行原产地规则,导致其贸易具有内向性,并对区域外贸易产生排他性。

3. 推动区域经济一体化与经济全球化不断发展的动力不一样

经济全球化以跨国公司为微观经济行为主体,是在市场力量作用下的贸易、投资、金融等经济行为在全球范围内的大规模活动,是生产要素的全球配置与重组,是世界各国经济逐渐高度依赖和融合的过程。因此,经济全球化主要由企业带动,是一种从下到上的微观经济行为,有人称之为企业逐步走出原有国境的离心运动。区域经济一体化要求成员国之间消除各种贸易壁垒以及阻碍生产要素自由流动的政策,通过一系列协议和条约形成具有一定约束力和行政管理能力的地区经济合作组织,因此,它主要是由政府出面推动的,是一种以政府参与制定双边或多边协定,经济主体在协定框架内活动的向心运动。所以,经济全球化又叫功能性一体化,是现实经济领域中各种壁垒的消除,形成市场的扩大和融合,是各国市场经济在生产力发展的推动下向外扩张的内在要求。而区域经济一体化又叫制度性一体化,是通过签订条约和建立超国家组织的主观协调,由国家出面让渡那些阻碍经济行为跨国界活动的主权,以保证该过程顺利进行的高级形式。可以说,区域经济一体化已经造就了维护自己存在的上层建筑,而经济全球化的上层建筑仍在进一步探索、形成之中。

此外,经济全球化与区域经济一体化的理论依据不同。经济全球化的主要理论依据是李嘉图的自由贸易理论,区域经济一体化的主要理论依据是产业结构相似理论、关税同盟理论。

☞ **思考题**

1. 试述区域经济一体化的客观基础和经济影响。
2. 试述英国脱离欧盟对欧盟与英国可能产生的影响。
3. 解释"贸易创造"和"贸易转移"。
4. 区域经济一体化对国际直接投资有何影响?
5. 试述区域经济一体化和经济全球化的联系和区别。

第十章
世界经济的增长及其均衡

☞ **内容提要**

　　世界经济增长是世界宏观经济分析的重大问题之一。第二次世界大战以来，世界经济迅速增长，与此同时，寻求世界经济的可持续发展和平衡发展是各国追求的目标。世界经济的均衡对于保证世界经济的稳定增长和持续发展，从而提高全球福利水平有着重要意义。实现世界经济均衡的重要手段是国际经济协调。各国经济间的相互依赖关系和经济传递机制是国际经济协调发挥作用的基础，国际经济组织日益显示出在国际经济协调中的关键地位。经济增长与经济周期相伴而生，当代世界经济的周期性波动出现了新的特点。

☞ **关键词**

　　世界经济增长　　发展与可持续发展　　世界经济均衡　　世界经济周期

第一节　世界经济的增长

一、世界经济增长及其原因

（一）世界经济增长的含义及历史回顾

　　世界经济增长是指世界实际产出能力（包括商品生产和服务提供能力）的长期上升。世界经济增长具体表现为世界生产、贸易和投资等方面的增长。按照世界银行《世界发展报告》的指标体系，世界经济增长可用国内生产总值（GDP），农业、工业和服务业的增加值，出口、投资等指标的变动情况来衡量。一般用世界 GDP 和人均 GDP 两个指标总括地反映世界经济增长水平。

　　自工业革命以来，从整体上看，世界经济保持着增长趋势。世界经济的年平均增长速度在 18 世纪为 0.5％，19 世纪为 1％，20 世纪前半期为 2％。第二次世界大战以后，由于科技的重大进步,生产力的空前发展,从 20 世纪 50 年代到 70 年代初全球经济增长速度年均超过 4%,其中 1965—1973 年间高达 53%。20 世纪 70 年代初石油危机爆发之后,占世界总产出约一半的西方 7 个主要发达国家不同程度地遭受影响,但由于这些国家较为及时地进行了政策性和结构性调整,同时许多发展中国家和地区,特别是亚洲发展中国家和地区出现经济高速增长,其后 10 年间世界经济仍保持 3% 的年增长水平。1986 年以后,世界经济一直保持着 2% 左右的中速增长水平。1980—1989 年及 1992—2000 年世界经济增速分别为 3.25% 和 3.09%,而自 2000—2009 年,世界经济增速还保持在 2.95% 的速度增长,2010—2014 年,世界经济平均增速有所上升,达 3.64%(见表 10-1)。

表 10-1　各类经济体 GDP 增长速度比较(%)

范围＼年份	1970—1980	1980—1989	1992—2000	2000—2009	2010	2011	2012	2013	2014
世界	3.8	3.3	3.1	3.0	5.2	3.9	3.2	2.5	3.4
发达经济体	3.4	3.1	2.8	1.8	3.0	1.7	1.5	1.2	1.8
发展中经济体	5.8	3.8	4.8	6.1	7.5	6.2	4.9	4.8	4.6

资料来源:UNCTAD 数据库;IMF,《世界经济展望》。

可以看到,第二次世界大战后,发展中国家的经济增长快于发达国家,也正因为如此,发展中经济体在世界经济中的地位也有所上升。发展中经济体的产值占世界生产总值中的比重在 20 世纪 60 年代为 14.5%,70 年代初期上升为 15.9%,1989 年达到 17.9%,1999 年上升至 21.6%,2009 年则上升为 28.1%,2013 年发展中国家 GDP 占全球的 50.4%,历史上首次超过发达国家,预计 2018 年将提高到 53.9%。近些年来,中国和印度作为发展中经济体中人口最多的国家正在快速崛起,成为全世界普遍关注的新对象。除此之外,中东产油国沙特阿拉伯、科威特、卡塔尔、阿拉伯联合酋长国等,依仗其石油的巨大储量和世界对石油能源的巨大需求,其经济也在迅速成长,经济收入大幅增加,成为世界上名列前茅的高收入国家。尽管如此,发达经济体仍然在世界经济中占据主导地位。从单个经济体来看,2014 年,GDP 排在前 10 位的有 6 个是发达经济体,且占世界 GDP 的比重总计在 43% 以上。

(二)第二次世界大战后世界经济增长的原因

1950 年以后,世界经济进入一个持续 20 年的高速增长时期。经过 1970—1980 年的调整后,世界经济又开始一个相对高速的增长阶段。总的来看,世界经济增长有以下几方面的原因。

1. 科技革命是经济增长的源泉

(1)科技革命使各国劳动生产率普遍提高,大大促进了生产力的发展。科技革命不仅为生产力的发展创造了诸多条件,而且使生产力本身及其结构也发生了重大变化,使其成为由三大要素构成的复杂系统,即实体要素(劳动者、劳动工具、劳动对象)、附着性或渗透性要素(科学技术、教育)、运筹性要素(管理、信息)。现代生产力的发展,主要是通过提高劳动生产率来实现的,而科学技术进步是提高劳动生产率的决定性因素。科技革命促使各国生产技术进步、劳动者素质和技能提高、劳动手段改进,从而促使劳动生产率大幅提高。二战后,一项新技术的应用,往往能够使劳动生产率得到几倍、几十倍甚至上百倍的提高。自20世纪50年代起,在各国工业生产增长的比重中,由科技进步导致的劳动生产率提高因素由20世纪初的5%～20%,大幅提高到60%～80%,80年代起这一贡献率更是达到了80%以上。

(2)科技革命促进了整个世界经济结构的调整和工业部门内部结构的变化。二战后,全球的工业重心正在从重化工业转为高技术工业,从劳动和资源密集型产业转向知识和技术密集型产业,科技投资和智力投入大幅度提高,整个工业正在向自动化、高技术化、智能化发展。这一趋势被称为工业结构的日益"软化"。与此同时,现代社会产业结构的最大特点是第三产业的大发展及其在国民经济中的地位和作用日益提高。随着科学技术的发展,出现了如电子、材料、宇航工业和生物工程等许多新兴产业。同时,物质生产部门的内部结构也发生了巨大的变化。

(3)科技革命推动了国际分工的深化。科技革命所创造的巨大的生产力发展到一定程度,必然要求在国际范围内寻求分工合作。同时,科技革命所产生的交通运输及通信方式的变革,也为国际范围内的分工合作提供了可能。在这种国际合作中,各国之间的分工越来越细,专业化程度越来越高,各国之间同一生产过程的相互联系达到了前所未有的高度。

2. 国际贸易的发展推动了世界经济增长

第二次世界大战后,国际贸易的增长速度快于整个世界经济的增长速度,表明世界贸易已成为世界经济增长的重要推动力。例如,世界进出口年平均增长率和世界国内生产总值年平均增长率:1950—1960年间分别为8.8%和6.6%;1960—1970年间分别为9.4%和7.9%;1970—1980年间,前者为19.1%,后者为11.3%。从20世纪80年代中期开始,尤其是进入20世纪90年代以来,国际贸易进入又一个新的发展阶段,国际贸易增长速度再次超过世界生产增长速度。1991—1995年,国际贸易年均增长6.2%,同期世界生产年均增长2.7%;1997—2007年,国际贸易实际年均增长率接近6%,超过同期世界生产率2个百分点。由于受到2008年全球金融危机的影响,2009年世界商品出口额下降了12.0%,创第二次世界大战结束以来的最大跌幅。2010年,世界贸易从金融危机造成的深度衰退中复苏过来,增长13.8%,2011年,世界商品出口额增长5.0%。2014年,世界贸易额增长率为3.4%,仅比GDP增速快0.8个百分点,而到2015年世界贸易量增长2.6%,比上年回落0.8个百分点,增长率几乎与世界经济增速持平。可见,自20世纪70年代初至今,尽管国际贸易的快速发展推动了世界经济的增长,但国际贸易的发展仍处于动荡不稳的状态中。

国际贸易的高速发展与贸易自由化,特别是发展中国家实施对外开放政策后贸易自由化程度的不断提高有关。同时,各大区域经济组织内部贸易的迅速增长也是推动世界贸易乃至世界经济增长的重要因素。进入20世纪90年代以来,在经济全球化的推动下,国际贸易格局、体制、政策、构成和工具都有了广泛的创新,国际贸易在世界经济中的地位和作用明显增强。1820年世界出口占世界产值的比重仅为1%,20世纪50年代初期为

5％,70 年代初期为 10％,90 年代初期为 15％,2000 年这一比例为 25％,2014 年全球产品有 24％用于出口。

3. 国际资本流动促进了世界经济增长

20 世纪 80 年代以来,资本要素的国际流动趋于广泛,表现为跨国界资本流动的数量和速度空前活跃,资本国际联系的形式趋于多样。资本国际化作为世界经济优化资源配置的重要机制,一方面将发达国家的资金转化为生产性投资,扩大了世界投资的规模,提高了世界资金的效率;另一方面增加了发展中国家的资金总量,弥补了其经济增长中的外汇缺口和储蓄缺口,加快了发展中国家的经济增长,其结果是世界经济增长水平的提高。

世界银行《1999 年世界发展指标》提到一项研究成果:资金流动与 GDP 之比每增加1 个百分点,将使 GDP 增加 0.1 个百分点;而外国直接投资与 GDP 之比每增加 1 个百分点,将使 GDP 增加 0.3～0.4 个百分点。这一研究建立了世界资金流动和投资与世界经济增长之间的数量关系。

资本的国际流动为生产国际化提供了可支配资源的国际流动性和生产布局的全球性两个必要的前提。生产国际化即资源配置、生产组织和市场销售的国际化、全球化,是通过跨国公司的国际经济活动来体现的。跨国公司在全世界范围内的生产经营活动和直接投资活动,对母国经济和东道国经济起到了积极的作用,也对世界经济的增长和发展发挥了积极的作用。世界银行《1999 年世界发展指标》认为,外国直接投资有利于带动更多的国内投资:外国直接投资每增加 1 美元,能带来 0.5～1.3 美元的新增国内投资。可见,资本的国际流动或金融国际化是促进世界投资增长乃至世界经济增长的重要因素。

二、世界经济的发展

(一) 发展与可持续发展

1. 发展的含义

"发展"是一个动态的历史的范畴。1944 年《联合国宪章》已提出发展问题,并十分有远见地认为发展是通过经济和社会的进步、生活水平的提高以及文化、教育和健康质量来反映的。随着人们对经济社会进步、生存环境变化及其相互关系的认识的不断提高,对发展内涵的理解也不断完善。

传统的经济发展观是按照经济的增长来定义发展的。经济增长就是国民生产总值(GNP)或人均国民生产总值的数量提高,意味着经济总量的扩大和人均收入的提高。20世纪 60 年代以来,人们越来越认识到"增长"和"发展"是两个完全不同的概念。增长只是物质量的扩大,但也可能对社会发展构成危害。经济发展的内涵比经济增长要宽泛得多,是一个既包含数量又包含质量的概念。发展既包括商品、资本、财富等物质因素,还包括平等、自尊、自由和稳定等社会因素。一个国家除了经济增长外,还必须在减少失业、贫困和不平等方面取得进步,才有可能获得真正的发展。1970 年 10 月,联合国在纪念《联合国宪章》生效 25 周年大会决议中提出:"发展的最终目标必须是为了使个人的福利持续地得到改进,并使所有人都得到好处。如果不正当的特权、贫富悬殊和社会非正义继续下去,那么就其基本目的来说,发展就是失败的。"由此开始,"以人为中心的综合发展观"思想,替代了用 GNP 来衡量经济发展的做法。

2.可持续发展

近年来,人们又将发展问题与维护人类生存环境联系在一起,大大丰富了发展的内涵。随着环境问题日益严重,人们越来越认识到,经济发展不但要在经济增长和社会生活质量方面保持同步,而且要在人类经济活动与人类生存环境方面保持平衡发展。1997 年联合国在其《发展议程》中汇集了 20 世纪 90 年代联合国在各次重要会议上形成的观点和看法,提出了"可持续发展"的概念。可持续发展思想是一个涉及经济、社会、文化、技术与自然环境的协调发展的综合思想。其基本思想或含义可概括为 3 个方面:

(1)发展。可持续发展是指随着时间的推移,人类福利连续不断地增加或保持,但发展也受到经济、社会和生态这 3 个因素的制约。

(2)可持续性。可持续性是指一种可以长期维持的过程或状态。人类社会的可持续性是由生态可持续性、经济可持续性和社会可持续性这 3 个互相联系、不可分割的部分组成的。不可持续性往往是社会行为造成的。

(3)公平性。公平性包括 3 个方面:一是本代人的公平,即同代人之间的公平性;二是代与代之间的公平,即世代之间的公平性;三是公平分配有限资源。

可持续发展三个方面的思想是可持续发展观与传统发展观的根本区别之一。公平性在传统发展思想中没有得到应有的重视,传统发展观是为了生产而生产,没有考虑未来各代人的利益。可持续发展要求当代人在考虑自己的需求与消费时,也要对未来各代人的需求与消费负起历史的、道义的责任。

(二) 世界经济的不平衡发展

世界经济的不平衡发展是指世界各国经济增长和生产力发展水平的不平衡。当代世界是由 100 多个社会经济制度不同、发展阶段和经济发展水平不同的国家和地区组成的有机整体。按照生产力发展水平和市场经济发达程度不同,可将世界上的国家大致划分为发达国家、新兴工业化经济体、发展中国家和经济转型国家等不同层次。所以,世界经济发展的不平衡既包括这些不同层次国家经济发展之间的不平衡,也包括同一层次国家经济发展之间的不平衡。这些不平衡既反映了生产力水平和市场经济发达程度的差异,也表现了经济增长速度和经济发展阶段的差异。

1.世界经济不平衡发展的表现与内容

(1)世界经济不平衡发展的表现。世界经济不平衡发展表现为以下方面:

1)不同类型国家经济之间的生产力发展水平差异。在世界经济这一有机整体中,不同类型国家的经济是以生产力的不同发展程度为划分标准的。生产力发展水平的差异形成了世界经济的不平衡。南北经济发展不平衡是世界经济不平衡最突出的表现。

2)各种类型国家经济在增长机制上的差异。在世界经济发展的过程中,不同国家在实现经济增长的时间顺序和增长速度上存在明显的差异,使世界经济呈现出不平衡增长特征。

3)同一类型的国家的经济发展出现消长和分化。20 世纪 90 年代中期以来,美国、日本和欧盟之间的经济发展呈现出新的不平衡性。日本经济由于泡沫经济的破裂而持续低迷,使美、日、欧之间的不平衡重新加大,扩大后的欧盟经济在总量上一度超过美国。2008年,美国 GDP 占全球 GDP 的比重为 23.37％,欧盟和日本则分别为 30.19％和 7.70％。2014 年,美国 GDP 占全球 GDP 的比重为 22.37％,欧盟和日本则分别为 23.71％和5.91％。美国和欧盟在发达国家中的地位日益重要,日本的经济地位在相对下降。由于发达国家在世界经济中占有主导地位,发达国家经济的此消彼长导致了世界经济不平衡发展的总体态势。

4) 经济转型国家的不平衡发展。进入 20 世纪 90 年代后,亚洲“四小龙”、东盟和美洲地区的一大批发展中国家经济发展势头强劲,其经济增长率大大超过发达国家同期的增长率,不但缩小了与发达国家的经济差距,而且拉开了与其他一些发展中国家的距离。例如,1992—2010 年,亚洲“四小龙”的 GDP 年均增长率高达 5％。它们在经济发展上主要采取出口导向战略,制造业成为主要的出口部门,但其在经济上过于依赖海外市场和外部资金,容易受到国际市场需求波动和金融动荡的冲击,经济发展的脆弱性比较明显。此外,新兴经济体也日益成为发展中国家和地区经济发展的新生力量。新兴经济体一般是指 20 世纪 80 年代以来发展中国家中那些新兴的、走市场经济道路且经济蓬勃发展的国家和地区。作为新兴经济体典型代表的“金砖国家”,2010 年 GDP 约占世界的 18％,贸易额占世界的 15％。新兴工业化经济体的崛起提高了发展中国家在世界经济中的地位,但最不发达国家的数量在增加。

(2) 世界经济不平衡发展的内容。世界经济不平衡发展包括以下内容:

1) 经济发展水平的不平衡。发达国家和发展中国家在经济发展水平和实力上存在巨大反差。发达国家长期以来一直在世界经济中占据主导地位,这主要表现在:①经济实力占绝对优势;②在国际分工中占有优势地位;③产业结构先进,应变能力强,发展潜力大;④科学技术水平高,科研投入比例大,在新兴产业领域具有绝对控制权;⑤国际化程度高,对世界经济发展的影响大;⑥在国际经济事务中占支配地位,它们为自身利益驱动而采取的政策,往往会加剧国际经济体系的非均衡状态。上述局面决定了发达国家将在未来的世界经济中继续保持主导地位,并获取世界经济发展的大部分好处。

2) 经济发展机会的不平衡。这是世界经济发展不平衡问题中影响到未来世界经济增长速度和总体格局的最严重问题。20 世纪 80 年代中期以后,多数发展中国家都面临十分严重的发展机会不平衡的问题:①原材料价格大幅下跌导致的贸易条件恶化;②大量引进外资以解决资金不足而引发的沉重债务负担;③发达国家的贸易保护主义盛行对发展中国家产品出口的影响。上述问题使发展中国家和发达国家之间的经济差距在 20世纪 80 年代明显拉大。

从 20 世纪 90 年代起,世界高科技的迅猛发展,经济区域化、集团化趋势增强,又向发展中国家提出了新的挑战。由于发展中国家缺乏科学技术基础和产业创造能力等发展的机会和潜力,其与发达国家在高新技术方面的差距更为悬殊。当计算机、微电子、生物工程、空间技术、新材料、生命科学已成为发达国家的主导产业时,众多的发展中国家和地区却连传统的工业化都没有得到充分的发展,更谈不上利用最新的科学技术提高产业结构了。即使在传统产业里,发达国家利用微电子技术对原有的劳动密集型制造业进行技术更新,也削弱了发展中国家在同类产业中的国际竞争力。

3)经济发展的国际环境的不平衡。这主要是指国际机制和国际秩序所形成的不平衡,以及在国际事务中主导权的不平衡。以世界银行、国际货币基金组织和世界贸易组织为代表的国际经济秩序和国际调节机制,主要是由发达国家主导和运作的,其所制定的国际规范更多地反映了发达国家的利益,同样也存在着不平衡性。联合国贸发会议虽以发展中国家作为主导力量,并为建立国际经济新秩序、使发展中国家获得更加有利的国际发展环境进行了几十年的不懈努力,并取得了一定成果,但由于发达国家的阻挠和不合作,实际进展十分有限。这也反映出在世界经济事务中发展中国家的弱势地位。

2.世界经济不平衡发展的原因

(1)历史因素的影响。绝大部分发展中国家历史上都曾是西方国家的殖民地或半殖民地,长期处于不平等的世界经济环境之中,它们以自身的经济发展为代价,支撑了以发达国家为主导的世界经济的不平衡发展。现存的国际经济秩序既是世界经济不平衡发展的结果,又是维持世界经济不平衡发展格局的条件。

(2)科技革命的影响。第三次科技革命推动了发达国家的经济增长,也促进了广大发展中国家的经济发展,但科技革命对各国的影响程度有较大差异。技术革命对技术相对落后国家的作用比对技术水平相对较高的老牌发达国家大得多,即存在着技术落后国家的后发优势。在发展中国家中,东亚的一些发展中国家经济的高速发展,在很大程度上得益于先进技术的引进和使用。但总体上看,发展中国家的总体科技水平、技术创新能力和对高新技术的吸收能力,与发达国家不可同日而语,特别是由于信息革命的影响,发展中国家与发达国家的技术差距将进一步拉大。

(3)经济体制、战略和政策的影响。各国不同的经济体制、战略和政策也是导致世界经济发展不平衡的主要因素之一。20世纪90年代前,日本经济的高速发展得益于日本强有力的产业政策。在冷战结束后,美国调整了产业政策,大力发展信息产业,其经济增长率又超过日本,综合竞争实力大大增强。第二次世界大战后,发展中国家先后实行进口替代和出口导向的政策,尽管这两种政策都对发展中国家的经济增长起到积极作用,但实行进口替代政策不如实行出口导向政策更能推动经济增长,因而,发展中国家往往因实行不同的经济政策而造成经济发展的不平衡。当代,发展中国家纷纷实施经济改革和对外开放政策,建立市场经济体制,参与经济全球化进程,在一定程度上缓解了南北方国家经济发展的严重不平衡。

(4)贸易和投资等经济因素的影响。第二次世界大战后,发达国家之间国际贸易的迅速增长,对促进其经济增长起了积极作用,也使发达国家之间出现不平衡发展的态势。例如,日本和德国的出口增长率一直较高,而美国出口增长率则相对较低,于是它们之间产生了经济发展不平衡的局面。发展中国家中,实行出口导向政策国家的出口增长率比实行进口替代政策国家的出口增长率通常要高,其经济增长速度往往较快。此外,各国贸易商品结构的差异和不同的投资水平导致经济增长速度的差异,对经济发展也有不同的影响。

(5)环境、资源和人口等自然社会因素的影响。环境、资源和人口等问题也是造成世界经济不平衡发展的重要原因。处于优越地理环境的国家或地区,具有发展外向型经济的有利条件。而有些内陆国家地理环境险恶,交通不便,使其对外经济贸易活动受到严重阻碍。有的国家资源禀赋丰富,为经济发展提供了极为有利的条件,如绝大多数的石油生产国。当然,并不是资源丰富就能取得经济的发展,合理利用资源是决定经济能否发展的关键。人口问题更是世界经济不平衡发展的关键问题,人口增长率快于经济增长率是最不发达国家经济落后的根本原因。

第二节　世界经济的均衡

一、世界经济均衡及其特点

(一) 世界经济均衡的含义

世界经济均衡是全球大部分国家和地区同时实现内部均衡和外部均衡的一种状态,即各国国内实现充分就业、较低通胀和较高增长,各国对外实现国际收支的基本平衡和汇率的基本稳定。这种均衡是理论分析中的范畴,说明世界经济变动的趋势。在世界经济的现实中,不大可能实现充分就业的均衡,甚至难以保持经济均衡的常态,但是趋向均衡的内在机制是始终起作用的。

世界经济的均衡依赖于各国经济的均衡,并受制于各国经济之间相互联系的性质和结构。一些小国和不发达国家经济的不均衡对世界经济均衡的影响很小,世界经济均衡取决于在世界经济中占主导地位的国家。实现世界经济均衡,对于充分发挥世界经济资源的作用、保证世界经济的增长和发展、提高全球福利水平有着重要意义。

(二) 世界经济均衡的特点

1. 易变性

世界经济深受各国经济间相互依赖和传递机制的影响,因而其均衡具有易变性。当代各国间经济高度依赖,一国的失业、通货膨胀、经济衰退、金融危机和国际收支失衡,会经过各种渠道向他国传递和扩散。因此,与国民经济均衡相比,世界经济均衡具有更大的易变性。

2. 复杂性

世界经济不存在超国家的调控主体,因而此均衡具有复杂性。在现实中,各国国民经济并非完全开放,同时受各国政府的调控、干预和保护,国家间商品和资源也并非完全流动。这种状况使包括贸易、金融和生产关系在内的世界经济关系发生扭曲,由于没有超国家的调控主体来强有力地纠正这种扭曲,因而世界经济均衡的实现更加困难和复杂。

3. 合作性

世界经济均衡主要通过各国间的合作与协调以及国际经济组织的干预和调控来实现,因而其均衡具有合作性。各国间的合作与协调主要受各国的利益驱动,如果经济大国或经济集团不予合作,世界经济均衡就不能实现。国际经济组织对世界经济的干预和调控,与各国政府对国民经济的干预和调控相比,前者的约束力、权威性和有效性较低,关键还是各国是否以及在多大程度上愿意接受干预和调控。

4. 严重性

世界经济均衡的打破不能得到来自外部的平衡,因而更具有严重性。世界经济衰退与危机和世界性通货膨胀的危害,其范围之广、影响之大,远甚于国民经济不均衡,更为严重的是,世界经济作为一个封闭体系不可能得到外部援助,恢复均衡更加困难。

二、国际经济传递机制与国际经济协调

(一) 国际经济传递机制的含义及渠道

国际经济传递机制是指由于世界经济一体化加深了各国经济相互依存、相互影响的程度,一国的经济变动和经济政策会通过一些渠道传递或溢出到其他国家,由此形成的相关经济变量的一系列变动过程。具体说来,是指各国间通过贸易、货币、投资、生产、技术、劳动力和信息等渠道相互传递和扩散失业、通货膨胀、经济衰退、经济周期运动、汇率波动和国际收支失衡等宏观经济现象。国际经济传递机制的存在提出了国际经济协调与合作的客观要求。

国际经济传递机制的渠道包括国际贸易传递渠道和国际金融传递渠道。

1. 国际贸易传递渠道

国际贸易传递主要是通过世界市场价格和国际贸易收支两条渠道来引起相关经济变量变动的。

(1) 世界市场价格的传递。世界市场的价格变动首先引起一国开放部门价格的相应变动,开放部门的价格变动又引起封闭部门的价格变动,从而导致整个国内市场价格水平的变动,最终引起国内产量和就业水平的变动。在这种传递过程中,如果一国的开放部门在国民经济中所占比重越大,或一国的某类产品在世界的总供给或总需求中所占比重越大,则世界市场价格对该国传递的效果就越大,世界市场价格的变动对国内经济的影响就越大。

(2) 国际贸易收支的传递。在国际资本自由流动条件下,一国贸易发生逆差,会传递到其他国家,使这些国家发生贸易顺差。顺差国的资金会流向逆差国并为其融资。

2. 国际金融传递渠道

(1) 利率传递渠道。当一国利率与国际金融市场的利率有差距时,国际资本便会流入或流出该国,进而影响其他国家的资本供给和利率,从而导致各国的通货膨胀率与世界的通货膨胀率一起波动。由于世界各国的利率差是客观存在的,同时国际游资数额巨大,利率传递的影响更加不容低估。

(2) 借贷关系的传递渠道。当世界其他国家发生经济衰退时,一国的短期信贷被抽回,企业就会发生支付困难,金融市场同样也开始紧张。在国际货币信贷关系极为密切的当代,信贷传递所引起的各种全球性问题越来越严峻。

（3）货币政策的传递渠道。当一国通货膨胀率高于他国的通货膨胀率时，国内货币供应过多，资本外流，从而使国内货币供求趋于平衡；而他国的资金供应过多，通货膨胀压力增大，这样本国的通货膨胀就向外传递。

（4）汇率传递渠道。如果一国宣布货币对外贬值，会扩大出口，减少进口，从而使失业和国际收支失衡传递到他国，使该国的就业和国际收支状况得以改善。

3. 劳动力国际流动传递渠道

与商品和国际资本流动相比较，劳动力的国际流动虽然小，但传递依然存在。这种传递是通过工人工资水平的传递和失业人数的转移发生的。政府的劳动力流动政策对此传递的作用影响较大。

（二）国际经济协调的含义及内容

国际经济协调是指世界各国政府和有关国际经济组织为维持世界经济的正常运行，在协调国家行为的基础上所形成的国际贸易、国际货币金融及宏观政策等体制、原则、规则及其运作方式的有机系统安排。国际经济协调的本质是各国经济利益的协调，其目的是通过适当调整现行的经济政策或联合采取干预的政策行动，以解决各种突发事件和经济冲击对各国经济的不利影响，实现或维持世界经济均衡，促进各国经济稳定增长。

国际经济协调的内容包括以下 3 点。

1. 贸易政策的国际协调

第二次世界大战后，贸易政策的国际协调在缓解贸易摩擦、避免"贸易战"和推动贸易自由化进程方面发挥了非常重要的作用。主要表现为在关税与贸易总协定的法律框架下所举行的多边贸易谈判。虽然 8 轮多边贸易谈判中各轮的侧重点有所不同，但其目的是一致的，即在国际经济政策协调的基础上，通过消除贸易扭曲，建立一个更为开放和自由的多边贸易体制，以实现世界经济的均衡和增长。1995 年成立的世界贸易组织替代关贸总协定成为国际多边贸易体制的运转基础和法律载体，标志着贸易政策的国际协调进入了一个新阶段。

2. 汇率政策的协调

固定汇率制下国际货币体系与汇率的国际协调主要依赖布雷顿森林体系建立的国际货币基金组织和世界银行。国际货币基金组织通过向国际收支逆差国家提供贷款，稳定汇率，促进贸易发展。而世界银行则向发展中国家提供长期的优惠利率贷款，以弥补这些国家资本的不足，促进发展中国家的经济增长和发展。布雷顿森林体系虽然对第二次世界大战后世界经济的均衡和国际贸易的繁荣起到了巨大的推动作用，但其在很大程度上以美国的控制地位取代各国宏观经济政策的协调，这一内在缺陷最终导致了该体系在 1973 年崩溃。

布雷顿森林体系之后，浮动汇率制取代了固定汇率制，西方各主要国家货币的汇率波动加剧，对世界经济形成了巨大冲击，世界经济均衡的实现更加困难。因此，浮动汇率制下的国际协调显得更为必要和重要。但直到 20 世纪 80 年代中期之后，美国才改变对外汇市场上汇率波动采取的放任自流态度。自此，西方国家经常对外汇市场进行大规模的联合干预,以图将汇率控制在其所希望的区间之内。

3. 国内宏观经济政策的国际协调

国内宏观经济政策的国际协调,是指在有关国家解决失业与通货膨胀的目标选择不一致时,在相互让步的基础上,就这些国家的货币政策和财政政策进行国际协调,并达成某种妥协或临时默契,选择一个符合参与协调的各国整体最大经济利益的均衡点。尽管这种政策选择对于某个或某些国家来说可能并非最佳选择,但对于世界经济来说,可能是一种最可取的选择。

三、国际经济协调组织

(一)国际经济协调组织的定义及发展

1. 国际经济协调组织的定义

国际经济协调组织因参与者性质的不同而有广义和狭义之分。广义的国际经济协调组织包括主权国家或地区参与的国际经济协调组织和民间的国际经济协调组织;狭义的国际经济协调组织只包括主权国家或地区参与的国际经济协调组织。本书的国际经济协调组织定义是指其狭义定义,即官方国际经济组织,它是由至少三个主权国家通过条约或协定所组建的国际性经济协调管理机构。各成员国是该机构的主体,也是该机构协调管理权力的授予者或让与者,同时,各成员国必须在条约或协定所管辖的经济领域中接受该机构的协调管理,约束自身行为。

世界上最早的官方国际经济协调组织是产生于 1815 年的欧洲莱茵河委员会,其成员有法国、日耳曼帝国、瑞士和荷兰。该委员会具体负责莱茵河全流域航行管理、征税和处理航行事故的立法和司法协调。

2. 国际经济协调组织的发展

国际经济协调组织的发展经历了如下几个阶段:

(1)国际经济协调组织发展的初级形式阶段(19 世纪至第一次世界大战前)。此阶段产生了大量"国际行政联盟"型的国际经济协调组织,往往只限于某一特定领域的技术性的协调管理。如 1875 年成立的国际度量衡组织、1883 年成立的国际保护工业产权联盟、1886 年成立的国际保护艺术作品联盟、1890 年成立的国际反奴隶生活联盟和国际铁路货运联盟以及 1899 年成立的海牙国际法庭。

(2)国际经济协调组织发展的停顿阶段(两次世界大战之间)。在此阶段,巴黎和会于 1919 年通过组建的国际联盟,主要是政治性的综合国际组织。

(3)国际经济协调组织发展的关键阶段(第二次世界大战后至 20 世纪 70 年代)。此阶段不仅产生了大量的民间国际经济协调组织,也产生了大量重要的官方国际经济协调组织,如联合国、国际货币基金组织、世界银行、关税与贸易总协定、欧共体、经济互助委员会、经济合作与发展组织等。国际经济合作协调的主体性组织框架就在此阶段形成。

(4)国际经济协调组织发展的调整阶段(布雷顿森林体系崩溃至 20 世纪 80 年代初)。此阶段中,布雷顿森林体系的崩溃打击了美国的霸主地位,区域性国际组织发展面临挫折,国际经济协调组织的发展出现了分化,最终形成以西方主要国家组成的首脑会议取代了国际经济几大支柱性组织共同影响主要国际经济组织的局面。

(5) 国际经济协调组织发展的多边国际经济政策协调阶段(20 世纪 80 年代初至 90 年代初)。其一,形成了以西方大国为主的多层次的多边经济协调组织。国际货币基金组织、世界银行、联合国贸发会议、关贸总协定等就全球性经济、贸易、金融问题展开讨论;以西方七国首脑会议为主体的大国协调进一步加强,协调的内容超出了经济领域;区域集团之间的协调有所加强,区域集团内部成员之间的多边经济协调也在加强。其二,形成全方位多边经济协调组织,国际经济协调的范围不断扩大。例如,世界贸易组织的多边贸易协调从传统的关税和非关税壁垒、货物贸易问题进入了服务贸易、知识产权与贸易有关的投资问题;世界贸易组织取代关贸总协定成为多边协调的重要组织形式;俄罗斯加入原七国首脑会议,七国首脑会议变为八国首脑会议,经济协调与政治协调并重。

(6) 国际经济协调组织发展的新阶段(20 世纪 90 年代初至今)。此阶段国际经济协调由多边协调走向多边协调与区域协调并举的时期。其一,七国(八国)首脑会议在组织上和内容上进行调整,2005 年邀请中国、印度等发展中经济体参加,内容上更多地讨论了发展中经济体关心的债务问题等。其二,区域协调和双边协调发挥的作用日渐突出。多边协调成本较大、时间较长,促使各国重视区域协调;区域协调的迅速发展导致全球协调和区域协调的关系发生变化,由互相促进转变为相互替代;大量出现双边、区域协定组织,传统的欧洲、美国和亚太的区域合作组织不断发展,不断涌现新的自由贸易协定和区域合作协定,例如中国—东盟自由贸易区协定、跨太平洋伙伴关系协定(TPP)。

(二) 国际经济协调组织的类型

国际经济协调组织可以从不同角度进行分类。按照协调范围,可分为全球性的和区域性的;按照机构性质,可分为官方的和民间的;按照专业化程度,可分为综合性的和专业性的。本书按照协调的普遍性和层次高低,将国际经济协调组织分为国际经济协调机构、区域经济一体化组织、国际协定和国际会议 4 种主要类型。

1. 国际经济协调机构

国际经济协调机构是指政府间的以协商解决经济问题为主的国际组织,属于层次最高、意义最完整的国际经济协调组织。其协调内容包括两方面:①对某些专门领域进行协调,如协调国际贸易的世界贸易组织、协调国际金融和信贷的国际货币基金组织和世界银行;②对国际经济关系进行全面协调,如联合国的有关经济机构、贸易和发展会议、工业发展组织等。

2. 区域经济一体化组织

区域经济一体化组织一般是根据国家间的协议而建立的,其协调内容按照经济合作和共同调节的不同情况和程度而制定。其主要形式包括自由贸易区、关税同盟、共同市场、货币联盟、经济同盟等。

3. 国际协定

国际协定是指两个或两个以上的主权国家为确定它们在经济关系方面的权利和义务

而缔结的书面协议。国际协定可根据其适用范围和领域进行划分,前者分为全球性协定和地区性协定,如关税与贸易总协定、北美自由贸易协定、跨太平洋伙伴关系协定等;后者分为综合性协定和专门性协定,如有关海洋运输规则的《布鲁塞尔议定书》、有关工业产权国际保护的《保护工业产权巴黎公约》、有关银行监管的《马赛尔协议》等。

4. 国际会议

国际会议是指主权国家间的代表通过会晤,就相互间经济关系和有关国际经济问题进行协商,进而规定各方权利和义务的协商形式。在国际会议中,与会各国主要就当前面临的紧迫问题交换意见,协调各自的立场,会议的结果可能是建立起某种协调方式,或仅就某些共同措施达成原则性协议,也可能仅表明进行某方面政策协调的意见或意向。由于其国际协调的约束力不强,因而具有临时性和不稳定性,属层次最低的国际经济协调组织。在众多国际会议中最有影响的是西方七国首脑会议、亚欧会议、77国集团部长级会议、世界环境与发展大会、世界粮食大会、八国集团会议(G8)、二十国集团会议(G20)等。

(三) 国际经济协调组织的功能和作用

1. 国际经济协调组织的功能

(1) 对国际经济关系进行制度性调节。这表现为在充分尊重各国主权的前提下,就国际交往中的各种问题进行制度性的调节,以维护正常合理的国际经济交流和合作。其具体包括:调解国际交往过程中的矛盾,制定维护国际共同利益的行为规范、运行规则和决策程序。自1947年起,关税与贸易总协定作为国际贸易协调组织,在贸易自由化原则下,主持了8轮多边谈判,协调了国际贸易中的许多矛盾,并使贸易自由化的制度安排从商品贸易扩展到服务贸易和与贸易有关的投资领域。

(2) 对全球性问题进行监管和协调。全球性问题包括全球公共产品问题、世界经济的稳定性问题和有关世界经济可持续发展的问题等。不同的国际经济组织针对不同的问题进行协调,如联合国贸发会议主要的功能是调节国际贸易中的不平衡问题,国际货币基金组织协调世界经济的稳定性发展问题,联合国组织的全球性的首脑会议协调环境、资源、人口、粮食等与发展有关的问题。

(3) 负责制定国际交流的专门性规则。如国际电信联盟、国际海事组织等国际协调组织,分别在相关领域的技术合作与情报交流方面做了大量的工作,并制定了相应的规则。

(4) 传递国际信息并进行技术援助。国际经济组织在信息的收集、整理和传递方面占有优势,它们通过信息传递渠道对实现世界经济均衡发展发挥着作用。国际货币基金组织作为国际货币和金融信息的中心,通过对这些信息的分析和研究,帮助成员制定相应的政策。世界银行、国际货币基金组织、联合国贸发会议及世界贸易组织等定期发布的各类报告、对世界经济和各国国民经济发展趋势的长短期预测咨询,已成为各国经济决策和制定经济战略的依据。世界银行和国际货币基金组织还有专门的培训机构,为各国培育人才。

2. 国际经济协调组织的作用

国际经济协调组织是为解决世界经济矛盾,推动世界经济发展而产生和发展起来的,它对世界经济的发展起到了重要的积极作用。

（1）促进了国际贸易的发展。第二次世界大战后，通过关贸总协定和其他区域经济一体化组织的努力协调，世界各国的关税及非关税壁垒大幅度降低，国际贸易的自由化促进了世界经济的快速增长。

（2）推动了国际资本的流动。第二次世界大战后，在国际货币基金组织、世界银行和其他国际经济组织的协调下，金融自由化和金融国际化政策陆续在许多国家得以实施。资本流动管制的放松，促进了国际资本在世界范围内的流动。世界国际投资的增长速度逐步赶上并超过世界国际贸易的增长速度，成为世界经济增长的主要力量。

（3）缓和了世界经济危机。国际货币基金组织、关贸总协定和世界银行等几大国际经济协调组织在世界经济危机到来时，会提前要求各国采取措施，以协调各国的宏观经济政策，运用各种政策手段和有效措施来阻止经济衰退。特别是 20 世纪 70 年代后，西方七国首脑会议、世界银行对经济危机进行了一系列经济政策的国际协调，在一定程度上维护了世界经济相对稳定发展的局面。

（4）减少了影响世界经济可持续发展的不利因素。国际经济组织通过对国际收支、利率、汇率和能源等问题的国际协调，避免了国际收支的严重失调、汇率利率的大幅波动和能源价格的上涨对世界经济发展的不利影响。国际经济组织还对环境、资源和人口等全球性问题进行监督管理和协调。1992 年以来，联合国就环境与发展、人口与发展和粮食问题等召开了一系列全球性首脑会议，极大地促进了各国对可持续发展问题的关注和问题的解决。

（5）推动了发展中国家的经济发展。国际经济组织在国际贸易、国际金融、国际投资等领域对发展中国家实行优惠待遇和特殊照顾，帮助发展中国家解决经济发展中的困难。关贸总协定、普惠制、洛美协定等对发展中国家在贸易上实施优惠政策；国际货币基金组织协助解决发展中国家的短期国际收支失衡问题，并积极推动债务问题的解决；世界银行、联合国开发计划署等组织，通过资金和技术投资促进发展中国家的生产和资源开发，在一定程度上推动了发展中国家的发展。

综上所述，自 19 世纪初第一个国际经济组织诞生以来，国际经济协调组织在近 200 年的发展过程中，已日益显示出其作为国际经济合作和协调主体的关键地位，对世界经济均衡的实现起到了十分积极的作用。

第三节　当代世界经济的周期性波动

一、世界经济周期及周期的同步性

世界各国经济增长中都存在着周期性波动，世界经济增长中也有类似的周期性波动。研究和把握世界经济增长中周期的波动规律，对于加强国际经济协调、促进世界经济稳定持续增长具有重要的意义。

（一）世界经济周期及周期的同步性

1. 世界经济周期的含义及分类

世界经济周期是指整个世界范围内的经济活动交替出现扩张与收缩的波动过程，具体表现为世界经济增长率上升与下降的反复交替过程。世界经济是不同国家和地区经济的有机结合，因此，世界经济周期的形成与发展既取决于各个国家和地区自身的经济周期，又和各国之间经济联系及其方式的影响密切相关。由于发达国家在整个世界经济中占据主导地位，又是经济全球化进程的主要推动者，因此研究世界经济周期，就是研究发达国家的经济周期及其影响。

按照时间的长短，经济周期大体上可分为以下几种类型：

1）康德拉季耶夫周期。又称长周期或长波，每个周期为 45～60 年。苏联经济学家康德拉季耶夫（1892—1938）在 1925 年发表了《经济生活的长周期》一文，对 18 世纪以来英国、美国、法国的物价指数进行了整理分析，推断得出资本主义经济中存在着为期 50～60 年的长周期运动。

2）库兹涅茨周期。周期为 15～25 年，故又称为中长波或中长周期。1930 年，美国经济学家库兹涅茨（1901—1985）在其《生产和价格的长期波动》一书中，考察了美、英、法、德、比等国从 19 世纪初或中叶到 20 世纪初，几十种工业、农业主要产品的产量和价格的变动情况，提出存在平均长度为 15～25 年不等的中长周期。

3）朱格拉周期。又称为中周期或中波。法国经济学家朱格拉（1819—1905）在其于 1862 年出版的《法国、英国及美国的商业危机及其周期》一书中首次提出，资本主义存在着 7～11 年的周期波动。由于这种周期与投资品的生命期相对应，故朱格拉周期又被称为投资周期。

4）基钦周期。为期约 40 个月，故又称为短波周期。美国经济学家基钦（1861—1932）于 1923 年在《经济因素中的周期与倾向》一文中根据美国和英国 1890—1922 年的利率、物价、生产和就业等统计资料，从厂商生产过多时就会形成存货从而减少生产的现象出发，指出存货在 40 个月中出现了有规则的上下波动，提出存在 2～4 年的短期调整，这种短周期又称为存货周期。

2. 世界经济周期的同步性

世界经济周期的同步性是指发达市场经济国家经济周期的长度和变化规律一致，此处经济周期一般是指商业周期。

随着国际贸易和国际金融的发展，各发达国家之间的经济联系日益密切，国际经济传导机制的作用不断增强，使各国的经济周期逐步趋同，因而出现世界经济周期的同步性。

世界经济周期同步性的最初表现是 1825 年由英国的首次生产过剩危机所引起的西欧和美国的类似危机。19 世纪 70 年代以前是世界经济周期同步性的形成阶段；19 世纪末到 20 世纪上半期，由于各发达国家经济发展不平衡，国家对经济干预增强，贸易保护主义盛行，世界经济的传递机制受阻，世界经济周期的同步性虽然存在，但有所减弱。

第二次世界大战后，由于各国经济调整结束的时点不同，发达国家出现的周期循环便有先后顺序。同时,区域经济集团化形成,各国普遍加强了对经济的干预和调节,为经济周期在国家之间传递增加了屏障。所以,世界经济周期在具有同步性的同时,又具有不同步性。20 世纪 70 年代初起至今,随着经济全球化进程的加快,各国经济结构趋于一致,在经济上的相互依赖加深,经济政策的协调加强,世界经济周期同步性重新出现并逐步加强。

(二) 经济长周期及其特征

1925 年,苏联经济学家尼古拉·康德拉季耶夫在其著作《长波周期》中第一次系统地提出了经济长周期理论。他认为,在资本主义经济运行中,不仅存在着马克思等经济学家所发现的长度为 7~11 年的商业周期,还存在一个长度为 50~60 年的长周期。每一个长周期都具有经济周期的一般特征,即存在上升阶段和下降阶段,这两阶段各持续 20~30 年。在上升阶段,经济繁荣的年份较多;而下降阶段,经济增长缓慢的年份较多。康德拉季耶夫认为,在 1790—1920 年间已出现过两个半长周期:

第一次长周期:从 1790—1845 年,高峰期是 1810—1817 年;

第二次长周期:从 1845—1895 年,高峰期是 1870—1875 年;

第三次长周期:从 1895 开始,高峰期是 1914—1920 年。

康德拉季耶夫还认为长周期具有如下特征:

(1) 长周期是由发达国家经济运行中某些内生因素引起的。

(2) 在长周期下降阶段,生产和流通往往出现较多的技术发明和技术创新,但这些发明和创新只有在下一个长周期的上升阶段才会逐步得到大规模的应用。

(3) 在长周期下降阶段,农业通常出现显著的长期萧条。

康德拉季耶夫之后,荷兰经济学家雅各布·杜金等人对经济长周期的各阶段进行了修正、补充或具体分析。

(三) 经济长周期的成因

从工业革命至今,世界经济呈现出具有规律性的周期变动已经历了 5 个长周期,即分别以"早期机械化"技术革命、"蒸汽动力和铁路"技术革命、"电力和重型工程"技术革命、"福特制和大生产"技术革命和"信息和通信"技术革命为主导的世界经济周期。

每个长经济周期推动经济增长的技术革命从产生到消亡的时间一般约为 50 年(其中前 25 年为周期繁荣期,后 25 年为周期衰退期)。技术革命往往具有二重性:它在产业结构升级过程中创造投资高潮和生产高潮,此时经济周期处于繁荣阶段,创新占据主导地位,周期的主导产品供不应求;又同时制造着投资低潮和生产低潮的潜在可能性,此时经济周期处于衰退阶段,主导产品供过于求,于是成本竞争阶段取代创新阶段成为经济衰退阶段的主要特征。为什么会出现这种状况呢?其原因如下所述。

1. 技术革命和经济周期规律性的变动趋势密切相关

技术创新的生命周期和主导产品的生命周期相关。技术创新有一个初创、发展、成熟和停滞的生命周期,技术的主导产品也有一个试制、成长和饱和的生命周期。一是在技术初创和产品试制阶段。这一阶段总是从少数企业开始的,它们再扩大投资,将新技术应用于生产,试制新产品,虽然利润率降低,但因为它们掌握着技术优势,可以通过增加利润量来弥补利润率下降所受的损失。二是在技术创新和主导产品成长阶段。在该阶段采用这种新技术的企业数量迅速增加,新技术迅速普及,并通过出口和对外投资,将技术转移和扩散到国外。此时固定资本投资迅猛增加,主导产品的市场需求日益扩大。三是在技术成熟与停滞和主导产品饱和阶段。在该阶段技术创新已达到高级阶段,原有的创新企业失去技术优势,无法利用技术创新优势获取超额利润,于是出现了资本积累过剩,投资和生产必然由高潮转向低潮。

那么,技术创新生命周期和主导产品的生命周期的变化是如何对世界经济周期产生影响的呢?根据英国萨塞克斯大学科学研究中心做出的"技术创新分为增量创新、基本创新、技术体系创新和技术经济模式创新等 4 种类型"分析得出以下结论:特别是最高级别的技术经济模式的创新,由于它包含了许多基本创新、增量创新和技术体系创新,在整个经济中具有渗透效应,从而会改变整个社会的技术与经济模式,因而才是导致周期变动的直接原因,当这种创新模式的高潮过去之后,其结果必然是周期繁荣阶段的结束和衰退阶段的到来。当今,美国新经济部门所发生的增长危机,意味着中高级别的创新活动快要结束,成本竞争取代技术创新成为周期衰退阶段的特点开始显现。再从主导产品生命周期的角度来分析,创新高潮的结束,同时也就意味着主导产品已经趋于成熟。此时,趋于成熟的主导产品的需求弹性是递减的,企业为保持该主导产品的市场份额,就必然要降低生产成本,结果是高成本的企业在竞争中被无情淘汰。伴随着主导产品生产技术的不断扩散和低成本生产者的不断进入,具有供求严重失衡周期性的阶段性转变最终会引发世界性的增长衰退或停滞。

2. 长周期从涨潮时期转向落潮时期均是以技术创新和资本积累从高潮转向低潮为基础的

长周期从落潮时期转向涨潮时期也是以技术创新和资本积累趋势的转变为基础的。在落潮时期,一部分企业为提高利润和扩大销售,必然要进行技术创新,等到大部分企业都采用新技术摆脱困境时,便会形成一个新的投资高潮,随之而来的是生产高潮。因此,每个长周期的涨潮时期都伴随着技术革命、产业结构的调整。

第 5 个长周期"信息和通信"技术革命发端于 20 世纪 80 年代中期,美国凭借在以 IT 技术为核心的高新技术方面的优势,率先进入一个以 IT 时代为特征的新长周期,其他发达国家和发展中国家大多在世纪之交正在或开始步入。按照经典的周期理论推算,这一长周期大约持续时间为 50 年左右。这一周期发生了以 IT 产业为主要内容的新的产业革命。随着关键技术,特别是计算机、激光、微电子、电信和互联网等信息技术的广泛应用,新的技术经济体系已经成型,信息产业及信息密集型服务业成为美国新经济的主导性产业,产业结构再次优化升级,特别是第三产业成为国民经济中比重最大的产业。

在第 5 个长周期中的短周期运行规律已发生了重大变化,其中最突出的就是短周期的扩张期比过去拉长,从 1991 年 3 月至 2000 年 12 月扩张期达到 117 个月。尤其是美国出现了以信息技术革命和经济全球化两大趋势为主要特征的所谓"新经济",出现了持续时间长达 120 个月的经济增长,创下了美国建国以来经济增长持续时间最长的纪录。然而自 2000 年起,美国经济中的 IT 泡沫开始破裂,2001 年 4 月起美国经济陷入衰退,随后不久欧盟国家也陆续出现经济下滑,日本则出现了连续 10 余年经济萧条中的第三次衰退。这一轮危机的发生,与以 IT 产业为主导产业的第 5 个长周期开始从创新的中高级阶段进入成本竞争阶段,且无更高级别的技术创新出现有一定关联。进入成本竞争阶段的 IT 产业及其产品,从需求来讲有可能会迅速地向全球扩散,并将导致全球供给的增加和过剩。正是以 IT 产业为主导的新经济发展的这种质变,使得美国经济增长的基本面发生了变化,从长周期的繁荣阶段转向长周期的衰退阶段。一般来讲,由于衰退是长周期的转折点,是新的技术革命取代旧的技术革命的过程,同时将是周期主导产业变动和两个长周期交替的过程。

(四) 进入成本竞争阶段的 IT 产业对世界经济的影响

进入成本竞争阶段的 IT 产业对世界经济的影响有三:

(1) 预示着新的技术革命和产业革命及其新的周期即将到来。从全球经济的供给与需求来分析,在未来将要爆发的第 6 次产业革命中,最有可能成为该周期主导产业的,将是与延长人类的生命周期密切相关的生物、生命和基因产业。这是因为工业化社会已先后解决了人类吃、穿、住、用、交通、城市化和信息化等问题,今后要引起人类社会生产方式、生活方式和思维方式的质的变化的主要技术革命,是如何延缓人类生命周期这一人类共同关注的重大问题。因此,随着生物、生命和基因等关键领域的技术创新和突破,新的周期有可能即将到来。

(2) 科技革命是导致产业革命和经济周期的先导。5 次产业革命的历程证明,科技革命是产业革命和周期的先导和前提。发展中国家要实现经济社会的跨越式发展,首先必须占领科技革命的制高点,在科技创新和制度创新的结合上进行新的跨越,才能在新一轮经济周期中赢得竞争先机。

(3) 产业革命具有扩散、辐射、示范、加速效应。进入成本竞争阶段的 IT 产业的技术必然会向全球扩散,IT 产业的国际分工和重组是大势所趋。低成本的比较优势和市场竞争优势将更加有利于我国参与制造产业的国际分工。

因此,我国要充分发挥自己的后发优势,顺应产业革命发展规律,加快使我国成为世界 IT 产业制造中心,促进产业结构再次优化升级。

(五) 经济长周期与其他经济周期的联系

经济长周期与其他经济周期的联系如下:

(1) 经济长周期包含其他类型的经济周期。长周期可以分解为一系列中短周期,长周期只不过是其他类型的经济周期叠加的自然结果。也可以说,长周期能和其他多种周期在同一过程运行。

(2) 经济长周期制约其他类型的经济周期。按照熊彼特的"创新理论",由于不同技术创新的时间长度不同,对经济的影响程度和范围也不同,且大的创新需要许多小的创新构成,因而经济就会产生多种周期。其中长周期制约中周期,中周期又制约短周期。

(3) 经济长周期与其他类型经济周期的性质不同。重大的技术进步或科技革命是长周期形成的根本原因。例如,第一次长周期的基础是纺织技术,第二次长周期的基础是铁路运输技术,第三次长周期的基础是汽车制造技术等。其他类型经济周期的基础则是产业结构、投资和存货等中短期经济因素,如周期长度为 15~25 年的库兹涅茨周期与建筑业发展状况相关,周期长度为 7~11 年的朱格拉尔周期与设备投资更新相关,周期长度为 3~5 年的周期主要与存货变动相关。

（4）经济长周期与其他类型经济周期对经济增长的影响不同。经济长周期反映科技力量对经济增长的长期和根本影响,中短期经济周期则主要说明总需求变动对经济增长的冲击和影响,因此,世界经济增长的中短期波动主要通过各国宏观经济政策和国际经济政策协调来缓解,而世界经济增长归根结底取决于世界科技革命及其扩散效应。

二、当代世界经济的周期性波动

（一）当代世界经济的周期性波动及其特点

自 20 世纪 50 年代起,世界经济发展每隔 10 年左右即有一次周期性波动,迄今为止,共发生了 4 次世界经济危机。与第二次世界大战前的经济危机和经济周期相比,当代世界经济的周期性波动具有以下新的特点。

1. 世界经济周期性波动的持续时间缩短,阶段性不够明显

第二次世界大战前世界经济周期波动不但时间相对较长,而且具有特征明显的 4 个阶段,即危机、萧条、复苏和高涨阶段。但当代世界经济周期性波动却呈现时间相对缩短,上述 4 个阶段差别变小且特征不明显的特点,表现为萧条和复苏间的界限模糊;复苏的时间段变短,速度变快。

2. 周期变形现象普遍存在

二战后资本主义经济周期的"变形"主要表现在:第一,危机阶段物价往往不降反升或只是物价上涨率的降低,原因主要是政府长期实行赤字财政政策使物价上涨成为一种趋势,而且由于垄断资本实力的加强,即使危机来临它们也宁可减少产量,避免存货积压,也不轻易降价销售。第二,最近几次衰退期间并未出现存货大量增加的现象,这主要是因为将现代信息技术运用于存货管理的结果。第三,萧条与复苏阶段往往难以区分,其最重要原因是政府对经济的全面调节与干预,一旦经济不景气,政府就采取人为刺激经济措施,使生产下降到"谷底"以后便逐步出现回升,一般难以观察到经济既不再下降也无明显回升的萧条阶段。

3. 世界经济周期的同期性趋于加强

二战前,主要资本主义国家发生的经济危机往往带有明显的同期性,战后这种情况有所改变。由于各国经济情况不同,尤其是各国政府的经济政策常有明显差异,致使战后各国所发生的周期性经济危机的次数并不相同。总体来看,20 世纪五六十年代世界经济周期非同期性的特点表现较为明显,各国的周期进程差异较大,除 1957—1958 年经济危机之外,各国发生经济危机的时间均有先有后;自 20 世纪 70 年代以来,各国的经济危机更多地表现出同期性或基本同期性,1973—1975 年危机、1979—1982 年危机、2001—2002

年危机以及 2007—2009 年经济危机都是基本同期的。这种现象的出现,主要是由于在经济全球化趋势的影响下,通过国际贸易、国际金融和国际投资等渠道,使各国的经济联系加深,相互依赖不断加强;另外,由于知识信息具有可共享性、外溢性、扩散性,这表明人类社会在向知识经济过渡过程中各国经济周期波动更具有同期性特征。

4. 生产过剩的经济危机与财政金融危机交织并发

所谓财政危机通常是指政府财政出现巨额赤字,财政状况不断恶化,并因此导致国债规模不断扩大。为了弥补巨额财政赤字,政府不得不扩大货币供应量和信贷规模,造成经常性的通货膨胀,很显然,这主要是二战后各国长期推行凯恩斯主义,加强对经济的调节和干预的必然结果。金融危机则往往表现为银行破产倒闭,信用链条断裂,利率、汇率急剧变动,金融秩序严重混乱,等等。此次由美国次贷危机所导致的百年一遇的全球金融海啸及其引发的二战后空前严重的经济危机,便是生产过剩经济危机与金融危机交织并发的最为生动的例证。

5. 结构性危机与周期性危机交织在一起

结构性危机是指资本主义国家由于经济结构的急剧变动而引起的生产与消费、供给与需求之间长期、严重的比例失调。它与周期性危机一样,根源在于资本主义生产社会化与资本主义私人占有之间的矛盾,但直接原因则是资本主义经济结构的急剧变化。二战后,资本主义再生产不仅一再为生产过剩的周期性经济危机所打断,而且也为结构性危机所困扰。特别是 20 世纪 70 年代以来,结构性危机愈益突出,对资本主义经济影响愈加严重。这主要是由于在科技革命推动下出现了一系列新兴工业部门,这些部门的利润率高,企业竞相投资,因而发展速度快,成为朝阳工业;而一部分传统工业部门则成为夕阳工业,受到挤压。由于结构性危机与周期性危机交织在一起,因此周期性危机变得更为复杂,更难以解决。

(二) 当代世界经济周期新特点的成因

1. 新经济周期与高新技术产业密切相关

第二次世界大战后出现的第三次科技革命和信息技术等高新技术产业突飞猛进的发展,对世界经济的周期性波动产生了显著的影响。科技革命和生产技术设备的不断更新,一方面使资本主义再生产进程大大加快,使生产迅速从危机中摆脱出来,迅速复苏、高涨,这不仅缩短了周期长度,还模糊了阶段划分;同时,不间断的大规模固定资本更新也在一定程度上减缓了经济危机的破坏作用。另一方面,由于科技革命而出现的新型工业部门和新产品,在危机期间受周期性波动的影响较小,使得整个社会生产遭到的破坏相对变轻。

科技革命促使高新技术产业和第三产业的兴起和扩大。产业结构的这种变革,减缓了就业压力,使失业率降低。不过,产业结构转换的同时,也出现了结构性的失业问题。

2. 各国政府运用"反周期政策"干预经济

第二次世界大战后各国政府采取"反周期政策"干预经济,是当代世界经济周期波动具有新特点的重要原因。为了反经济危机和经济周期,刺激经济增长,各国政府采取大量的政策措施,干预、调节经济,力图使经济波动减小到最低限度。

3. 经济全球化的影响

第二次世界大战后,国际分工不断深化,国际贸易规模越来越大,对外投资和跨国公司的发展,区域性组织的出现,使得经济全球化成为世界经济发展的重要趋势。各国在经济上的联系越来越密切,一方面为各国向国外转移经济危机、减轻经济危机后果提供了条件;另一方面,各跨国公司对危机迹象的快速反应,又会使某些国家的"反危机"措施失灵,从而使各国危机出现同期性可能。

☞ **思考题**

1. 第二次世界大战后世界经济增长的主要原因是什么?

2. 世界经济的可持续发展和不平衡发展指什么?

3. 世界经济均衡的特点是什么?

4. 什么是国际经济传递机制?它有哪些渠道?

5. 什么是经济长周期?其成因是什么?

6. 科技革命对二战后世界经济周期波动有哪些影响?

第十一章

世界经济发展中的问题

☞ **内容提要**

世界经济在发展过程中遇到了许多问题。石油价格大幅波动对世界经济增长、就业、物价与国际收支都会产生一定的影响,周期性世界经济危机使世界经济增长停滞甚至下降。而可持续发展对世界资源配置、国际贸易、产业结构及国际资本流动正带来新的挑战。通货在现代经济中一直具有举足轻重的作用,全球性通货问题在经济日益全球化的今天已成为人们关注的核心问题。而世界贫富差距问题目前有着不同于以往的特点,它正以不同方式阻碍着经济的发展与稳定。

☞ **关键词**

石油问题　经济危机　可持续发展　通货问题　世界贫富差距

第一节　世界石油问题

18 世纪以前,世界能源主要以薪柴为主,经历了漫长的历史发展时期。从 18 世纪到 20 世纪中叶的 200 多年的历史时期内,煤炭逐步成为世界主要能源。进入 20 世纪 50 年代以后,石油取代煤炭成为世界主导性能源。石油作为现代工业的第一能源,提供世界一次能源消费的 40％和交通能源需求的 90％。长期以来,全球石油供求状况与资源潜力直接关系到世界经济的发展态势,因而一直广为世界各国特别是经济大国高度关注。20 世纪 90 年代末开始,伴随着世界经济的复苏和发展,国际石油市场剧烈动荡,石油价格持续攀升,在 2008 年 7 月达到历史最高位。但是随着当前国际金融危机的发展,国际石油价格经历了新一轮深度下跌和动荡。

一、国际油价的历史波动

综观历史,根据价格的走势,从石油工业兴起至今,国际油价的发展大致经历了如下几个时期。

1. 国际油价低价期(自石油工业兴起到 1973 年第一次石油危机以前)

这一时期西方石油公司掌控石油价格,在石油生产国之间相互竞争的过程中,石油资源在每桶 1~2 美元的低价水平下被西方发达国家大肆掠夺。

2. 国际油价上升期(1973—1978 年年底)

这一时期石油输出国组织(OPEC)开始协调行动,以谋求自身稳定的利益。石油输出国组织的行动在世界石油市场上的作用开始显现,油价从 1970 年年初的 3.35 美元/桶逐步上升。1973 年 2 月—1974 年 1 月,由于海湾石油出口国对支持以色列的某些西方国家实施石油禁运并自行限产,油价从 4.31 美元/桶飙升到 10.11 美元/桶,酿成了历史上第一次石油危机。此后,石油市场的供求紧张没有明显缓解,到 1979 年油价升至 15 美元/桶左右。

3. 国际油价第一次高位震荡期(自 1978 年年底伊朗革命到 1985 年)

伊朗革命使得伊朗石油产量锐减,国际石油市场上的供给短缺引起了国际油价的第一次高位震荡。高油价限制了石油消费的增长,一时间国际石油市场从供不应求过渡到供大于求,高油价不能维持。1980 年 7 月以后,国际油价长期徘徊在 30 美元/桶以上的高位。

4. 国际油价相对平稳期(1986—1997 年)

这一时期,国际石油价格基本稳定在 15~25 美元/桶的范围。其间,虽然国际油价受海湾战争的影响出现了一些波动,但是油价在战争结束后便再次趋于平稳,石油商品的贸易方式渐趋市场化与规范化。

5. 国际油价大幅波动期(1998—2002 年上半年)

国际油价受 1997 年亚洲金融危机滞后影响,在 1999 年 2 月达到近 30 年来最低点 10 美元/桶后,便一直处于盘旋上升状态。这期间,石油输出国组织成员国一致"限产保价"、巩固卡特尔联盟的努力是国际油价不断上涨的主要原因。

6. 国际油价新一轮大幅上涨、高价震荡期(2002 年下半年—2008 年)

由美伊战争引起的本期国际油价持续上涨,从 2002 年下半年的 28 美元/桶一路上涨,经历了 2004 年年底时略高于 40 美元/桶的持续震荡之后,又一路攀升。2007 年年底达到 100 美元/桶,2008 年 7 月,国际油价盘中突破 147 美元/桶的历史高位。

7. 当前金融危机下石油价格深度下跌和震荡(2009 年到目前)

受国际金融危机、石油输出国组织争夺石油出口市场份额、美国原油库存高企等因素影响,国际市场上原油供过于求,国际石油价格进入短期内深度下跌通道。至 2009 年 1 月,价格跌至 33 美元/桶,为 2004 年 4 月以来新低。在经历一段时间反弹后,国际石油价格总体上呈现出震荡下跌趋势。布伦特原油价格从 2014 年 9 月的 97 美元/桶迅速下降到 2015 年 12 月的 30 美元/桶。尽管此后有所上升,但至 2016 年 6 月原油价格仍然保持在 50 美元/桶左右。

二、影响世界石油市场的因素

影响世界石油市场的因素是很多的,既有经济因素,又有政治因素,还有军事、外交、金融投机、美元汇率波动等因素。

1. 国际石油供给

国际石油供给方面的因素主要包括世界石油储量、石油供给结构以及石油生产成本。从石油储备来看,全球目前的石油产量增长速度已经大于已探明储量的增长速度。从供给结构来看,目前世界石油市场的供给方主要包括石油输出国组织(OPEC)和非 OPEC 国家。OPEC 拥有世界上绝大部分探明石油储量,其产量和价格政策对世界石油供给和价格具有重大影响;非 OPEC 国家主要是作为价格接受者,根据价格调整产量。从石油生产成本来看,世界石油价格的下限主要由高成本地区的石油生产决定,而低成本地区的石油生产决定价格的波动幅度。

2. 全球石油消费与全球经济增长速度明显正相关

一方面,全球经济增长或超预期增长都会牵动国际原油市场价格出现上涨;反之,异常高的油价势必会阻碍世界经济的发展。以中国、印度、巴西、俄罗斯等新兴国家为代表的发展中国家经济的强劲增长使得其对原油的需求急剧增加。另一方面,全球经济增长速度放缓又会影响石油需求的增加。

3. 替代能源的成本将决定石油价格的上限

当石油价格高于替代能源成本时,消费者将倾向于使用替代能源,从而使世界石油市场的供需矛盾趋于缓和。目前,各国都在大力发展可再生能源和节能技术,这对石油价格的长期走势可能会产生影响。

4. OPEC 的市场策略

OPEC 控制着全球剩余石油产能的绝大部分,国际能源署(International Energy Agency,IEA)拥有大量的石油储备,它能在短时期内改变市场供求格局,从而改变人们对石油价格走势的预期。OPEC 的主要政策有在油价走低时限产保价以及在供给过剩时扩大市场份额来降价保产,但 OPEC 的剩余产能越来越小。IEA 的成员国共同控制着大量石油库存以应对紧急情况。

三、石油高价对世界经济的影响

总的来看,石油价格高涨对世界经济的影响可以从经济增长、就业、物价与国际收支4 个宏观经济指标得以说明。

1. 对世界经济增长的影响

石油是工业的血液。石油价格上涨使全球经济增长放缓,这已成为各个经济组织的共识。在没有找到石油的极佳替代品之前,由于各国实力对比的差异,石油需求的增长是不可能被完全抑制住的。

2. 对就业的影响

就业指标的好坏直接由经济增长的情况决定。如果高油价真的引起了世界经济的衰退,那么就业情况则会急剧恶化。高油价引起的失业一般属于周期性失业,即当经济扩张速度放慢甚至收缩时而产生的失业。高油价限制了工业的发展,由发展工业所创造出的就业机会全面减少。工作机会的数量低于失业人口时,无论人们怎样努力去寻找就业岗位也无法全部找到工作。就业指标的好坏也会反作用于经济的增长。失业的增加相应地造成产出和收入的减少,经济增长的颓势则会加剧。根据宏观经济学中的奥肯定律①,失业率每上升 1%,实际 GDP 将下降 2%之多。可见,如果高油价得不到有效抑制,经济衰退与失业增加两者相互影响,对世界经济造成的危害是巨大的。

3. 对物价稳定的影响

作为基础能源和重要的原材料,石油价格的上涨将导致成品油、燃料油、液化气等多种燃料和塑料、橡胶、化纤等众多以石油为原料的工业品价格的上涨,并对众多相关产品价格上涨形成推动力。高油价造成高成本,推动一般物价水平上涨,引发通货膨胀。据经济合作与发展组织的估计,石油价格每上升 10 美元/桶,物价指数即可上升 0.5 个百分点之多。各国为抑制油价上涨所带来的通货膨胀也会进一步收紧货币政策,从而对消费和投资产生不利影响,并进一步制约世界经济的增长。

4. 对国际收支平衡的影响

石油价格持续上涨,对石油输出国组织的各成员国来说,基本上都从石油出口中获得了贸易盈余,并大大改善了其国内财政状况;但对世界大多数国家来说,尤其是对那些高度依赖石油进口的国家来说,则会因能源成本的增加造成国内经济衰退,进而引起全球经济的萧条。

四、石油价格下跌对世界经济的影响

(1) 国际原油价格与世界经济增幅两者高度关联,两者内在的因果关系是相互促进,呈周期性变化。对全球经济而言,随着油价走低,短期经济走弱的概率较大,但长期看,石油消费国因原油价格下跌会减少石油进口支付和促进经济增长,这种效果会大于产油国因之减少的购买力和经济紧缩,低油价有利于全球经济长期增长。

(2) 能源结构调整的步伐将放慢。在全世界能源生产和消费结构中,由于石油占有重要地位,石油价格下跌会导致石油产品相对于新能源竞争力上升,新能源竞争力相对下降,前期在新能源领域投入较多的国家将面临产能过剩、投资亏损的窘境。

(3) 由于石油兼具一般商品和金融的属性,大幅度的、急剧的石油价格下跌不仅给产油国而且也给石油消费国带来国际金融方面的不稳定。一些发展中国家将不可避免地陷入输入性通货紧缩状态,一些国家甚至会出现动乱。为了求得石油市场的稳定,产油国和石油消费国越来越希望进行直接接触,以取得长期能源供求的稳定。

(4) 对中国而言,短期经济下降的风险在加大。由于存在严重的产能过剩,制造业投资意愿将进一步降低,社会总需求下降,不利于经济增长。从长期看,如果能源价格能较长时间处于低位,将对消费起到促进作用,进而推动经济向消费拉动型转变。

———————

① 美国著名的经济学家阿瑟·奥肯发现了周期波动中经济增长率和失业率之间的经验关系,即当实际 GDP 增长相对于潜在 GDP 增长(美国一般定义为 3%)下降 2%时,失业率上升大约 1%;当实际 GDP 增长相对于潜在 GDP 增长上升 2%时,失业率下降大约 1%。这条经验法则以其发现者为名,被称为奥肯定律。

五、国际石油合作方式

世界上绝大多数的剩余油气资源都分布在人口相对较多、技术与管理水平相对落后、资金缺乏的发展中国家。相反,那些技术先进、管理经验丰富、拥有雄厚资金的大型石油公司,其掌握的油气资源剩余潜力小,劳动力成本高,投资环境不太理想。在保证能够维持其在发达国家原油市场的基础上,大型石油公司很愿意把剩余的资金、人员及其技术、设备与管理经验投入利润空间更大的发展中国家市场上。在此情况下,国际石油合作应运而生。国际石油合作目前主要有以下几种形式。

1. 合营企业

国际合作开采石油资源中的合营企业,是指石油资源国国家石油公司与外国石油公司组成的以开发石油资源为目标的企业。这种企业与其他部门的合营企业大体相同,即共同投资、共同管理、共负盈亏和共担风险,可组成股权式或契约式合营企业。但由石油开发的特点所决定,这类合营企业与其他合营企业所不同的一个重要特征就是勘探资金损失的风险由外方合营者承担。这种安排方式显然对资源国是有利的。

2. 联合作业

尽管联合作业形式也具有作业双方共同投资、共同经营和共负盈亏的特点,但是作业双方仅仅是达成了一项作业协议,并没有组成联合的企业组织。合作双方为联合作业而设立的机构只是一种技术和业务性质的实体,这种形式并未组成新的独立法人。在财务上,合作双方保持独立,分别计算开支和收入,分别纳税;在法律上,合作双方各自独立承担法律责任。

3. 产品分成

产品分成合同是国际石油合作中的一种新的契约安排。这种形式最早出现于 20 世纪 50 年代玻利维亚的实践中,到 60 年代在印度尼西亚首先推广,1971 年形成法定规则。目前,这种形式被秘鲁、马来西亚、危地马拉、利比亚、埃及、叙利亚、约旦、孟加拉等发展中国家普遍采用。合同中资源国拥有开采权,外国石油公司处于合同者的法律地位。因此,从法律角度看,外国石油公司取得的产品份额是资源国支付给其合同者的报酬或补偿。

4. 承包制

这种形式最早产生于拉美国家,现在为中东、东欧国家普遍采用。在这种形式中,资源国政府或国家石油公司具有石油开采权,独立投资和经营,自负盈亏。同时通过与外国石油公司签订承包合同,把石油开发工作交由外国石油公司承包。

六、世界石油市场体制存在的问题

世界石油市场从诞生之初发展至今也不过 100 多年的时间,但随着石油资源作为世界最重要能源地位的确立,各国期望保持长期可持续发展而产生的对能源的旺盛需求,使得各方利益的焦点都集中在石油这一"黑色黄金"之上。各种政治力量的加入更使世界石油市场变得异常复杂。

由于全球已探明的石油储藏有 2/3 集中在中东地区,而世界上的能源消费大国则主要集中在北美、欧洲和亚洲等输油管道很难直达的地区,因此油轮成了主要的运输和调节工具,是输油管道的延伸。由于油气运输经常跨越数万公里,在漫长的路途中经常需要经过一些运河、海峡等宽度只有几公里甚至几百米的"咽喉要道",因此这些油轮的必经之地最容易受到海盗的骚扰和恐怖分子的袭击。

在当前的国际石油体制中,任何一个石油出产国所发生的一个小事件都可能引发全球性的后果,其程度远远超过了事件本身或这个国家的重要性。除了金融市场与生俱来的投机性质之外,这一不对称性不仅使业内人士无所适从,也使政治决策者更加担心。事实上,在这个原油供应全球化的体制下,虽然某个国家或某个地区的原油或成品油供应存在各自的特性,但是只要一个油田出了意外,就必然会引起整个市场的波动。一旦出现紧张状况,某个石油消费国的充足供应必然是以牺牲别国利益为代价的,哪怕两者是盟友或是合作伙伴。在这种情况下,原油价格或成品油价格的高低只不过是这种担忧的具体体现罢了。

第二节　世界经济危机

一、世界经济危机的含义

世界经济危机是指大体在同一时期发生在世界主要国家的周期性生产过剩危机。这些主要国家是指西方发达资本主义国家,因此世界经济危机主要是资本主义经济危机引起的。西方发达资本主义国家发生的周期性生产过剩危机是世界经济危机产生的根源。世界经济危机的根源在于资本主义的基本矛盾,即生产社会化与资本主义私有制的矛盾,是资本主义发展到大工业时期出现的经济现象。资本主义经济危机是一种周期出现的现象,从危机开始,到萧条、复苏和高涨,要经历 4 个阶段。

第二次世界大战后,西方发达资本主义国家的经济体制与政策虽然经过广泛而深刻的调整,涉及从微观到宏观、从企业到国家再到国家之间的各个层次,并使资本主义生产方式的发展进入了社会化程度更高的新阶段,但是,周期性经济危机仍困扰着已经过全面调整的发达资本主义经济,影响着世界经济。20 世纪 60 年代,在西方国家充溢着一种乐观情绪,认为"有组织的资本主义"时代已经到来,制服经济危机的良方已经找到。但是,70 年代的危机很快打破了这种预见。事实上,统计资料表明,自第二次世界大战结束迄今,仅公认的资本主义世界性的经济危机就发生了 4 次,而且 70 年代以来各国的经济周期进程基本上是同步的,各西方发达资本主义国家无一能摆脱经济周期性收缩的痼疾,其中美国经历了 9 次,西方七国集团的其他成员经历了 6~9 次不等。

二、第二次世界大战后世界经济危机的发展

第二次世界大战以后,西方发达资本主义国家先后发生了以下 4 次世界经济危机。

1. 1957—1958 年经济危机

危机于 1957 年 3 月在美国开始,随后,日本和英国于同年 7 月、联邦德国于 1958 年

1 月、法国于 1958 年 3 月相继爆发危机。西方发达资本主义国家进入危机的时间不超过
1 年,因而是一次周期性经济危机。从这次危机的程度看,美国工业生产下降幅度为
13.7%,危机持续了 14 个月;英国工业生产下降幅度为 3.6%,危机持续了 13 个月;法国
工业生产下降幅度为 4.6%,危机持续了 11 个月;联邦德国工业生产下降幅度为 3.1%,危
机持续了 3 个月;日本工业生产下降幅度为 10%,危机持续了 11 个月。

2. 1973—1975 年经济危机

危机于 1973 年 1—11 月首先从英国、美国、日本等国爆发,随后波及与这些国家相联
系的其他中小资本主义国家。危机期间,英国工业生产下降 11.6%,危机持续 22 个月;美
国工业生产下降 13.8%,危机持续 17 个月;日本工业生产下降 20.8%,危机持续 15 个月。
1974 年 4—12 月,加拿大、意大利和联邦德国、法国也先后进入危机。从时间上看,此次
危机具有同期性特点。从 1975 年下半年开始,各西方发达资本主义国家相继走出危机,
经济开始回升,但是,各国并没有出现以前危机后出现的经济高涨阶段,而是出现了经济
长期萧条和通货膨胀并存的现象。因此,此次危机成为第二次世界大战后资本主义国家
经济发展的转折点,它标志着第二次世界大战后资本主义世界经济发展的"黄金时代"的
结束和"停滞膨胀"局面的开始。

3. 1979—1982 年经济危机

危机于 1979 年 7 月从英国开始,1979 年 10 月爆发于加拿大,1980 年 2 月爆发于美
国,同年 3 月爆发于日本,同年 4—5 月联邦德国、法国、意大利相继产生危机。这次危机
的危害大、时间长、范围广。在持续时间上,美国为 45 个月,西欧为 35 个月,日本为 33 个
月。在工业生产上,美国 1982 年 11 月的工业生产指数比最高点下降了 12%,英国下降了
15%。在失业率上,1982 年 11 月,美国官方公布的数字为 10.8%,欧洲共同体 10 国也超
过了 10%。在范围上,这次危机使世界贸易出现了严重的萎缩,与 20 世纪 70 年代世界贸
易年平均增长 5.5%相比,1982 年的世界贸易总额比 1981 年下降了 2.5%。

4. 1989—1993 年经济危机

危机于 1989 年首先从美国开始,然后涉及加拿大、澳大利亚、欧洲国家和日本。这次
危机对西方发达资本主义国家的危害体现在以下几个方面:①延续时间最长,大约为 5
年,而危机给日本等国的影响则更长,整个 20 世纪 90 年代经济基本上都处于低迷状态;
②经济增长率下降幅度较大,1991 年的谷底增长率为 0.6%,比 1984 年的 4.7%下降了
4.1%;③失业率较高,1992 年的失业率高达 8.2%,比 20 世纪 70 年代的平均值 4.2%高出
近 1 倍;④出口增长率大幅度下降,1993 年的出口增长率为 0.4%,比 1988 年的 8.4%下
降 8%;⑤整个危机期间出口增长率的平均值为 3.9%,不到 1988 年的一半。

三、第二次世界大战后世界经济危机的特点

1. 世界统一的再生产周期运动规律仍然起作用,但经济周期的同期性和阶段性差别
不甚明显

从 1857 年到第二次世界大战前的近百年时间里,西方发达资本主义国家经济危机的
同期性特点非常明显,危机往往都发生在同一年份,基本上没有隔年发生的情况。第二次

世界大战前,资本主义再生产周期运动规律一般是在一次经济危机过去之后,依次经过萧条、复苏和高涨几个阶段,进入下一个经济周期,周期的各个阶段较为清楚。1857 年第一次世界性经济危机的爆发表明,世界统一的再生产周期运动过程业已形成。第二次世界大战后则不完全相同,再生产周期 4 个阶段的依次交替不如过去那样清楚,各个阶段的特征也不像过去那样容易区分,尤其是萧条和复苏阶段更难明确划分。有些经济危机的同期性不甚明显,或者就不存在同期现象,前后有时要相差 3～4 年,甚至更长。各个阶段的起伏波动不大,其间又往往被较长的生产停滞或局部性经济危机所隔断。之所以形成以上情况,原因是多方面的,但主要原因有以下 6 点:

(1) 西方发达资本主义国家对经济周期的干预和调节活动不一致。战后各国政府都加强了对经济周期的干预和调节活动。在经济萧条时期,政府通过扩大财政开支、减免税收、扩大社会保险、实行财政和膨胀信用等刺激措施,以扩大社会需求,缩短萧条期。进入高涨阶段,政府为了抑制"过热",又通过增加税收、提高利率和减少财政支出等措施,以紧缩需求,防止经济危机的爆发。但由于政策措施的运用在时间、力度和效果上不一致,对各国再生产周期的影响也就不一样,从而削弱了西方国家再生产运动的同期性和阶段性。

(2) 战争对西方发达资本主义国家经济的影响不一致。第二次世界大战后初期,西方国家经济实力的差异使这些国家出现生产过剩的时间参差不齐,再生产周期运动的统一性被破坏,危机爆发的同期性也就不明显。

(3) 由于科技革命的影响,世界经济运行周期出现微波化。第二次世界大战后科学技术革命对西方国家的生产技术设备和经济结构带来了巨大的变革,但由于科技革命的变革在西方各国存在着时间、规模和程度上的差异,从而使各国生产周期运动不一致,导致世界经济周期发生变化。

(4) 局部战争对固有的经济危机周期产生了较大影响。如朝鲜战争和越南战争使美国的军费开支猛增,财政预算加大,从而扩大了政府对商品和劳务的需求,带动了总需求的扩大,延长了再生产周期,影响了经济危机爆发的时间和程度。

(5) 第二次世界大战后,西方发达资本主义国家生产国际化、资本国际化和国际贸易有了很大发展,各国间的经济联系比战前更加密切,这使世界再生产周期运动又存在趋于一致的趋势。

(6) 区域性经济组织如欧洲经济共同体等的出现和发展,使得区域内的国家经济日益成为一个整体,日益增强区域内国家再生产周期的一致性趋势,同时,也加强了对世界经济周期和差异性的影响力。

2. 第二次世界大战后的经济危机与战前相比,危机持续时间较短,生产下降幅度较小,对世界经济的打击程度也相对较轻

第二次世界大战后,西方发达资本主义国家虽然多次发生过经济危机和生产下降,但总的说来都不如战前的危机那样深重,持续时间也没有那样长。

(1) 危机持续的时间缩短。以美国为例,在第二次世界大战前,如果把 1920—1921 年、1929—1933 年和 1937—1938 年的 3 次危机连同 1923—1924 年和 1926—1927 年的生产下降合并计算,平均每次危机的持续时间为 17.6 个月;第二次世界大战后,美国的每次

危机延续时间都没有这么长。其他西方发达资本主义国家情况也大体相似。这说明,后经济危机持续的时间相对缩短。

(2)生产下降幅度较小。美国除了1974—1975年的危机使工业生产下降了15.3%之外,其余几次最多为13.5%和11.8%。日本除了1957—1958年、1974—1975年两次危机使工业生产分别下降了10.4%和20.0%以外,其余两次各为4.1%和4.2%。英国除了1951—1952年、1974—1975年两次危机使工业生产下降较多,为23.6%和11.0%以外,其余两次各为3.6%和10.9%。其他西方发达资本主义国家情况也大致相似。与1929年"大萧条"使美国工业生产下降46.2%、英国工业生产下降23.8%、德国工业生产下降40.6%、法国工业生产下降32.9%相比,下降幅度都相对小得多。

(3)第二次世界大战后经济危机的危害程度轻于战前经济危机的主要原因有以下几个:

1)战后各西方发达资本主义国家政府调节和干预经济作用的加强,垄断企业经营管理水平的不断提高,以及各种非物质生产部门的迅速扩大,使生产与市场的矛盾在一定程度上和一定时间内得到缓和。

2)高新科技的不断出现和广泛运用以及生产设备的不断更新,一方面使资本主义再生产周期进程大大加快,另一方面涌现出许多新兴工业部门、新产品,这些新兴部门和新产品在危机期间受周期变动的影响相对而言较小,而且在危机期间往往仍能扩大生产和出口,对整个经济的下降起着一定的抑制作用。

3)第二次世界大战后各国经济危机次数不等,时间参差不齐,深度不同,同时各国之间经济联系更加密切,为各国向外转嫁危机、减少工业生产下降幅度提供了条件。

4)在经济危机期间,固定资本投资下降幅度较小,对周期进程也产生一定的影响。危机期间固定资本投资下降幅度较小也在一定程度上减缓了危机的进程,减轻了危机的危害。战后西方国家政府利用财政金融政策大力支持企业进行投资,维持了一定的固定资产投资水平;政府还通过政府采购等措施维持或增加企业的生产能力,使企业的过剩生产能力不至于被破坏。同时,由于世界竞争的加剧,企业技术更新和设备更新的周期缩短。这些因素的综合作用,导致第二次世界大战后经济危机中生产下降幅度趋小。

3. 战后经济危机期间"停滞膨胀"成为各国的普遍现象

20世纪60年代末和70年代初,出现了与以往经济周期不同的新现象,即"停滞膨胀"现象,1989—1993年危机的前期也存在着物价上涨的现象。所谓"停滞膨胀"包括两方面的内容:一方面,生产增长迟缓,经济发展停滞,失业率长期较高;另一方面,长期存在通货膨胀,物价持续上涨。这两种现象互相交织并发,贯穿于西方发达资本主义国家再生产周期的各个阶段,而不只是出现在周期的某个阶段;也不只是出现在少数几个主要资本主义国家,而已成为所有西方发达资本主义国家共同的经济现象。

第二次世界大战后西方发达资本主义国家经济周期中普遍出现的"停滞膨胀"现象,是资本主义基本矛盾发展的必然产物,根源在于西方发达资本主义国家长期推行的扩张性经济政策,是政府长期干预经济生活的必然结果。战后较长时期里,西方发达资本主义国家普遍推行凯恩斯的需求管理经济政策,大量运用扩张性的财政货币政策,以增加有效需求,刺激经济增长。其结果是货币供应量的增长大大超过实际生产发展的需要,通货膨胀率不断攀升,由 20 世纪 50 年代和 60 年代的"爬行式通货膨胀"演变为 70 年代的"野马奔腾式通货膨胀",通货膨胀率都在两位数以上。通货膨胀的长期存在和日益恶化,使得危机期间通货膨胀对物价上涨的拉力大大超过经济危机对物价下降的拉力,这是 20 世纪 60 年代以后历次危机中物价不降反升的主要原因。

4. 周期性危机与结构性危机交织在一起

结构性危机是指由于国民经济结构和部门结构的急剧变动而引起的某些部门生产与消费、供给与需求之间长期的严重的比例失调,导致这些部门生产过剩或生产不足。结构性危机的直接原因是经济部门的激烈变动和消费需求结构的急剧变化。

20 世纪五六十年代,当资本主义经济处于"黄金时期"的时候,结构性危机并不明显。但进入 70 年代以后,结构性危机日益发展,并与周期性经济危机交织在一起。80 年代以及 90 年代初发生的两次经济危机的结构性特点表现得更为明显。因为这两次危机是在 70 年代危机以后近 10~20 年时间里,西方经济结构问题一直未得到解决的情况下又发生的周期性危机,因而,危机的严重性大大高于统计数字上所显示的下降幅度。突出表现之一就是就业情况恶化,高失业率呈现出长期化趋势。

西方发达资本主义国家结构性危机的另一个重要表现就是固定资本投资长期呆滞。20 世纪五六十年代发达国家出现固定资本投资浪潮,到 70 年代以后,情况则迥然不同了,美国、联邦德国、日本的固定资本投资平均年增长率分别从 60 年代的 4.5%、8.5% 和 17.9% 下降到 2.1%、3.4% 和 2.3%。在周期性危机到来的情况下,固定资本投资更加萎靡不振,危机更加深化,也导致萧条时期拖长。这也是 70 年代危机以来,西方发达资本主义国家经济长期低速增长的一个重要原因。

结构性危机与周期性经济危机一样,其根源也在于资本主义生产社会化与资本主义私人占有之间的矛盾,但直接原因则是西方发达资本主义国家经济结构内部各部门、各要素间的联系受到了严重破坏。由于第二次世界大战后在科学技术推动下出现了一系列新兴工业部门,这些部门的利润高,出现争相投资现象,因而发展速度快,被称为"朝阳工业",而传统工业由于受到新兴工业排挤而成为"夕阳工业"。20 世纪 70 年代危机以后,钢铁、造船、纺织等遭受结构性危机影响的"夕阳工业"每况愈下,在周期性危机与结构性危机的双重打击下,长期处于萎靡不振的状态。以钢铁工业为例,1973—1983 年间,美国的钢产量从创纪录的 13600 万吨下降为 7650 万吨。同期,日本及欧共体国家也面临同样情况。由于结构性危机与周期性危机交织在一起,因此经济危机变得更为复杂,更难以解决,这在危机持续的时间、生产下降的幅度以及失业人数的增加等方面都有明显的表现。

第三节 可持续发展问题

一、世界经济可持续性发展问题的由来

1968年,西方一些知识分子成立了罗马俱乐部,最早在世界范围内唤起人们的危机意识。罗马俱乐部通过召集会议、出版研究报告等各种活动,促使人们去关注人类社会所面临的困难和危险。

从世界经济层面来看,可持续发展问题的产生,主要包括以下几个方面。

1. 传统工业化的生产模式和消费模式

自18世纪产业革命以来,西方各国沿用传统工业化的生产模式,实现了从农业社会向工业社会的跃升。传统工业化生产模式的特点是资源和能源的高投入与高消费,以及将自然当作被征服的、可无限从中获取资源的对象,而不考虑人类的生产活动对生态环境可能造成的消极影响。随着经济增长,资源的有限性和生态环境的脆弱性日益暴露出来,直至导致了全球性危机的爆发,这表明了这种生产模式的不可持续性。

西方国家发达的经济和丰裕的生活水平,是以巨大的社会代价和生态环境代价换来的。近数十年来,一批又一批发展中国家相继进入了工业化阶段。大多数发展中国家依然沿袭着发达国家走过的道路,采取的是传统的工业化生产模式。在一些发展中国家,虽然其社会的经济水平尚不高,但在西方社会的影响下也在不同程度地模仿浪费性的消费模式。尽管发展中国家迄今对全球性的资源耗竭和生态环境退化的影响比发达国家要小很多,但是,考虑到发展中国家的发展前景,对其未来的资源耗竭与生态环境退化方面可能造成的威胁绝不能掉以轻心。在现有的资源与环境条件下,发展中国家是绝不可能依靠传统的工业化生产模式和消费模式达到发达国家目前的生活水平的。

2. 发展中国家的贫困与落后

世界经济发展的不均衡导致了世界范围内的收入分配不均。发展中国家的贫困与落后或者说发展不足,是造成资源耗竭和生态环境退化的重要原因。第二次世界大战后,虽然各发展中国家经过长期努力,在世界经济与社会发展方面取得了不同程度的进展,但总体来看大多数发展中国家仍然处于贫困和落后的境地。在发展中国家,贫困、落后和愚昧使得人们为了维持生存而滥采、滥用资源,不顾对生态环境的破坏。许多发展中国家的人口激增,资金短缺,技术落后,资源能源的利用效率低,生产加工能力差,为了获取收入只能依靠过度开发本国的资源、廉价出卖初级产品。这就加剧了资源与环境的危机。许多发展中国家陷于贫困的恶性循环,以致其与发达国家的差距越来越大。

3. 不合理的国际经济旧秩序

现存的国际经济旧秩序是从殖民主义时期延续下来的,虽然20世纪50年代以来发生了一些变化,但发展中国家对发达国家经济上的依附以及这一秩序不公正的基本性质依然存在。这种不公正的国际经济旧秩序的存在是全球性危机的重要原因。国际经济旧

秩序使发展中国家在世界再生产过程中处于非常不利的地位。在国际分工领域,发展中国家大多仍主要从事初级产品的生产与出口,不少国家仍然未能摆脱经济单一化的格局。在国际贸易领域中,各种交易产品的价格、数量、内容以及质量标准主要仍由发达国家控制。在国际金融领域里,发达国家掌握着援助资金和各种商业性资金,是各种援助条件和贷款条件的制定者。为了发展经济,发展中国家进口设备与技术需要外汇,相当多的发展中国家通常只能依靠开发本国的自然资源、出口初级产品换取外汇,经济单一化也使发展中国家难以满足自己的粮食需求而不得不依赖粮食的进口;而在国际贸易领域里,发达国家又将发展中国家的出口产品价格压得很低,致使发展中国家的贸易条件恶化,发展中国家为了获取更多的收入,不得不过度开发其资源;发达国家在提供援助资金和商业性贷款时所附加的各种条件,又使发展中国家难以自主、有效地将这些资金运用于本国的经济和社会发展。

4. 人口急剧增长

第二次世界大战以前,世界人口的增长率相对来说是很低的,例如 1800—1900 年期间,世界人口的平均增长率只有 0.6%。第二次世界大战后,随着工业化的进展和各国人民生活的改善,人口的死亡率大大下降,加上导致人口增长放缓的因素(如战争和饥荒)的减少,世界人口从 1950 年的 15 亿猛增到 1970 年的约 40 亿。随后随着经济发展,人们的生育观发生改变,人口增长率逐渐下降。到 1994 年,世界人口达到了 57 亿,1996 年约为60 亿。联合国人口基金会的数据显示,全球人口在 2011 年 10 月 31 日达到 70 亿,2014年达到 77 亿。这样的人口急剧膨胀,给人类生活的各个方面造成了沉重压力。人口增长过快,使自然资源的短缺问题更为突出。

二、可持续发展战略对世界经济的影响

可持续发展问题在世界范围内的表现的严重程度是不同的。坚持和实施可持续发展战略对世界经济未来的发展与增长必将带来深远影响。

1. 可持续发展对世界资源配置的影响

自然资源是世界各国最主要的生产要素之一,但是,自然资源并不是影响各国经济发展程度的决定性因素。决定一个国家对自然资源利用状况的是该国的经济实力,而不管其国内是否拥有足够的自然资源。经济实力强大的国家可以取得更多的自然资源,即使本国缺乏自然资源,也可以利用经济贸易甚至武力的方法,从别的自然资源比较丰富的国家取得。在现行体制下各国对于自然资源的利用是极不公平的。经济发达的国家需要而且也有能力利用本国的甚至是外国的自然资源,经济不发达国家却只能依靠出售这些自然资源来支持其经济发展和人民生活水平的提高。

2. 可持续发展对世界贸易的影响

第二次世界大战结束以来的 60 多年里,世界贸易得到了迅速发展,每年以 5%～6%的速度增长。随着可持续发展越来越成为决定各国政府的战略选择及贸易政策的重要因素,世界贸易发生了一系列新的变化:

(1) 国际分工将发生新的变化。在现行体制下,由于各国经济的产业结构是根据国

内外市场的需要确定的,各国的资源禀赋和劳动生产率高低不一,国际分工主要是依据比较成本学说来进行的。而根据可持续发展的思想,既要考虑资源的稀缺性又要为后人留下足够的资源,这就需要对各种资源和各国现有资源的开发做出整体的考虑和安排。国际贸易的商品结构和流向也将发生相应的变化。

(2)国际贸易的内容将发生新的变化。随着可持续发展战略的逐步落实,"绿色文明"将席卷全球,从而造就一个"绿色市场",形成一个"绿色产业"。那时,环保技术、环保产品和环保服务将会受到人们的广泛欢迎,"绿色产品"将成为国际贸易中的一项重要内容,其在国际贸易中的比重将逐步加大,并给环境、社会和经济领域带来可观的收益。

3. 可持续发展对产业结构的影响

可持续发展对产业结构的影响有3个方面:

(1)第一产业将再获新生。自从产业革命以来,第一产业成为受环境污染最严重的产业部门。土地、水资源受污染,水土流失、荒漠化及酸雨日益严重,淡水资源日渐短缺。严峻的现实提醒人们,只有采用信息技术和生物技术,实行可持续发展战略,发展生态农业,才有望使它复苏。化肥和农药将逐渐被禁止使用,而代之以有机肥料和生物农业。灌溉农作物的水也是经过处理的无污染的净水。生物技术的进步将会很快形成一个生物技术产业。

(2)第二产业将得到改组。一方面,那些高能耗、高污染的传统产业将面临关停并转或技术改造;另一方面,环保产业将作为一个新的、有活力的产业而崛起。从发展趋势看,环保技术与环保产业的兴起将会同信息技术与信息产业引发一场新的产业革命,推动产业结构进行新的重大调整和改组。

(3)知识服务产业将迅猛发展。在知识经济时代,知识资源也是可以再生的,并且几乎是无限的。所以,知识经济是有利于促进人与自然的协调、有利于可持续发展的经济活动方式。因此,在强调可持续发展的时代,与知识经济相关的产业将得到最大限度的发展。

4. 可持续发展对国际资本流动的影响

由于可持续发展的提出,生产要素的配置在全球范围内正在进行着新的调整,生产国际化进程得到了加速。应该说,生产国际化趋势早在几十年以前就已经开始了。由于国际竞争的加剧,各生产企业为了取得比较廉价的劳动力和原材料,把自己的生产部门迁移到发展中国家,直接在那里进行生产,然后将产品运回国内进行组装,或者在那里组装后直接在国外销售。随着各国环境保护主义思潮的发展,以及发达国家环境保护立法的日益完善,发达国家的跨国公司把一些对环境有污染的生产企业迁到发展中国家,更加快了生产国际化的进程。

三、可持续发展的指标体系

可持续发展是一个多维的发展战略体系。一个国家或经济体的发展不仅仅是指经济方面的,还包括人口、资源、环境、经济、社会等其他方面。由于传统GDP指标存在重大缺陷,世界各国也在逐渐尝试构建可持续发展指标体系来代替传统的GDP指标。

绿色 GDP 是与传统 GDP 相对应的一个概念。为了弥补传统 GDP 不能衡量自然资源和环境资源消耗的缺陷,联合国与世界银行共同设计了环境与经济综合核算体系(System of Integrated Environmental and Economic Accounting,SEEA),作为 1993 年 SNA 体系的一个卫星系统向各国推荐建议使用。SEEA 的核心就是用绿色 GDP 代替传统的 GDP 来度量一个国家的可持续发展能力。其计算公式为:

绿色 GDP＝传统 GDP－自然资源的消耗－环境资产的消耗

绿色国内生产净值(EDP)＝绿色 GDP－固定资本消耗

＝国内生产净值(NDP)－自然资源的消耗－环境资产的消耗

1992 年里约热内卢峰会后,联合国成立了可持续发展委员会(United Nations Commission on Sustainable Development,UNCSD),并于 1996 年发布了《可持续发展指标体系和方法》,以供世界各国作为参考并建立适合本国国情的指标体系。在该文中,UNCSD 将人类社会发展分为社会、经济、环境和制度 4 个方面,共包含 130 多项指标。

第四节　全球性通货问题

全球性通货问题包括通货膨胀和通货紧缩。通货在现代经济中一直具有举足轻重的作用,全球性通货问题在经济日益全球化的今天已成为人们关注的核心问题。发达国家在经历了 20 世纪 70 年代的滞胀和 80 年代艰苦的反通货膨胀后终于将通货膨胀率控制在较低水平,特别是美国,实现了连续数年的低通胀的经济增长。与此同时,还有一些国家出现了物价上涨率持续下降、经济增长率也同时下降的现象,通货紧缩问题也引起了人们的深思。所以研究通货膨胀和通货紧缩问题对于保持全球经济的稳定协调发展具有重要意义。

一、通货膨胀

(一) 通货膨胀的含义

所谓通货膨胀是指在纸币制度下,货币数量的增长持续地快于流通中商品价值总量的增长,同时伴随有货币购买力的持续下降或物价水平的持续上涨。

通货膨胀其实自古有之,早在罗马帝国时代便已有记载。在第二次世界大战时期和战后出现了世界大多数国家持久的全球性通货膨胀。全球性通货膨胀是 20 世纪 40 年代以后出现的新现象,对世界经济的发展产生了深远巨大的影响。

(二) 全球性通货膨胀的特点

从 20 世纪 40 年代以来世界上多数国家通货膨胀的情况看,全球性通货膨胀具有如下一些特点:

(1) 信用货币比现金增加得更快,信用货币膨胀成为各国通货膨胀的主要形式。目前在发达国家中,大量交易和支付都是通过支票和其他信用货币进行的。信用货币的过度发行自然会导致通货膨胀,其结果是发达国家的通货膨胀愈来愈表现为信用货币的膨胀,而不再是古典式的"滥发纸币"了。

(2)通货膨胀的状态呈起伏型。20世纪40—80年代,通货膨胀在全球蔓延达40年之久。在这期间,由于各国财政金融随着第二次世界大战的开始、进行、结束和战后的恢复重建和发展,通货膨胀的发展呈现膨胀严重到膨胀缓和或者滞胀的循环起伏现象。

(3)膨胀在各国间有很大的不平衡。这具体表现为:各个时期内通货膨胀最严重和最缓和的国家存在差异;各国货币增长速度和物价涨幅存在差异;各国通货膨胀过程中货币构成的变化不同;各国通货膨胀过程中物价结构的变动不同。

(三)全球性通货膨胀对世界经济的影响

通货膨胀是货币金融领域中的一项顽疾,必然对世界经济的发展产生广泛深刻的影响。其具体表现为:

(1)通货膨胀对世界范围内的再生产产生重大影响。20世纪五六十年代通货膨胀在一定程度上刺激了经济的发展,但其刺激作用与当时的外在环境不无关系。当时在科技革命的推动下,各国处于固定资本更新期,各国重视人才的培养,人力资源成本、原料、燃料、辅助性材料和农产品的价格均压得很低;而且各国采用放松信贷政策,个人投资上升,消费量增加。但20世纪70年代后,情况发生了很大变化。原材料价格和工资成本上升,生产过剩日益明显,此时,通货膨胀不但显示不出其对生产的刺激作用,其负面效应反而更为明显。

(2)全球性通货膨胀对国际贸易和国际金融有着重要影响。对国际贸易而言,通货膨胀严重削弱了许多国家,特别是发展中国家的购买力,这成为国际贸易发展速度放慢的重要原因。国际贸易发展速度减慢,强化了发达国家对国际市场的争夺,贸易保护主义随之抬头。就国际金融而言,储备货币国家如美国等发达国家利用其货币的特殊地位输出通货膨胀,转移经济问题或危机,曾经在促进国际经济发展方面起过一定作用的以美元为中心的布雷顿森林货币体系因此垮台。

(3)通货膨胀在国际传播,但各个国家通货膨胀的严重程度不同。通货膨胀期间,各国物价上涨的幅度各异,以各国货币实际购买力为基础的外汇汇率失去了相对稳定的条件。再加上各国国际收支的极不稳定,使外汇的供求变化很大,汇率更是经常大起大落。汇率剧烈波动,黄金和外汇投机盛行,造成了国际金融局势的混乱,引起了各国国内货币信用市场的动荡,对世界经济和国际经济关系的发展带来了新的不利因素,加深了国家之间的经济矛盾,对国际经济关系的改善和发展极为不利。

(四)通货膨胀的传递机制

通货膨胀的国际传递理论认为,价格、资本流动和国际收支差额调节是通货膨胀国际传递的三大机制。

1. 价格机制传递

从20世纪70年代至今,经济全球化使各国经济的开放程度越来越大,国内的生产和消费与世界市场的联系越来越紧密,不同国家同类商品价格的差异很快通过国际贸易由国际价格调整加以消除。例如,国际市场上某一类商品价格明显低于国内该商品价格,进口商就会从国际市场上低价买入该类商品,然后在国内市场卖出以获得差价,反之亦然。这样由于供求规律的作用,国内市场与国际市场的同类商品价格就会渐趋一致。

2. 资本流动机制

大多数货币主义者认为,利率机制在通货膨胀国际传递中的作用要大于价格机制的作用,外汇市场和资本市场的调整要快于商品市场的调整,资本在全球日益自由的流动是造成通货膨胀国际传递的重要原因。允许资本自由的国家,国内利率也因资本的流入与流出而有一个适应国际金融市场利率水平的过程,国内通货膨胀率也将与世界通货膨胀率逐步适应。这样,世界通货膨胀就传递到了国内。

3. 国际收支差额传递机制

当世界通货膨胀率高于一国国内通货膨胀率时,国际市场货币充足,会导致资本的流入,从而使国际收支产生盈余。一方面,较大的国际收支顺差可能打破国内市场的均衡而产生通货膨胀压力;另一方面,国内为避免国际资本大量流入则会扩大货币供应量,扩大信用,使国内通货膨胀率提高,并使之与世界通货膨胀率相适应。反之,当世界通货膨胀率低于一国国内通货膨胀率时,国内货币供应过多,信用松动导致资本外流,从而使国际收支产生赤字;当一国国际收支出现逆差时会造成该国货币汇率下降,外债增加,从而造成国内的通货膨胀压力,政府为避免资本外流过多可能造成的不利影响,将会紧缩信用,抑制国内通货膨胀率,并使之与世界通货膨胀率相适应。

(五) 应对全球性通货膨胀的对策

在经济全球化的背景下,应对全球性的通货膨胀,需要国际社会共同努力。首先,发达国家在防范通货膨胀上应该承担更多的义务和责任。美国等发达国家的经济政策影响和主导着国际油价的走势,美元贬值和国际资本投机是推高油价的重要因素,美国必须采取措施遏制全球性的通货膨胀。其次,发展中国家要积极参与国际经济的协调。广大发展中国家和新兴市场经济国家在国际经济的协调中应该发出更大的声音。再次,美国和欧佩克国家尽管在高油价的原因上有分歧,但是在全球通货膨胀压力较大的情况下,各自应该保持合作,都应该有维持油价稳定的实质表现。只有这样,油价继续上涨的势头才能被有效遏制。最后,贫困国家始终是全球通货膨胀的最大受害者,世界银行要给予贫困国家支持和援助。总之,在全球面临通货膨胀压力的情况下,国际社会应该共同努力,积极协调,有关各方应该承担相应的责任,只有这样,才有利于避免全球性的通货膨胀和经济衰退,促进世界经济稳定健康地增长。

二、通货紧缩

(一) 通货紧缩的含义

所谓通货紧缩是指社会价格总水平即商品和劳务价格持续下降,货币不断升值的过程。它是与通货膨胀相对立的一个概念,一般也是以消费物价指数作为衡量指标。必须指出的是,这种物价持续下降不是由于技术的进步和劳动生产率的提高引起的,不是存在于个别部门和部分产品,也不是存在于相对较短的时间,而是在较长时间内商品和劳务价格普遍地、不断地下降。这里不是简单的物价下降,而是物价总水平连续下降的动态过程。随着经济一体化的发展、技术创新、生产能力过剩以及许多国家中央银行反通货膨胀政策的实施,世界经济进入了高生产力、高效率的年代,商品和劳务供给增加,价格下降,就可能出现通货紧缩现象。

(二)通货紧缩的成因

引起通货紧缩的原因是多种多样的,从近两百年来世界各国的情况看,有以下一些主要因素:

(1)由于紧缩性货币政策而导致的通货紧缩。中央银行提高利率、收紧银根,可能会使市场转换商品和货币的结构,持币欲望不断上升,商品需求则相应下降,从而出现物价的持续下跌,引发货币性的通货紧缩现象。

(2)由于投资和消费不足而导致的通货紧缩。当市场预期实际利率可能进一步下降时,会出现消费和投资需求不足的现象,进而导致物价的持续下跌,形成通货紧缩。

(3)由于削减政府支出而导致的通货紧缩。如果政府为了降低财政赤字而大量削减公共支出,减少转移支付,就会导致社会总需求不断下降。体现在商品和劳务市场上就是长期的供大于求,要素价格不断下跌,导致通货紧缩的形成。

(4)由于汇率制度安排而导致的通货紧缩。当一国盯住强势货币的汇率制度时,汇率波动可能导致本币币值高估,从而降低本国出口商品的竞争力。出口能力下降进一步加剧了国内企业的困境,社会需求降低,促使物价持续下跌,从而形成通货紧缩。

(5)由于低效的金融体系而导致的通货紧缩。非市场化的利率机制或者信贷政策上的盲目冒进,会加剧金融体系的不稳定性,信贷过于紧缩或者扩张太快都可能导致通货膨胀的形成。

(三)通货紧缩的经济影响

通货紧缩和通货膨胀一样,对经济发展会造成诸多不利影响。但是通货紧缩对经济的危害作用很容易被人们忽视,从表面上看,一般价格的持续下跌会给消费者带来一定的好处,在低利率和低物价增长的情况下,人们的购买力会有所提高。应该清楚地认识到,通货紧缩会加速实物经济进一步紧缩,它既是经济紧缩的结果,又反过来成为进一步紧缩的原因。

(1)通货紧缩会加重债务人的负担。在通货紧缩的情况下,产品价格出现非预期下降,收益率随之下降,生产停滞,企业归还银行贷款的能力减弱,企业负债的实际利率却较高,从而加重了债务人的负担,企业因此缺乏进一步扩大生产的动机;同时使银行贷款收回面临更大的风险,银行资产变坏,使得个人更倾向于持有现金,减少消费,从而可能出现"流动性陷阱",加重通货紧缩。

(2)通货紧缩会引致经济衰退。通货紧缩会促使人们更多储蓄,更少支出,减少消费,尤其是耐用消费品的消费。这样,通货紧缩使个人消费支出受到抑制。与此同时,物价的持续下跌会提高实际利率水平,即使名义利率下降,资金成本仍然比较高,致使企业投资成本昂贵,投资项目变得越来越没有吸引力,企业因而减少投资支出。此外,商业活动的萎缩会造成更低的就业增长,并形成工资下降的压力,最终造成经济衰退。

(3) 通货紧缩将使消费总量趋于下降。在通货紧缩的情况下,就业预期、价格和工资收入、家庭资产趋于下降,消费者会因此而缩减支出、增加储蓄,这样消费总量便会下降。

与此同时,通货紧缩对银行业的发展十分不利。通货紧缩一旦形成,则很可能形成"债务—通货紧缩"陷阱。此时,货币变得更为昂贵,债务则因货币成本上升而相应上升。虽然名义利率未变甚至下调,但实际利率仍然较高,债务负担有所增加,企业经营的困难最终会体现在银行的不良资产上。因此,通货紧缩对于银行来说,容易形成大量的不良资产。当银行业面临一系列系统恐慌时,一些资不抵债的银行会因存款人挤兑而被迫破产。

(四) 治理通货紧缩的政策选择

在过去的 50 多年里,通货膨胀一直是各国货币当局的主要监控对象。之所以会如此,部分是因为第二次世界大战后货币主义的崛起及其对凯恩斯主义的强烈抨击,尤其在经过了 20 世纪 70 年代的"滞胀"之后,通货膨胀已成为越来越不得人心的现象。战后半个多世纪的价格运动史也从经验上证明了各国货币当局工作的正确性。然而,随着全球化程度的上升和各国货币化程度的提高,由于外来冲击或其他突发性事件(如股市崩溃或银行连锁倒闭)而导致出现需求抑制型通货紧缩的威胁仍然存在。在这种情况下,管理当局彻底放弃一切为了遏制通货膨胀,转而奉行同时监控通货膨胀和通货紧缩的规则。

可以从 20 世纪 30 年代世界性通货紧缩以及 90 年代日本通货紧缩的历史中,借鉴一些避免和摆脱抑制型通货紧缩的经验:

(1) 管理当局准确的判断和坚定的治理决心至关重要。如果通货紧缩是由于生产率上升、技术进步等因素导致,那么采取紧缩的经济政策反而会打击经济的健康增长。相反,如果通货紧缩是由内外部经济冲击所导致的有效需求不足所致,那么刺激性的经济政策就不可避免。另外,管理当局治理要有决心,治理手段和力度必须足够大,才能达到预期效果。

(2) 治理通货紧缩的手段要非常及时。按照美联储一个研究小组做出的研究结论,对付通货紧缩的最好办法就是把它消灭在萌芽阶段。例如,当通货膨胀率低到一定程度,决策者就应该以更大的力度来削减利率。

(3) 要多种政策手段并用,加强政策之间的协调。实际上,管理当局有多种政策工具可以选择,但每一种工具又都会有这样或那样的缺陷。降低利率可能会扩大需求,但却会同时扩大业已过剩的生产能力或导致更大的股市泡沫。降低本币价值会扩大出口,提高进口品的价格,只不过是把本国的通货紧缩压力转嫁给了他国。中央银行扩大购买政府、私人债券,为政府和私人投资提供融资,但如果私人部门负债水平较高,那么它们很有可能进行储蓄或支付债务开支,而不是扩大支出,政府部门的投资往往效率低下。减税也有类似的作用。因此,管理当局对政策的选择和运用需要有高度的技巧性,过于偏重某一政策手段并不可取。另外,在国际经济联系日益加强的今天,加强各国间政策的协调也很有必要。

第五节　世界贫富差距问题

世界贫富差距问题目前有着不同于以往的特点,它以不同方式阻碍着经济的发展与稳定。"贫困"与"不发达"关系密切,但经济发展了,不等于就解决了贫困和贫富差距问题,它需要各国做出持久努力,也需要开展广泛有效的国际合作,改变不合理的国际经济秩序。当前,世界贫富差距还在进一步扩大,已成为影响世界经济发展的严重不稳定因素。

一、世界贫富差距问题的来源

1. 发展中国家和发达国家处在不同的经济社会发展阶段

发达国家生产力发达,处于世界现代化进程中的领先地位;发展中国家则生产力水平低下,正处于从传统社会向工业化社会的过渡时期。目前发达国家的经济正在转变为信息化、知识化经济,而绝大多数发展中国家尚处于工业化过程中,处于不发达的工业经济中,有的还是落后的农业国和矿业国。

2. 二战结束以来形成的不合理、不公平的国际经济旧秩序

第二次世界大战前,发达国家为世界加工厂,发展中国家为原料和燃料供应地的殖民地;战后国际分工有所改变,但从总体上看,发展中国家仍居国际分工体系的最底层。发达国家主要从事技术和资本密集型加工工业,而发展中国家则主要从事劳动密集型加工工业,发展中国家向世界市场提供的制成品同发达国家提供的产品相比,工艺的复杂程度要低。

3. 经济全球化加剧了世界贫困问题

由于经济全球化为国际资本开辟了广阔的空间和活动范围,因而对国际资本的主要持有者——发达国家而言,无疑增加了更多的获利机会。同时,电子信息技术和智力资源开始成为取得竞争优势的重要支撑,自然资源和廉价劳动力的优势地位正在逐渐消失,如此发展下去自然会加剧世界贫困问题。

二、世界贫富问题的特点

1. 贫困人口数居高不下

世界银行 2013 年发布的数据显示,2010 年,全世界约有 12 亿人处于极度贫困状态中,每天生活费不足 1.25 美元。相比 30 年前的 19 亿人,这个数字已有所下降。撒哈拉以南非洲、印度、中国和拉美,成为世界极度贫困人口主要居住国家和地区。这其中,只有中国在脱贫工作中取得了巨大的进步。

国际劳工组织(ILO)在 2016 年的报告中指出,尽管自 1990 年以来,极度贫困率减少了超过一半,但全球贫困状况依旧不见好转。全球近 20 亿人口每天的生活费不足 3.10 美元,而新兴国家和发展中国家,这一比例更是超过了 36%。尽管全球总体贫困率有所

下降,尤其是在中国和拉丁美洲的多数地区,但非洲和部分亚洲地区的贫困率仍居高不下。同时,在部分发展中国家减贫工作取得成效之时,发达国家贫困人数的增加已经达到历史最高纪录,尤其是在欧洲。妇女和儿童是遭受贫困影响最严重的两大人群。在新兴国家和发展中国家,一半以上15岁以下的儿童生活在极度贫困和中度贫困状态中。发达国家约36%的儿童生活在相对贫困线以下。

2. 南北贫富差距加大

全球贫富差距的扩大是毋庸置疑的事实。南北贫富差距问题,大体上是19世纪之后才出现的。1800年时,美国和西欧的人均收入水平分别为213美元和260美元,印度为160~200美元,中国为228美元,当时"第三世界"的平均水平为200美元左右。此后的200年里,随着工业经济和技术的发展,最富裕的北方国家同最贫穷的南方国家之间的贫富差距越拉越大。目前美国的人均年收入超过4万美元,而第三世界的一些穷国,如苏丹、毛里塔尼亚、索马里和也门等,只有300多美元,不到美国的1%。经济专家认为,经济全球化并没有缩小南北国家经济上的差距,差距反而越来越大了。西方七国集团总共占世界人口的11%,但是GDP却占65%;而世界其他地区人口占世界的89%,而GDP仅占35%。

3. 世界上的财富越来越集中在少数国家和少数人手中

世界上20个最富有国家的人均收入比20个最贫困国家整整高出37倍。瑞士在1998年以人均年收入4万美元保持世界首富之位,人均收入100美元的埃塞俄比亚排名最后。发达国家民众每年每人的平均收入为1.7万美元以上。发展中国家同富裕国家之间的人均收入比例为16%。高收入国家的人每挣1美元,发展中国家的人只挣16美分。占世界2%的最富有人口拥有全球50%以上的财富,占全球10%的最富裕人口控制着全球85%的财富,而世界上大约一半处于底层的人口只拥有全球财富的1%。到2016年,占全球人口1%的最富有人口的财富超过其余99%的人的财富总和,财富占比将由2014年的48%增至50%以上。

4. 城市贫困化越来越严重

自世界工业革命以来和世界城市化过程中,城市贫困问题一直是世界各国面临的难题,其中分配不均是导致城市贫民阶层存在和迅速扩大的重要因素,城市贫民阶层的失业、社会保障、分配制度、社会公平等许多社会发展中出现的问题没有得到有效的解决和足够的重视。随着时间的推移和社会贫富差距的不断扩大,全球范围内城市中的一些贫困人口从暂时的贫困逐渐走向长期的贫困化,形成了庞大的社会贫困群体。与此同时,在社会贫困群体中,多数贫困人口不仅其终身贫困甚至延续到后代,改变贫困命运的机会随着社会贫富差距的扩大越来越渺茫。据联合国人类住区规划署(United Nations Human Settlements Programme—UN-Habitat)报道,目前全球有近10亿人居住在城市条件恶劣的贫民窟中,相当于世界总人口的1/6,全球城市人口的1/3,预计到2020年居住在城市贫民窟的人数将增至14亿。目前发展中国家约占世界城市贫民窟人数的90%;即便是发达国家也不例外,目前在发达国家约有数百万人居住在类似贫民窟的环境中。

三、消除世界贫困差距的努力

　　无论是从原因还是从影响来看,贫困和贫富差距扩大都涉及社会、政治、文化等方方面面。它们既是每个国家的内部问题,又是一个与国际政治经济秩序有密切联系的全球性问题。贫困和贫富差距问题同南北关系有密切联系,是南北关系中一个非常重要的问题,但它又不仅仅是南北关系问题。发展与贫困有密切联系,但又不能把两者等同起来。经济发展了,不等于就解决了贫困和贫富差距问题。这里很大程度上取决于分配和分配的政策。这些因素决定了贫困和贫富差距扩大是个复杂的社会问题,它的解决,就如同它的产生一样,取决于多方面的因素和原因,其中既有国内因素,又有国际因素。消除贫困的根本途径在于持续、稳定地发展经济,但消除贫困光靠一国的努力是不够的,它需要国际社会的共同努力,需要开展广泛有效的国际合作。现存的国际环境不但没有减轻贫困,反而加剧了大多数发展中国家的贫困。发达的经济强国硬加给发展中经济的经贸制裁以及日益恶化的债务负担,都是对后者解决贫困问题不利的国际因素。值得一提的是,发达国家对第三世界的援助日益减少,已降到历史最低点。20世纪70年代发展中国家经过激烈谈判,要求发达国家对第三世界援助达到其国民生产总值0.7%,但时至今日,只有少数几个北欧国家达到该指标,绝大多数发达国家对第三世界的援助离该指标甚远,甚至有下降趋势。

　　我国政府在消除贫困问题上的主张是:

　　(1)努力营造和平稳定的国际国内环境。没有和平与稳定,发展就会失去保障,消除贫困也就无从谈起。各国都应积极致力于维护世界和平与稳定,努力实现国内社会安定,为促进发展、消除贫困创造良好的环境。

　　(2)建立公正合理的国际政治经济新秩序。各国在政治上应相互尊重,和平共处;在经济上应平等互利,共同发展。尊重各国的自主发展权,尊重各国人民根据本国国情选择发展道路和发展模式。要努力实现国际关系民主化,让各国都能参与国际事务规则的制定,保证各国人民获得均等的发展机会,使广大发展中国家得以公平合理地分享全球发展带来的繁荣。

　　(3)发达国家有义务和责任更多地援助发展中国家。富国帮助穷国,是世界大家庭的道义准则,也是促进人类共同发展的需要。在经济全球化过程中,发展中国家往往处于不利地位,发达国家应更多地关注这些国家的困难,向它们提供更多的官方援助,进一步减免债务,加快技术转让,摒弃贸易保护主义。只有发展中国家特别是最贫困国家的经济得到发展,在全球范围内减少贫困的目标才能实现。

　　(4)发展中国家要把发展的基点放在依靠自身努力上。发展中国家只有自力更生、艰苦奋斗,尊重和保障全体人民追求幸福的自由和权利,发挥他们的聪明才智和创造力,让创造财富的源泉充分涌流,才能从根本上改变贫穷落后的面貌。发展中国家要加强合作,促进共同发展。

　　(5)国际组织应在全球减贫事业中发挥更大的作用。解决全球10亿人口的贫困问题,是关系世界和平与发展的大事。联合国和世界银行等国际组织应更多地负起责任,动员和组织各方面的力量,共同向贫困宣战。要总结交流发展中国家行之有效的减贫经验。推动南北双方共同行动,落实"千年发展目标"和"蒙特雷共识"的承诺。创新国际发展融资和援助机制,探索国际多边机构支持全球减贫的新举措。

☞ **思考题**

1. 国际油价波动对世界经济的发展有哪些影响?
2. 简述第二次世界大战后世界经济危机发展的特点。
3. 世界经济可持续发展的产生原因是什么?
4. 全球性通货膨胀的特点是什么?
5. 简述当今世界贫富差距问题的特点。

第十二章

世界经济与我国经济发展

☞ **内容提要**

外部因素对我国经济和社会发展的影响明显增大，我国经济将更多地受到世界经济运行规律的影响和制约。当我们进入世界经济的大系统之后，必须更大地发挥主观能动性，力求从更高的水准上驾驭我国经济与世界经济的关系，趋利避害，掌握主动，因势利导，促进发展。

☞ **关键词**

中国经济　对外开放　经济全球化

中国作为社会主义市场经济国家，是世界经济体系的重要组成部分；作为世界上人口最多的国家和世界上最大的发展中国家，在世界上处于举足轻重的地位。在历史上，中国曾长时期是世界上最先进的国家之一，其物质文明和精神文明对人类社会发展做出过重大贡献。英国著名经济学家安格斯·麦迪森在其《世界经济千年史》一书中写道："在相当长的时期内，中国一直是世界数一数二的经济体"，"在宋朝的末期，中国无疑是这个世界上的领先经济"，"在 1820 年时中国的总产出仍位居世界第三位"。美国历史学家保罗·肯尼迪在其《大国的兴衰》一书中写道："在中古时期的所有文明中，没有一个国家的文明比中国更先进和更优越。"只是历史进入近代以来，中国由于政治腐朽、帝国主义入侵和掠夺，经济上才日益衰败，沦为西方国家的殖民地和半殖民地。1949 年新中国的诞生，使中国重新走上了国家独立、民族振兴之路。特别是 1978 年以来，在邓小平建设有中国特色的社会主义理论的指引下，顺应和平与发展的时代主流，顺应经济国际化、全球化和一体化的历史趋势，实行了以经济建设为中心的改革开放路线和政策。中国在坚持社会主义方向的前提下，摒弃了高度集中的计划经济体制，实行市场经济体制，与世界经济接轨，经济呈现出勃勃生机和活力，国民经济取得持续、稳定和快速的增长，国际经济地位不断提高。

第一节　我国对外开放的日益扩大和深化

国内外的实践证明,社会主义国家也绝不能自我封闭,封闭是与社会主义的本质不相容的。尤其是像中国这样在经济比较落后的基础上诞生的社会主义国家,最根本的任务就是发展生产力,为社会主义制度的巩固发展和社会主义原则的实现奠定物质基础,更不能自我封闭,更需要对外开放,向先进的国家学习,吸纳它们的资金、技术和管理经验。中国虽然地大物博,但在经济发展上面临着人口和资源的巨大压力。中国国土面积约为世界的7%,而人口却占世界的22%,人口密度约为世界的3倍。人口压力带来资源压力。中国的人均可耕地面积仅为世界平均水平的1/3,人均森林面积不足1/6,人均草原面积不足1/2,人均矿物资源也只有1/2。中国是个资源短缺的国家,需要利用国外资源。因此,从各个角度来说,中国必须实行对外开放政策,大力发展和拓宽对外经济关系,融入世界经济之中。

一、外贸体制改革及其成效

对外贸易是国与国之间经济交往、经济合作和经济分工的基本渠道和手段,也是衡量经济开放和经济国际化程度的重要尺度。1978年以前,中国的外贸体制以产品经济为背景、以单一计划经济为基础、由国家垄断经营。1978年年底党的十一届三中全会后,在对内改革和对外开放的政策指引下,中国对外贸易体制的改革日益深入。1979年,中央决定对广东、福建两省实行外贸特殊政策和灵活的措施,揭开了外贸体制改革的序幕。之后,相继扩大了北京、上海、天津三个直辖市的对外贸易自主权。到1979的10月,外贸体制改革在全国范围内逐步展开,包括下放外贸经营权,弱化集中管理;改革单一指令性计划管理模式,实行指导性计划与市场调节相结合;批准有条件的生产企业自营进出口业务;运用价格、汇率、税收、关税、出口信贷等经济手段调控对外贸易;完善出口退税制度;建立健全的外汇调剂市场;取消出口补贴,实行自负盈亏。在上述一系列改革的基础之上,1994年7月颁布了《中华人民共和国对外贸易法》,1997年3月又实施了《中华人民共和国反倾销和反补贴条例》,使对外贸易体制逐步走上了市场化、法制化和国际化的轨道。为对外贸易的大发展提供了良好的制度环境。

改革开放以前,我国经济总体上处于封闭状态,进出口始终在低水平徘徊。1950年,我国出口总值在全球排名第27位,经过30年徘徊到1980年上升到第26位,此后排名直线上升。我国货物出口占全球份额从2010年的10.4%提升到2015年的约13.2%;"十二五"期间服务贸易年均增长超过13.6%,位居世界第二。2013年开始我国成为全球第一贸易大国,但仍不是贸易强国。贸易强国最重要的衡量标准之一是在国际贸易交易当中具有主导权和话语权,必须拥有具有竞争力的国际品牌产品。全球500强企业当中我国有91个,我们应该拥有更多具有全球竞争力的优秀企业,在全球价值链和产业链当中不断跃升。我国已经成为名副其实的经贸大国,正在稳步迈向经贸强国。

在贸易额增长的同时,对外贸易走向全球,市场多元化战略取得了重要进展,贸易伙伴遍及世界各地。20 世纪 80 年代末,我国提出了"市场多元化"战略。经过多年的努力,截至 2008 年年底,贸易伙伴已遍及世界 227 个国家和地区。2013 年美联社称,美联社掌握的统计数据显示,2006 年全球有 127 个国家或地区与美国有贸易关系,而与中国有贸易关系的国家和地区数量仅为 70 个。但是到了 2011 年,与中国有贸易关系的国家和地区数量已经激增到 124 个,而与美国有贸易关系的国家和地区数量则下降到了 76 个。2014 年,欧盟、美国、东盟、中国香港特区和日本为我前五大贸易伙伴。其中,我对欧盟、美国的双边贸易额分别为 3.78 万亿元、3.41 万亿元,分别增长 8.9%、5.4%;对中国香港特区、日本的双边贸易额分别为 2.31 万亿元、1.92 万亿元,分别下降 7.2%、1%。同期,我国对东盟、非洲、俄罗斯、印度等新兴市场双边贸易额分别为 2.95 万亿元、1.36 万亿元、5851.9 亿元和 4335.5 亿元,分别增长 7.1%、4.3%、5.6%、6.8%。2015 年前 7 个月,欧盟为我国第一大贸易伙伴,中、欧贸易总值 1.98 万亿元,下降 7.6%,占我外贸总值的 14.5%。其中,我对欧盟出口 1.22 万亿元,下降 4.4%;自欧盟进口 7573.2 亿元,下降 12.4%;对欧贸易顺差 4607 亿元,扩大 12.5%。第二大贸易伙伴为美国,中、美贸易总值为 1.92 万亿元,增长 2.7%,占我外贸总值的 14.1%。其中,我对美国出口 1.4 万亿元,增长 7.2%;自美国进口 5269 亿元,下降 7.5%;对美贸易顺差 8704.8 亿元,扩大 18.6%。第三大贸易伙伴为东盟,与东盟贸易总值为 1.62 万亿元,增长 1.3%,占我外贸总值的 11.9%。其中,我对东盟出口 9680 亿元,增长 7.9%;自东盟进口 6546.2 亿元,下降 7.2%;对东盟贸易顺差 3133.8 亿元,扩大 63.5%。第四大贸易伙伴为中国香港特区,贸易总额为 1.06 万亿元,下降 10.3%。第五大贸易伙伴是日本,中、日贸易总值为 9767 亿元,下降 11.1%,占我外贸总值的 7.2%。其中,对日本出口 4710.6 亿元,下降 11.1%;自日本进口 5056.4 亿元,下降 11.1%;对日贸易逆差 345.8 亿元,收窄 11.1%。

在中国的对外贸易增长中,外商投资企业成为重要的增长点。20 世纪 90 年代以来,随着外商来华投资迅猛增加,大批外商投资企业进入了经营期,进出口额随之大幅度增加,其在中国对外贸易中所占的份额逐年上升,但近几年呈明显下降趋势。2016 年 1—4 月,全国外商投资企业进出口总值 5052 亿美元,占全国进出口总值的 45.6%。1—4 月,外商投资企业出口额 2730 亿美元,同比下降 13.7%,降幅高于全国平均水平 6.1 个百分点;进口额 2295 亿美元,同比下降 14.2%,降幅高于全国平均水平 1.4 个百分点。

对外贸易成为促进中国经济增长的重要因素。1978 年,党的十一届三中全会提出,要在自力更生的基础上积极发展同世界各国平等互利的经济合作,努力采用世界先进技术和先进设备,由此启动了我国对外开放的历史进程。1984 年,十二届三中全会把对外开放确定为"长期的基本国策"。2001 年,我国加入世界贸易组织,由政策性开放阶段进入制度性开放阶段。开放水平的不断提高,为外贸发展创造了越来越大的空间。外贸是我国开放型经济体系的重要组成部分和国民经济发展的重要推动力量。具体而言,一是推动经济的稳定发展。1978—2013 年,我国外贸从 206 亿美元扩大到 4.16 万亿美元,年均增长 15.9%,出口年均增长 16.3%。近年来,对外贸易对经济的增长年均贡献率在 20% 左右。外资企业在全国进出口总额中所占比重曾接近 60%,加工贸易占比曾接近 50%。

近年来,我国企业对外投资快速发展,在保持引资大国地位的同时,逐渐成为全球投资大国,带动了相关机器设备、技术、标准和服务出口。二是扩大了劳动就业。当前我们正处于城镇化、工业化加快发展的时期,特别是有大量的农村劳动力转移,每年数百万的大学毕业生需要就业。据测算,与外贸直接相关的就业人数超过1.5亿人,其中加工贸易创造的就业机会超过4000万。三是对外贸易缓解了能源资源的约束。我国资源匮乏,耕地、水资源、矿产品、森林、能源人均水平只有世界平均水平的二分之一到十分之一。进口不仅保障了国内的市场供应,也缓解了国民经济发展的资源瓶颈。四是带动了产业发展。通过参与国际竞争,有助于我们企业转变理念,转换经营机制,提升竞争力。进出口把国内经济与世界经济紧密联系在一起,我国产业成为全球价值链上的重要环节,深度参与国际分工。出口使我国形成了庞大的外汇储备,截至2013年年底规模达3.8万亿美元,为企业"走出去"对外投资奠定了基础,也为我国应对外部风险和冲击提供了条件。对外贸易还促进了人员跨国流动,深刻改变了人们的观念,加快了国外新技术、新商业模式在国内的传播,提高了国民经济的运行效率。五是增加了财政收入。2013年,我国经济的外贸依存度为45.3%,关税、海关代征增值税与外贸规模直接相关。2013年,外贸环节的税收约占全国税收收入的15%。如果加上与外贸关联度比较高的外资企业的税收,外向型经济带来的税收,约占全国总税收的三分之一。五是外贸促进了国内经济体制改革。对外贸易直接面向国际市场,是我们学习市场经济规则的重要渠道。通过对外贸易,我们掌握了国外市场经济的基本规则和最新发展,为我国建立和完善社会主义市场经济体制提供了有益的借鉴。特别是2001年加入世界贸易组织后我国全面履行承诺,中央政府清理和修改了2300多件法律法规和部门规章,地方政府清理了19万件地方性法规、政府规章和其他政策措施,有力地推动了我国社会主义市场经济体制的完善。近年来,我国加快实施自贸区战略,促进了国内市场经济体制与国际通行规则的相互融合。

二、引进外资和对外投资的增长及结构的提升

1. 利用外资

资源是一个国家经济发展的基础。从资源禀赋来说,中国是个劳动力丰裕、资本短缺的国家。资本短缺是中国现代化建设中的主要瓶颈,因此,改革开放以来,中国一直将引进外资作为最为主要的经济政策之一。从1979年颁布《中华人民共和国中外合资经营企业法》以来,先后制定了500多项利用外资的法律法规,与40多个国家签订了投资保护协定,与50多个国家签订了避免双重征税协定。随着中国全方位对外开放格局的初步形成,中国的投资环境得到了更大改善。外商投资的规模和领域不断扩大,外资来源国家和地区持续增加。资金、技术密集的大型项目和基础设施项目增加较多,平均单项外商投资规模不断扩大。在沿海地区外商投资迅速增长的同时,中西部地区吸收外资也有了较快的增长。

中国经济的持续高速增长、潜力巨大的消费市场、低通货膨胀率、高素质低成本的人力资源、优惠的外资政策以及稳定的汇率成为吸引外资的优势所在,外国资本纷纷流入中国。特别是20世纪90年代以后,境外对华直接投资迅猛增长:1990年为34亿美元,

1992 年达 110 亿美元,1993 年为 275 亿美元,1994 年为 337 亿美元,1996 年为 417 亿美元,2007 年达到 747.7 亿美元,2008 年又增加到 924 亿美元。从 2001 年开始,中国成为吸收外资最多的发展中国家,在世界上已经成为仅次于美国的世界第二位的吸引外资大国。2015 年中国吸收外资规模再创新高。2015 年,全国设立外商投资企业 26575 家,同比增长 11.8%;实际使用外资金额 7813.5 亿元人民币(折 1262.7 亿美元),同比增长 6.4%(未含银行、证券、保险领域数据)。截至 2015 年 12 月底,全国非金融领域累计设立外商投资企业 836404 家,实际使用外资金额 16423 亿美元。外资质量持续提升,产业结构进一步优化。2015 年,外商投资企业平均投资强度进一步提高,单个新设外商投资企业平均投资总额 1530 万美元。外资产业结构进一步优化。服务业实际使用外资 4770.5 亿元人民币(折 771.8 亿美元),在全国总量中的比重为 61.1%。制造业实际使用外资 2452.3 亿元人民币(折 395.4 亿美元),在全国总量中的比重为 31.4%。其中,高技术制造业继续增长,实际使用外资 583.5 亿人民币(折 94.1 亿美元),占制造业实际使用外资总量的 23.8%;而钢铁、水泥、电解铝、造船、平板玻璃等国内市场产能严重过剩的行业基本上未批准新设外资企业,有利于加快我国产业结构调整和优化进程。外资并购交易日趋活跃。2015 年,以并购方式设立外商投资企业 1466 家,实际使用外资金额 177.7 亿美元,并购在实际使用外资中所占比重达到 14.1%。全球 500 强跨国公司投资增资踊跃。全球 500 强跨国公司继续在华投资新设企业或追加投资,所投资行业遍及汽车及零部件、石化、能源、基础设施、生物、医药、通信、金融、软件服务等,跨国公司在华投资设立的地区总部、研发机构等高端功能性机构继续聚集。截至 2015 年年底,外商投资在华设立研发机构超过 2400 家。

境外对华直接投资的大幅度增加,弥补了我国建设资金的不足,缓解了就业压力,促进了中国经济的增长,优化了中国的产业结构,提高了中国整个经济的技术水平。对外开放初期,来华投资的外商多数是中小型劳动密集型加工企业,对中国技术进步和产业升级的带动作用不明显。20 世纪 90 年代以来,随着众多大跨国公司前来投资,外商直接投资对中国技术进步和产业升级的推动作用日益加强。目前,在我国电子、通信设备、化工、工程机械、轿车、医药等行业的排头兵企业中,外商投资企业已占据一半以上。现在,世界最大的 500 家企业中有 400 多家在华投资,从农业、制造业、高技术产业、能源交通基础设施,到商业零售、房地产、银行、保险、电信业都有外资进入。现在外资在国民经济发展中的积极作用日益显现。目前,外商投资企业创造了我国近 1/2 的对外贸易、1/4 的工业产值、1/7 的城镇就业和 1/5 的税收收入,对经济社会可持续发展的促进作用进一步增强。

特别值得注意的是,近几年来,中国在利用境内、境外发行股票以筹措海外资金方面取得了重要进展。1996 年至 2000 年,企业对外发行股票引入外资约 140 亿美元。中国移动、中国联通、中国石油、中国石化等大公司在中国香港和国外的陆续上市,为国内企业资产重组、转变经营机制以及开拓国际资本市场走出了新路子。

中国除积极吸引外国直接投资外,还积极利用外国间接投资,在利用外国政府和国际金融机构的贷款以及国际证券投资等方面获得了很大进展。1981 年,世界银行向中国提供第一笔贷款,用于支持中国的大学发展项目。迄今为止,世界银行共向中国提供贷款近

350 亿美元,支持了 234 个项目,其中有 110 多个项目还在实施,中国的贷款总额在世界银行各借款国中名列第一。

2. 对外投资

在积极引进外资的同时,中国也注意了发展对外投资。近年来,中国对外投资不断发展,据商务部、国家外汇管理局初步统计,2015 年,我国境内投资者共对全球 155 个国家和地区的 6532 家境外企业进行了非金融类直接投资,累计实现对外投资 7350.8 亿元人民币(折 1180.2 亿美元),同比增长 14.7%。12 月当月,对外直接投资 865 亿人民币(折138.9 亿美元),同比增长 6.1%。截至 12 月底,我国累计对外非金融类直接投资 5.4 万亿元人民币(折 8630.4 亿美元)。2015 年,我国对外直接投资流量上亿美元的国家和地区有54 个,其中 10 亿美元以上 13 个,分别为中国香港、开曼群岛、美国、英属维尔京群岛、新加坡、荷兰、澳大利亚、哈萨克斯坦、卢森堡、老挝、印度尼西亚、加拿大和巴西。我国企业共对“一带一路”相关的 49 个国家进行了直接投资,投资额合计 148.2 亿美元,同比增长18.2%,占总额的 12.6%,投资主要流向新加坡、哈萨克斯坦、老挝、印尼、俄罗斯和泰国等。2015 年,我国内地对中国香港、东盟、欧盟、澳大利亚、美国、俄罗斯和日本七个主要经济体的投资达 868.5 亿美元,占同期总额的 73.6%。对东盟和美国投资增长较快,同比分别增长了 60.7% 和 60.1%;对中国香港投资增长 8.3%。

2015 年,我国对外承包工程业务完成营业额 9596 亿元人民币(折 1540.7 亿美元),同比增长 8.2%,新签合同额 13084 亿元人民币(折 2100.7 亿美元),同比增长 9.5%,带动设备材料出口 161.3 亿美元。其中,12 月当月完成营业额 239.5 亿美元,同比增长 13.5%,当月新签合同额 470.4 亿美元,同比增长 52.8%。2015 年,新签合同额在 5000 万美元以上的项目 721 个(前一年同期 662 个,增加 59 个),合计 1758.5 亿美元,占新签合同总额的83.7%。其中,上亿美元项目 434 个,较上年增加 69 个。12 月当月新签合同额在 5000 万美元以上的项目 131 个(较前一年同期增加 19 个),合计 413.1 亿美元,占当月新签合同总额的 87.8%;其中上亿美元的项目 92 个,同比增加 29 个。2015 年,我国企业在“一带一路”相关的 60 个国家和地区新签对外承包工程项目合同 3987 份,新签合同额 926.4 亿美元,占同期我国对外承包工程新签合同额的 44.1%,同比增长 7.4%;完成营业额 692.6亿美元,占同期总额的 45%,同比增长 7.6%。截至 2015 年年底,对外承包工程业务累计签订合同额 15717 亿美元,完成营业额 10892 亿美元。

2015 年,我国对外劳务合作派出各类劳务人员 53 万人,较前一年同期减少 3.2 万人,同比下降 5.7%。其中,承包工程项下派出 25.3 万人,劳务合作项下派出 27.7 万人。12月当月,派出各类劳务人员 5.8 万人,较前一年同期减少 0.5 万人。年末在外各类劳务人员 102.7 万人,较前一年同期增加 2.1 万人。截至 2015 年年底,对外劳务合作业务累计派出各类劳务人员 802 万人。

三、积极加入和倡导建立国际经济组织

国际组织的大发展是当代国际关系发展的显著特征之一。20 世纪初国际组织还寥寥无几,影响甚微,而到 20 世纪末,世界各类国际组织已达 2 万余个,这些组织将世界各

国和各地区纵横交错地联络在一起,在当代国际事务中发挥着越来越大的作用,成为各国在政治和经济上相互依存和相互沟通的重要形式和渠道。中国社会的进步和经济的高速发展离不开同世界各国的密切交往与合作。中国自 1971 年恢复在联合国的合法地位以后,积极地参与国际交流和国际合作,加入的国际组织日益增多,目前已达 500 多个。特别值得提出的有以下几点。

1. 恢复和增强在世界三大经贸组织中的地位

国际货币基金组织、世界银行和世界贸易组织被称为世界经济的三大支柱。

(1) 国际货币基金组织和世界银行。我国自 1980 年恢复在国际货币基金组织和世界银行的合法地位以来,在这两个组织中的地位日益提高。1980 年基金组织通过决议,将中国在基金组织中的份额从 5.5 亿特别提款权增加到 18 亿特别提款权。在此基础上,中国在基金组织中获得了单独选区的地位,从而有权选举自己的执行董事。中国在世界银行的股本和执行董事席位问题也同样获得了解决。2001 年 2 月 5 日中国再次成功地实现增资,在该组织中的份额从 46.872 亿特别提款权增加到 63.692 亿特别提款权,在基金组织中的份额从 1980 年时的第 16 位上升为第 8 位,占总份额的 3%,成为该组织的净债权国。2016 年 1 月 27 日,国际货币基金组织(IMF)总裁拉加德在美国华盛顿的 IMF 总部讲话,宣布 IMF 2010 年份额和治理改革方案已正式生效,这意味着中国正式成为 IMF 第三大股东。IMF 在一份声明中说,IMF 的《董事会改革修正案》从 1 月 26 日开始生效,该修正案是 IMF 推进份额和治理改革的一部分。根据方案,约 6% 的份额将向有活力的新兴市场和发展中国家转移,中国份额占比将从 3.996% 升至 6.394%。中国恢复在基金组织的地位后,与基金组织进行了良好的合作,并发挥了日益重要的作用。1981 年和 1986 年中国先后从基金组织获得 7.59 亿特别提款权(约合 8.8 亿美元)和 5.98 亿特别提款权(约合 7.3 亿美元)的借款,用于弥补国际收支逆差,支持经济结构调整和经济体制改革。到 20 世纪 90 年代初,上述两笔贷款已全部提前返还。此后,中国随着自己经济实力的不断增强和宏观经济管理水平的提高,不仅不再向基金组织提出新的借款要求,而且对基金组织给予了多方面的支持。1994 年,中国向基金组织提供了 1 亿特别提款权的贷款,用以支持重债穷国的债务调整,同时还向该贷款的贴息账户捐款 1200 万特别提款权。1996 年中国又向基金组织捐助 1313 万特别提款权,继续支持重债穷国减债计划。1997 年 7 月,亚洲金融危机爆发后,中国政府积极参与了基金组织向泰国提供的一揽子援助,向泰国政府贷款 10 亿美元。在印度尼西亚金融危机爆发后,中国履行对基金组织做出的承诺,向印度尼西亚政府提供了 3 亿美元的二线资金支持。中国领导人多次公开承诺保持人民币汇率的稳定,为维护亚太地区经济的稳定做出了重要贡献。2016 年 3 月,我国与国际货币基金组织(IMF)签署了 2016—2019 年税收合作协议,IMF 将进一步支持中国"十三五"时期税收制度和征管改革。二十多年来,IMF 在中国推进税制改革特别是营业税改征增值税、企业所得税改革、税收征管法修订等重大改革中给予了技术培训、资金援助和专家咨询等多方面的支持。拉加德表示,IMF 与中国国家税务总局的合作已成为与其他发展中国家开展税务交流合作的成功典范。下一步 IMF 愿意向更多发展中国家介绍中国税收改革的成功经验,帮助它们提高税收征管能力。

（2）关贸总协定及世界贸易组织。中国是关贸总协定的创始成员国之一，但是，由于种种原因，新中国长期未能恢复创始国地位。1984年1月18日，中国才正式成为关贸总协定下属的国际纺织品贸易协定的成员；1986年，中国政府正式申请恢复在关贸总协定的缔约国地位；1993年2月、5月、9月，中国问题工作组会议在继续审议中国经贸体制的同时，开始讨论中国恢复议定书的框架，然而直到世界贸易组织（WTO）1995年成立时，中国复关谈判仍没有最后完成。为了加入世界贸易组织，中国代表团参加了1997年在日内瓦举行的世界贸易组织中国组的4次会议，并在会议前后与30多个世贸组织成员进行了双边市场准入磋商。1999年11月15日，中、美双方就中国加入世界贸易组织问题达成协议，中国完成了加入WTO的关键一步。此后，各主要世界贸易组织的成员相继与中国达成协议。2001年12月11日，WTO多哈部长级会议通过了《中华人民共和国加入WTO议定书》，正式接纳中国成为WTO成员。

WTO被称为"经济联合国"，其形成与发展集中体现了经济全球化的历史进程。中国加入WTO实质上就是融入经济全球化的历史潮流。中国加入WTO意义重大。加入WTO使中国可以享受自关贸总协定建立以来40多年缔约国开放贸易所取得的成果。中国的贸易伙伴大多是WTO的成员，与WTO成员的贸易额占中国贸易总额的85%以上，加入WTO意味着中国拥有了参与制定国际贸易规则的权利，也意味着必须按通行的国际规范来约束政府的经济管理行为。更重要的是，加入WTO后中国的改革将从"我要改革"向"要我改革"转变，形成了改革的逆推机制。政府要适应WTO的要求，自觉加大改革力度，加快推进国民经济市场化的步伐。加入WTO前后，国家有关部门按统一部署，在清理、修改和废止与WTO不相一致的法律、法规和行政命令，统一税法，调整电信资费，精简管理机构和转变政府职能以及培训WTO专业人才等方面迈出了实质性的步伐，履行各项加入WTO的承诺。这说明加入WTO所带来的进一步对外开放对促进国内体制改革的作用正在日益显露，加入WTO势将成为中国从"改革推动开放"走向"开放推动改革"的重大转折。

2. 加入亚太经济合作组织并积极推动其健康发展

亚太经济合作组织（APEC）是环太平洋国家和地区为促进本区域的经济交流与合作而于1989年成立的。其宗旨是促进亚太地区的经济发展，增加经济交往，发展和加强开放的多边贸易体系，减少成员之间的关税壁垒。现有成员包括大洋洲、东亚、北美、拉美和环太平洋周边的21个国家和地区。亚太经济合作组织的人口占世界人口的40%以上，国民生产总值占世界的一半以上，贸易额占世界的40%以上，是世界上范围最广、参与国家最多的国际经济组织。近10年来，亚太地区成为当今世界上最有经济活力的地区。中国自1991年以来始终积极参与APEC的活动，APEC也是目前中国参加的最重要的区域经济合作组织。

亚太经合组织的建立经历了很长的酝酿阶段。1989年11月在堪培拉举行的亚洲太平洋经济会议上，决定成立"亚太经济合作组织"，这标志着亚太经济合作由民间推动为主进入了由政府推进为主的阶段。1994年11月在印度尼西亚茂物举行的成员非正式首脑会议上，通过了《亚太经合组织领导人共同决心宣言》（简称《茂物宣言》）。这标志着亚太经合组织从论坛性组织转变为实质性组织。宣言提出,发达成员不迟于 2010 年,发展中成员不迟于 2020 年实现贸易和投资自由化。亚太经合组织从其成员社会经济发展状况和水平严重不平衡的实际出发,创造了具有自己特色的合作方式,其表现是:承认多样性,允许灵活性,坚持相互尊重、平等互利、协商一致、求同存异、自主自愿的原则;实行贸易和投资自由化单边行动与集体行动相结合;以磋商代替谈判,以承诺代替协定,避免高度机制化和强制性的约束,以利于不同发展水平的成员的权益和要求得到较好的平衡,促进共同发展。

加入 APEC 对于中国十分重要。中国与 APEC 成员间互有重大的经贸利益。长期以来,中国和 APEC 其他成员有着十分密切的经贸关系。2013 年,中国与 APEC 其他成员之间的贸易额达 2.5 万亿美元,占中国对外贸易额的 60%。在中国十大贸易伙伴中,有 8 个是 APEC 成员。在吸收和利用外资方面,90% 以上来自 APEC 成员。日本、美国、韩国以及中国香港、中国台湾等是对中国大陆投资最多的国家和地区,也都是 APEC 成员。参与 APEC,有利于中国与主要贸易和投资伙伴之间相互开放市场,促进贸易发展,为中国企业创造一个更加稳定和开放的外部环境,提供更大的市场和更多的商机。

中国一直积极参与 APEC 的活动,并对其健康发展做出了突出的贡献。

(1) 参与 APEC 基本原则的制定。在 1993 年西雅图会议上,江泽民主席对亚太区域经济合作提出了五点建议:第一,亚太经合组织成员之间有许多差别,但共同的利益把它们联结在一起,因此,本区域的经济合作只有相互尊重、平等互利、求同存异才有前途。第二,亚太经合组织最显著的特点是其经济上的多样性。合作方式应体现这一特点,区域经济合作的活力正在于把这些多样性变为互补性。多层次、多渠道、多形式的合作方式符合本地区的客观现实。第三,亚太经合组织推动合作机制化建设应循序渐进,应同成员国的意愿相一致,并应适当照顾发展中国家成员的需求和利益。第四,亚太经合组织因继续坚持开放。不仅要在内部相互开放,而且要对其他区域合作组织开放。第五,亚太经合组织不应该也不可能代替区域内其他经济合作组织或机构,它们之间应是一种相辅相成、相互促进的关系。在 1995 年的大阪会议上,江泽民主席进一步强调:亚太经合组织要充分考虑本地区发展水平的差异以及亚太经合组织成员的特殊性。在制定经济发展合作目标时,要尊重各成员发展经济的自主权,充分发挥其主动性和创造性。在采取集体行动时,要尊重各成员的自主自愿,这应该成为构筑亚太经济合作的基石。江泽民主席的这些观点和建议受到了广泛的赞许和认同,成为亚太经合组织的基本原则与基本特征。2014 年 11 月 APEC 第 22 次领导人非正式会议在北京举行。各成员领导人围绕"共建面向未来的亚太伙伴关系"主题深入交换意见,共商区域经济合作大计,达成广泛共识。中国国家主席习近平主持会议。会议发表了《北京纲领:构建融合、创新、互联的亚太——亚太经合组织领导人宣言》和《共建面向未来的亚太伙伴关系——亚太经合组织成立 25 周年声明》。习近平在讲话中强调,面对新形势,亚太经济体应深入推进区域经济一体化,打造发展创新、增长联动、利益融合的开放型亚太经济格局,共建互信、包容、合作、共赢的亚太伙伴关系,为亚太和世界经济发展增添动力。中方将捐款 1000 万美元,用于支持亚太经合组织机制和能力建设,开展各领域务实合作。

（2）参与 APEC 的贸易投资自由化行动。在 1995 年大阪会议上和 1996 年马尼拉会议上，江泽民主席都就中国履行承诺和降低关税提出了具体目标和措施，推动了亚太经合组织的发展。2001 年在上海举行的第 13 届部长级会议和第 9 次非正式首脑会议进一步推动了亚太经合组织成员间贸易和投资自由化的协商和协调。在 2014 年 11 月 APEC 第 22 次领导人非正式会议上，习近平提出，共同规划发展愿景，把在启动亚太自由贸易区进程、推进互联互通、谋求创新发展等方面达成的重要共识转化为行动。同时，共同打造合作平台，将亚太经合组织打造成推进一体化的制度平台，加强经验交流的政策平台，反对贸易保护主义的开放平台，深化经济技术合作的发展平台，推进互联互通的连接平台。

（3）积极推动 APEC 的经济技术合作。在 1997 年温哥华会议上，中国领导人建议要充分利用技术贸易市场；鼓励和加快高新技术向所有成员特别是发展中成员的转移；促使知识产权制度更加合理化，并倡导制定《走向 21 世纪的科技产业合作议程》。1998 年吉隆坡会议通过了这一文件，中国政府还专门援款 1000 万美元，设立"中国亚太经合组织科技产业合作基金"，用于资助中国与其他成员在科技领域的合作，并提出了一系列合作项目建议。在 2014 年 11 月 APEC 第 22 次领导人非正式会议上，习近平提出，成员共同谋求联动发展，加大对发展中成员的资金和技术支持，扩大联动效应，实现共同发展。未来 3 年，中国政府将为亚太经合组织发展中成员提供 1500 个培训名额，用于贸易和投资等领域的能力建设项目。

3. 倡导和建立中国—东盟自由贸易区

中国一向十分重视与东南亚国家发展互助合作关系。从 1991 年中国外交部部长开始作为东道国贵宾参加东盟外长会议，到 1997 年中国政府首脑参加东盟首脑非正式会议，中国与东盟的关系日益密切。1997 年会议结束时，发表了《中华人民共和国与东盟国家首脑会晤联合声明》，双方承诺"将发展彼此间的睦邻与伙伴关系作为中国与东盟国家在 21 世纪关系的重要政策目标"。这标志着中国与东盟的关系进入了一个新的发展阶段。在这个基础上，在 2001 年 11 月文莱举行的中国与东盟领导人会议上，中国总理朱镕基提出了在 10 年内建立"中国—东盟自由贸易区"的建议，得到了东盟国家的积极响应和支持。经过一年的酝酿和准备，朱镕基总理与东盟领导人于 2002 年 11 月 4 日在柬埔寨首都金边举行的政府首脑会议期间，签署了《中国与东盟全面经济合作框架协议》，决定到 2010 年建成中国—东盟自由贸易区。在东盟 10＋3 框架下，中国率先启动与东盟国家建立自由贸易区，这不仅对东盟和中国具有十分重大的经济和政治意义，还将对整个亚洲及世界的格局产生重大影响。中国—东盟自由贸易区覆盖接近全球 30％的人口，拥有大约世界 40％的外汇储备，国内生产和对外商品贸易额分别占世界总额的 10％左右，是世界经济的重要支柱之一。2010 年 1 月 1 日贸易区正式全面启动。自贸区建成后，东盟和中国的贸易占到世界贸易的 13％，成为一个涵盖 11 个国家、19 亿人口、GDP 达 6 万亿美元的巨大经济体，是当前世界人口最多的自贸区，也是发展中国家间最大的自贸区。双方的经济总量已接近 13 万亿美元，占亚洲近 60％。当前，中国是东盟最大的贸易伙伴，东盟是中国第三大贸易伙伴，双方累计相互投资已超过 1500 亿美元。中国—东盟自由贸易区的建立将为东盟国家和中国的国内生产总值增长分别贡献 1.0 和 0.3 个百分点，从而使双方的经济发展达到双赢。2015年博鳌亚洲论坛3月26日—29日在海南博鳌举行,年会主题为"亚洲新未来:迈向命运共同体",习近平主席出席年会开幕式并发表主旨演讲,他表示积极构建亚洲自由贸易网络,争取在2015年完成中国—东盟自由贸易区升级谈判和区域全面经济伙伴关系协定谈判。中国和东盟国家将携手建设更为紧密的中国—东盟命运共同体,东盟和中国、日本、韩国致力于2020年建成东亚经济共同体。我们要积极构建亚洲自由贸易网络,争取在2015年完成中国—东盟自由贸易区升级谈判和区域全面经济伙伴关系协定谈判。在推进亚洲经济一体化的同时,我们要坚持开放的区域主义,协调推进包括亚太经合组织在内的跨区域合作。

建立中国—东盟自由贸易区是双方适应经济全球化浪潮的共同选择,是发展中国家团结合作的积极尝试,也是推进东亚地区经济合作的一个重要步骤。中国和东盟各国发展水平各异,社会制度不同,但同属发展中国家,在迅速变化的世界中面临共同的机遇和挑战。如果双方通过建立自由贸易区形成有效的互补机制,将提升各自经济抵御外部风险的能力.减轻对发达国家市场的过度倚重,从而开创发展中国家互助合作的新典范。中国与东盟在10+3框架下推动自由贸易区进程,是对东亚合作的重要贡献,必将对东亚地区的融合产生深远影响。中国—东盟自由贸易区的建立既适应了经济全球化的大潮,与历史前进的方向一致;又应对了全球化带来的挑战,符合本地区各国的共同利益。可以预计,中国与东盟做出的这一选择必将推动东亚乃至整个亚洲的各种力量进一步加强协调与合作。

4.倡导和建立上海合作组织

中国与中亚各国交往的历史源远流长,古代"丝绸之路"就是通过中亚连接中国与西亚、欧洲的纽带。20世纪90年代初,中亚哈萨克斯坦、吉尔吉斯斯坦、塔吉克斯坦、乌兹别克斯坦和土库曼斯坦5国独立后,中国与它们之间的传统友谊在新的历史时期有了新的发展。由于双方共同努力,多年来中国同中亚5国领导人之间的往来日益频繁,增进了友谊和共识,推动了双边和多边关系的发展。中国与中亚各国认识到,经贸合作关系的发展首先取决于交通运输条件的改善,为此,中国提出的建设现代"丝绸之路"的构想,得到了中亚各国的支持和拥护。在现代化基础设施的基础上恢复"丝绸之路",不仅将为形成自由贸易区打下基础,也是打造欧亚大陆桥,打开迈向海洋、进入世界经济舞台的重要途径。1992年6月,连接哈萨克斯坦共和国和中国,也是连接中国与整个中亚的阿拉木图至乌鲁木齐的"丝绸之路"号国际列车开通。1994年4月,中哈两国签署了关于发展国际铁路客货联运问题会议纪要,同年10月,中国、俄罗斯和中亚5国铁路(运输)部长在北京举行会议,同意以"加强合作、畅通陆桥、共同发展、促进友好"为宗旨,确保欧亚大陆桥畅通,促进各国间经贸合作的发展。会议就确保大陆桥客货无阻运输签署了联合公报,制定了各国铁路联运发展纲要,完善了运输组织措施,确定了统一运价标准和清算体系。在这个基础上,2001年6月15日,中国、俄罗斯、哈萨克斯坦、吉尔吉斯斯坦、塔吉克斯坦和乌兹别克斯坦6国元首在上海庄严签署了《"上海合作组织"成立宣言》和《打击恐怖主义、分裂主义和极端主义上海公约》。至此,一个地跨欧亚大陆的区域性国际组织——"上海合作组织"正式宣告成立。"上海合作组织"现有成员国、观察员国和对话伙伴国共18个,位于欧亚大陆腹地,地理上互为毗邻,互利合作源远流长。2014 年成员国 GDP 总额约 15.5 万亿美元,对外贸易总额 6.8 万亿美元。6 国拥有巨大的市场空间和丰富的资源,其经济具有较强的互补性。目前 6 国的国内生产总值、外贸进出口额和引进外资总额呈增长趋势,因此 6 国的区域经济合作,具有极大的发展潜力。

2001 年 9 月,上海合作组织成员国总理在阿拉木图举行首次会晤,宣布正式建立上海合作组织框架内的总理定期会晤机制。2002 年 6 月,上海合作组织成员国在圣彼得堡举行第二次峰会,6 国元首签署了《上海合作组织宪章》。宪章对上海合作组织的宗旨原则、组织结构、运作形式、合作方向及对外交往等原则作了明确阐述,标志着该组织从国际法意义上得以真正建立。2003 年 5 月,上海合作组织成员国在莫斯科举行第三次峰会,签署了《上海合作组织成员国元首宣言》,时任中国驻俄罗斯大使张德广被任命为该组织首任秘书长。2004 年 1 月,上海合作组织秘书处在北京正式成立。上海合作组织是第一个在中国境内宣布成立、第一个以中国城市命名的国际组织。根据《上海合作组织宪章》和《上海合作组织成立宣言》,上海合作组织的宗旨是:加强成员国之间的相互信任与睦邻友好;发展成员国在政治、经济、科技、文化、教育、能源、交通、环保及其他领域的有效合作;维护和保障地区的和平、安全与稳定;推动建立民主、公正、合理的国际政治经济新秩序。上海合作组织对内遵循"互信、互利、平等、协商、尊重文明多样性、谋求共同发展"的"上海精神",对外奉行不结盟、不针对其他国家和地区,以及开放等原则。2015 年 12 月 14 日至 15 日,上海合作组织成员国政府首脑(总理)理事会第 14 次会议在河南省郑州市召开。这次会议的主要议题是"研究上合组织框架内经贸、投资、金融、交通和人文合作的现状、前景和发展措施"。作为特殊时期受到特别关注的一次会议,与会各国政府首脑探讨了多领域务实合作,努力使上合组织的安全与经济合作"两个轮子"转得更稳、更快、更协调,为促进地区繁荣发展、维护欧亚大陆稳定做出贡献。

传统国际合作的经验是先从经济合作入手,随着时间的推移再逐步发展为政治和安全的合作,而"上海合作组织"则从一开始就开创了一个区域组织发展的独特经验,那就是先从安全与政治合作开始,再逐步"溢出"到经贸领域。更具长远意义的是,"上海合作组织"所倡导的睦邻互信、平等互利、团结协作、共同发展的时代精神,为国际社会摒弃冷战思维、探索新型国家关系、新型安全关系、新型地区合作模式提供了宝贵的经验和启示,已经成为推动世界多极化进程,建立公正合理的国际政治、经济新秩序的重要积极因素。

5. 丝绸之路经济带和 21 世纪海上丝绸之路

"一带一路"(the Belt and Road,英文缩写用 B&R)是"丝绸之路经济带"和"21 世纪海上丝绸之路"(the Silk Road Economic Belt and the 21st-Century Maritime Silk Road)的简称。它将充分依靠中国与有关国家既有的双多边机制,借助既有的、行之有效的区域合作平台,旨在借用古代丝绸之路的历史符号,高举和平发展的旗帜,积极发展与沿线国家的经济合作伙伴关系,共同打造政治互信、经济融合、文化包容的利益共同体、命运共同体和责任共同体。"一带一路"经济区开放后,承包工程项目突破 3000 个。2015 年,我国企业共对"一带一路"相关的 49 个国家进行了直接投资,投资额同比增长 18.2%。2015 年,我国承接"一带一路"相关国家服务外包合同金额 178.3 亿美元,执行金额 121.5 亿美元,同比分别增长 42.6% 和 23.45%。

丝绸之路是起始于古代中国,连接亚洲、非洲和欧洲的古代陆上商业贸易路线,最初的作用是运输古代中国出产的丝绸、瓷器等商品,后来成为东方与西方之间在经济、政治、文化等诸多方面进行交流的主要道路。1877 年,德国地质地理学家李希霍芬在其著作《中国》一书中,把"从公元前 114 年至公元 127 年间,中国与中亚、中国与印度间以丝绸贸易为媒介的这条西域交通道路"命名为"丝绸之路",这一名词很快被学术界和大众所接受,并正式运用。其后,德国历史学家郝尔曼在 20 世纪初出版的《中国与叙利亚之间的古代丝绸之路》一书中,根据新发现的文物考古资料,进一步把丝绸之路延伸到地中海西岸和小亚细亚,确定了丝绸之路的基本内涵,即它是中国古代经过中亚通往南亚、西亚以及欧洲、北非的陆上贸易交往的通道。丝绸之路从运输方式上,主要分为陆上丝绸之路和海上丝绸之路。

当今世界正发生复杂深刻的变化,国际金融危机深层次影响继续显现,世界经济缓慢复苏、发展分化,国际投资贸易格局和多边投资贸易规则酝酿深刻调整,各国面临的发展问题依然严峻。共建"一带一路"顺应世界多极化、经济全球化、文化多样化、社会信息化的潮流,秉持开放的区域合作精神,致力于维护全球自由贸易体系和开放型世界经济。共建"一带一路"旨在促进经济要素有序自由流动、资源高效配置和市场深度融合,推动沿线各国实现经济政策协调,开展更大范围、更高水平、更深层次的区域合作,共同打造开放、包容、均衡、普惠的区域经济合作架构。共建"一带一路"符合国际社会的根本利益,彰显人类社会共同理想和美好追求,是国际合作以及全球治理新模式的积极探索,将为世界和平发展增添新的正能量。

共建"一带一路"致力于亚欧非大陆及附近海洋的互联互通,建立和加强沿线各国互联互通伙伴关系,构建全方位、多层次、复合型的互联互通网络,实现沿线各国多元、自主、平衡、可持续的发展。"一带一路"的互联互通项目将推动沿线各国发展战略的对接与耦合,发掘区域内市场的潜力,促进投资和消费,创造需求和就业,增进沿线各国人民的人文交流与文明互鉴,让各国人民相逢相知、互信互敬,共享和谐、安宁、富裕的生活。

当前,中国经济和世界经济高度关联,中国将一以贯之地坚持对外开放的基本国策,构建全方位开放新格局,深度融入世界经济体系。推进"一带一路"建设既是中国扩大和深化对外开放的需要,也是加强和亚欧非及世界各国互利合作的需要,中国愿意在力所能及的范围内承担更多责任义务,为人类和平发展做出更大的贡献。

2013 年 9 月和 10 月,中国国家主席习近平在出访中亚和东南亚国家期间,先后提出共建"丝绸之路经济带"和"21 世纪海上丝绸之路"的重大倡议,得到国际社会的高度关注。丝绸之路经济带战略涵盖东南亚经济整合、东北亚经济整合,并最终融合在一起通向欧洲,形成欧亚大陆经济整合的大趋势。21 世纪海上丝绸之路经济带战略从海上联通欧亚非三个大陆和丝绸之路经济带战略形成一个海上、陆地的闭环。丝绸之路经济带圈定:新疆、重庆、陕西、甘肃、宁夏、青海、内蒙古、黑龙江、吉林、辽宁、广西、云南、西藏 13 个省区市,21 世纪海上丝绸之路圈定:上海、福建、广东、浙江、海南 5 个省市,共计 18 个省区市。2015 年 2 月,中央成立"一带一路"建设工作领导小组,中共中央政治局常委、国务院副总理张高丽任组长。"一带一路"沿线各国资源禀赋各异,经济互补性较强,彼此合作潜力和空间很大,重点是加强以政策沟通、设施联通、贸易畅通、资金融通、民心相通为主要内容的合作。

"一带一路"的合作机制是多元的。加强双边合作,开展多层次、多渠道沟通磋商,推动双边关系全面发展。推动签署合作备忘录或合作规划,建设一批双边合作示范。建立完善双边联合工作机制,研究推进"一带一路"建设的实施方案、行动路线图。充分发挥现有联委会、混委会、协委会、指导委员会、管理委员会等双边机制作用,协调推动合作项目实施。强化多边合作机制作用,发挥上海合作组织(SCO)、中国—东盟"10+1"、亚太经合组织(APEC)、亚欧会议(ASEM)、亚洲合作对话(ACD)、亚信会议(CICA)、中阿合作论坛、中国—海合会战略对话、大湄公河次区域(GMS)经济合作、中亚区域经济合作(CAREC)等现有多边合作机制作用,相关国家加强沟通,让更多国家和地区参与"一带一路"建设。继续发挥沿线各国区域、次区域相关国际论坛、展会以及博鳌亚洲论坛、中国—东盟博览会、中国—亚欧博览会、欧亚经济论坛、中国国际投资贸易洽谈会,以及中国—南亚博览会、中国—阿拉伯博览会、中国西部国际博览会、中国—俄罗斯博览会、前海合作论坛等平台的建设性作用。支持沿线国家地方、民间挖掘"一带一路"历史文化遗产,联合举办专项投资、贸易、文化交流活动,办好丝绸之路(敦煌)国际文化博览会、丝绸之路国际电影节和图书展。倡议建立"一带一路"国际高峰论坛。

亚洲基础设施投资银行是"一带一路"建设的主要成果和载体。截至 2015 年 4 月 15 日,亚投行意向创始成员国确定为 57 个,其中域内国家 37 个,域外国家 20 个,涵盖了除美、日之外的主要西方国家,以及亚欧区域的大部分国家,成员遍及五大洲。其他国家和地区今后仍可以作为普通成员加入亚投行。2015 年 12 月 25 日,中国财政部部长楼继伟在北京宣布,《亚洲基础设施投资银行协定》正式生效,标志着亚投行在法律意义上正式成立,全球迎来了首个由中国倡议设立的多边金融机构。根据协定,至少有 10 个签署协定的成员国已交存批准书,且其初始认缴股本的加总数额不低于认缴股本总额的 50%,协定即告生效,亚投行正式宣告成立。截至 12 月 25 日,包括缅甸、新加坡、文莱、澳大利亚、中国、蒙古国、奥地利、英国、新西兰、卢森堡、韩国、格鲁吉亚、荷兰、德国、挪威、巴基斯坦、约旦等在内的 17 个意向创始成员国已批准亚投行协定并提交批准书,股份总和占比达到50.1%。"亚投行正式宣告成立,是国际经济治理体系改革进程中具有里程碑意义的重大事件,标志着亚投行作为一个多边开发银行的法人地位正式确立。"

第二节　中国经济的快速增长和国际经济地位的提高

1949 年中华人民共和国的成立,结束了中国始于 1840 年的百年屈辱历史,走上了国家独立、民族振兴、人民当家做主的康庄大道。自新中国成立至今,从经济发展角度,大体上分为两大阶段:1949—1978 年,在计划经济体制下进行的经济恢复和以国家工业化为目标的经济建设阶段;1978 年至今,在从计划经济转变为社会主义市场经济后,进一步推进工业化和经济现代化阶段。在前一阶段的近 30 年间,中国的国际经济环境十分严峻,长期遭受到西方国家的敌视和封锁,国内又受到"以阶级斗争为纲"的"左"的路线的干扰,"大跃进""文化大革命"等运动接连出现,使国家经济发展呈现大幅起落和严重扭曲,但整体来说,这段时期的经济仍保持了较快增长。在 1949—1978 年间,国民收入由 173 亿美元增加到 1226 亿美元,增长了 6.1 倍。1953—1980 年,工农业总产值年均增长率和国民收入年均增长率分别达 8.2% 和 6%。随着经济的增长,产业结构也发生了很大变化。1952—1978 年在工农业总产值中,农业比重由 58.5% 下降为 24.8%,工业比重由 41.5% 上升为 75.2%,工业在国民经济中发挥了主导作用,并建成了较为完整的工业体系。1978 年 12 月中共中央十一届三中全会后,决定将工作重心转移到社会主义现代化建设上来,确定实行改革开放政策,中国从此进入了一个新的发展阶段,国民经济获得了跃进式的发展。

一、改革开放以来中国经济的快速增长

改革开放以来,中国国内生产总值从 1978 年的 3624 亿元增加到 2005 年的 300670 亿元,按可比价格计算,年均增长率为 9.6%,超出世界同期年均增长率 6.3 个百分点,这在世界上是独一无二的。在过去的 200 年里,欧美各国还从来没有一个国家能创下连续 30 年年均国民经济增长超过 5% 的记录。英国在 19 世纪用 100 年的时间使人均收入增长了 2.5 倍;美国从 1870 年到 1930 年的 60 年间使人均收入增长了 3.5 倍;被誉为创造经济奇迹的日本,从 1950 年到 1975 年用 25 年的时间使人均收入增长了 6 倍;韩国是发展中国家中的一颗明星,曾连续 20 年保持经济每年增长 8% 左右。而中国从 1979 年开始用 20 年的时间使人均收入增长了 7 倍。至 20 世纪末,中国的经济规模大约相当于韩国的 2.4 倍,并已连续 20 年年均增长超过 8%。中国一些省份,如广东、山东、江苏(这三个省都有着比亚洲"四小龙"人口总和还要多的人口规模),在过去的 10 年里经济每年增长 14%～16%,将近亚洲"四小龙"同期经济增长率的两倍。2015 年,国际形势错综复杂,国内改革发展任务繁重。中国经济巨轮一路前行,增速换挡。在经济新常态下,经济增长从高速转为中高速,结构不断优化升级,经济发展从要素驱动、投资驱动转向创新驱动,绘就了稳中有进、稳中有好的新画卷。国家统计局发布的数据显示,2015 全年国内生产总值(GDP)67.67 万亿元,同比增长 6.9%,1990 年来首次跌破 7%。这一增速完成了 2015 年年初政府工作报告中设定的 7% 左右的 GDP 增速目标。第三产业增加值占国内生产总值的比重为 50.5%,消费对经济增长贡献接近 60%。打造新引擎,创业创新蔚然成风。

中国是世界上人口最多的发展中国家,占了世界人口的 22%,中国人民通过自己的努力,实现经济的高速增长,摆脱贫困,走向富裕,对世界经济的繁荣发展做出了巨大贡献。美国哈佛大学经济学教授 D.H.帕金斯就此指出,18 世纪后期从英国开始的工业革命,扩展到欧美其他国家,花了 150 年时间,才使占世界人口 17% 的 7 亿人口极大地提高了生活水平。20 世纪的日本和"四小龙"的发展也才使 2 亿人进入工业社会。而中国在 20 世纪末或 21 世纪初的一段时间内转变成工业国,这就意味着处于工业化社会的人口整整多了 12 亿。这样,只经过几十年的努力,这个世界就从 3/4 左右的人口生活在贫穷的农业社会转变成 1/2 人口生活在较为繁荣的工业化社会中。这难道不是一件具有世界

意义的大事？中国的经济大发展是对世界经济发展的重大贡献。

中国经济的高速增长，极大地改变了中国社会经济面貌。

1. 由卖方市场转为买方市场

在 20 世纪的大多数年份里，中国经济基本是在短缺中运行的。进入 20 世纪 90 年代以来，一般工业品出现了由卖方市场向买方市场的转化，中国经济发展走出资源约束的商品短缺时代，进入需求约束和市场制约的新阶段。目前，不仅一般工农业产品，就是生产资料也都已初步形成了买方市场。1998 年下半年中国国内贸易部统计范围内的 601 种商品没有一种是供不应求，半数以上的工业产品生产能力利用率在 60% 以下，绝大多数农产品也供大于求，许多商品库存积压有增无减。市场需求对经济增长的约束机制明显强化，市场供求关系实现了由卖方市场向买方市场的历史性转变。

2. 产业结构日趋合理

近 20 年来，中国的产业结构日趋合理，基础工业比重上升，对经济发展的瓶颈作用有所改善，轻、重工业协调发展，产业结构严重脱离需求结构的畸形状态得到很大改善。三大产业结构呈现出农业比重趋于下降、第二产业比重稳步提高、第三产业比重逐渐提升的演进趋势。第三产业的稳步发展，弥补了传统产业由于缺乏市场需求而对经济持续稳定增长造成的影响，大量吸收了越来越多的过剩劳动力。能源、交通运输与邮电通信、重要原材料等基础产业和基础设施得到了快速发展，高新技术产业得到较快发展，科技进步对经济增长的贡献率不断提高。关键技术和共性技术的科研攻关取得新成果，一批新兴学科得到迅速发展，在空间技术、生命科学、计算机科学、通信技术等领域取得重要进展。载人航天工程"神舟"号飞船试验飞行成功，承担人类基因组计划 1% 的测序任务并按期完成"工作框架图"，自行研制成功的"神威"大规模并行计算机系统正式投入运行，这些都预示和标志着中国正在成为科学技术日益先进的国家。

3. 市场经济体制初步确立

随着经济的发展和改革的深化，市场在资源配置中逐渐发挥基础性作用。从 1988 年开始，中国开始了生产要素的市场化进程，90 年代生产要素市场化速度加快。在 80 年代，生产要素市场化主要体现在生产资料流通领域，并以实物资本的形态进行。进入 90 年代，土地、资金开始急速进入市场，推动房地产市场、股票市场、债券市场的快速形成和发展。目前实行指令性计划生产的工业品已寥寥无几，90% 以上的商品和服务价格已由市场决定。以国有企业改革为中心环节的各项改革不断深化，以公有制为主体、多种所有制经济共同发展的格局基本形成，特别是非公有制经济蓬勃发展，成为支撑国民经济的重要力量。财税管理体制继续完善，流通体制改革顺利推进，社会保障体制改革全面展开。全面实施建设项目资本金制度、法人责任制和招投标制等，投资主体的风险约束机制开始形成。政府机构改革取得明显成效，适应社会主义市场经济体制的宏观调控体系基本形成。

应该指出，中国的经济增长是在经济的转轨中实现的。20 多年来，中国经济体制逐步由计划经济转到社会主义市场经济，由封闭、半封闭变为全方位、多层次、宽领域的对外开放。改革开放从根本上改变了传统僵化的经济体制，使整个经济充满了生机和活力。改革促进了经济的发展；经济的发展又为进一步的改革提供了动力，创造了条件。中国不仅未因转轨出现经济低迷和滑坡、社会震荡和混乱,相反,经济保持了长期的、持续的和高速的增长,社会保持了和谐和稳定。中国经济的转轨绩效是举世公认的。美国著名经济学家斯蒂格利茨(Joseph E. Stiglitz)2000 年曾把中国转轨取得的成就与俄罗斯进行过比较,认为:"10 年前,俄罗斯的国民生产总值是中国的 2 倍,而 10 年后中国的国民生产总值则是俄罗斯的 2 倍。"

二、中国经济在世界经济中的地位不断提高

中国作为世界上最大的发展中国家,经过 30 多年的改革开放,经济实力大大增强,国际经济地位空前提高,在世界经济发展中的作用和影响日益增大,成为举世瞩目的经济大国之一。中国在世界经济中的地位的提高,明显地表现在以下几个方面。

1. 主要工农业产品的产量在世界中的地位不断提高

近 10 年来,中国以宏大的市场为支撑,在信息化带动工业化的政策指引下,资本和技术密集型的高科技产业得到了迅速发展,中国已经成为世界制造业的大国。中国在继续保持劳动密集型产业优势的同时,高附加值产品和技术研发上的优势也开始形成。近年来中国工业实力和竞争力进一步增强,"中国制造"享誉全球,工业结构由门类单一到齐全、由低端制造向中高端制造迈进。根据世界银行数据,当前,中国制造业增加值在世界占比达到 20.8%。据国家统计局统计,2013 年,中国完成工业增加值 21.07 万亿元(人民币,下同),规模以上工业增加值同比增长 9.7%。根据联合国工业发展组织资料,目前中国工业竞争力指数在 136 个国家中排名第 7 位,制造业净出口居世界第 1 位。按照国际标准工业分类,在 22 个大类中,中国在 7 个大类中名列第一,钢铁、水泥、汽车等 220 多种工业品产量居世界第一位。我国已经成为名副其实的"制造大国"。

2. 中国国内生产总值在世界排位不断上升

国内生产总值是衡量一国经济实力的重要指标。按美元计算,1980 年中国国内生产总值为 2572 亿美元,排在世界第 9 位;1990 年为 3546 亿美元,排在世界第 11 位。其排位后移,不是由于中国经济增长放慢(扣除物价上涨因素,按人民币指标计算,中国国内生产总值 1990 年比 1980 年增加 1.3 倍),而是由于人民币兑美元汇率由 1980 年的 1.52∶1 下调为 1990 年的 4.78∶1。到 1999 年,中国国内生产总值为 9802 亿美元,排名上升为世界第 7 位。也就是说,在 20 年间中国国内生产总值先后超过了加拿大和西班牙,成为经济总量仅次于美国、日本、德国、法国、意大利、英国的经济大国。2004 年中国又超过了法国,成为仅次于美、日、德、英的第 5 位经济大国。2005 年又超过英国,成为第 4 位经济大国。应该指出,上述排名是按当年人民币兑换美元的汇率折算而来的。计算国内生产总值并作国际比较时,还可以用购买力平价进行,用这种方法进行比较所得出的结果,与实际汇率法得出的结果差别很大。如按国际货币基金组织和世界银行用购买力平价法所得的数字,1999 年中国国内生产总值为 41122 亿美元,仅次于美国(83510 亿美元)而排名世界第 2 位,大大超过了日本(30429 亿美元)、法国(12938 亿美元)、英国(12344 亿美元)、意大利(11963 亿美元)和加拿大(7261 亿美元);而按实际汇率计算的中国国内生产总值,则为 9802 亿美元,不到按购买力平价计算的 1/4,世界排名下降为第 7 位。显然,按购买

力平价计算高估了中国的经济总量,但按实际汇率计算也低估了中国的经济总量。根据世界银行2009年7月发布的数据,中国2008年国内生产总值为38600亿美元,仅次于美国(142043亿美元)和日本(49092亿美元),居第3位。2015中国全年国内生产总值(GDP)67.67万亿元,相当于10.39万亿美元,在世界排名第2,仅次于美国的16.20万亿美元,而排名第3位的日本为4.82万亿美元。

3. 综合国力日益增强

近年来,综合国力日益被世人所重视,认为21世纪的竞争主要是综合国力的竞争。所谓综合国力是指一个国家赖以生存和发展所拥有的全部能力。构成综合国力的因素是十分复杂的,将这些因素加以量化更为复杂。有的学者认为,构成综合国力的要素大体上包括7个方面:资源力、经济力、科技力、国防力、政治力、文化力和外交力。这7个方面是相互联系的整体,是相互促进和相互制约的。有的学者将综合国力概括为硬国力(军事力量和政治威力)和软国力(经济、文化和社会方面的实力)两大类;有的学者将综合国力归结为基本实体(国土面积+人口)和经济实力(国内生产总值、能源、食品、工业生产能力、对外贸易)两部分。不论哪一种划分,中国的综合国力都在不断增强,其世界排位都在上升。滕藤、谷源祥主编的《1995—1996年世界经济形势分析和预测》一书中,对中国综合国力的发展变化进行了综合分析,从其分析中可以得出三点结论:

(1)自新中国成立以来,特别是20世纪70年代末实行改革开放政策以来,中国的综合国力不断增强,其世界排位在前移。1970年时居第10位,1993年上升为第9位。2006年中国社科院对外公布李向阳研究员主编的《世界经济黄皮书》和《国际形势黄皮书》。黄皮书实测结果表明,中国在各大国中综合国力排名第6。

(2)中国的综合国力同发达国家的差距在逐渐缩小(参加表12-1)。例如,1970年中国的综合国力为美国的37%,1980年上升为43%,1990年上升到47%,1995年上升为50%;在相应的4个年份,中国的综合国力为英国的77%、80%、88%、95%。

表12-1 中国与各主要国家综合国力比较(%)

国家	1970年	1980年	1990年	1995年	2014年
美国	37	43	47	50	73
日本	78	73	75	75	123
德国	73	71	77	85	122
法国	79	73	80	85	123
意大利	96	93	90	105	149
英国	77	80	88	95	128
加拿大	63	67	69	77	143

资料来源:滕藤,谷源祥.1995—1996年世界经济形势分析和预测.北京:中国社会科学出版社,1995:389.2014年数据为作者整理。

（3）中国的综合国力在发展中国家里处于第 1 位，而且领先的地位日益增强。从表 12-2 中可以看到，印度、印度尼西亚、韩国、巴西、墨西哥、南非、埃及这 7 个较大较强的发展中国家中，除韩国以外，其综合国力的增长速度都慢于中国。根据美国发布的《全球综合国力排名》，2015 年，我国的综合国力排名全球第 3，仅次于美国和俄罗斯。

表 12-2　各主要发展中国家综合国力与中国的比较(%)

国家	1970 年	1980 年	1990 年	1995 年	2014 年
印度	66	62	60	63	69
印度尼西亚	52	54	49	45	49
韩国	57	72	83	85	58
巴西	79	81	75	73	68
墨西哥	67	70	63	63	52
南非	63	62	57	56	—
埃及	57	51	48	45	—

资料来源：滕藤，谷源祥.1995—1996 年世界经济形势分析和预测.北京：中国社会科学出版社，1995：389.2014 年数据为作者整理。

中国经济的崛起和国际经济地位的提高，势必导致世界经济格局的变化，打破美、日、欧发达国家在世界经济中三分天下的格局，促进世界经济向多极化发展，并有助于建立新的国际经济秩序。目前由美、日、欧等发达国家主导的现有国际经济秩序，主要代表着发达资本主义国家的利益，体现了由它们倡导的经济观念，不能充分体现后起的广大发展中国家的发展要求，甚至还对发展中国家的利益造成损害。中国经济的强大以及在世界经济中影响的增强，无疑会使发展中国家的利益和要求得到更有力的表达和维护。这对于促进国际经济秩序的改善，建立更为公正合理的世界经济秩序，无疑是一个积极的重要因素。同时，中国经济的崛起对促进世界经济的发展和稳定也将发挥重大的作用。1997 年东南亚金融危机爆发后，中国对泰国贷款 10 亿美元，并宣布人民币不贬值，为缓解金融危机做出了突出贡献。1998 年 5 月在英国伯明翰召开的八国集团首脑的会议上，各国领导人一致称赞中国的行动，认为这个世界上人口最多的国家已成为维护世界稳定的主力。法国总统希拉克说，由于中国"高度负责和合作的态度"，东南亚金融危机才没有进一步蔓延。"如果不是中国决定维持其货币的汇率，主动承受这样做给其社会和经济带来的严重制约，东南亚金融危机将对整个世界造成灾难性的打击。"2007 年美国金融危机波及全世界，中国又一次以高度负责的态度成为世界抵抗金融危机的中流砥柱，果断采取积极措施，在 2009 年 4 月伦敦 G20 金融峰会上，得到了与会各国的一致肯定。2008 年 2 月 4 日，世界银行行长罗伯特·佐利克(Robert Zoellick)正式任命北京大学经济学教授林毅夫为世行首席经济学家兼负责发展经济学的高级副行长。2011 年 7 月 13 日，国际货币基金组织总裁拉加德正式提名朱民为 IMF 副总裁。7 月 26 日，朱民正式出任 IMF 副总裁职位，成为史上首位进入 IMF 高层的华人。2016 年 7 月 8 日，IMF 宣布，中国人民银行副行长张涛接替朱民出任 IMF 副总裁。

中国经济持续快速增长令世界瞩目,受到了国际社会的普遍称赞,但也出现了一股"中国威胁论"的噪音。持有"中国威胁论"者不是由于对中国发展变化的无知,就是别有用心或用帝国主义和霸权主义的逻辑推断社会主义中国,他们的观点和观念将不攻自破。近现代史表明,中国从来没有威胁和侵略过任何国家,相反,不断地受到一些国家的威胁和侵略。中国人民遭受过被别人欺压和侵略的悲惨命运,也看到了欺压侵略别国者的可耻下场。改革开放以来,中国坚定不移地高举和平、发展、合作的旗帜,坚定不移地走和平发展的道路,既充分利用世界和平发展带来的机遇发展自己,又以自身的发展更好地维护世界和平、促进共同发展。

三、中国经济的快速增长对世界经济的贡献

中国经济的快速增长不仅为本国带来了繁荣和进步,也为世界经济的发展带来了更多的机遇。

1. 中国经济对世界经济的拉动作用明显增强

中国经济的快速增长越来越成为世界经济保持活力的重要因素。2009 年国家统计局发表了《新中国成立 60 周年经济社会发展成就回顾系列报告之一》,报告指出,1952年,我国国内生产总值只有 679 亿元,2008 年超过了 30 万亿元,达到了 300670 亿元,年平均增长 8.1%,而 1961—2008 年世界 GDP 年均增长只有 3.6%。其中,我国 1979—2008年年均增长 9.8%,快于同期世界经济增速 6.8 个百分点。随着改革开放的不断深入,中国对世界经济的增长做出了积极贡献。1978 年,中国对世界经济增长的拉动为 0.1 个百分点,而同期美国的拉动达到 1.7 个百分点;2007 年,中国拉动为 0.7 个百分点,高于美国。国家统计局 2009 年 9 月 29 日发布的报告显示,中国经济对世界经济的贡献率已从1978 年的 2.3% 上升到 2007 年的 19.2%,中国对世界经济增长的贡献率已位居世界第 1。

美国投资银行摩根士丹利公司的首席经济学家斯蒂芬·罗奇认为,中国对世界经济增长的贡献率大概为 17.5%。这是因为中国经济的开放度非常高,中国的经济增长对世界经济有某种乘数效应。美国经济学家拉迪认为,中国经济的开放度大约比美国高一倍,比日本高两倍。中国经济的开放程度高主要表现为两点:中国经济的对外贸易依存度高;中国对外来直接投资一直持欢迎态度,是吸引国际资本最多的国家之一。中国市场是欧美当前增长最快的主要出口市场,对欧美国家创造就业和经济复苏至关重要。2000 年至 2013 年,中国从欧盟和美国进口商品总额累计达到 2.57 万亿美元。按照每 100 亿美元出口可以创造 10 万个就业机会计算,中国在此期间的进口为欧美各国直接创造了约2570 万个就业机会。作为最具吸引力的投资目的地之一,中国市场为欧美在华投资企业提供了丰厚回报。美中贸易全国委员会发布的《2013 年中国商业环境调查》报告显示,受访公司中将中国列入其战略投资规划五大重点市场的占 96%;61% 的受访公司表示,它们在华业务的利润率高于或等于其全球利润率。欧洲企业在华的投资回报也是如此。欧美企业在华投资所取得的收益成为支持欧美经济复苏和长期稳定的重要资金来源。2000—2012 年,中国对世界出口额增量的贡献率为 15%(美国为 6.63%),对世界进口额

增量的贡献率为 11.86%(美国为 8.53%)。2000 年至 2013 年,中国累计进口总额近 13 万亿美元,为世界各国直接创造了至少上亿个就业岗位。根据世界贸易组织数据,2008—2012 年,中国进口占全球进口总额的比例由 6.9% 升至 9.5%。金融危机肆虐 3 年间 (2008—2010 年),全球进口总体萎缩 8.4%,中国逆势增长 23.3%,成为全球需求的支撑者,促进了全球贸易的可持续发展。进入新常态后,中国经济难以像过去一样实现 10% 以上的增长,但同时中国经济也正在进入一个崭新的阶段和全面转型的时期。中国正在致力于解决经济不平衡的问题,2013 年中国零售总额增长 13.1%,几乎是出口增长的两倍。由于这种增长是向着更均衡、更高质和更持久的趋势发展,因而显得更为重要。预计,中国未来 10 年将会有一半到 3/4 的城镇消费者进入中产阶层,这将释放出中国更大的消费需求和潜力,有助中国经济再次驱动增长的齿轮。与其他国家相比,中国内部需求的增长依然比较强劲。过去 5 年,结构性再平衡已取得重大进展。经常账户盈余已从 2007 年占国内生产总值峰值的 10% 降至 2013 年的 2.1%,较 2012 年下降 0.5 个百分点,为 9 年来的最低水平。而增长对外部需求的依赖也有所降低。在过去 5 年间,净出口对增长的贡献大为降低,增长主要依靠内需拉动。

2. 中国贸易的扩大促进了世界贸易的蓬勃发展

2009 年国家统计局发表的《新中国成立 60 周年经济社会发展成就回顾系列报告之一》指出,1952 年,我国经济总量占世界的比重很小,1978 年才达到 1.8%。改革开放以来,我国经济总量占世界的比重不断提高,2008 年为 6.4%,位居美国和日本之后,居世界第 3 位。世界银行的数据表明,1990—2004 年,中国商品和服务贸易增长对国际商品和服务贸易增长的贡献率为 8.4%,美国的贡献为 18.4%。世界贸易组织(WTO)2015 年 4 月 14 日公布了 2014 年贸易进出口总额的统计结果,中国连续两年位列世界第 1,贸易总额达到 4.303 万亿美元(约合人民币 26.7 万亿元);美国位列第 2,4.032 万亿美元;德国位列第 3,2.728 万亿美元;日本以 1.506 万亿美元排名第 4。中国已成为一个世界级的贸易大国。2015 年以来,在全球出口值出现了近年来少有的大幅度下跌态势中,我国货物贸易进出口总值为 24.59 万亿元人民币,比 2014 年下降 7%,但保持了全球货物贸易第一大国的地位,出口表现明显好于同期全球主要经济体。

中国国内的进口需求十分旺盛,为世界各国和地区提供了一个巨大的市场。数据显示,加入 WTO 以来,我国货物贸易进口总额增长迅速,该数字由 2001 年的 2436 亿美元增长到 2008 年的 11331 亿美元,增长 3.65 倍,年均增长率为 24.6%。我国进口总额占世界进口总额的比例由 2001 年的 3.8% 上升至 2008 年的 6.9%,居世界第 3 位,居美国和德国之后。2004 年中国分别从美国、欧盟、日本和东盟进口了价值 447 亿、701 亿、943 亿和 630 亿美元的货物,为这些国家创造了许多生产和就业机会。以美国为例,据有关部门测算,2004 年,中国从美国进口 447 亿美元的货物,从而为美国直接创造就业岗位约 50 万个,间接创造就业岗位超过 150 万个。据美国商务部统计,2008 年中、美双边贸易额为 4092.5 亿美元,其中,美国对中国出口 714.6 亿美元,自中国进口 3377.9 亿美元。中国为美国第二大贸易伙伴、第三大出口目的地和首要的进口来源地。此外,中国巨额的进口还在一定程度上缓解了世界市场日益突出的供需矛盾,扩大了世界各国商品的销路,为各国生产的持续进行创造了关键性的条件,稳定了世界经济的发展。中国由于在全球产业链中的重要地位和巨大的市场需求,成为世界特别是东亚各国产品出口的重要目标市场,东亚各国对中国出现巨额的贸易顺差。中国的大量进口使中国遍布全球特别是东亚的贸易伙伴受益,一些国家因此摆脱了经济停滞。中国进口贸易的快速增长,其中受益最大的是发展中国家。中国从发展中国家的进口占中国总进口的比例由 1990 年的 9.3％上升到 2005 年的 23.1％,进口额年增长率均在 20％～70％。中国大量进口初级产品有利于以农产品和矿产品出口为主的发展中国家。与发展中国家贸易的年增长率远高于中国总贸易的年增长率,并且差距有进一步扩大的趋势。尽管中国出口增加很快,但激增的进口需求导致中国对发展中国家的贸易转向贸易逆差。2000 年之前,中国对发展中国家存在着贸易顺差,2000 年之后,转变为贸易逆差。2013 年中国进口额达 1.95 万亿美元,比 2001 年增长 7 倍多,已连续 5 年居世界第 2 位。《2016 年中国对外贸易 500 强企业研究报告》指出,2015 年,我国外贸 500 强企业进口总额为 7517.28 亿美元,创自 2013 年以来新高,同比增长 1.16％。报告认为,这主要归功于我国进口企业规模的加大和集中度的提高。2015 年,我国外贸 500 强企业进口额占全国进口总额 44.69％,为近三年最高。

中国出口商品物美价廉,不仅满足了进口国广大消费者的需要,提高了进口国居民的实际购买力,使他们得到了很多实惠,另一方面也降低了企业生产成本,有利于增强其市场竞争力,而且还有助于进口国控制通货膨胀,保持经济稳定。英国《经济学家》杂志的评价是,中国给予了世界经济一种"积极的供给冲击",提高了世界经济增长的潜力,导致劳动力、资本、商品与资产的相对价格发生变化。中国的廉价产品为发达国家的低通货膨胀率做出了重要贡献,使这些国家的中央银行得以降低利率,以刺激投资进而促进增长。西方舆论在盛赞中国对世界经济做出的贡献时,举的两个例子是,因为中国经济增长强劲,带动了世界原材料及能源市场价格的不断上涨。价格上扬为原料及能源出口国带去了福音,但同时因为中国出口大量的廉价产品,又遏制了其他国家因原料及能源价格上涨带来的通货膨胀压力。英国《经济学家》杂志认为,从 2000 年以来,世界石油市场的价格翻了 3 倍,其增长幅度与 20 世纪 70 年代的两次石油危机时大体相同。然而,这次石油价格的飞涨却没像往常那样引起通货膨胀的高涨及经济衰退。这主要是因为中国的缘故。

中国在对外贸易中实行合作共赢的政策,已经给周边国家,特别是发展中国家带来了实实在在的利益。

3. 中国良好的投资环境为各国(地区)的投资者提供了创业机遇

中国拥有丰富的劳动力资源,生产成本低,配套能力强,政局稳定,社会秩序良好,成为各国(地区)外商投资的理想之地,使各国(地区)投资者分享中国经济快速发展的利益,一大批外资企业在中国创造了辉煌业绩。跨国公司所带来的先进生产与管理技术和中国充裕的劳动力相结合,提高了全球劳动生产率,改善了全球供给结构。在国际产业分工格局中,中国在许多方面已经成了世界经济链条中的重要环节。例如 2004 年中国超过美国,成为信息技术相关产品出口第一大国,其中的相当一部分就是采取把从东南亚国家或地区生产的元器件运到中国组装后向世界各国(地区)出口的。而元器件生产和组装直至最终产品的销售,相当大一部分是由美、欧、日的跨国公司主导的,它们从中得到了丰厚的回报。日本投资促进会调查显示,日本在华投资企业中,有 80％的企业盈利。OECD 的一项研究显示,在美国对中国的产业转移中,美国每投入 1 美元,就可以从中国获得平均 33 美分的利润,大大高于在美国投入 1 美元仅平均获得 11.5 美分的利润。目前,世界500 强企业,有 90％以上都在华投资,2015 年全球 500 强跨国公司继续在华投资新设企业或追加投资,充分体现了跨国公司依然看好中国市场和来华投资前景。此外,跨国公司在华投资设立的地区总部、研发机构等高端功能性机构继续聚集,截至目前,外商投资在华设立的研发机构超过 2400 家。

4. 中国经济的快速发展有助于邻国吸引外资

联合国贸易和发展会议 2005 年 3 月 7 日公布的一项研究结果表明,中国经济的高速增长有利于邻国吸引更多的外资,使邻国能够更好地发挥自身优势,与中国制造业基地一并纳入全球一体化的生产网络。印度尼西亚外交部部长在 2006 年年初表示,最近 15 年来中国经济的巨大进步,促进了东南亚和东亚地区各国经济的发展,使各国获得了共同发展的机遇。

5. 中国加大对外投资步伐有利于东道国的经济发展

中国目前巨大的外汇储备成为中国对外投资稳步增长的强有力保证,进而为世界经济的稳定增长做出了贡献。统计数据显示,截至 2009 年 9 月,中国外汇储备余额为 22725.95亿美元,位居世界第一。一方面,这些储备的很大一部分被用于购买发达国家,特别是美国的国债,为这些发达国家提供了大量的资本,进而在一定程度上保证了这些发达国家经济的持续繁荣。美国财政部统计数据显示,到 2008 年 9 月为止,中国对美国国库券持有量增加到 5850 亿美元,超越日本,成为持有最多美国国库券的国家。另一方面,这些储备也为中国扩大对外直接投资提供了后盾。中国加入 WTO 后,不断规范和完善涉外投资政策法规并全面实施“走出去”的开放战略,中国的对外投资已开始起步。国务委员、国务院秘书长马凯 2009 年 9 月 8 日在第十三届中国投资洽谈会上表示,中国已在全球 170 多个国家和地区开展对外直接投资,累计投资总额超过 1800 亿美元。尽管中国目前对外直接投资的规模还比较小,但发展很快,引起了国际上的广泛关注,被列为主要的外国直接投资来源国之一。自 2003 年开始,中国已经进入发展中国家主要投资输出国行列,对于增加当地财政收入、创造就业机会、促进经济发展发挥了积极作用。2015 年,我国对外非金融类直接投资创下 1180.2 亿美元的历史最高值,同比增长 14.7％,实现中国对外直接投资连续 13 年增长,年均增幅高达 33.6％。2015 年年末,中国对外直接投资存量首次超过万亿美元大关。2015 年我国企业共实施海外并购项目 593 个,累计交易金额 401 亿美元(包括境外融资),几乎涉及国民经济的所有行业,其中,地方企业占并购金额近八成。

6. 中国为稳定世界金融秩序做出了贡献

在 1997 年发生的东南亚金融危机中,中国表现出了一个负责任的大国风范,积极采取果断措施保证人民币不贬值,避免了危机的进一步扩大。虽然在危机中,中国也付出了沉重的代价,但中国实施的政策和措施有效遏制了东南亚金融危机对世界经济稳定的破坏,为稳定世界金融秩序做出了巨大贡献。2003 年以来,以美国为首的西方发达国家为了转嫁自身的经济问题,不断向中国施压,要求人民币升值。在此情形下,中国政府顶住外部压力。与此同时,中国政府以世界经济的大局为重,于 2005 年 7 月 21 日,开始实行以市场供求为基础、参考一揽子货币进行调节、有管理的浮动汇率制度,并让人民币对美元升值 2%。此次中国汇率制度的改革,不仅增加了人民币汇率的弹性,而且给中央银行干预外汇市场留下了足够的空间,从而保证了人民币汇率的稳定,进而对稳定世界经济金融秩序做出了贡献,再一次表现出了负责任的大国风范。

2007 年,以美国为策源地爆发了战后最严重的金融危机,此次危机对世界经济的打击尤其沉重,中国的实体经济也遭受了重创。但国际金融危机爆发一年来,中国言行一致,在办好自己事情的同时,致力于应对危机的国际行动,成为稳定世界经济、反对保护主义、推动国际金融体系改革的重要力量,赢得了世界的尊重。

2007 年金融危机爆发后,中国政府及时调整宏观经济政策,实施积极的财政政策和适度宽松的货币政策,推出 4 万亿元人民币的经济刺激计划及相关一揽子措施,有效推动中国经济稳步增长。德国《商报》指出,中国虽然也受到危机影响,但行动果断有力,它以"令人瞩目的速度"推出经济刺激方案,不仅强化了国内需求,也成为全球危机中"新的牵引"。阿根廷《文摘报》认为,在克服困难的过程中,"中国在把握好自己的同时,还为世界做出了贡献"。

一年来,中国与其他国家合作推动国际金融体系向民主化、合理化方向迈出步伐。在国际金融机构改革等重大议题方面,中国尤其注意反映广大发展中国家的呼声。日本共同社说,中国坚持发展中国家立场,"为穷国、弱国呼吁,在危机应对中凸显顾全大局的姿态,赢得敬意"。美国《基督教科学箴言报》评论文章说,中国正协同广大新兴经济体努力在国际经济和金融体系中发挥前所未有的重要作用。

中国政府从此次危机一开始就明确表达了与国际社会和衷共济、合作应对的意愿。中国积极推动各国协调政策,提出一系列切实可行的措施和主张。在不少分析人士眼中,中国政府的承诺与行动已成为人们的重要信心源。美国外交学会地缘经济学家布拉德·塞策说:"中国及其政策建议得到广泛关注,中国的作用正变得越来越重要。"面对美国金融危机的挑战,中国在履行国际承诺方面没有丝毫迟疑。中国免除了 46 个最不发达国家 400 多亿元人民币的债务,向其他发展中国家提供的援助超过 2000 亿元人民币,坚持如期兑现对非洲国家的各项援助。对于在经济寒流中熬冬的国家,这些帮助无疑是雪中送炭,中国用一诺千金的担当表达了对广大发展中国家的患难情谊。牙买加《观察家报》社论说,面对危机,中国用行动表明:患难朋友才是真朋友。

美国金融危机以来,保护主义抬头,对此,中国以行动实践"不搞保护主义"的承诺。中国政府多次组织投资贸易促进团赴海外扩大经贸合作,保持低关税水平,坚持以平等协商解决贸易争端,不以提高贸易和投资壁垒相威胁。这一开放姿态向世界传递了积极信号和发展机会。美联社的文章说,中国保持开放姿态,并公开表明反对保护主义,它不仅"诉之于言,而且体现于行"。

在遭受金融危机重创一年后,世界经济出现了企稳迹象。虽然全面复苏将是缓慢、曲折和复杂的过程,但中国在应对危机过程中的种种出色表现以及所展示的负责任大国的形象,给世界带来了欣慰。正如英国《卫报》文章所指出的,国际舆论认为,在应对危机方面,中国"取得了切实的成功",并以其努力,为"全球复苏增加了希望"。

7. 中国对全球减贫事业做出了巨大贡献

任何一个国家的发展进步都是人类文明进程的重要组成部分,都会对人类进步做出贡献。占世界人口 1/5 强的中国人民的生存和发展问题是人类社会的重大课题。近年来,得益于经济的快速发展,中国人民的生存与发展状况有了极大的改善,这本身就是中国经济发展对世界做出的巨大贡献,也是对人类的文明进步做出的重要贡献。特别值得提出的是,中国经济的发展大幅度降低了中国贫困人口的规模,为全球减贫事业做出了巨大贡献。世界银行的有关资料显示,在 1990—1998 年间,除中国外的发展中国家的贫困人口增加了 6970 万人,而中国则减少了 1.5 亿人。联合国发布的《千年发展目标 2015 年报告》显示,全球极端贫困人口已从 1990 年的 19 亿降至 2015 年 8.36 亿,其中中国的贡献率超过 70%。外媒评论称,全球在消除极端贫困领域所取得的成绩主要归功于中国。中国扶贫工作的成功,为全球减贫事业提供了宝贵经验。中国国家主席习近平 2015 年 9 月 26 日在纽约联合国总部出席联合国发展峰会时宣布,中国将设立"南南合作援助基金",首期提供 20 亿美元,支持发展中国家落实 2015 年后发展议程;中国将免除对有关最不发达国家、内陆发展中国家、小岛屿发展中国家截至 2015 年年底到期未还的政府间无息贷款债务。

通过以上分析,我们不难看出,中国经济的良性稳定发展对于全世界来说是个福音。中国经济与世界经济发展的关系是互惠互利双赢关系。中国经济的快速发展不会对其他国家造成威胁,而是带来机遇,为世界经济发展提供广阔的市场。英国财政大臣戈登·布朗在 2005 年 2 月份访华时称,中国为世界经济的发展做出了巨大贡献,"中国在过去几年中对世界经济增长的贡献超过工业七国集团的总和"。中国经济持续稳定快速发展,促进了世界经济的繁荣。但是从中国经济总量、贸易总量及贸易顺差等方面分析可以看出,目前中国经济对世界经济的影响还相对有限。中国经济对世界经济的影响更多的是在增量上而不是在存量上,还不能从根本上影响世界经济的发展趋势。可以相信,随着中国经济的良性发展,中国对世界经济的积极影响将进一步扩大。

第三节　中国经济面临的挑战和任务

一、中国经济发展面临的挑战

如前所述,经济全球化是当今世界经济发展的客观趋势。其突出表现就是在经济信息化和知识化的推动下,跨国公司和区域集团大发展,生产要素超越国界和超区域的流动和配置加速,各国间相互依存、相互渗透和相互联动增强。这种历史趋势,给后进的中国实现跨越式的发展和充分利用后发优势提供了历史性机遇。中国改革开放 30 余年来的历史充分地证明了这一点。今后,中国将进一步扩大和深化对外开放,更加充分地利用经济全球化给中国带来的机遇,为经济现代化建设事业营造更加宽广的外部空间和创造更加有利的条件。

但是,事物都是一分为二的。经济全球化给中国经济发展提供机遇的同时也带来了挑战。经济全球化的过程是贸易、金融自由化的过程,从而是国际竞争加剧的过程。中国在国际竞争的一些领域和方面有一定的优势,但总体上在相当长的时期内还将处于劣势。中国的劣势主要来自两个方面:一方面,中国既是经济相对落后的发展中国家,又是从计划经济向市场经济过渡的转轨国家,面临着既要加速经济发展又要加速体制转轨的双重压力;另一方面,中国是人口过多和人口总体素质低下的国家,面临着既要控制人口数量又要大力提高人口质量的双重艰巨任务。同时存在着这样多的压力和任务,这在世界其他大国中是少有的或并不严重的。例如,俄罗斯虽然面临着转轨的任务,但原有经济基础比中国要好,也不存在人口过多的压力问题;印度虽然人口压力大,但其经济体制基本上没有转轨的问题;巴西经济较为落后,但没有经济体制转轨的问题和人口的压力;至于已经进入发达国家行列的国家如美国、日本、英国、法国、德国、意大利、加拿大、澳大利亚等,更不存在这两个问题。上述问题的同时存在,使中国在发展经济和提高国际竞争力上比其他国家面临更为严峻的形势和更为艰巨的任务。

制约中国经济发展和国际经济地位提高的因素虽然很多,但从最基本的和长期的因素来说,则是人口过多和因此导致的资源和环境问题。人是所有生产要素中最为重要的要素,没有人的参与,任何生产和经济活动都是不可能存在的。人口也是构成一个国家综合国力的重要因素,没有一定的人口基数也难以成为有全球影响力的大国。综合国力研究的著名学者、美国的汉斯·摩根索在其《国家与政治》一书中认为,人口数量是国家权力所依赖的因素之一。克莱因则在其《世界权利的评估》一书的"国力方程"中将人口列为国力基本实体的重要组成部分,强调人口是决定国力的第一位要素。美国、俄罗斯、中国、日本之所以能名列世界大国之中,都与其人口数量多有关。而澳大利亚、加拿大的领土面积与美国、中国相近,经济发展水平也较高,但却由于人口稀少(澳大利亚人口1900万,加拿大人口3060万)而难以被认为是国力强大的国家。但是,绝不是人口越多,国家越强大。人口超过资源和生产所能承担的界限时,就会因负荷沉重而阻碍国家经济的发展和国力的提升。人口作为生产要素具有两重性,它既是生产者,又是消费者;人口既有数量指标,又有质量指标。国民教育程度、健康状况、寿命长短、生活方式、价值观念、民族性格、基本技能、年龄结构等,都会对经济发展和国家实力产生重要的影响。其中,特别是教育水平决定着人口素质的高低,决定着人口作为生产要素的质量和能量。世界各国实践表明,一个国家经济越落后,往往人口增长越快,人口教育水平越低,从而其国民作为生产者的能力越低,经济发展越慢。二战后出现的所谓"人口问题""人口爆炸",其实质就是指一些发展中国家,特别是非洲国家,每年有限的经济发展成果几乎被迅速增长的人口完全吞掉,出现了人口增长和经济衰退的恶性相关的关系。

从人口来说,中国是既强又弱的。中国是世界上人口最多的国家,是人力资源最丰富的国家,从而也是发展潜力最大的国家之一。从这个角度来说,中国是强大的。但是由于中国人口数量多,基数大,每年人口绝对增长数量多,又使中国变弱。

首先,就自然资源总量来说,在许多项目上中国居于世界前列,是世界资源大国,但由于人口多,人均拥有的资源量非常有限。例如,中国是世界上耕地面积最多的国家之一,但人均耕地不到 2 亩,远远低于世界人均 4.75 亩的水平;中国是世界水资源第一大国,但人均淡水资源占有量仅相当于世界人均值的 27%;中国是矿产资源十分丰富的国家,但矿产资源人均占有量在世界上排第 80 位。

其次,就经济总量来说,如前所述,中国已经进入世界前五位,许多重要产品的产量已经是世界第 1 位,但按人均计算的产值和产量却很少,排在世界比较靠后的位置。例如,1999 年中国国内生产总值排在世界第 7 位,而人均国内生产总值仅居世界第 140 位;1996 年中国的煤、钢、粮食产量均已占世界第一位,而人均煤产量则排在世界第 75 位,人均钢产量排在世界第 100 位,人均粮食产量排在世界第 80 位。

再次,由于资源不足,人口众多,环境压力日趋增大。发展经济和保护环境本身就是一对矛盾,经济发展意味着资源消耗的增加。废水、废气、废物排放量的增大,必然意味着自然生态环境的改变和污染。对中国来说,由于资源不足,人口众多,又处在工业化中期阶段,资源消耗型、环境污染型的工业比重较大,因而面临的环境问题更为严峻。据《中国统计年鉴》提供的资料,2013 年,我国环境污染治理投资总额为 9037.2 亿元,占国内生产总值(GDP)的 1.59%,占全社会固定资产投资总额的 2.02%,比 2012 年增加 9.5%。其中,城市环境基础设施建设投资 5223.0 亿元,老工业污染源治理投资 849.7 亿元,建设项目"三同时"(我国 2015 年 1 月 1 日开始施行的《环境保护法》第 41 条规定:"建设项目中防治污染的设施,应当与主体工程同时设计、同时施工、同时投产使用。")投资 2964.5 亿元,分别占环境污染治理投资总额的 57.8%、9.4%、32.8%。20 世纪 90 年代中期全球大气监测资料表明,在中国 600 多个城市中,大气环境指标符合一级标准的城市不到 1%;在全球 20 个污染最严重的城市中,中国就占了一半,中国与欧洲、北美并列为世界三大酸雨区;中国 50% 的地区水体被污染,40% 的水资源已经不能饮用,在 600 多个城市中有 300 多个城市缺水,环境恶化的压力直接制约和影响着中国经济社会的可持续发展。

因此,尽管中国经济发展很快,国际经济地位不断上升,但面临的挑战和问题也是严峻和复杂的。中国要成为按人均计算的经济先进国家,还任重道远,还需要经过几代乃至十几代人的努力。据预测,到 2050 年,中国的国内生产总值很可能超过美国,上升为世界第 1 位。那时,中国的人口将达到 16 亿,人均国内生产总值也只能达到西方发达国家人均国内生产总值平均值的 1/2,即仍然是中等发达国家。因此,十八大报告中指出:"世界仍然很不安宁。国际金融危机影响深远,世界经济增长不稳定不确定因素增多,全球发展不平衡加剧,霸权主义、强权政治和新干涉主义有所上升,局部动荡频繁发生,粮食安全、能源资源安全、网络安全等全球性问题更加突出。"可以说,当今的世界正处在大发展、大变革、大调整的新时期。这种大发展、大变革、大调整,给我国经济社会的发展既带来了机遇,也带来了巨大的挑战。2014 年 5 月 10 日,习近平同志在河南考察时首次明确提出新常态。我国经济发展趋势性变化说明,我国经济正在向形态更高级、分工更复杂、结构更合理的阶段演化,经济发展进入新常态,正从高速增长转向中高速增长,经济发展方式正从规模速度型粗放增长转向质量效率型集约增长,经济结构正从增量扩能为主转向调整存量、做优增量并存的深度调整,经济发展动力正从传统增长点转向新的增长点。认识新常态,适应新常态,引领新常态,是当前和今后一个时期我国经济发展的大逻辑。

二、新时期中国社会经济发展的主要目标和途径

1. 全面建设小康社会

1979 年 12 月 6 日,邓小平在会见日本首相大平正芳时使用"小康"来描述中国式的现代化。他说:"我们要实现四个现代化,是中国式的现代化。我们的四个现代化的概念,不是像你们那样的现代化的概念,而是'小康之家'。到本世纪末,中国的四个现代化即使达到了某种目标,我们的国民生产总值人均水平也还是很低的。要达到第三世界中比较富裕一点的国家的水平,比如国民生产总值人均一千美元,也还得付出很大的努力。中国到那时也还是一个小康的状态。"1984 年,他又进一步补充说:"所谓小康,就是到本世纪末,国民生产总值人均 800 美元。"

2000 年 10 月,党的十五届五中全会提出,从新世纪开始,我国进入了全面建设小康社会,加快推进社会主义现代化的新的发展阶段。2015 年 10 月 29 日闭幕的十八届五中全会首次提出"创新、协调、绿色、开放、共享"五大发展理念,以保障实现全面建成小康社会的目标。

党的十八大报告根据我国经济社会发展实际和新的阶段性特征,在党的十六大、十七大确立的全面建设小康社会目标的基础上,提出了一些更具明确政策导向、更加针对发展难题、更好顺应人民意愿的新要求,以确保到 2020 年全面建成的小康社会,是发展改革成果真正惠及十几亿人口的小康社会,是经济、政治、文化、社会、生态文明全面发展的小康社会,是为实现社会主义现代化建设宏伟目标和中华民族伟大复兴奠定了坚实基础的小康社会。根据中国特色社会主义五位一体总体布局,将全面建设小康社会改为全面建成小康社会。

全面建成小康社会主要是 6 点要求:第一,转变经济发展方式取得重大进展;第二,在发展平衡性、协调性、可持续性明显增强的基础上实现两个"倍增",即国内生产总值和城乡居民人均收入比 2010 年翻一番;第三,通过增强创新驱动发展新动力,使科技进步对经济增长的贡献率大幅上升,进入创新型国家行列;第四,通过构建现代产业发展新体系,促进工业化、信息化、城镇化、农业现代化同步发展,使工业化基本实现,信息化水平大幅提升,城镇化质量明显提高,农业现代化和社会主义新农村建设成效显著;第五,通过继续实施区域总体发展战略,充分发挥各地区比较优势,区域协调发展机制基本形成;第六,通过培育开放型经济发展新优势,使对外开放水平进一步提高,国际竞争力明显增强。

2. 市场在资源配置中起决定性作用

党的十八届三中全会《关于全面深化改革若干重大问题的决定》指出,使市场在资源配置中起决定性作用和更好发挥政府作用。市场决定资源配置是市场经济的一般规律,健全社会主义市场经济体制必须遵循这条规律。市场对资源的配置主要是通过价格、竞争和供求等发挥作用来实现的,因此,要使市场在资源配置中起决定性作用,应充分发挥价格、竞争、供求在经济运行中的重要作用。

价格是市场的"指挥棒"。市场配置资源的决定性作用,主要是通过市场价格这一"指

挥棒"实现的。价格是价值的货币表现。遵循经济规律必须建立合理的价格体制机制,发挥市场在资源配置中的决定性作用也有赖于建立合理的价格体制机制。30多年前,改革开放就是从物价改革开始的。新形势下全面深化改革仍需牢牢牵住价格这个"牛鼻子",进一步缩减政府定价范围、扩大市场定价范围,凡是能由市场形成价格的都交给市场,政府不进行不当干预。重点推进水、石油、天然气、电力、交通、电信等领域价格改革,放开竞争性环节。完善价格调节管理制度,发挥价格调节生产和供给的作用,同时控制价格异常变动,稳定社会预期。修改和完善不适应形势需要的涉及价格的法律法规,加大对违法行为的处罚力度,规范价格秩序。

竞争是市场的"催化剂"。竞争对经济发展的促进,具有其他方式无法比拟的优越性。市场经济条件下的竞争可分为部门内部的竞争和部门之间的竞争。对这两种竞争,都应给予重视。重视部门内部的竞争,就是要运用经济手段如财政、税收、金融等手段奖优罚劣,淘汰落后生产者,使有限的资源向效率高的生产者集中,达到集约发展、转型升级的目的。重视部门之间的竞争,就是要放开投资准入条件,允许各类市场主体平等进入"法无禁止"的领域,让生产要素在不同部门之间自由流动,发挥市场在资源配置中的决定性作用。在这方面,尤其应克服长期存在的所有制歧视,既毫不动摇巩固和发展公有制经济,坚持公有制主体地位,发挥国有经济主导作用,也毫不动摇鼓励、支持、引导非公有制经济发展,激发非公有制经济的活力和创造力。同时,强化政府监管职能,加强法制建设,遏制恶性竞争,保障公平竞争,维护市场秩序。

供求是市场的"杠杆"。供求规律主要通过商品和劳务供给与需求的矛盾运动引导资源配置,促进经济发展。运用供求规律,应从供给与需求两方面入手,具体情况具体分析,采取相应措施。在现代市场经济条件下,在供给与需求这一矛盾中,需求往往处于矛盾的主要方面。运用供求规律促进经济发展,应更多关注需求、创造需求,用需求引导供给和生产,以实现资源有效配置。当前,我国尤其应注重通过增加居民收入等方式提高社会消费能力,扩大消费需求。具体来看,东部地区与中西部地区、城市与农村的发展存在较大差距,其消费需求也有很大不同。对东部地区及城市来说,扩大消费需求的重点应放在中高档消费品和精神文化产品等方面;对中西部及农村地区来说,扩大消费需求的重点应放在改善基本住、行条件和满足日常生活需求等方面。从国际市场需求来看,我国既应保持和扩大发达国家市场份额,更应积极开拓新兴经济体和发展中国家市场。

3. 实施创新驱动发展战略

党的十八届五中全会明确了"创新、协调、绿色、开放、共享"五大发展理念,提出"科技创新是提高社会生产力和综合国力的战略支撑,必须摆在国家发展全局的核心位置",强调要坚持走中国特色自主创新道路、实施创新驱动发展战略。这将是我国在"十三五"期间,乃至更长时期内的发展思路、方向和着力点。习近平指出,我们必须把创新作为引领发展的第一动力,把人才作为支撑发展的第一资源,把创新摆在国家发展全局的核心位置,不断推进理论创新、制度创新、科技创新、文化创新等各方面创新,让创新贯穿党和国家的一切工作,让创新在全社会蔚然成风。

"创新驱动发展"战略有两层含义:一是中国未来的发展要靠科技创新驱动,而不是传统的劳动力以及资源能源驱动;二是创新的目的是为了驱动发展,而不是为了发表高水平论文。

创新驱动的本质是指依靠自主创新,充分发挥科技对经济社会的支撑和引领作用,大幅提高科技进步对经济的贡献率,实现经济社会全面协调可持续发展和综合国力不断提升。无论从国家层面来讲,还是从科技组织层面来讲,实施创新驱动发展战略意义深远。

第一,实施创新驱动发展战略是提升国际竞争力的有效路径。

现今国际竞争呈现出越来越激烈的态势,中国必须建设成为创新型国家,才能从容应对国际社会的变化和挑战,这也是党中央、国务院做出的事关社会主义现代化建设全局的重大战略决策。而实施创新驱动发展战略是建设创新型国家的必然要求。

目前世界上公认的创新型国家有 20 个左右,它们有如下共同特征:研发投入占 GDP 的比例一般在 2% 以上;科技对经济增长贡献率在 70% 以上;对外技术依存度指标一般在 30% 以下。而我国科技对经济增长贡献率为 39%,对外技术依存度大于 40%,与创新型国家存在明显差距。虽然近年来我国科技工作取得了长足进步,但距世界最主要创新型国家还有很大的差距。

除此之外,世界各国纷纷强化创新战略部署——美国出台《创新战略》,从国家发展战略上重视创新,从国家发展路径上强化创新;欧盟通过《欧洲 2020 战略》,致力于成为最具国际竞争力的国家联合体;日本 2009 年就出台《数字日本创新计划》,逐步进入科学技术立国与战略调整阶段;韩国在 2000 年制定科技发展长远规划《2025 年构想》,提出 2015 年成为亚太地区主要研究中心的目标。面对世界发达国家的超前部署,中国只有进一步增强危机意识,坚定不移地实施创新驱动发展战略,才能在综合国力的竞争中抢占先机。

第二,实施创新驱动发展战略是转变经济发展方式的根本途径。

中国长期依靠物质要素投入推动经济增长,经济发展方式以粗放型为主,属于由投资带动的要素驱动阶段,科技创新对经济社会发展的贡献率偏低,生态环境的瓶颈制约非常严重。这种增长方式不可避免而且正在遇到资源和环境不可持续供给的极限,造成产业大多仍然处于全球价值链低端,经济发展缺乏可持续性。

以下数据足以说明问题:我国天然气、石油人均占有量为世界平均水平的 4% 和 8%,水资源、土地、耕地分别为世界平均水平的 25%、33%、40%。2009 年我国 GDP 总量约占世界的 8.6%,能源消耗量约占 20.3%,人均能耗达世界平均水平,但人均 GDP 仅为世界平均水平的一半。单位 GDP 能耗是世界平均水平的 2.0 倍,是美国、德国、英国的 2.4 倍、4.2 倍、4.4 倍。

高投入、高能耗带来了严重的生态环境问题。我国 7 大水系 1/5 水质为劣 V 类,每年因经济发展所带来的环境污染代价已接近 1 万亿元。长时间大范围雾霾天气影响了国土面积的 1/4,受影响人口达 6 亿。2007 年至 2011 年全国污染物排放量呈逐年上升趋势,2011 年废水排放量达 659.2 亿吨,城镇生活污水排放量达 427.9 亿吨,工业固体废物产生量 32.2 亿吨。2011 年全国环境污染治理投资总额为 6026.2 亿元,占当年 GDP 的 1.27%。

总体来看,应对气候变化、粮食安全、能源安全等全球重大挑战,高投入、高消耗、高排放、低效率的发展模式难以为继,我国必须增强国家创新能力,加快经济发展方式转变,积极参与国际经济科技新秩序的重构。

第三,实施创新驱动发展战略是提升科技实力的战略选择。

综观世界各国创新发展趋势,科技是推进创新的引擎,然而我国各项科技实力指标明显落后于发达国家。我国基础研究投入占 R&D 经费的 4.8%,为瑞士的 17%、美国的 25%,日本的 37%。各国三方专利(美日欧授权专利)占世界比例中,中国的三方专利仅为 2.4%,为美国的 7.84%,日本的 7.58%。2005—2009 年有效 PCT 专利(多国专利)中,美国、日本、德国分别占 32.2%、20.4% 和 11.3%,我国仅占 2.5%。我国 2008—2012 年专利实施许可合同数约占专利申请受理数的 1.48%,"垃圾专利"居多。我国高技术产品出口总量世界第一,但自主品牌出口不足 10%,80% 以上是外资企业的产品,其中 72% 是加工贸易产品,自主创新能力难以支撑经济高速发展。

三、维护国家主权和国家经济安全

对外开放是中国长期的基本国策,实行全方位、多层次、宽领域的对外开放,与国际经济接轨,发展外向型经济,是中国既定的方针。如何在贯彻执行上述国策和方针的过程中,维护好中国的国家主权和国家经济安全,已经成为一个非常重要的课题。

国家主权是国际法的重要范畴,通常是指国家独立自主地处理对内对外事务的权利,主要包括维护国家独立、领土完整和不受侵犯的权利;国家独立自主管理内政、外交和不受外来干涉的权利;在处理国际事务中具有平等协商和不受歧视的权利。这些权利都被 1945 年的《联合国宪章》及二战后的一系列国际法文件所认定,成为各国和各国际组织处理国际关系问题的基本准则。

但是,二战以来,随着跨国公司的发展、区域一体化的发展和经济全球化的发展,传统的民族国家主权日益受到挑战。这种挑战主要来自如下几个方面:

(1) 跨国公司的侵蚀。跨国公司是从事跨国筹集资金、组织生产、从事经营活动的国际性企业,本身就具有"无国籍"的特性,因此,它们的发展壮大和向世界扩展,必然使东道国的国家界限被突破,国家主权被弱化,国家监管受到限制。

(2) 区域经济一体化组织的限制。按照区域经济一体化组织层次的不同,一般都先要求其成员相互减免关税、相互开放市场,进而要求成员实行共同的经济政策,使用统一的货币。这样,成员的部分主权,如关税自主、政策制定权、货币发行权等,都将逐步被削弱,或者说成员为了共同的利益,自愿地相互让渡部分主权,共享部分主权。

(3) 国际经济组织的替代。二战后诞生的国际货币基金组织、世界银行及关贸总协定(以及取而代之的世界贸易组织)等,日益成为国际经济规则的制定者、国际经济行为的仲裁者、国际经济和金融危机的救援者。它们的存在,标志着国际行为主体的多元化,标志着部分国家职能被国际组织所取代。

(4) 世界生态环境恶化的压力。二战以来,随着自然资源和能源消耗的迅猛增加,排出的废气、废水、废渣也随之增加,使地球上空臭氧层被破坏、世界水资源被污染、土地被荒漠化,使人类生存和生活的环境日益恶化。这些问题虽然产生于各民族国家之内,但其危害却越出国界而成为国际"公害"。在这种情况下,不论是公害的原发国,还是公害的受害者,都不能因国家主权的至高性、绝对性和排他性而对其置之不顾,都需要各国携起手来采取超越国界甚至洲界的共同行动,遏制公害的滋生和蔓延。

上述情况说明,国家主权这一范畴同其他任何范畴一样,不可能是固定不变的。它也必须随着历史的发展而发展,随着世界的变化而变化,世界各国的人们必须不断更新主权观念。

1. 增强主权意识

在今天和今后相当长的时期里,主权国家仍然是进行国际活动的主体单位,主权原则仍然是国际社会活动的基本原则,国家仍然是国际关系和国际法中最主要的行为主体,国家主权仍然是所有国家赖以生存和发展的最主要的体现,还没有也不可能有代替国家和国家主权的世界政府。同时也应该看到,维护国家主权与参与世界经济并非是不相容的。事实上,近现代史既是世界市场向全球拓展的过程,是各国之间相互联系和相互依存日益加深的过程,同时又是民族觉醒、民族解放、争取民族独立和建立主权国家的过程。今天,西方发达国家正欲通过和利用自己在经济上、科技上和体制上的优势,通过和利用贸易、金融和投资等手段控制发展中国家的经济命脉,推行新殖民主义,因此,中国作为发展中国家的一员,必须加强主权意识,将独立自主、尊重主权、维护主权、主权平等作为我国对外政策的基本原则。

2. 更新主权观念

在尊重和维护国家主权的同时,要摆脱传统的国家主权观念的束缚,更新主权观念。事实上,国家主权是分层次的,是可以分开的。例如,从国内来说,主权和治权是可以分开的。邓小平提出的“一国两制”构想,就是将主权和治权分开了。体现为主权的统一,中国中央政府对香港、澳门拥有主权,但同时又赋予了港澳特别行政区以高度的自治权,包括行政管理权、立法权、独立的司法权和终审权等。从国际关系来看,主权、管辖权、使用权也是可以分开的。例如,巴拿马运河收回前,主权属于巴拿马,但管辖权属于美国。同时,国家主权可以在自主、平等、共享的原则下让渡。例如,区域经济一体化组织是超越国家或跨国家的国际性联合组织,它必然要求其成员将部分主权要素让渡给自己,形成自己的权利资源和履行职责的基本条件。再如,中国作为 WTO 的成员,在享受其权利的同时,必须按规则遵守和履行其义务,如给予其他成员企业最惠国待遇和国民待遇、逐步减让关税、增加经济活动的透明度等。这种部分主权的让渡具有三个特征:①自主性,即加入一体化组织或 WTO 的成员是自愿的、非强制性的,加入和退出都是自由的。②平等性,即成员平等地享有一体化组织或 WTO 的基本权利和承担相应的义务,没有歧视性。③共享性,即主权的让渡并非是主权的丧失或削弱,而是在一体化组织或 WTO 内共享,是将各成员的主权进行新的整合,形成“利益共同体”。总的来说,国家主权的本质是国家利益的维护和捍卫,离开国家利益谈论和评价主权是没有实际价值和意义的。主权分开也好,主权让渡也好,都是为了实现取长补短、优势互补、摆脱一国资源和市场的局限,从中获得更多的发展机会和更大更长远的利益。

3. 构筑国家经济安全体系

在树立和接受新的国家主权观念、进一步扩大对外开放和与国际经济接轨的同时,又必须构筑和完善国家安全体系,防范来自国际经济的冲击和风险。应该看到,在今天这种经济日益全球化、金融化和信息化的条件下,土地等自然资源在经济活动中的地位和作用在下降,而资金、技术、信息、人力等资源的地位和作用在增强。这些资源与土地等自然资源相比,具有很强的移动性、流动性以及运作的投机性和风险性。它们在国际上大规模的流动和转移,遵循的主要是国际规则和国际惯例,而不是某一国的法律和政策。同时还应该看到,在经济全球化条件下的国际经济竞争,说到底是优胜劣汰、弱肉强食的市场竞争。在这个竞争中,发展中国家往往处于不利和被动的地位。也就是说,在与发达国家的竞争中,由于发展中国家的经济和技术还比较落后,因而导致"对手不对称";由于国际竞争规则和惯例基本上是发达国家国内规则和惯例的国际化,因而导致"规则不对称";由于国际规则的制定和更改滞后于国际资本流动的形式、渠道和手段的变化,因而导致"制度不健全"。所有这一切,不可避免地给参与经济全球化进程的发展中国家带来更大的风险和挑战、其利益时常受到威胁和损害。为使这种威胁和损害降低到最低程度,中国必须努力构筑和完善保护本国经济的"安全网",也就是建立起符合本国国情的经济安全防御体系,包括制度防御体系、监督与执行防御体系和国家经济安全预警体系等。

☞ 思考题

1. 中国为什么将对外开放定为基本国策?
2. 中国融入世界经济的主要途径有哪些?
3. 中国国际经济地位提高的主要表现有哪些? 其意义如何?
4. 经济全球化给中国带来了哪些机遇和挑战?
5. 如何理解和把握当代世界经济发展趋势?
6. 如何顺应当代世界经济发展趋势、加快我国经济发展?

参考文献

［1］安洪，马丹阳，尹诚民. 世界经济概论[M]. 北京：中国社会出版社，2008.

［2］陈岱孙. 市场经济百科全书[M]. 北京：中国大百科全书出版社，1998.

［3］陈德照. 论当代世界贫困差距[J]. 世界经济，1998(2)：6-9.

［4］陈漓高，杨新房，赵晓晨. 世界经济概论[M]. 北京：首都经济贸易大学出版社，2006.

［5］崔日明，刘文革. 世界经济概论[M]. 北京：北京大学出版社，2009.

［6］戴维·柯茨. 资本主义的模式[M]. 耿修林，宗兆昌，译. 南京：江苏人民出版社，2001.

［7］邓小平. 邓小平文选[M]. 北京：人民出版社，2004.

［8］冯连勇，陈大恩. 国际石油经济学[M]. 北京：石油工业出版社，2009.

［9］黄景贵. 世界经济研究：全球化条件下的制度质量竞争[M]. 北京：中国财政经济出版社，2003.

［10］季铸. 世界经济导论[M]. 北京：人民出版社，2003.

［11］江瑞平. 泥沼中的日本经济[J]. 瞭望新闻周刊，2003(4)：59-60.

［12］江泽民. 论中国特色的社会主义[M]. 北京：中央文献出版社，2002.

［13］江泽民. 在党的十六大上所作的《全面建设小康社会，开创中国特色社会主义事业的新局面》的报告[M]. 北京：人民出版社，2002.

［14］姜春明，佟家栋. 世界经济概论[M]. 天津：天津人民出版社，2007.

［15］井村喜代子. 现代日本经济论[M]. 季爱琴，王建钢，译. 北京：首都师范大学出版社，1996.

［16］肯尼迪. 大国的兴衰[M]. 蒋葆英，等，译. 北京：中国经济出版社，1989.

［17］蓝发钦. 国际金融[M]. 上海：立信会计出版社，2005.

［18］李天德. 世界经济学[M]. 成都：四川大学出版社，2008.

［19］林伯强. 高级能源经济学[M]. 北京：中国财政经济出版社，2009.

［20］刘琳. 论国际货币体系的形成与演变对二战前国际关系的影响[J]. 兰州学刊，2003(6)：41-42.

［21］刘嗣明. 世界市场经济模式及其最新演进[M]. 北京：经济科学出版社，2008.

［22］欧洋. 全球贫富差距在不断拉大[J]. 人权，2009(2)：42-43.

［23］榊原英资. 日本为何难以推进结构性改革[J]. 国际经济评论，2002(2)：5-7.

[24] 时雨田.世界经济概论[M].大连:东北财经大学出版社,2010.

[25] 陶季侃,姜春明.世界经济概论[M].3版.天津:天津人民出版社,2003.

[26] 王金龙.论金融国际化的双重效应[J].新东方,2001(11):26-31.

[27] 王志明,乔桂明.国际经济学[M].2版.上海:复旦大学出版社,2002.

[28] 吴一群,刘榆.刍议2008年全球金融危机的影响及启示[J].东南学术,2009(1):28-33.

[29] 小岛清.对外贸易论[M].周宝廉,译.天津:南开大学出版社,1987.

[30] 尹保云.韩国为什么成功:朴正熙政权与韩国现代化[M].北京:文津出版社,1993.

[31] 余永定,李向阳.经济全球化与世界经济发展趋势[M].北京:社会科学文献出版社,2002.

[32] 张幼文,等.世界经济学[M].上海:上海财经大学出版社,2006.

[33] 张忠.跨国公司对中国经济产生积极影响[N].中国经营报,2000-9-5.

[34] 章奇.全球通货紧缩形势[J].世界经济,2004(3):57-60.

[35] 赵丽娜.世界经济学[M].北京:经济科学出版社,2008.

[36] 赵莉,王振锋.世界经济学[M].北京:中国经济出版社,2003.

[37] 竹内宏.日本现代经济发展史[M].吴京英,译.北京:中信出版社,1995.

[38] 庄起善.世界经济新论[M].上海:复旦大学出版社,2009.

[39] 庄宗明.世界经济学[M].北京:科学出版社,2003.